Initiation

Elisabeth Haich

Initiation

*Traduit de l'allemand
par Yesudian-Aegerter*

Collection dirigée
par Ahmed Djouder

Titre original :
EINWEIHUNG
Drei Eichen Verlag, Ergolding

Pour des raisons personnelles, ce livre fut écrit sous la forme d'un roman. Dans chacun de ses mots pourtant, celui qui a des oreilles saura reconnaître la vérité.

« Les géants étaient sur la terre en ces temps-là, après que les fils de Dieu furent venus vers les filles des hommes, et qu'elles leur eussent donné des enfants : ce sont ces héros qui furent fameux dans l'antiquité. »

Genèse 6,4

Le lecteur de cet ouvrage en situera les événements contemporains dans la Hongrie du début du siècle, jusqu'à la fin de la Seconde Guerre mondiale.

D'autre part, certaines expressions, entre autres « être sur des aiguilles » en page 20, intraduisibles en français, ont été conservées pour éviter toute modification du contexte ou toute ambiguïté lors de rappels ultérieurs de la circonstance.

L'éditeur

INTRODUCTION

Je cherche. Je cherche une explication à la vie terrestre. J'aimerais savoir pourquoi l'homme naît, pourquoi, avec tant de difficultés, l'enfant devient adulte, se marie, met au monde des enfants qui, avec tout autant de problèmes, deviendront adultes, se marieront, auront encore davantage d'enfants qui, avec l'âge, perdront les facultés acquises au prix d'immenses efforts, pour mourir enfin. Une chaîne interminable, sans commencement ni fin! Des enfants naissent constamment, ils apprennent, travaillent d'arrache-pied pour développer pleinement leur corps et leur esprit – et après un temps relativement court, tout est consommé: on les donne en pâture aux vers de terre. Quel sens cela peut-il avoir? Tout cela dans le but unique de produire des générations futures?

Et lorsque certains, ne se souciant pas seulement de leur descendance, nous laissent une œuvre spirituelle, pourquoi, eux aussi, sont-ils logés à la même enseigne? Ils vieillissent et la tombe se referme sur eux et leurs talents. Pourquoi un Michel-Ange, un Léonard de Vinci, un Giordano Bruno, un Goethe et tant d'autres vinrent-ils au monde pour ensuite devoir pourrir dévorés par des vers de terre qui s'engraissent du corps de ces titans?

Non! Il est impossible que la vie sur terre soit aussi dénuée de sens! Derrière ce cycle apparemment interminable de naissances et de morts, on doit pouvoir trouver un sens profond ; et si inexplicable qu'elle puisse paraître à un esprit confus, il doit y avoir une raison pleinement satisfaisante et sensée – vue de *l'autre* côté !

Mais où et comment trouver cet *autre* côté de toute chose qui doit absolument exister ? Où et comment trouver le chemin qui conduit à cette connaissance ? Qui peut m'indiquer la direction, où trouver une personne initiée à ce mystère, quelqu'un qui puisse me révéler la vérité cachée ?

De tout temps, il y eut sur terre des gens exceptionnels qui, avec une parfaite assurance, parlèrent du secret de la vie et dont l'existence témoigne de leur conviction, des initiés comme on les nomme. Mais où et de qui ces « initiés » ont-ils reçu leur *initiation* ? Et à *quoi* furent-ils initiés ? – Un Socrate par exemple : il prend la coupe de poison avec un calme divin, la vide tranquillement en parlant objectivement, sans peur et en souriant, de l'effet du venin, expliquant comment ses pieds se refroidissent, comment le froid de la mort, pareil à un serpent, s'enroule autour de lui pour gagner le cœur. Il est conscient de l'imminence de sa mort, il prend congé de ses disciples fidèles et ferme les yeux. Seule une *connaissance* absolue peut prêter une attitude aussi sereine devant la mort ! À quelle source Socrate a-t-il puisé ce savoir ? Et les autres géants qui, à différentes époques, ont habité la terre, d'où ont-ils reçu la connaissance du mystère de la vie et de la mort, leur *initiation* ?

Aujourd'hui encore, on doit pouvoir trouver de tels « initiés » et il doit y avoir un moyen de parvenir à une initiation, à la toute grande et authentique *initiation*.

La vie m'a fait comprendre que la Bible n'était pas seulement un simple recueil de contes, mais qu'elle avait été écrite par des initiés qui, en un langage occulte, nous avaient transmis des vérités profondes et

cachées. Or, la Bible dit : « Cherchez et vous trouverez ;
frappez et l'on vous ouvrira. »

J'obéis ! Je commençai à chercher partout. Dans les
livres, dans des manuscrits anciens, auprès de personnes qui me semblaient susceptibles de connaître
quelque chose à l'initiation. Mes yeux et mes oreilles
étaient constamment en alerte et j'essayais de découvrir, dans les ouvrages d'hier et d'aujourd'hui, dans
l'enseignement des anciens et des contemporains,
quelques morceaux cachés de la mosaïque du mystère
de l'initiation.

Et je trouvais ! Rarement d'abord, ici et là, mon ouïe
intérieure reconnaissait la voix de la vérité dans les
mots d'un livre ou les paroles d'une personne. Je continuais alors dans la direction indiquée par cette voix
mystérieuse qui, pareille au fil d'Arianne, me conduisait toujours plus loin. Parfois, je trouvais dans ma
ville quelqu'un qui savait me donner d'excellents
conseils et parfois, cette voix m'emmenait bien loin à
l'étranger, où l'enseignement donné concordait remar-
quablement avec les mots entendus à la maison.

C'est ainsi que je rencontrais des gens de plus en
plus savants qui m'expliquaient toujours mieux le
mystère de l'initiation et du sens de la vie. Je me heurtais naturellement à quelques ignorants prétentieux
qui se donnaient pour sages. Mais je pouvais immédiatement déceler si c'était « la voix de Jacob mais les
mains d'Ésaü ». Ces pauvres charlatans qui jouaient
aux « initiés » se trahissaient bien vite. Ils n'étaient pas
en harmonie avec eux-mêmes ni avec leur propre vie ;
comment auraient-ils pu m'enseigner quoi que ce soit
sur les profondes vérités de la vie, sur l'initiation ?
Dans pareil cas, je passais mon chemin, toujours à la
recherche de celui qui possédait la vraie connaissance
– un authentique initié.

Lorsque je rencontrais quelqu'un qui en savait plus
que moi, je restais avec lui jusqu'à ce que j'eusse

appris tout ce qu'il pouvait m'enseigner. Puis, je continuais ma route…

… jusqu'au jour où j'arrivai auprès d'une vieille femme qui vivait dans une sorte de couvent, entourée d'une nuée de chercheurs. Cette femme travaillait en contact très étroit avec deux jeunes hommes, un Indien et un Occidental, qu'elle appelait ses fils. Durant mon séjour dans ce monastère, ils étaient absents, partis dans le monde accomplir leur mission : révéler la vérité à un cercle aussi large que possible.

Cette femme était grande, son port était celui d'une reine mais ses gestes restaient parfaitement simples et naturels. Ses yeux, d'un bleu profond, étaient immenses et les longs cils qui les bordaient leur donnaient une expression tout à fait remarquable. Ce regard était aimable, compréhensif et souriant mais si pénétrant qu'il embarrassait ceux qui se trouvaient percés de son dard. Cette femme, on le sentait bien, voyait au travers de chacun, lisait les pensées et reconnaissait la structure psychique de tous. En l'écoutant parler au milieu du groupe, il arriva que des questions se présentassent à mon esprit. Elle souriait alors et continuait de parler en donnant à ses phrases une telle tournure que celles-ci répondaient très exactement à mes questions pourtant inarticulées. Cette même expérience fut d'ailleurs également vécue par d'autres. Je ne pus jamais tenir tête à cette femme. Je m'enrichissais constamment auprès d'elle et mes yeux spirituels s'ouvraient. Mieux alors je réalisais sa grandeur et son savoir dont le domaine s'étendait toujours plus loin, au-delà de mes propres connaissances. Plus le temps passait et moins je la connaissais. À chaque rencontre, elle semblait manifester une autre «personnalité» et j'acquis alors la conviction que cette femme portait en elle et pouvait manifester n'importe quel caractère de la personnalité humaine, et que par conséquent, elle n'en avait aucune. Car être «*tout*» signifie simultanément être «*rien*».

« Mère, lui demandai-je une fois, qui es-tu réellement ? »

« Qui ? questionna-t-elle à son tour *Qu'*est-ce que ce *"qui"* ? Il n'y a qu'un seul ÊTRE qui *est*, chaque être humain, chaque animal, chaque plante tout comme chaque soleil, planète et autre corps céleste ne sont que des instruments pour manifester ce seul ÊTRE qui *est*. Combien de *"qui"* peut-on alors compter ? Le même *Soi* parle par ma bouche comme par la tienne et à travers tous les êtres vivants. La seule différence est celle-ci : tous ne connaissent pas complètement leur *Soi* et ainsi, ne peuvent manifester *toutes* les particularités du *Soi*. Mais celui qui *Le* connaît parfaitement peut manifester toutes les caractéristiques possibles au monde puisqu'elles ne sont que les aspects différents d'un seul et unique ÊTRE, d'un seul et unique *Soi*. Ma forme extérieure que tu vois et que tu crois être mon *"je"* n'est qu'un instrument à l'aide duquel le *Soi* manifeste un certain aspect de lui-même précisément *nécessaire* à un moment donné. Ne pose donc plus de question insensée pour savoir *"qui"* je suis. »

« Mère, dis-je encore, comment as-tu appris à connaître le *Soi* si parfaitement qu'il t'est possible d'en manifester toutes les particularités ? Je voudrais y arriver aussi ! Raconte ! Quelles sont les expériences qui ont fait de toi cet instrument aux talents si multiples du seul et unique *ÊTRE* ? As-tu toujours été à ce niveau ? Es-tu née avec ces dons ? »

« Née ? – *"Je"* – née ? As-tu déjà assisté à la naissance d'un *"Je"* ? As-tu déjà vu *"je"* ? Le *"je"* ? ne naquit et ne naîtra jamais. Seul le corps naît. Le Soi divin et réel est parfait. *Son* développement n'est donc pas possible. Mais *le corps doit se développer pour pouvoir manifester les vibrations et les fréquences toujours plus élevées du Soi.* Même l'instrument le mieux adapté, le corps le mieux développé, doit se soumettre à cette loi, le mien aussi qui, d'ailleurs, est encore loin de la perfection.

Tout n'est qu'une question d'étapes dans l'évolution. La création d'un corps est toujours une réaction en chaîne – puisque c'est ainsi que l'on nomme aujourd'hui ce processus – et dès qu'une action engendre des réactions en chaîne, celles-ci vont passer à travers diverses périodes jusqu'à ce qu'elles aient achevé leur cycle. Aucune forme matérielle de manifestation ne peut échapper à cette loi. Le développement du corps va bien évidemment de conserve avec le changement de niveau de la conscience. »

« Cela signifie donc que tu as aussi passé par diverses périodes d'évolution, n'est-ce pas, Mère ? Comment était-ce, raconte-moi ! Tout ce que tu as vécu, toutes les expériences glanées qui t'ont élevée au niveau de conscience actuel. Raconte-moi tout, s'il te plaît ! »

« Pourquoi devrais-je tout te raconter ? Chacun, *à sa propre manière*, doit parvenir à la parfaite *connaissance de Soi*. *Ma* voie n'est pas la tienne, tu ne pourrais donc pas *la* suivre. Les événements ne sont pas importants en soi, seuls le sont l'enseignement et les expériences que l'on en retire. Sois tranquille, tu trouveras sur ta route les mêmes expériences que moi sur la mienne. Les chemins sont innombrables mais le but est unique ! »

« Mère, tu as raison. Je comprends bien qu'il ne me soit pas possible d'avancer sur ton chemin. Toutefois, cela m'aiderait de savoir comment tu as acquis tes expériences car je pourrais, comme tous ceux qui t'écoutent, apprendre *comment profiter de ces expériences*. Je ne suis pas curieuse de connaître ton histoire, mais bien de savoir comment tu as commencé *à saisir et à profiter de la leçon qui se cache dans chaque événement*. S'il te plaît, Mère, parle-moi de ta route. Il serait tellement enrichissant pour nous de connaître ton attitude devant la vie, de savoir *comment* tu as réagi devant ton destin pour élargir si bien ton horizon spirituel. Nous pourrions apprendre beaucoup de tout cela ! »

12

La vieille femme me regarda longuement. Puis elle dit : « Tu voudrais savoir comment j'ai réagi ? Et tu crois que cela t'aiderait, toi et d'autres encore, d'entendre parler de tout cela ? Bien. Il se peut que cela vous soit profitable de connaître les expériences qui, petit à petit, ont ouvert mes yeux sur *les lois secrètes de la vie* et les relations qui lient entre elles les destinées de certaines personnes. Reviens demain. À toi et à quelques autres dont les yeux sont ouverts aux choses essentielles de la vie, je livrerai les expériences qui m'ont aidée à parvenir à l'illumination ; je vous raconterai comment j'ai vécu mon "initiation". »

Le lendemain, je revins avec quelques-uns de ses élèves les plus intimes et la vieille femme commença son récit.

C'est ainsi que ce livre fut écrit.

ÉVEIL

Pareille à l'éclair, une douleur fulgurante traverse mon corps; l'instant d'après, je me retrouvai sur le sol. Danger! À l'aide! Mais je ne veux pas de cet adulte qui est là, à mes côtés, effrayé, et qui maintenant désire m'examiner. Non, je ne veux pas de lui! Je l'aime mais en ce moment de danger, sa présence m'indispose.

Je me précipitai dans la chambre où nous venions de prendre congé, pour la nuit, de cette belle femme étrangère. Je savais qu'elle pouvait m'aider et me comprendre. Je me sentais toujours bien en sa compagnie; j'aimais le parfum qui l'entourait et, près d'elle, j'étais en parfaite sécurité. Maintenant, apeurée, je courus vers elle en quête de secours. En geignant, je lui montrai ma main potelée qui pendait misérablement, refusant de m'obéir. La belle femme regarda ma main, posa précipitamment la robe à laquelle elle travaillait et appela :

« Robert! Robert! Viens vite! »

Une porte s'ouvrit et un homme que je savais vaguement appartenir à notre maisonnée entra. Pour la première fois, je le regardai avec attention. Il était grand, son visage semblait d'ivoire, ses cheveux, sa barbe et sa moustache étaient noirs comme de l'ébène, son regard aussi. Une telle vigueur, une telle force se dégageait de sa personne qu'en sa présence chacun semblait être gardé à une certaine distance. Il jeta un coup d'œil à

15

mon bras et à ma main inutile et dit : « Un médecin, Stefi, appelle immédiatement un médecin ! »

Oncle Stefi partit tout de suite et le grand homme demanda comment cela était arrivé. Je lui racontai : après que Grete et moi-même avions souhaité bonne nuit, Oncle Stefi m'avait prise sur son dos et portée jusqu'à notre chambre. En descendant, j'avais glissé et, pour m'empêcher de tomber, Oncle Stefi m'avait saisie par la main. C'est à cet instant précis que la douleur avait foudroyé mon poignet droit. J'avais ensuite essayé de mouvoir ma main, mais en vain.

« Je vois, commenta le grand homme, le poignet est foulé. C'est très ennuyeux, je dois partir maintenant et ne peux attendre la venue du médecin. Télégraphiez-moi dès que vous aurez son diagnostic. Toute la nuit, je serai sur des "aiguilles". » Il nous embrassa ainsi que Mère puis partit. Surprise, je regardai la belle femme étrangère qui s'était toujours nommée Mère et que, par conséquent, nous appelions Mère.

Jusqu'à ce moment, j'avais hurlé de toutes mes forces, profondément déçue et ulcérée de constater que les adultes ne pouvaient m'aider. Ils ne pouvaient arrêter la douleur qui me torturait de plus en plus ni remettre ma main à sa juste place. Toutefois, quand j'entendis le grand homme dire qu'il passerait toute la nuit sur des aiguilles, mon étonnement et ma crainte devinrent tels que j'en oubliai de pleurer. Je demandai à Mère : « Pourquoi doit-il passer toute la nuit sur des aiguilles ? »

D'abord surprise, Mère se mit à rire et répondit : « Parce que Père se fait du souci pour ta main. » Quelle réponse insensée ! Cela n'expliquait rien du tout. Le grand homme à la chevelure et à la barbe noires – que nous appelions Père – avait très sérieusement dit qu'il serait sur des aiguilles et maintenant Mère se moquait de moi. Pourquoi ? J'avais simplement répété ce que

Père avait dit. Père se faisait du souci et, à cause de cela, il allait devoir passer une nuit sur des aiguilles – qu'est-ce que cela pouvait bien signifier ? Est-ce qu'il allait être piqué partout ? Mère qui cousait souvent m'avait montré qu'une aiguille pouvait être dangereuse, que sa pointe piquait de manière désagréable. Cela faisait mal ! Une aiguille ne devait donc être utilisée *que* pour coudre. – C'était de nouveau une histoire insensée des adultes qui prétendaient qu'à cause de ma pauvre main qui me faisait souffrir, Père allait passer la nuit sur des aiguilles que l'on ne doit utiliser *que* pour coudre ! – Je savais déjà que les adultes disaient et faisaient des choses ridicules mais cela dépassait les bornes. Je voulais en savoir davantage. Mais je ne pus éclaircir le mystère des aiguilles car Oncle Stefi entra avec le médecin.

Le docteur était grand, impressionnant et aimable ; il me regarda comme si nous étions de vieilles connaissances. Il me souleva de terre et je me trouvai privée de la protection maternelle. Cela me remplit d'effroi et le mouvement fit redoubler la douleur. Mes hurlements reprirent de plus belle. Le médecin m'assit sur la table – je vis mes petits pieds ballotter dans le vide juste au-dessous de moi – il rit, hocha la tête et dit : « Que cette petite fille est laide quand elle pleure ! »

J'en restai ébahie ! Quoi ? Il avait dit que j'étais laide quand je pleurais ? – Comment pouvait-il le savoir ? Jusqu'à cet instant précis, j'avais toujours pensé que l'on pouvait tout voir sauf *moi*. Toutes les autres créatures, les adultes, la cuisinière, Grete, le canari, mes jouets – en un mot : *tout* autour de moi était visible, mes mains, mon ventre, mes pieds aussi, mais il était impossible de voir mon *moi*. D'une certaine manière, il était là et pourtant pas là, il était quelque part, mais invisible, je n'avais jamais pu « me » voir ni imaginer qu'il fût possible de voir ce quelque chose, ce « je ». Comment cet adulte pouvait-il voir mon désespoir, ma douleur, mes pleurs – donc « moi » ? Eh bien, s'il pouvait vraiment me voir dans cet état, horrifiée et misérable, cela devait être vraiment «laid»! Ma surprise fut telle que j'en arrêtai de pleurer en fixant le docteur d'un regard scrutateur.

Les adultes se mirent à rire et Mère dit : «Que cette fillette est vaniteuse! Elle réprime même sa douleur pour ne pas paraître laide!»

C'était de nouveau une remarque insensée d'adulte. «Vaniteuse» – qu'est-ce que cela? Comment pouvais-je être vaniteuse alors que je ne savais même pas ce que cela signifiait? Et comment pouvais-je «paraître» alors que jusqu'à ce moment, je ne me savais pas visible? Ma profonde conviction était que *j'étais celle qui voyait, qui regardait : je suis* celle qui voit tout et *je* suis quelque part *hors du visible.* Tout cela tournoyait dans ma tête et j'étais sur le point de poser d'autres questions quand le médecin saisit ma main et la tira si fort que j'en aurais hurlé tant cela fit mal! – Ce fou va m'arracher la main, pensai-je. Et il la tordit encore, cette petite main – qui d'une manière ou d'une autre, m'était étroitement liée puisqu'elle «me» faisait atrocement souffrir – et d'une telle façon qu'elle retrouva sa place originelle...

«Voilà, dit le médecin, le poignet va enfler un peu et c'est pourquoi nous allons poser cette petite main sur un coussin. Bientôt, nous oublierons toute cette affaire.»

Les adultes se remirent à parler de ma vanité qui, même pendant que le docteur remettait mon poignet, m'avait retenue de pleurer. Mère semblait particulièrement touchée et cela m'attrista. Je pus voir que cette belle femme que j'aimais beaucoup ne me comprenait pas. Même si le médecin pouvait me voir, *je restais invisible aux yeux de Mère.* Pourtant, un amour immense émanait d'elle et, lorsque plus tard, je me retrouvai au lit, la main douloureuse sur un coussinet, je fus heureuse de voir son fin visage se pencher sur moi et sourire pour m'encourager. La bonté et la chaleur se dégageaient de sa personne et, en sa présence, je ne me sentais jamais seule ni abandonnée. Je savais que je pouvais compter sur elle et que, jusqu'à un certain point, elle était en mon pouvoir. J'avais une confiance totale en elle. Je m'endormis doucement. La nuit passa et ma main redevint l'instrument obéissant, l'amie fidèle qui, plus tard, devait m'apporter tant de joie – tellement de joie – et qui m'avait aidée à sortir de mon état d'inconscience.

Le docteur avait pourtant eu tort. Je n'ai jamais oublié cette petite affaire car, de par la loi des associations, elle resta inséparable de mon premier éveil dans cette vie, mon premier pas vers l'état conscient. À partir de cet instant, ma conscience – mon souvenir – resta alerte. Désormais, j'observais avec la plus grande attention et avec une concentration toujours soutenue tout ce qui se passait à l'extérieur et à l'intérieur. Dès lors, je sus que je vivais au sein d'un foyer dont le grand homme puissant était le maître incontesté – Mère l'appelait Robert, nous devions lui dire Père. Tout dans la maison tournait autour de lui, Mère lui appartenait corps et âme. Son autorité s'étendait sur nous, puis plus tard, sur des milliers d'autres, pareille à une tente, à une enveloppe protectrice. Tous ceux qui se trouvèrent dans la sphère d'influence de Père purent jouir de son aide, de sécurité et de prospérité.

Le matin, Père n'était pas à la maison, je pouvais donc rester avec Mère, l'accompagner partout, même dans la cuisine. Lorsqu'elle travaillait à une grande nappe, j'avais la permission de m'asseoir près d'elle et, avec des fils de toutes les couleurs, de broder ce qui me plaisait dans un coin de la nappe. À midi, Père rentrait et après le repas, Grete et moi devions nous retirer dans notre chambre, ce que je n'appréciais pas du tout. Grete était une enfant de la maison, tout comme moi, seulement d'après ce que j'avais entendu dire, elle était mon aînée de trois ans. À l'époque du petit accident de mon poignet, elle avait quatre ans et demi et moi, un an et demi.

L'été suivant, nous passâmes les vacances dans un village près d'une grande étendue d'eau. Nous habitions une petite maison entourée d'un vaste jardin et flanquée d'une belle ferme. Grete et moi avions la permission de courir pieds nus, d'aller avec une femme au visage bruni et ridé dans l'étable voir une vache, un veau et d'innombrables lapins aux yeux rouges. Tout cela était fascinant. Dans le jardin, il y avait de grandes fleurs jaunes aussi hautes que des arbres et qui se tournaient toujours dans la direction du soleil. Cela me plaisait beaucoup. Père venait de temps en temps et on disait alors : « C'est dimanche aujourd'hui. » Autrement, nous étions seules avec Mère et je pouvais rester avec elle toute la journée. Tous les jours, nous allions au bord du lac et pataugions joyeusement dans l'eau.

Un jour, Mère dit : « Demain, c'est dimanche. Mais nous allons avoir une grande joie aujourd'hui déjà puisque Père va arriver. » Je ne considérais pas cela comme une bonne nouvelle car Père m'intéressait fort peu et je savais que quand il était là, Mère n'était disponible que pour lui. Je devais alors aller me promener avec Grete et Sophie, la grande fille de la fermière ridée.

Le soir, alors que nous attendions Père, j'entendis les voisins dire à Mère que « le train avait déraillé », ce qui expliquait son retard. Mère eut très peur. Elle appela Sophie, lui enjoignit de s'occuper de moi sans me laisser seule une minute et courut à la gare. Grete put l'accompagner car elle était « plus âgée » et pouvait courir plus vite que moi. Je restai donc avec Sophie.

La nuit était tombée et c'était la première fois que j'avais la permission de rester si tard au jardin. C'était très exaltant mais je ne pouvais empêcher un sentiment d'insécurité de se glisser en moi : j'avais l'habitude de tout voir à la lumière du jour et voilà que maintenant tout devenait si vague… Je savais être entourée d'arbres mais je les distinguais à peine. Les peupliers frémissaient mystérieusement. Mes observations s'arrêtèrent abruptement car quelque chose de terrible m'arriva : Sophie me prit dans ses bras et m'emmena près de la barrière où une silhouette effrayante sortit de l'ombre ! Elle ressemblait à un homme avec un bouquet de plumes sur la tête, des yeux qui, comme des charbons ardents, luisaient dans l'obscurité et avec une veste aux boutons brillants. Sur l'épaule, il portait un objet que je sentais être très dangereux. Bien plus tard, j'appris que cela s'appelait « une arme ». Cette créature était repoussante et j'espérais bien que Sophie et moi allions nous sauver. Mais à ma grande surprise, Sophie fit de nouveau quelque chose de parfaitement insensé – ce dont j'avais déjà l'habitude. Au lieu de fuir, elle s'approcha de la barrière et permit même à cet épouvantail de lui murmurer quelque chose d'une voix caverneuse – puis il l'entoura de ses bras et la serra contre lui. Comme j'étais moi-même dans les bras de Sophie, je me retrouvai tout contre lui, ce qui me répugna. Mais cela n'était pas encore assez ! Il avait une énorme moustache dont les deux « branches » pareilles à deux cornes pointues pendaient de son visage. Il attira Sophie plus près de lui encore et agit comme s'il voulait la mordre. Ces manières, me dis-je, vont enfin révolter Sophie et nous partirons ! Eh bien, pas du tout ! De son bras libre, elle entoura le cou de cette exécrable créature et quand celle-ci voulut la mordre – ou la manger – Sophie ne détourna pas son visage, au contraire, elle lui présenta ses lèvres et tous deux firent comme s'ils voulaient s'entre-dévorer. J'étais prise entre les deux et pouvais à peine respirer. De toutes mes forces, je tentais de me tenir aussi éloignée que possible de l'horrible apparition et de garder mon nez à l'air libre. Sa présence m'était insupportable, tout comme son odeur où dominait quelque chose d'amer particulièrement répugnant. Mais ils ne se préoccupaient évidemment pas de moi et ma tête était si comprimée que j'entendais les battements du cœur de l'homme. Ces deux-là me semblaient vouloir pénétrer dans la bouche l'un de l'autre. Ah, les agissements des adultes! Je les observais et ne pouvais reconnaître la gentille et brave Sophie. Elle était devenue une étrangère qui n'entendait même plus mes pleurs. Puis, aussi soudainement qu'elle était apparue, la silhouette de cauchemar disparut dans l'obscurité. L'instant d'après, j'entendis les voix réconfortantes de Père et Mère. Bientôt, je vis leurs visages heureux. Tous les voisins accoururent pour demander à Père comment le train avait déraillé. Quant à Sophie, elle fit comme si rien n'était arrivé et ne pipa mot de l'horrible créature qui l'avait serrée si fort. Elle se tenait là, une douce expression d'innocence sur le visage. Encore une surprise de taille pour moi! Mais je n'eus pas le temps d'y réfléchir car Père avait apporté des bonbons de la ville et j'étais extrêmement anxieuse de savoir si j'allais recevoir les mêmes que Grete! Ma curiosité fut satisfaite: nous reçûmes les mêmes. Comme toujours, Mère gâta mon plaisir: quand je voulus mettre tous les bonbons à la fois dans ma bouche, elle me les prit, ne m'en donna qu'un et promit que j'en aurai un chaque jour après le repas. Attendez que je sois grande, et je remplirai ma bouche d'autant de bonbons qu'il me plaira! Pour le moment, il n'y avait d'autre solution que de les lui remettre et d'aller dormir. Quand Mère me mit au lit, je lui demandai avant de prier – car après il n'était plus permis de parler : «Mère, qu'est-ce qui porte sur la tête un bouquet de plumes, sur l'épaule quelque chose de bizarre et sur la veste des boutons qui brillent même dans la nuit – et, Mère, qui sent si mauvais?» Mère me regarda avec étonnement puis répondit: «Ce sont les gendarmes.»

«Mère, demandai-je encore, est-ce que les gendarmes mangent les gens?» Je voulais savoir s'il avait vraiment voulu manger Sophie ou s'il avait voulu *autre chose*, et *quoi* ?

« Non, non, dit Mère en riant, ils protègent les bonnes gens, n'aie donc aucune crainte, ils ne veulent pas te manger ! »

Je voulus encore expliquer qu'il ne s'agissait pas de moi mais de Sophie. Mais Mère m'embrassa, me borda en disant : « Dors bien maintenant, Père m'attend. »

Je restai seule avec mes pensées, longtemps éveillée, me demandant ce que le gendarme avait voulu de Sophie et pourquoi elle s'était laissé serrer de si près que moi aussi, j'avais été forcée d'accepter cette présence importune. Quel sens donner à tout cela ? Comme tout ce que je ne comprenais pas, cet incident me dérangeait, mais je finis par m'endormir. Le matin arriva avec un soleil radieux. Je reçus mon bonbon et nous partîmes vers le lac pour nous baigner et barboter. Sur le chemin, nous rencontrâmes le gendarme. La lumière du jour en faisait un adulte aimable. Il devisa amicalement avec Père. Pourtant, je ne compris pas pourquoi il fit comme s'il ne m'avait jamais rencontrée de sa vie ; il ne devait pourtant pas avoir oublié ce qui s'était passé la veille ! Mais j'avais encore peur de son immense moustache et n'osai rien demander.

Cet été a laissé en moi un autre souvenir encore qui me marqua profondément. Un après-midi – Père était là, les fermiers bien habillés se tenaient devant leur maison, je savais donc que c'était un dimanche – nous entendîmes les cloches. Elles ne sonnaient pas comme à l'accoutumée, mais plutôt comme si elles ne voulaient plus jamais s'arrêter. Elles sonnaient... sonnaient... Cela mit fin à la quiétude dominicale. Ce fut un cortège désordonné qui défila devant notre maison. Père et le fils de la fermière s'en allèrent aussi armés de seaux et de haches. Mère et quelques femmes restèrent avec nous et ces femmes répétaient sans cesse les mêmes mots : « Ô notre Père céleste, ne nous abandonne pas. » Mère très grave elle aussi nous dit : « Prions tous ensemble pour que Père nous revienne sain et sauf. »

Je demandai alors où il était allé et pourquoi. Mère expliqua qu'un feu s'était déclaré au village et que Père était allé aider à l'éteindre. Nous priâmes mais j'étais curieuse de savoir ce que signifiait « un feu au village ». Une dame dit que depuis le fond du jardin on pouvait même voir « les langues des flammes ». Je voulus y aller mais Mère me l'interdit. Par contre, Grete put s'y rendre accompagnée du fils de l'épicière, ce qui me remplit d'amertume. Pourquoi pouvait-elle toujours faire des choses qui ne m'étaient pas permises ? Simplement parce qu'elle était mon aînée de trois ans ? Si le feu était dangereux, il l'était aussi bien pour elle que pour moi, même si elle avait « trois ans de plus que moi » ! – Oh ces trois années ! Combien de fois, mais combien de fois devrai-je encore les entendre ? – Chaque fois que l'on m'interdirait ce qui lui serait permis et chaque fois que je refuserais d'accepter sa domination !

Tard dans la soirée, les gens rentrèrent peu à peu, fatigués, épuisés, racontant comment Père avait sauvé plusieurs maisons, comment au mépris du danger il était entré dans des demeures en flammes pour en retirer des enfants et des animaux, comment il avait dirigé les opérations, comment tous lui avaient obéi. Ses idées de génie et son courage inébranlable avaient stimulé les sauveteurs et tous avaient accompli des prodiges jusqu'à ce qu'enfin l'incendie fût maîtrisé. Mère était radieuse lorsque Père revint avec le fils de la fermière ; elle se jeta dans ses bras : « Mon cher Robert, tu es extraordinaire, en tout tu es extraordinaire ! »

Père sourit en silence. Il était plein de suie, il se retira rapidement pour se laver.

Que Père soit tellement extraordinaire – je trouvais cela normal. Le concept « Père » signifiait pour moi

« le grand maître », celui qui est au-dessus de tous et qui fait ce qu'il veut. Il fait la loi et c'est donc normal qu'il soit parfait. Sinon, il ne serait pas le « grand maître ». Père ne présentait pas encore de réel intérêt pour moi mais il me donnait un sentiment de parfaite sécurité. Il ne représentait pas non plus un problème. Je m'en occupais donc fort peu. Seulement, quand toute la famille se promenait, Père, Mère, Grete et moi, et qu'il prenait ma main dans la sienne pour traverser une rue, je remarquais que sa main dégageait une force surprenante et que ses ongles étaient toujours immaculés. C'est ainsi que je trouvais également normal qu'il voulût se débarrasser immédiatement de cette suie.

L'été passa et bientôt, nous nous retrouvâmes à la maison. Un jour, je pris conscience du fait que Mère, me préparant pour la promenade, m'enveloppait dans un manteau épais et me mettait un bonnet de fourrure. L'air mordait ma peau et l'on me dit que c'était cela « le froid ». Mon nez et mes pieds n'appréciaient pas du tout. Mais les flocons blancs tombaient du ciel et, dans les vitrines, on pouvait admirer des saint-nicolas à barbe blanche et tout de rouge vêtus. Puis revint le temps du chapeau de paille et du manteau léger. Tout était en fleurs et nous pûmes jouer à la balle et au cerceau dans le parc public.

Cette époque eût pu être pour moi parfaitement heureuse si Mère n'avait pas quelquefois rendu ma vie amère : elle coupait régulièrement mes ongles et j'en tremblais d'avance. La peau sous mes ongles était si sensible qu'après la coupe chaque attouchement, même la caresse de l'air, me devenait une torture. En hurlant et en gardant les doigts écartés, j'évitais le contact avec toute chose. Cela n'était pas une véritable douleur, non, plutôt une sensation insupportable. La première fois, Mère ne sut que faire, elle pensa m'avoir coupée par inadvertance et voulut inspecter mes doigts.

Mais je criai si fort qu'elle alerta le médecin de famille. Celui-ci lui expliqua que mes nerfs étaient hypersensibles, ce qui était assez rare. Il conseilla de me plonger les mains dans une cuvette d'eau tiède après chaque coupe et de m'y laisser jouer un moment. Cela améliora les choses mais il fallut des années encore à ma peau pour supporter cela sans dommage.

Ma chère et tendre mère! Avec quelle merveilleuse compréhension elle essaya de surmonter toutes les difficultés causées par cette sensibilité hors du commun. Si tu n'avais pas entouré mes nerfs à vif de tant d'amour, je serais morte à l'aube de la vie. C'est grâce à ton aide que j'ai pu grandir, rester en bonne santé et développer lentement et consciemment assez de force de résistance. Le nid doux que toi, Père généreux, et toi, Mère qui sacrifia tout, m'avez offert, m'a permis de devenir un être utile. Vous m'avez aidée à maîtriser ma sensibilité avec des forces consciemment développées. Je n'étais alors qu'une enfant ignorant tout de cette sensibilité. J'observais tout et voulais tout connaître. Mais en ce qui concernait ma santé, je suivais toujours tes précieux conseils maternels. Ma confiance en toi ne connaissait pas de bornes.

LIONS ET LUMIÈRE

Les hivers et les étés se succédèrent. Un jour, on me dit que j'avais quatre ans. Grete allait déjà à l'école et c'était avec la plus grande attention que je l'écoutais lire fièrement son alphabet. Lorsqu'elle n'était pas à la maison, je tourmentais ma grand-mère, la mère de Père qui, depuis quelque temps, habitait chez nous, afin qu'elle me lût des histoires car j'étais curieuse de savoir ce qui allait arriver. Je voulais toujours savoir ce qui se passait avec les gens. Ma curiosité de la vie me consumait! C'était simplement merveilleux de penser à tout ce qui pouvait arriver! Ma préférence allait aux contes!

Tante Adi, une sœur de Mère, venait souvent en visite et elle était toujours prête à répondre à mon désir. Elle avait un visage ravissant – elle était aimable et gracieuse comme un chat. Le regard de ses yeux bruns était chaud et il émanait d'elle une senteur que seuls possèdent ceux qui sont animés par l'amour. Je respirais ce tendre parfum que si peu de personnes exhalaient. Dès que Tante Adi arrivait, nous nous précipitions joyeusement vers elle, tirions impatiemment son manteau en criant: «Tante Adi, raconte!» Et elle nous racontait les contes de fées les plus merveilleux. Infatigablement. Toujours de nouvelles histoires, les plus intéressantes que j'aie jamais lues et entendues. Quand j'étais malade, Tante Adi venait, racontait et j'oubliais la maladie. Elle n'osait s'arrêter car alors nous demandions «… et alors… et ensuite... et après... ??? » jusqu'à ce qu'elle reprît le cours de l'histoire. Mais lorsque Tante Adi devait rentrer chez elle, vers sa mère, mon autre grand-mère qui jouait si bien du piano, je restais avec Grete et la regardais lire dans son livre de contes. Je voulais savoir lire. Les contes des journaux pour enfants et des livres n'étaient certes pas aussi beaux que ceux de Tante Adi mais c'était des contes quand même et je voulais les connaître. Je commençais donc à étudier de plus près les livres de Grete. Je contemplais longuement les différentes lettres et voulais absolument lire. Mais, je ne savais pas ce que ces petits dessins signifiaient.

Une fois, je refis le rêve qui s'était répété souvent au cours des nuits précédentes et qui m'avait tant tourmentée que toute la famille était au courant : je cours, je cours de toute la vitesse de mes jambes, un lion à mes trousses, prêt à m'attraper pour me dévorer. Je cours désespérément, à bout de souffle, vers une petite maison au bout du chemin. *Une femme se tient à la porte ouverte*, me tendant les bras. Je sais que si j'arrive à elle, je serai sauvée, le lion n'aura plus aucun pouvoir sur moi. Mais je sais l'animal très proche, si proche que je sens son souffle chaud sur ma nuque... sa crinière me frôle déjà... il est là... Avec l'énergie du désespoir, je fais encore un bond, ressens un coup et hurle : « Mère... » puis, épuisée, tombe dans ses bras. Je suis sauvée, le lion disparaît et je me réveille, effrayée, le cœur battant à tout rompre. Sans une seconde d'hésitation, je saute du lit, jette une couverture sur mes épaules et cours vers la chambre à coucher de mes parents, me glisse dans le lit de ma mère.
– Oh ! ce parfum béni, ce calme et cette paix qui m'envahissent telle une eau tiède ! Mère me prend dans ses bras et demande :

« De nouveau ce rêve ? De nouveau le lion ? »

« Oui », et près d'elle, mon cœur se calme et je m'endors en toute quiétude.

Au matin, je m'éveille dans le lit de Mère qui est déjà levée. Sa chemise de nuit est là et j'y enfouis le nez pour retrouver son parfum. Père, étendu dans le lit d'à côté, lit le journal. Je me dis que c'est donc dimanche. Mère entre et parle à Père qui pose son journal près de moi. Je le prends et en scrute les lettres, ces lignes et ces formes noires, pleines de mystère, sur du papier blanc. Quelle est leur signification ?

« Père, dis-moi ce que veulent dire ces lettres ! »

Père répond : « Regarde bien, voici un P, ici un E, voilà un T, puis I, encore un T, de nouveau un E et un S. »

« Et celles-ci ? »

« Un A, un N et encore un N, ici un O, encore un N, voilà un C, un E et un S. »

J'observe ces lettres, tout à coup un voile se déchire devant mes yeux et la lumière se fait dans ma tête… Une lumière !!! Les lettres s'ouvrent à ma compréhension. Fort excitée et avec une joie sans mélange, je lis.

« Père, Père, cela veut donc dire "petites annonces", n'est-ce pas ? »

Mère, stupéfaite, me serre sur son cœur, m'embrasse et avec émotion me dit : « Mais tu sais lire ! »

Père me félicite comme si j'étais une adulte et cela m'embarrasse un peu. Grete arrive tout heureuse que je sache lire. Bientôt toute la maison en parle. Tante Adi qui vient partager notre repas de midi doit apprendre la grande nouvelle sans aucun retard. Oui ! Je sais lire, les lettres n'ont plus de secret pour moi, je peux les pénétrer. *Je sais lire !*

C'est pour moi le commencement d'une ère nouvelle. Je lis tout ce qui me tombe sous les yeux. Je veux apprendre, apprendre, *apprendre !!!* Je lis tout ce qui est lisible. Les livres de contes, les magazines pour enfants, les livres scolaires de Grete, les calendriers, les journaux sur le bureau de Père, un cahier qu'un homme apporte à la femme de chambre et qui me documente sur « le baiser, l'amour, les rendez-vous clandestins », puis aussi sur «le meurtre, le crime et les cadavres ». Mais lorsque je demande à Mère des explications sur toutes ces choses incompréhensibles et effrayantes, elle m'arrache le cahier des mains et dit : « Pour l'amour du ciel, d'où tiens-tu cela ? » Puis elle court à la cuisine et interdit à la servante de me donner de telles lectures. Quel dommage ! – Aujourd'hui encore, je ne sais toujours pas ce qu'il advint de la belle comtesse qui se fit enlever par un homme tout en noir et emmener au loin sur un cheval au galop...

C'est ainsi que je fis une triste expérience : lorsque quelque chose me fascinait vraiment, cela ne plaisait pas à Mère. Bientôt, j'acquis la conviction qu'il était préférable de ne pas parler de choses intéressantes avec les adultes. Cela tournait toujours mal. Seules exceptions : les domestiques masculins que je pouvais questionner, trop rarement d'ailleurs. Je sentais que je les tenais en mon pouvoir et quand ils me donnaient quelques informations, ils n'en disaient jamais rien à Mère car ils eussent été les premiers à en pâtir.

MES PARENTS NE SONT PAS
« MES PARENTS »

Je devais avoir cinq ans lorsqu'un jour, pendant le repas de midi, Père parla du « directeur ». Je prenais toujours beaucoup d'intérêt à la conversation des adultes. C'est pourquoi je demandai :

« Père, qu'est-ce qu'un directeur ? »

« Un directeur est à la tête d'un bureau. Tous doivent faire ce qu'il ordonne. Il dirige tout le bureau. »

« Mais toi, Père, tu ne dois pas lui obéir ? Il ne peut être placé au-dessus de toi ! »

« Si, répondit Père, je ne suis pas encore directeur et, par conséquent, je dois faire ce qu'il désire. » Et Père m'expliqua ce qu'était un directeur, un chef.

Non ! Je ne voulais pas le croire. Un directeur supérieur à Père ? Comment cela se pouvait-il ? Ma conviction inébranlable était jusqu'alors que le mot « père » signifiait pour tous « le grand maître de tout ». Il dirigeait le pays, disposait de tous les trésors de l'empire ; ses paroles faisaient loi ; personne n'osait s'opposer à lui. Il n'y avait qu'un seul être auquel Père demandait parfois conseil, avec *Lequel* il discutait des affaires du pays : « *Lui* » – mais c'était quelque chose de tout à fait différent ! « Il » n'était pas vraiment un *être humain*. Père est au-dessus de tous. Comment pourrait-il avoir un directeur qui lui serait supérieur ?

Et peut-être, pour la première fois, je regardai Père avec la plus grande attention. Alors que je l'observais et l'étudiais, il me vint tout à coup à l'esprit que cet être que j'aimais pourtant sincèrement n'était pas « mon père ».

Ma conscience s'était éveillée dans cet environnement, j'avais accepté la situation : j'étais ici, la belle femme blonde était la mère, le grand homme puissant le père – oui, *ici*, il était le père, cependant pas *mon* père ! Dans *mon foyer*, il n'était pas mon père, il l'était seulement où je me trouvais maintenant ! En fait, il m'était aussi étranger que la belle dame. Je n'avais fait que m'habituer lentement à eux. Ils étaient des gens charmants qui m'aimaient, pour lesquels j'étais importante et qui m'étaient devenus très chers. Pourtant, ils n'étaient ni mon père ni ma mère. Seule l'habitude me les avait fait nommer ainsi. Jusqu'à ce moment, je n'avais jamais vraiment réfléchi à la situation. Je prenais les choses comme elles venaient puisque je me sentais bien auprès de ces personnes. Ils me donnaient la sécurité, ils appréciaient ma présence et trouvaient remarquable, charmant et délicieux tout ce que je faisais. Alors pourquoi ne me serais-je pas sentie bien en leur compagnie ? Il arrivait même que je joue agréablement avec Grete lorsqu'elle voulait bien oublier qu'elle était plus âgée que moi, qu'elle était « mon aînée de trois ans ». Oui, tout allait bien. Oncle Stefi venait souvent, jouait du piano et me montrait toutes sortes de choses fascinantes. Pour moi, il faisait des bulles de savon ; à l'aide de son canif, il fabriquait une crécelle avec une coque de noix, un petit cochon avec un pruneau et des cure-dents. Une fois, il m'apporta une boîte pleine de couleurs et un pinceau. Je pouvais peindre des fleurs merveilleuses et multicolores dans un cahier qui *n'appartenait qu'à moi !* Cette fois enfin je ne devais pas partager avec Grete ! Tante Adi, avec toutes ses histoires drôles et ses contes de fées, était adorable.

Grand-Mère – la mère de Mère – m'aimait beaucoup, elle était si douce, si fine et me souriait avec tant d'amour. C'était une fête chaque fois qu'elle s'asseyait au piano. Sa musique divine m'enchantait et je l'écoutais, ensorcelée. Dans ce domaine, Mère et moi étions en parfaite harmonie : nous aimions la musique plus que tout. Mon autre grand-mère était une femme très intéressante. Elle me racontait ses voyages dans des pays lointains et m'emmenait souvent au musée national où tant de choses me fascinaient : des grands papillons venant d'une autre partie du globe – je les connaissais pourtant si bien – et quelques immenses animaux empaillés qui n'avaient pas manqué de m'effrayer, mais Grand-Mère m'avait rassurée.

J'aimais beaucoup quand toute la famille parlait avec étonnement et ravissement de mes « talents et exploits » qui, pour moi, étaient tout à fait naturels. Lorsque j'eus quatre ans, Mère m'avait montré comment crocheter avec une aiguille recourbée. J'avais bien vite confectionné une robe à ma poupée qui restait en permanence assise sur un siège car je ne savais qu'en faire. Elle était sans vie et je n'étais attirée que par ce qui vivait. Finie, la robette s'était révélée être une sensation pour la famille, ce qui m'avait beaucoup surprise. Si Mère pouvait faire des dentelles si fines et si belles, pourquoi était-il étonnant que je susse crocheter ? – Mes peintures soulevaient un tel enthousiasme que j'avais reçu de Père une tirelire en forme de cochon dans laquelle il glissait une pièce de monnaie chaque fois que je peignais une belle fleur. Que tout cela était donc agréable…

Puis vint cette terrible surprise : Père avait un supérieur !

Ce fut à ce moment que je devins absolument consciente du fait que j'étais *ici* dans *cet* environnement, que je nommais cet « *ici* » « *la maison* » et que pourtant je n'étais *pas ici à la maison… mon foyer* n'était pas ici. C'était là ma profonde conviction.

Si à l'époque j'avais eu mes connaissances psychologiques d'aujourd'hui, j'aurais immédiatement cherché à savoir d'où l'enfant que j'étais alors tenait de telles idées. Mais précisément, je n'étais qu'une enfant qui ressentait tout de manière directe et convaincue d'avoir été arrachée avec violence de son foyer. Je ne savais pas d'où je venais puisque entre-temps j'avais tout oublié. Qui eût pu me donner des explications à ce sujet ? Seuls les deux êtres qui me nommaient leur enfant. Mais, à de telles questions, j'aurais certainement reçu des réponses incompréhensibles et qui, sans aucun doute, se seraient terminées par le refrain habituel : « Attends d'être grande ! » Oh que je haïssais ces mots ! Attendre d'être grande ? Pourquoi perdre encore tant de temps à marcher dans l'inconnu, dans l'obscurité ? Je voulais tout savoir *maintenant*, pas « un jour » !

Je retournai tout cela dans ma tête jusqu'au soir et quand je dus aller me coucher, Mère s'assit à mon chevet et demanda : « Pourquoi es-tu si calme au lieu de jouer avec ta poupée ? Tu as erré dans toute la maison en réfléchissant. Qu'est-ce qui te tourmente, dis-le-moi. Tu peux tout me raconter, me demander. »

À ce moment, je l'aimais de tout mon cœur, elle avait toute ma confiance. Elle était douce, tendre et belle. On me répéta souvent qu'elle était toujours prête à prendre mon parti lorsqu'on me grondait ; je pouvais toujours trouver refuge auprès d'elle. Et maintenant, nous étions si proches l'une de l'autre que je pensai pouvoir parler de tout avec elle. Je la pris par le cou et demandai :

« Mère, d'où m'avez-vous amenée, d'où suis-je venue jusqu'à vous ? »

Une lueur de surprise s'alluma dans ses yeux, même un peu de crainte, puis elle sourit tendrement et me dit : « Il existe une très grande mer où tous les petits enfants nagent ; puis, lorsque deux êtres s'aiment et adressent à Dieu une prière pour avoir un enfant, Dieu demande à son serviteur la cigogne de pêcher l'enfant qu'il destine à ces deux êtres et de le leur apporter. La cigogne prend l'enfant dans son bec et le dépose à côté de la femme. C'est ainsi que le petit enfant reçoit ses parents "terrestres" et devient un enfant "terrestre". »

J'écoutai d'abord avec beaucoup d'attention mais je me rendis bien vite compte qu'elle me « racontait » une histoire, comme Tante Adi ses contes de fées. – Non ! – Cela ne correspondait pas à la réalité ! Elle ne voulait pas me dire la vérité : *comment* et *où* elle et Père m'avaient trouvée. J'étais déçue, je la regardai avec insistance mais elle me demanda de réciter la prière après elle, me souhaita la bonne nuit et s'en alla. – Je restai seule.

Dès lors, ma conviction ne fit que s'affirmer : Père et Mère n'étaient pas mes vrais parents, ce pays n'était pas ma vraie patrie. Je savais que Mère ne me connaissait pas, qu'elle ne me *voyait* pas. J'étais et restais une étrangère pour elle et tous les êtres qui m'entouraient me devinrent totalement étrangers eux aussi. Nous ne nous comprenions pas. Lorsque je parlais à Mère de sujets évidents pour moi, elle était tellement étonnée, surprise qu'elle courait vers Père pour l'informer des choses singulières que je disais. Et Père s'en étonnait aussi. Je réalisais que ces choses étaient toutes nouvelles pour eux, inconnues. Ils les répétaient à la parenté et tous se moquaient de moi. « Quelle enfant étrange », entendais-je dire souvent. Je ne me trouvais pas bizarre du tout, c'était les autres qui l'étaient. Peu à peu, je me sentis étrangère parmi ces êtres que pourtant j'aimais. Tout autour de moi était petit, étriqué, fade. Profondément ancrée dans mon subconscient, je gardais la conviction que « Lui » seul pouvait me comprendre *parfaitement* et j'aurais tant aimé évoluer dans des chambres beaucoup plus spacieuses, être beaucoup plus libre, vivre au milieu d'êtres qui m'eussent ressemblé.

Ce sentiment d'être une étrangère solitaire ne me quitta plus jamais, il devint au contraire toujours plus conscient tout au long de ma vie. J'essayais en vain de trouver un contact. Mère parlait de l'amour fraternel en disant : « Il est bon d'avoir une sœur avec laquelle on peut parler de tout et en qui on peut avoir entière confiance. » Je décidai donc de tisser une telle relation avec Grete. Mais elle trompa ma confiance, elle me traita de haut avec « ses trois ans de plus que moi » et, une fois que je lui confiai un secret, elle s'empressa de le répéter à Mère. Mes efforts fraternels ne trouvèrent pas de résonance. Je renonçai à tenter d'autres ouvertures et nous vécûmes l'une à côté de l'autre comme deux êtres appartenant à des mondes absolument différents et qui se rencontrent par hasard. Tous m'étaient étrangers… étrangers… tous.

Le temps passait très vite. J'eus six ans et un beau jour, Mère me conduisit à l'école. Je fus mêlée à toutes sortes d'enfants et le sentiment d'être seule et différente se fit encore plus précis en moi. Dans ma famille, tous m'aimaient et je les aimais tous. L'amour régnait en maître, le reste ne venait qu'ensuite. C'est pourquoi je me sentais bien en son sein. Mais les enfants de l'école m'étaient totalement étrangers. Ils se comprenaient très bien entre eux mais me considéraient comme une espèce d'enfant prodige. Je les étonnais autant qu'ils m'étonnaient. Ils se moquaient de moi et cela faisait très mal. Ils parlaient constamment de ce qu'ils possédaient et se montraient leurs richesses – des plumes, des crayons et des gommes – ils voulaient tous pouvoir rivaliser. Je trouvais cela ridicule et ennuyeux. Les livres, les contes, la musique et les musées, voilà ce qui m'intéressait. Les enfants en restaient bouche bée et me posaient des questions bizarres. Ils jouaient à la poupée, à la balle, au cerceau et moi avec un prisme qui formait les couleurs les plus merveilleuses, avec un aimant qu'Oncle Tony, l'autre frère de Mère, m'avait donné. C'était tellement mystérieux ! L'aimant attirait toutes les épingles de Mère, puis les ciseaux devenaient magnétiques eux aussi. Mère devait éloigner avec force les épingles des ciseaux sinon elles se précipitaient vers eux. Oui, je voulais connaître la force qui se cachait dans l'aimant. Finalement, je pensais que l'aimant aimait autant les épingles que Mère nous aimait et que je sautais à son cou tout comme les épingles sur l'aimant. Voilà qui était formidablement intéressant ! Mais les enfants en riaient. J'étais seule… seule…

Cet hiver-là, je pris des leçons de piano. En jouant, j'avais l'impression que des figures se cachaient dans la musique : exactement les mêmes qu'Oncle Tony fabriquait avec du carton et qu'il nommait « figures géométriques ». Je jouais un morceau d'où s'échappaient des quantités de petits cubes. Puis, un autre qui était pointu partout et sur les pointes duquel sautaient des petites boules. Quand j'allais me promener dans le parc avec Mère, j'admirais toujours le jet d'eau : en son centre, je voyais des fées et des gnomes danser, tournoyer, sautiller. Et je vis que la danse de l'eau dans le bassin *était aussi musique*. Mais je n'entendais pas cette musique avec les oreilles, *je la voyais*. Je *savais* que c'était de la musique. Cela était évident pour moi ! Mais les enfants de l'école se moquaient de moi quand j'en parlais et m'appelaient « stupide ». Je ne comprenais pas pourquoi. La première fois que j'entendis jouer d'autres enfants à l'école de musique, j'en restai pétrifiée. Quoi ? – Ils n'entendaient pas qu'ils blessaient les figures géométriques de la musique ? La maîtresse disait : « Vous ne jouez pas en mesure »… comme si leur cœur battait arythmiquement. N'entendaient-ils donc pas qu'ils jouaient « faux » ? Aïe ! Ces fausses notes étaient insupportables, j'en aurais pleuré – et ils ne semblaient même pas les remarquer!! – Je regardais ces enfants avec curiosité : n'avaient-ils pas d'oreilles ? Comment était-ce possible ? Les enfants n'étaient-ils donc pas tous comme moi ? Je pensais alors que chaque enfant, chaque être humain voyait et entendait comme moi… Petit à petit, je dus me rendre à l'évidence que la plupart des enfants et des gens ont des yeux et des oreilles *tout à fait différents* des miens et que c'est pour cette raison qu'ils me considéraient comme un animal de cirque.

Et je restais seule… toujours plus seule.

UN LEVER DE SOLEIL EST QUELQUE CHOSE DE TOUT À FAIT DIFFÉRENT !

Le printemps me trouva très pâle. À chaque repas, j'avais les mêmes difficultés : je refusais les mets les plus fins, la nourriture ne m'intéressait pas et Mère tentait toujours de me convaincre de manger. Et, si je ne pouvais pas ? – La soupe me distrayait encore un peu car, avec les yeux gras qui nageaient à la surface, j'essayais de former un grand cercle. Je réunissais deux yeux, puis un troisième, et un autre encore jusqu'à ce que j'obtienne une grande surface. Cependant, mes parents n'appréciaient pas mon zèle à ce jeu. Père me renvoya de table à plusieurs reprises car je n'obéissais pas, je jouais au lieu de manger et refusais carottes et épinards. Lorsque Père comprit que cette punition ne m'affectait aucunement – je préférais me plonger dans la lecture, seule dans ma chambre – il demanda l'avis du médecin qui nous conseilla de passer l'été au bord de la mer. Sitôt après les examens scolaires, nous partîmes en famille.

Nous voyageâmes de nuit. Avec des couvertures, Mère prépara pour les enfants des couchettes confortables. Je m'endormis mais l'environnement inhabituel fit que je me réveillai avant l'aube. Père et Grete dormaient encore. Mère était réveillée. Je lui demandai la permission de m'asseoir près de la fenêtre. J'avais souvent entendu parler de la beauté du lever du soleil, je

désirais donc profiter de l'occasion de vivre personnellement ce moment.

Il faisait encore sombre, je passai la tête derrière le
rideau et regardai. Le soleil ne se montrait pas encore
mais le ciel se colorait lentement... s'éclaircissait...
malgré une couleur grise qui persistait. Les choses
devenaient distinctes dans le paysage que le train traversait : les maisons, les paysans aux champs, les chevaux et les vaches, les arbres, tout le reste... mais le
soleil n'apparaissait pas ! Comment était-il possible
qu'il fît clair sans soleil ? J'en fus très frappée, mais
cela était ainsi ! Alors qu'il faisait déjà jour, le soleil se
leva enfin à l'horizon, il apparut dans un beau ciel
rouge que j'avais attendu en vain jusqu'à cet instant.
Mais cette couleur était beaucoup plus pâle – comme
diluée – tellement différente de ce que j'avais attendu.
Quelle déception ! Ce n'était pas un vrai lever de soleil !

Tous étaient maintenant réveillés dans le coupé et
Père s'adressa à moi : « Le lever de soleil t'a-t-il plu ?
C'était la première fois que tu voyais cela dans ta vie,
n'est-ce pas merveilleux ? » Et il me sourit.

Déçue et boudeuse, je répondis : « Non, Père, ce
n'était pas beau du tout ! Un lever de soleil n'est pas
comme cela ! C'est ennuyeux et cela dure trop longtemps, tout est gâté puisque le ciel est déjà clair, vilai-
nement, fadement clair quand le soleil apparaît enfin.
Non, ce n'était pas beau ! Un lever de soleil est quelque
chose de tout différent. Tout différent. » De mauvaise
humeur, je gardai les yeux fixés devant moi.

Comme toujours, Père m'écouta avec patience et
attention. Dans ses beaux yeux noirs, je vis passer une
lueur d'intérêt, d'amusement gentiment moqueur –
comme d'habitude ! – et de gentillesse. « Que me dis-tu
là ? Le lever du soleil doit être différent ? Tu n'es pas
contente du lever du soleil ? C'est vraiment extraordinaire qu'un petit marmouset comme toi ne soit pas
satisfait des phénomènes de la nature et veuille impo-

ser au soleil la manière dont il doit se lever ! Et comment sais-tu que cela doit être différent puisque c'est la première fois que tu y assistes ? Alors ? » Je le regardai et répondis : « Je ne sais *d'où* je sais cela ni *où* j'ai vécu déjà un lever de soleil, mais *je sais* que cela est différent. Le soleil doit surgir dans un ciel obscur et *tout doit devenir clair instantanément, et non pas être ennuyeux, fade et gris, mais merveilleusement rouge, pourpre, éclatant, tout le ciel et tout sur terre doit être inondé de pourpre.* Ce doit être beaucoup, beaucoup plus beau, plus surprenant, plus sublime. Je sais… *je m'en souviens !* »

« Aha, tu t'en souviens, répondit Père en souriant et se moquant gentiment. Ton imagination est vraiment fertile. » Puis, il prit la tasse de café que Mère lui offrait en ajoutant : « Je suis navré que le lever de soleil n'ait pas eu l'heur de te plaire – pourtant le temps est très clair aujourd'hui et il m'est difficile d'imaginer un spectacle plus beau, plus coloré. Mais là, je ne peux t'aider, je suis totalement impuissant ! »

Je ne répondis pas – je boudais – non seulement à cause de la déception que m'avait réservée le lever de soleil mais parce que Père avait dit que « mon imagination était fertile » alors que je *savais* pertinemment que c'était un souvenir, oui, je me souvenais ! L'imagination était quelque chose de différent. Si je me représente quelque chose dans ma tête, c'est de l'imagination. Mais le lever de soleil, le *véritable*, je ne l'ai pas *imaginé !* Il vivait en moi, gravé dans ma mémoire plus fortement encore que, par exemple, la journée d'hier avec tous ses événements. J'étais vraiment fâchée comme chaque fois qu'il m'était impossible de prouver quelque chose que je savais pertinemment. Ma mauvaise humeur dura jusqu'à ce que, tout à coup, les gens se précipitassent dans le couloir et que Père s'écriât : « La mer, les enfants, venez voir la mer ! »

Nous courûmes à la fenêtre. Et là-bas, loin encore, la mer. Oh cette mer que j'adorais !

Le train franchit encore la montagne avant d'arriver dans la baie. J'étais terriblement excitée et heureuse car je savais fort bien que je connaissais la mer – que *ce n'était pas la première fois que je la voyais*. Cela était si naturel pour moi que je ne m'étonnais même pas de ce que j'éprouvais. Muette, je regardais et j'écoutais chanter mon cœur : « Mer aimée, ô mer, toujours pareille, toi qui comprends tout, qui ressens tout, qui survis à tout ! Mer, ô mon amie, qui si souvent m'écoutas, compris mes souffrances, ma douleur, mes joies et sus, avec ton infinité et ton éternité, me consoler et m'élever au-dessus de toute limite humaine ! Tu es ici, tu es à nouveau présente, inchangée, je peux plonger mon regard dans tes profondeurs et écouter tes vagues raconter l'éternité... »

Père effleura mon épaule et demanda : « Comment trouves-tu la mer ? En es-tu satisfaite ou devrait-elle être différente ? »

« Non, Père, la mer est exactement comme elle doit être. Mais la rive ? Pourquoi y a-t-il une rive partout ? La mer doit être infinie, on ne doit voir aucune rive. »

« Oui, c'est vrai, tu en feras l'expérience lorsque nous y arriverons. Nous sommes ici dans une baie et c'est pourquoi il te semble que la mer est entourée de toute part. Une fois en bas, la mer te sera révélée sans rivage aussi loin que ton regard peut porter. »

Voilà qui me rassura. J'étais enthousiasmée et ma sœur montrait le même ravissement. Nous venions de trouver un terrain de parfaite entente. Nous jouissions de cette mer et, lorsque plus tard, nous nous mîmes à chercher des coquillages et des moules, nous devînmes alors les meilleures amies du monde.

Le séjour dans cette station balnéaire fut heureux. Père était joyeux et cela se répercutait sur nous. Mère rayonnait car elle pouvait passer toute la journée aux côtés de Père.

Un jour, nous nous rendîmes dans une petite église entourée d'un jardin plein de cyprès. Mère s'agenouilla et pria longuement avec dévotion. Père, près d'elle, resta debout, grave. Grete s'agenouilla aussi et pria. Mon désir était bien de me recueillir mais je n'y parvins pas. Je ne m'agenouillai pas car je n'en ressentais pas le besoin. *Je ne voulais pas ployer le genou devant des formes visibles !* Pourquoi s'agenouiller uniquement parce que les autres le faisaient ? Non, pas ça ! Ou alors, simplement pour être une gentille petite fille ? Non ! Dieu n'avait pas besoin de cela ; Dieu voyait ce qui était juste et sincère. Je ne m'agenouillai donc pas et observai les gens…

Un certain temps s'écoula – je m'ennuyais déjà – quand Père toucha l'épaule de Mère qui se leva et nous pûmes sortir. Tout baignait dans le soleil. Je me mis à sautiller et à courir de-ci de-là, me sentant bien plus près de Dieu dans un rayon de soleil que dans l'église si froide !

Le soir, quand Mère vint réciter la prière avec moi, je lui demandai : « Mère, pourquoi as-tu prié avec tant de ferveur à l'église ? »

« Je priais Dieu pour qu'il nous envoie un petit frère s'il veut bien nous accorder encore un enfant. »

J'en restai muette. Un petit frère ? Peut-être pourrions-nous devenir de bons amis ? Ce serait agréable ! Je comprenais maintenant la dévotion de Mère. Prier pour un enfant… oui, cela avait un sens !

Une nuit d'hiver, je me réveillai au son de bruits bizarres provenant de la chambre de mes parents : les vagissements d'un nouveau-né. L'instant d'après, Père parut et nous demanda : « Êtes-vous réveillées ? »

« Oui, Père ! »

« J'ai une heureuse nouvelle à vous annoncer ! Dieu vous a envoyé un petit frère ! »

Ah ! Voilà qui était intéressant et je voulus immédiatement voir ce frère. Mais Père me pria d'attendre patiemment jusqu'au matin. Le comportement de Père était étrange, il souriait doucement et tendrement, il parlait à voix basse, solennellement. Je n'osai insister.

Le matin arriva. Ma grand-mère maternelle m'aida à m'habiller et nous nous rendîmes dans la chambre à coucher de mes parents. Mère était étendue, un tout petit enfant dans les bras. Je l'observai avec attention et remarquai des touffes de longs cheveux noirs tout fins qui pendaient de ses oreilles, comme un petit singe. Comme je venais de me laver, je pus caresser son petit poing. Tout le monde me regardait. Tout le monde était si solennel… si grave…

Nous étions maintenant trois enfants dans la famille et je me retrouvais plus seule que jamais.

JE VEUX PARTIR

À cette époque, je fis la connaissance de la sœur de mon père : Tante Raphaela qui vivait dans une autre ville avec son mari, Oncle Ferdinand. Ils vinrent faire la connaissance du nouveau-né. Je fus très impressionnée par cette femme très belle, royale. Elle était aussi grande que Père, pareille à une déesse grecque avec un visage d'une beauté classique, noble, imperturbable, couronné d'une chevelure d'ébène. Elle avait les mêmes yeux noirs et ardents que Père. Ses mouvements étaient majestueux, empreints de dignité, pourtant pleins de charme. Elle était le symbole de la beauté et de la distinction. Je l'aimai dès que je la vis. Elle me le rendit bien et m'emmena souvent avec elle lorsqu'elle allait faire des achats. Son mari était un être fort sage et aimable. Nous nous entendîmes tout de suite très bien. C'est donc avec plaisir que j'appris que nous allions passer l'été dans une station de montagne, tout près du lieu où vivaient, avec leurs enfants, Oncle Ferdinand et Tante Raphaela.

L'été fut magnifique. J'eus souvent la permission d'accompagner Père et Oncle Ferdinand en excursion. Que les forêts et les prairies étaient donc belles ! Qu'il était merveilleux d'arriver au sommet d'une montagne et d'embrasser du regard toute la région qui s'étendait tout en bas, la ville et les villages aux minuscules maisons ! Oui, *ici*, j'étais heureuse ! Mais de retour dans le giron de la famille, ce bonheur s'évanouissait. Grete était très différente de moi, ses jeux n'étaient pas les miens, et Mère consacrait son temps au nouveau petit frère. Elle ne faisait plus de travaux à l'aiguille avec moi, elle n'avait plus le temps de répondre à mes sempiternelles questions. Le sentiment de solitude se fit si lancinant en moi que, lentement, je me détachai de chacun et ne participai plus aux activités familiales. Pour ma mère, j'étais tout simplement désobéissante.

Un soir, alors que nous devions aller dormir, Mère me réprimanda : j'étais rentrée trop tard du jardin, je ne voulais pas aller dormir. Je me tus. Mais Mère continua à me gronder et m'accusa d'être une enfant très désobéissante. Je me mis en colère :

« Je vois bien que vous ne m'aimez pas. Il est donc préférable que je vous quitte une fois pour toutes. »

Mère, fâchée, répliqua : « Pars donc, va où tu veux ! »

Je sortis en courant, dégringolai les escaliers, traversai le grand jardin, pris le chemin de la forêt et m'enfonçai dans l'obscurité vers la montagne. Le jour précédent, Père, Oncle Ferdinand et moi y étions venus et avions découvert, tout en haut, une grande grotte nommée « caverne des voleurs ». C'est là que je voulais aller passer la nuit pour réfléchir à ce que j'allais entreprendre. Dans la nuit, je ne discernai plus le sentier. Je me frayai donc un chemin à travers les buissons et les branches et me dirigeai en droite ligne vers cette caverne. Tout à coup, j'entendis la voix de ma mère qui m'appelait. Je m'arrêtai un instant mais repris bien vite ma course. Mère appela à plusieurs reprises puis je l'entendis courir derrière moi. Le bruit que je faisais dans les buissons lui avait fait prendre la bonne direction. Elle me rattrapa, m'empoigna par les épaules, et irritée, demanda : « N'as-tu pas peur qu'un chien te morde ? Es-tu complètement folle ? »

Je ne répondis pas. Les chiens me laissaient indifférente et d'ailleurs, je savais bien me défendre. Je voulais partir ! Aller dans mon propre foyer, là où j'étais à la maison – loin de ces étrangers, de cet environnement où personne ne me comprenait. Ils étaient pleins de bonté et d'amour, ils ne désiraient que le meilleur pour moi mais ils m'étaient étrangers, ils étaient différents de moi et différents des gens de là-bas où j'étais vraiment à la maison.

Nous rentrâmes sans prononcer un mot et je m'attendais à être punie. Mais à ma grande surprise, Père et Mère se turent. Seul, Père me regarda mi-curieux, mi-amusé. Ma seule punition fut que Mère, après m'avoir mise au lit, quitta la chambre sans me souhaiter une bonne nuit.

Le lendemain, mes parents agirent comme si rien ne s'était passé. Je sus quand même que Mère s'était effrayée de mon audace et que Père respectait et reconnaissait mon courage. À ses yeux, j'étais sortie grandie de l'incident. Quant à moi, je ne me sentais ni audacieuse ni courageuse. J'étais comme j'étais, tout simplement.

Grete, toujours docile, gentille et bien élevée, me considéra comme si j'étais une criminelle et baissa les yeux. De tout mon cœur, je la méprisais pour sa lâche soumission !

L'hiver suivant, je fus dispensée d'aller à l'école, j'étais très pâle, je ne me levais qu'avec beaucoup de difficulté. Un répétiteur vint donc à la maison avec l'intention de me graver l'esprit de toutes sortes de choses qui m'ennuyaient profondément. Géographie ! Pourquoi apprendre quelque chose de pays que je ne connaissais pas ? Si je veux les connaître, je m'y rendrai dès que je serai grande et alors, je n'aurai plus rien à apprendre à leur sujet, pensai-je. Mais, tant que je ne les connaissais pas, pourquoi me faire ingurgiter ces choses ? Pendant que le répétiteur parlait du Paraguay, du Nicaragua et du Venezuela... j'écoutais le sifflement du gaz de la lampe. Et lorsque le professeur eut terminé son exposé sur l'Amérique du Sud, je lui demandai s'il entendait aussi siffler le gaz dans la lampe. Il me répondit gentiment que je devais écouter ce qu'il disait, non pas le bruit dans la lampe.

« Mais, c'est beaucoup plus intéressant ! » répondis-je.

Il eut une longue conversation avec ma mère au sujet de cette étrange enfant qui s'intéressait davantage au sifflement du gaz qu'à la géographie. Lorsqu'il se fut retiré, je dus subir une harangue longue et « sérieuse » de la part de Mère qui avait décidé de me faire comprendre la nécessité d'étudier.

« Bon, bon, je veux bien étudier, mais pas les choses que vous voulez m'enseigner », dis-je. Mère ne capitula pas et me dit que, comme je devais de toute façon passer les examens de l'école, il fallait bien apprendre ce que l'école exigeait. Je voulais lui expliquer que je trouvais cela tout à fait inintéressant et Mère voulait me faire admettre que je devais quand même étudier ; nous ne nous comprenions pas, j'en avais assez, je voulais partir ! – Je voulais connaître la vérité, je voulais retourner auprès de mes vrais parents, je voulais vivre parmi mon peuple où je pouvais faire ce que je désirais, où je pouvais jouer et non pas faire des gammes ennuyeuses, où j'étais libre – en un mot, où je savais être à la maison...

M'asseoir dans le noir de la salle de bains devint lentement une habitude. Mes pieds se balançaient et je réfléchissais à ce que j'allais devoir faire. Je voulais partir... partir d'ici... aller à la maison ! Je n'osais en informer Mère car je savais qu'elle serait fâchée. Il me sembla donc que la meilleure solution était de lui écrire une lettre pour lui exposer mes raisons, lettre que je pourrais lui remettre au moment opportun.

Mère s'occupait beaucoup du petit frère. Elle était une mère consciencieuse et n'avait jamais confié ses enfants

48

à qui que ce soit. Elle nourrissait, baignait, soignait elle-même ses petits. J'avais donc tout le temps nécessaire pour écrire tranquillement ma lettre. J'écrivis très poliment et simplement que je savais fort bien que je n'étais pas leur enfant, que Père et elle n'étaient pas mes vrais parents, qu'ils m'avaient certainement trouvée quelque part et emmenée chez eux – ce qu'ils regrettaient déjà probablement puisqu'ils ne pouvaient m'aimer. C'est pourquoi je leur demandais instamment de me ramener le plus vite possible là d'où ils m'avaient emmenée. En termes concis, je lui disais combien j'étais malheureuse ici et qu'à aucun prix je ne désirais rester plus longtemps. Ce serait mieux pour elle aussi car elle serait ainsi libérée de tous les soucis que je lui causais. Je signai « je te baise la main » suivi de mon nom. La lettre était terminée mais je n'osais encore la remettre. J'attendis donc une bonne occasion.

Un beau jour, ma mère reçut la visite de quelques amies et parentes. Elles bavardèrent, admirèrent les enfants, nous les plus âgées et le nouvel arrivant ; nous avions mis nos plus beaux vêtements. Puis, elles se rendirent à la salle à manger où les attendaient le café et les biscuits. Dans ce cercle de dames, ma mère se comportait d'une manière charmante et enjouée ; comme d'habitude, elle avait pris place au bout de la table. Elle était rayonnante, belle et sereine. Je pensai donc que le moment était venu de lui remettre ma lettre. Elle ne pourrait certainement pas se fâcher. J'attendis que chacun ait terminé son café, me glissai derrière sa chaise et, pendant qu'elle échangeait quelques mots avec sa voisine, déposai ma lettre sur ses genoux. Ma mère remarqua tout de suite mon manège car elle n'aimait pas que les enfants se mêlassent aux adultes. Nous devions rester dans la chambre d'enfants et n'en sortir que si on nous appelait. Occupée avec ses hôtes, elle ne put me demander ce que je voulais mais me regarda avec de grands yeux surpris quand je lui remis ma lettre. Elle la mit dans sa poche et continua sa conversation comme si de rien n'était. J'étais fort satisfaite d'avoir su choisir un moment si opportun !

Mais, le soir, lorsque Père rentra et que les convives se furent retirés, l'orage éclata... ce à quoi je ne m'étais pas préparée ! Mère était visiblement épouvantée et hors d'elle. Elle tendit ma lettre à Père et, bouleversée, lui dit : « Cette enfant est complètement folle, vois ce qu'elle m'écrit ! » et se tournant vers moi avec colère : « Attends un peu. Si nous ne sommes pas de bons parents, nous pouvons agir différemment et tu verras que tu auras vraiment d'autres parents. Mais tu t'en repentiras ! »

Père lut la lettre avec grande attention et je remarquai qu'il la trouvait très intéressante. Il était très difficile de troubler mon père. Aussi, il ne prit pas ma lettre au tragique, me regarda avec curiosité et demanda : « Qu'entends-tu par vouloir retourner chez tes vrais parents ? Qui sont ces "vrais parents", où sont-ils ? Sotte petite fille ! » – Pour Père, l'incident était clos.

Quant à Mère, elle en resta irritée et, des jours durant, parla de ma lettre avec Grand-Maman, Tante Adi, Oncle Stefi et la montra même au meilleur ami de mon père, le médecin de famille. C'était un homme très cultivé, réfléchi et avancé dans son art. Il était toujours de bon conseil dans toutes les affaires du corps et de l'âme. Mère était très amère, elle lui raconta – ce qu'il savait déjà – combien toute la famille s'efforçait de me rendre heureuse et que, pourtant, je désirais partir, enfant ingrate que j'étais !

Elle me répétait : « Mais où veux-tu donc aller, folle petite fille, veux-tu me dire où tu veux aller ? » Mais c'était précisément la question à laquelle *eux* devaient répondre ; moi, je ne savais pas ! *Je* voulais savoir d'où *ils* m'avaient amenée ! Le médecin me regarda calmement de ses yeux intrigués et me demanda sérieusement comme à un adulte : « Qu'entends-tu par cela, petite fille, dis-le-moi franchement, raconte ! »

Mais je ne voulais ni ne pouvais plus en parler. Je voulais seulement retourner là d'où je venais, là d'où on m'avait emmenée. Là où j'étais à la maison, là où je pouvais retrouver des *êtres pareils à moi*.

Je vis bien que je ne pourrais atteindre mon but présentement. Je devais rester ici. Je constatai que ceux qui m'entouraient en savaient aussi peu que moi sur mon origine, même moins. Je ne pouvais donc pas attendre d'eux la solution de cette énigme. Mes questions n'avaient réussi qu'à les blesser, à les effrayer. Ma lettre avait été une insulte pour ma mère ce qui n'avait jamais été mon intention. Je retournai dans la chambre d'enfants ; j'y trouvai Grete les yeux baissés – elle ne voulait pas poser son regard sur une enfant coupable – et je me sentis comme une criminelle. Non – ma cause était sans espoir, je n'en parlerai plus jamais. La famille oublia peu à peu cet incident et un voile de plus en plus opaque descendit dans mon âme. Je ne voulais plus penser à ma vraie patrie puisqu'il semblait impossible d'apprendre quoi que ce soit à son sujet.

À cette époque – j'avais alors sept ans – Père mentionna à table le fait que l'être humain était « la couronne de la création ».

« Comment faut-il comprendre ? » demandai-je.

« L'homme est l'être le plus parfait sur la terre. Il n'existe rien au-dessus de lui », m'expliqua-t-il.

J'en restai consternée ! Comment, pensai-je, Père, si brillant, qui connaissait les réponses à toutes les questions et qui, lors d'argumentations, avait toujours raison, pouvait ignorer qu'il existât encore au-dessus des humains des… comment les nommer… ? géants ou titans, pas physiquement, mais en savoir et en puissance infiniment supérieurs aux hommes, qui nous guidaient grâce à leur autorité et nous aidaient dans notre développement ?

J'observai Père pour essayer de déterminer s'il ne voulait peut-être pas parler de ces êtres ou si vraiment, il en ignorait l'existence. Je fixai son visage et dus me rendre à l'évidence qu'il était convaincu que l'homme était bien la couronne de la création. Je n'osai pas poser d'autres questions car je sentais profondément en moi qu'« *Il* » n'aimait pas m'entendre parler de ces choses secrètes avec des gens ignorants. Il faut savoir se taire.

Tout à coup, je sursautai : « *Il* » – Qui est-*Il* donc, *celui* à l'existence de qui je crois tout naturellement, *celui* qui est toujours avec moi, *celui* qui est là pour m'aider ? Qui est-*Il* donc celui vers lequel je lève les yeux avec tant de respect et de confiance ? Celui dont je reconnais la supériorité indiscutable, à qui je pense comme à un havre lorsque je me sens seule ou incomprise, *celui* qui m'accueille avec un amour et une compréhension absolus, qui ne condamne jamais mais qui m'écoute d'abord, qui me prend au sérieux, qui m'aide à continuer et qui jamais… jamais… *jamais* ne m'abandonnera. *Qui* – et *où* est-*Il* ?

Alors que je cherchais la réponse à cette question, deux yeux d'un bleu foncé apparurent soudainement à mon regard spirituel, des yeux aimants, omniscients, omnipotents, profonds comme la voûte des cieux… je veux crier son nom… mais les lettres sont trop profondément cachées dans ma mémoire, ma pensée n'est pas assez précise pour les faire remonter à la surface – et tout à coup, je remarque que je suis assise à la table familiale, que Mère tient le bébé sur ses genoux et le nourrit à la cuillère… et ma vision s'évanouit.

Je passe l'après-midi assise à ma table essayant de toutes mes forces de faire surgir des souvenirs de la partie inconsciente de mon être – ils sont là mais je ne peux les saisir. Des images floues s'esquissent parfois, je veux les retenir… mais elles m'échappent…

Pourtant, une chose m'est apparue clairement : depuis que je suis devenue consciente sur cette terre, j'ai toujours gardé en moi l'image de quelqu'un, qu'en moi je nomme simplement et tout naturellement : *Il*.

J'ASPIRE À L'UNITÉ

Un jour, ma mère reçut l'invitation d'une cousine qui, avec sa famille, avait emménagé dans notre ville. On nous reçut sur le perron. Les deux garçons nous toisèrent et nous, les deux filles, les inspectâmes de la tête aux pieds, sans un mot, jusqu'au moment où on nous envoya dans la chambre d'enfants.

Nous nous trouvâmes tout à coup plongées dans un univers de garçons : un train qui glissait sur des rails, une petite imprimerie et une lanterne magique. Tout cela m'impressionna mais ce qui m'enthousiasma le plus fut la quantité de livres que je voyais là. Tous les livres de Jules Verne ! Ce fut un grand événement et il était déjà tard lorsque nous regagnâmes la maison. Les deux familles sympathisèrent et nous nous rencontrâmes régulièrement chaque semaine. Ces après-midi se révélèrent agréables et amusants, les deux garçons étaient gais et bien élevés.

Comme je l'avais lu une fois dans un livre, j'étais à la recherche « d'une unité éternelle dans l'amitié » mais mes camarades d'école se moquaient de moi et disaient ne pas s'intéresser à des choses si stupides. Je fis donc la proposition aux deux garçons de conclure un pacte « d'amitié éternelle ». Ils trouvèrent l'idée formidable. Mais le plus jeune qui était aussi le plus volontaire et savait imposer sa volonté, répliqua : « Chacun doit d'abord montrer sa signature. » Nous dûmes donc tous écrire notre nom sur un morceau de papier. Grete et les garçons s'appliquèrent à écrire très gros, à doter leurs initiales de décorations étonnantes, à rendre le reste aussi illisible que possible et à parachever leur œuvre d'une longue queue ondulée. Je jugeai tout cela parfaitement inutile et j'écrivis mon nom simplement et lisiblement.

Le jeune garçon regarda les signatures et, considérant la mienne avec mépris, dit : « Quoi ? Tu veux conclure un pacte d'amitié éternelle, tu veux devenir membre d'une alliance et tu ne peux même pas signer décemment ? Tu ne pourras pas te joindre à nous avant d'avoir une signature correcte. » Là-dessus, les trois autres conclurent « un pacte d'amitié éternelle, à la vie, à la mort ».

J'étais profondément vexée, abattue, malheureuse.

De retour à la maison, le manteau et le chapeau à peine enlevés, je commençai à m'exercer pour trouver une « signature ». Mille fois, j'écrivis mon nom, avec élan, la première lettre ornée d'une courbe gigantesque, les autres lettres illisibles : j'essayais d'imiter la signature du médecin qui rédigeait les ordonnances d'une manière quasi indéchiffrable. Puis, je terminai cette œuvre d'art par une ligne sinueuse qui traversait la page. C'était artificiel. Ce n'était pas authentique. Pourtant, le samedi suivant, je dis fièrement à mes petits amis :

« Regardez un peu, j'ai déjà une "signature" ! » et je gribouillai une signature imposante sur un morceau de papier. Les deux garçons et Grete contemplèrent le résultat et le plus jeune laissa tomber la sentence :

« Bien. La signature est encore *trop* lisible, mais nous l'acceptons et t'accueillons au sein de notre alliance. »

J'aurais dû être heureuse puisque mon vœu s'était réalisé mais, étrangement, je n'y parvenais pas. Non ! Il y avait une note discordante. Et lorsque de retour à la maison, je me mis devant le miroir pour rencontrer

« l'invisible » – moi-même – face à face, j'entendis une voix en moi :

« Ta signature était fausse. Elle n'est pas à ton image. Crois-tu pouvoir obtenir des choses *véritables* avec des choses *fausses* ? Une vraie amitié par une fausse signature ? Ceux qui ne peuvent reconnaître ta vraie signature ne peuvent devenir tes vrais amis... »

Je me détournai du miroir et allai me coucher. Mais la signature qui m'avait coûté tant d'efforts m'était devenue intolérable. Je savais que cette « amitié éternelle à la vie, à la mort » était aussi artificielle que ma « signature » et que les garçons n'avaient aucune idée du genre d'amitié que je recherchais – éternelle amitié au-dessus de l'espace et du temps, réelle et véritable ! Je restai donc seule avec ma nostalgie d'une amitié authentique, d'une unité authentique et véritable... seule... seule...

L'HOMME ROUGE

À l'âge de neuf ans, je vécus une expérience qui me bouleversa. Mon petit frère que j'aimais tendrement avait alors deux ans. Il tomba malade mais le médecin ne sut diagnostiquer le mal. J'étais dans la même chambre que lui, Mère était à son chevet. L'enfant dormait, mais tout à coup, la peur le saisit, il regarda dans une direction précise comme s'il voyait quelqu'un, se dressa sur son lit et hurla, épouvanté, les yeux agrandis par l'angoisse : « Maman, maman, l'homme rouge… l'homme rouge m'attaque ! » et ses mains s'agitèrent comme s'il voulait se défendre contre quelqu'un ; il hurla une fois encore : « Mère, aide-moi ! L'homme rouge ! » puis tomba évanoui.

Mère s'empressa de le prendre dans ses bras puis le remit doucement dans son lit. Elle fit appeler le médecin. Alors que nous l'attendions, je demandai : « Qui est cet homme rouge que le petit a vu ? »

Mère répondit : « Rien de réel, mon enfant. C'est la fièvre qui le fait divaguer. C'est du délire. Il a des hallucinations. »

Le médecin arriva, examina l'enfant et put diagnostiquer une pneumonie.

Pauvre chère mère ! Pendant trois semaines, elle garda l'enfant dans ses bras, nuit et jour, sans dormir. Elle ne le laissa pas une minute seul. J'étais bouleversée par le combat que l'enfant livrait pour sa vie et par celui de la mère pour son enfant. Ce fut peut-être la première fois que mon cœur s'ouvrit complètement à ma mère, la première fois peut-être que ma vue intérieure contempla son âme toute faite d'amour. Je tremblais pour la vie de ce petit frère et, depuis ce moment précis, je me sentis membre de cette famille à part entière. Lorsque mon frère fut hors de danger, je me joignis à la joie de la famille et commençai à me sentir *ici* aussi « à la maison ».

Mais, je n'ai jamais oublié « l'homme rouge ». C'est en vain que Mère avait voulu m'assurer qu'il ne s'agissait pas de quelque chose de réel. Mon frère l'avait vu – quelque chose lui avait permis de voir un homme rouge – et cela ne devait pas être réel ? La question de savoir ce que mon frère avait vu restait ouverte et j'y pensais souvent. Je ne savais pas alors que la réponse me serait donnée une fois, aux Indes, beaucoup, beaucoup plus tard.

Une année passa et nous emménageâmes dans un quartier de la ville plein de verdure, où les maisons étaient entourées de jardins. De nos fenêtres, nous pouvions admirer les montagnes.

J'allais de nouveau à l'école et la vieille histoire recommença. Les autres filles avaient autant de sujets d'étonnement à mon égard que moi au leur. Elles jouaient avec des poupées – je trouvais cela ennuyeux. Je lisais des livres – elles trouvaient cela ennuyeux. Plus j'avançais en âge, plus je lisais avec frénésie. Pas seulement les livres que les enfants reçoivent habituellement, mais tous les livres de la bibliothèque paternelle. C'est là que je découvris une série de volumes qui me donnèrent littéralement la fièvre : les œuvres complètes de Shakespeare ! J'avalai un livre après l'autre. Ils me firent une telle impression que je ne pouvais penser à autre chose durant toute la journée, ni ne voulais me séparer un instant du livre que je lisais. Je vivais comme une somnambule. À table, je n'entendais pas lorsqu'on m'interpellait. Je vivais le destin des héros et héroïnes des diverses tragédies ou comédies. Premièrement, je lus toutes les tragédies – j'en ressentais les effets profonds dans mon âme bouleversée. Puis, je lus les comédies – je me tordais de rire sur le divan.

À part les œuvres de Shakespeare, une autre série très importante de volumes m'intrigua et m'impressionna beaucoup «Recherches ethnographiques». J'y découvris la description détaillée de différentes pratiques de superstition et de magie noire. Ha! là, j'appris des choses qui m'avaient été inconnues jusqu'alors mais que je ne pouvais pas vraiment comprendre... Au sujet de charmes, de philtres d'amour et autres coutumes obscures qui se rapportaient toutes à la vie amoureuse. Après avoir lu des choses inimaginables et tout mélangé dans ma tête, j'allai trouver Mère pour lui demander :

« Mère, est-ce vraiment ainsi : quand quelqu'un veut se faire aimer d'une personne, doit-on percer une carotte en bas, cracher trois fois au travers du trou et, à minuit, la lancer par-dessus la maison où dort la personne aimée ? – ou bien doit-on brûler un morceau d'une chemise de nuit déjà portée, en inclure les cendres dans un gâteau que l'on fait cuire ? Et lorsqu'un monsieur mange de ce gâteau, il tombe éperdument amoureux de la propriétaire de la chemise de nuit et, ensuite, il fait tout ce qu'on veut de lui ? »

De plus en plus horrifiée, Mère m'avait quand même laissée parler. Enfin, elle s'écria : « Pour l'amour de Dieu, d'où tiens-tu ces horreurs ? As-tu été à la lingerie ? Combien de fois t'ai-je demandé de ne pas parler de choses intimes avec la cuisinière et la lingère ? Où as-tu entendu ces absurdités effrayantes de magie noire ? Tu vas me le dire tout de suite ! »

Sûre de mon innocence, je répliquai : « Ne t'inquiète pas ! Ces choses ne peuvent être aussi terribles puisqu'un savant s'en est occupé et a fait des recherches à leur sujet. J'ai lu tout cela dans des livres scientifiques « Recherches ethnographiques ».

Ma mère se précipita vers la bibliothèque et en retira la clé.

Cela n'assouvit évidemment pas ma curiosité. Une quantité de mots latins m'étaient restés en mémoire dont la signification m'échappait. Je priai donc Mère de me donner un volume, ou l'autre, du dictionnaire sous prétexte d'y chercher des renseignements au sujet des plantes et des animaux que nous étions en train d'étudier à l'école. Mais je m'assurai auparavant que le volume comprenait bien les mots qui m'intéressaient... beaucoup plus que les plantes et les animaux. Je me rendis dans la chambre d'enfants et étudiai consciencieusement les choses que je voulais connaître. C'est ainsi qu'avec la permission de Mère mais à son insu, je pus lire dans le dictionnaire tout ce qui m'était défendu autrement. En outre, ma mère m'avait révélé que je pouvais apprendre de la lingère des choses fascinantes sur les croyances superstitieuses. Je m'empressai donc de trouver une occasion de lui parler en secret. Là, j'entendis les histoires de fantômes, de superstition, de sorcellerie les plus effrayantes qu'il soit permis d'imaginer. Le résultat fut que je n'osais plus me rendre seule dans une chambre obscure. Oncle Stefi m'en demanda un jour la raison.

« Un fantôme pourrait apparaître ! » lui dis-je.

« Oh, il existe un moyen bien facile de s'en défendre : siffle fort et tous les fantômes disparaîtront ! » répondit-il.

Je me mis donc à siffler avec ardeur mais mon intérêt pour les histoires de revenants ne se calma pas pour autant. C'est ainsi que, d'un côté, j'approfondis mes connaissances en mysticisme d'un niveau très primitif et, de l'autre, je développai l'art de siffler à un degré de perfection tout à fait étonnant !

MON AVENIR SE DESSINE

Nous passâmes l'été au bord d'un grand lac avec quelques parents. Cet été-ci est resté particulièrement vivant dans ma mémoire car les événements qui s'y déroulèrent me revinrent souvent à l'esprit, beaucoup, beaucoup plus tard.

Mère était toujours très occupée avec mon petit frère, ce qui me permettait de jouir de davantage de liberté. J'allais me baigner, jouer dans la prairie et me promener dans la forêt avec une petite camarade de mon âge. Mère pensait que je me rendais chez mon amie et la mère de celle-ci pensait que sa fille venait chez nous. Or, pendant ce temps, nous faisions toutes sortes d'expériences. Le lac était bordé de maisons et nous observâmes un jour comment un jeune Tzigane allait, de villa en villa, jouer un petit air sur son violon pour gagner de l'argent. Ma grand-mère donnait aussi des concerts et gagnait beaucoup d'argent. J'étais curieuse de savoir si je serais capable d'en faire autant. Mon amie faisait aveuglément tout ce que je voulais. C'est ainsi que nous nous rendîmes également de villa en villa et, directement sur les terrasses ou dans les jardins, je déclamais mon poème. Les gens nous regardaient avec surprise. Et quand mon amie passait l'assiette, ils donnaient de l'argent, certains beaucoup, d'autres moins. Mais tous riaient de bon cœur. Une dame demanda si ma mère était au courant.

« Non, répondis-je, c'est une entreprise privée. Mère n'en sait rien. »

« C'est bien ce que je pensais, répliqua la dame. Vous feriez mieux de rentrer, les enfants ! »

Cette entreprise privée prometteuse vécut sa fin le jour même de sa fondation. Après avoir partagé le pécule, je rentrai à la maison et, très fière, racontai que j'avais gagné de l'argent tout en exhibant mes piécettes de bronze et de nickel. Il s'en fallut de peu que Mère ne s'évanouisse !

« Pour l'amour du ciel, s'écria-t-elle, comment peux-tu avoir de telles idées ? Que vont penser les gens ? Tu nous couvres de honte ! »

« Pourquoi ? demandai-je. Grand-Mère aussi gagne de l'argent avec son art. Le petit Tzigane aussi gagne de l'argent. Pourquoi est-ce une honte si moi je gagne de l'argent en déclamant ? »

« Essaie de comprendre, petite folle, que Père a une situation importante dans le pays et que tu ne peux te permettre ce genre de choses ! » répondit-elle.

« Père n'a rien à voir avec ce que je fais. Père est Père et moi je suis moi. Je n'occupe pas une haute position, alors pourquoi ne pourrais-je pas gagner de l'argent ? Tout travail est décent si on le fait décemment. Et j'ai très bien récité ! » m'exclamai-je, très sûre de moi.

Irritée, Mère ajouta : « Tu ne peux pas encore comprendre cela. Mais puisque tu fais quand même de telles choses et que tu te permets encore de me contredire, tu ne sortiras plus du jardin ! »

C'est ainsi que je perdis ma liberté mais l'incident eut encore d'autres conséquences. Mon grand-oncle – qui avait loué l'autre moitié de la villa et qui, avec sa famille, habitait donc avec nous – était un homme adorable doté d'un sens de l'humour extraordinaire. Mis au courant de mon exploit, il voulut m'entendre déclamer. Les deux familles se trouvaient réunies à la table pour le repas du soir lorsqu'il proposa de m'écouter après le dîner. Voilà qui me convenait fort bien ! Les adultes s'assirent en cercle. Je me mis au milieu et récitai les quelques poésies apprises à l'école. Cela plut grandement à mon grand-oncle qui en réclama d'autres.

« Je n'en connais plus », dis-je.

« Alors, raconte quelque chose, ce que tu veux ! »

« Puis-je raconter l'histoire du livre que j'ai reçu comme prix à l'école, après les examens ? »

« Bien sûr ! On t'écoute ! »

Je commençai à raconter l'histoire du « Pasteur de Wakenfield ». Je ne me contentai pas de raconter, je jouai tous les rôles comme au théâtre : celui du pasteur qui menait une existence sainte, celui d'un jeune homme qui, ayant fait la connaissance de la fille du pasteur, l'avait séduite. N'ayant aucune idée de ce que signifiait « séduire », je ne comprenais pas pourquoi le pasteur en était tellement fâché. Mais c'était ainsi dans le livre et je restais fidèle au texte. Je jouai le rôle des amoureux qui se rencontraient dans l'obscurité et se murmuraient des choses tendres ; puis celui du pasteur, hors de lui, qui avait voulu prendre son fusil mais dont le geste avait été interrompu par sa douce épouse qui l'avait calmé en lui mettant la Bible entre les mains…

Et les adultes riaient, riaient… Alors que je décidai de mettre fin à mon spectacle, mon grand-oncle m'encouragea à le poursuivre ce que je fis. Les rires fusèrent de toutes parts, redoublèrent, les adultes étaient littéralement tordus de rire. Pourtant, je racontais des choses tragiques et non pas des histoires drôles !

Mon grand-oncle m'attira finalement à lui et demanda : « Dis-moi, d'où tiens-tu ces histoires ? »

« Ah oui ! dit ma mère. J'aimerais bien le savoir aussi ! »

« C'est l'histoire relatée dans le livre que j'ai reçu à l'école comme prix ! » répondis-je.

« Incroyable ! dit Mère choquée mais en riant quand même. Comment peut-on mettre un tel livre entre les mains d'une enfant, et encore à l'école ? »

« Ne t'inquiète pas, Liliane, dit mon grand-oncle, ils n'ont certainement pas lu eux-mêmes ce livre mais ont pensé que, puisqu'il traitait d'un pasteur, ce ne pouvait qu'être saint et bon ! Il ne leur est pas venu à l'idée qu'un pasteur pouvait aussi avoir des filles ! Oublie cela, Liliane, et permets à ta fille de nous raconter d'autres histoires encore. Tu ne peux de toute façon pas lui enlever de la tête ce qui y est déjà. Quant à moi, il y a belle lurette que je n'avais pas ri de si bon cœur ! »

C'est ainsi que, chaque soir, je donnais une représentation devant le cercle familial qui se complétait de quelques voisins. Je choisissais les thèmes dans les livres que j'avais lus. Certains étaient tirés des tragédies de Shakespeare et je ne pouvais vraiment pas comprendre pourquoi les adultes s'écroulaient de rire devant des scènes si tragiques. Malgré ces rires, j'interprétais la scène de l'agonie du pauvre Roi Lear déçu, abandonné… et les grandes personnes de se tordre de rire… De *Richard III*, je leur montrais comment les personnages mouraient les uns après les autres de manières diverses et horribles que je mimais… et les adultes s'étranglaient presque de rire. Comment pouvait-on rire de choses aussi tristes, de la mort de tant de monde ? C'était épouvantable, ce n'était pas ridicule ! pensais-je en continuant la représentation avec infiniment de sérieux.

Si souvent – oh ! oui – si souvent je me suis souvenue de la petite fille qui récitait et jouait devant ce public avec tant de sérieux et une telle conviction. Mon avenir s'était esquissé à cette époque déjà. Je m'étais habituée à exprimer quelque chose de mon monde intérieur – quelque chose de beau, de divin, de vrai – sans me soucier de savoir si mon auditoire comprenait ou non mes vérités. Je dis *la vérité pour la vérité* et un seul auditeur m'est important : *Dieu*.

L'été se termina et nous nous retrouvâmes à la maison. Pendant l'hiver qui suivit, je décidai d'abandonner mes vêtements de fille pour ceux d'un clown. Le sentiment de ne pas être *celle que j'étais* ne me laissait aucun répit. Le fait de n'en jamais parler ne fit pas diminuer cette impression mais la cacha plus profondément encore dans mon inconscient d'où elle agissait. Je mendiai, je suppliai ma mère au cœur si tendre tant et si bien qu'elle finit par me faire elle-même un vrai costume de clown, très joli. Elle m'acheta deux bonnets de couleurs différentes et je pus désormais déambuler ainsi vêtue. J'avais beaucoup de plaisir à m'exercer aux anneaux, au trapèze et j'imitais à la maison tout ce que j'avais vu au cirque. Lorsque je me balançais la tête en bas, je voyais le monde à l'envers et j'avais enfin l'impression d'être libre.

À l'époque, je ne savais pas que les psychologues nommaient le clown « la personne qui change de type ».

À part l'imitation des « exploits » des acrobates du cirque, je me mis à prendre des postures étranges et tout à fait inhabituelles. Cela étonna mes parents, puis les fit rire. Bientôt, toute la parenté et le voisinage furent au courant de mes postures « bizarres ». Partout où j'allais, on m'en demandait la démonstration. Je faisais cela d'instinct, sans y penser, sans savoir pourquoi. Je sentais que cela me faisait du bien, que certaines positions me permettaient de mieux étudier et d'autres de m'enlever toute fatigue en peu de temps.

La famille souriait de cette « folie » et Mère s'était habituée, lorsqu'elle entrait dans notre chambre, à me trouver dans des positions quasi impossibles. Au début, elle avait tenté de me dire comment une fillette bien élevée devait se tenir sur sa chaise ; cela n'avait rien de commun avec ce que je faisais : me mettre sur la tête, me démettre presque les membres dans des postures ridicules, faire pendre mes jambes par-dessus les épaules. En désespoir de cause, elle me laissa avec mes « lubies ».

Ces postures m'étaient naturelles, je les avais dans le sang, je les exécutais avec plaisir, et une fois encore, je ne pouvais qu'être surprise que mon entourage puisse s'étonner de choses aussi évidentes. Or, un soir de vacances d'été que nous passions chez Tante Raphaela, on nous annonça la visite d'un monsieur qui avait passé de nombreuses années en Extrême-Orient et qui – selon Oncle Ferdinand – avait des choses passionnantes à raconter. Le monsieur arriva, on lui présenta les enfants et, comme toujours, on précisa tout ce qu'ils savaient faire. Tante Raphaela, en plaisantant, ne manqua pas de mentionner l'étrange habitude que j'avais de me mettre dans des positions bizarres en tordant les membres, des postures que, tout au plus, un homme-serpent pourrait imiter !

Je me couchai par terre et comme j'étais toujours embarrassée qu'on parlât de moi – mal à l'aise dans ce rôle « hors série » – je pris une position qui cacha complètement ma tête. On aurait dit que ma tête avait été coupée. Les spectateurs rirent beaucoup. J'exécutai encore quelques postures « difficiles » que j'aimais bien. Le visiteur m'observa avec attention et sans l'ombre d'un sourire. Puis, très surpris, il finit par dire :

« Mais cette enfant exécute des *exercices typiques de Yoga* ! Où les as-tu appris, fillette ? » demanda-t-il en se tournant vers moi.

Je ne savais pas ce qu'était le Yoga. Je lui répondis donc que personne ne m'avait jamais appris ces exercices, que je les faisais de moi-même parce que j'aimais cela et qu'après les avoir exécutés, je me sentais bien. Le monsieur eut du mal à me croire, il me fixa d'un regard scrutateur, puis secoua la tête.

Les questions des adultes m'ennuyaient déjà. Mère nous fit un petit signe et nous nous empressâmes de disparaître dans la chambre d'enfants. J'oubliai bien vite la remarque du visiteur.

Ce ne fut que plus tard, beaucoup plus tard, quand ma mémoire s'éveilla soudainement, que j'avais déjà compris beaucoup de choses de ma vie qui m'étaient apparues bien mystérieuses auparavant, que je me souvins de la remarque de l'étranger venu de l'Orient, je sus enfin où j'avais appris ces postures qu'enfant, puis adulte, je pratiquais et que l'étranger avait désignées sous le nom de « postures de Yoga ». Je devins consciente du fait que je pratiquais ces exercices par habitude, *une très ancienne habitude*, parce que je les avais apprises et exécutées dans le Temple, chaque jour, des années durant. Ils reflétaient mon passé et, en même temps, mon avenir puisque beaucoup plus tard, à l'âge adulte, j'allais enseigner ces postures pour aider les gens à accélérer leur développement mental et physique.

L'AMOUR ET SES PROBLÈMES

Les années passèrent rapidement. Je grandissais, mon corps se transformait. Les histoires et les problèmes de l'amour m'intriguaient et, de plus en plus, j'affirmais ma personnalité. Je sondais l'avenir et j'avais décidé de trouver un homme de valeur qui saurait me comprendre sans réserve. Les livres passèrent ainsi au deuxième rang de mes préoccupations alors que les jeunes garçons, puis les jeunes hommes, passèrent au premier! Ces derniers s'intéressaient à moi également. C'est en vain que Mère m'avait enseigné la modestie : dès mon jeune âge, j'avais compris que j'étais un centre d'attraction. Mais, dans mon ignorance, je pensais que ce charme qui attirait tant de monde émanait de ma personne. Or, cet aveuglement – comme d'ailleurs toutes les déficiences d'ordre spirituel – devait se payer plus tard par une cécité physique presque complète : jusqu'à ce que je comprisse que mon pouvoir d'attraction ne devait pas être au service de ma vie privée mais à celui de tous ceux qui me suivaient sur le chemin du salut.

Mais à cette époque, ma personne était le centre de mes préoccupations et je pensais alors pouvoir trouver mon plus grand bonheur dans l'amour partagé avec un homme. Il m'arriva ce qui arrive à chacun : on m'aima, je tombai amoureuse, mais toutes mes joies et mes souffrances ne furent que le prélude à mon destin.

Entre ma treizième et ma dix-neuvième année, j'entretins une longue relation avec un homme. Cet épisode de ma vie pourrait s'intituler : « École pour développer une extraordinaire force de volonté » ! Mon destin savait que cette arme me serait utile dans la vie. Donc, à l'âge de treize ans, je rencontrai un jeune homme dont les brillantes capacités le mettaient très au-dessus de la moyenne. Sa nature était un mélange de recherche consciente et rigoureuse de tout ce qui était suprême en pureté et en beauté, combinée avec un égoïsme et une folie du pouvoir quasi pathologiques. Il m'aimait – disait-il – mais, en fait, il s'aimait lui-même et voulait faire de moi son esclave dévouée, sa chose. Il avait vite compris que nous considérions tous deux les choses sous leur angle spirituel, et que l'art avait également pour nous la même importance. Il crut donc avoir trouvé en moi une partenaire digne de lui. Il voulait faire de moi une épouse très cultivée, mais parfaitement obéissante, docile, sculptée à son gré. Il pensait pouvoir annihiler ma manière indépendante de penser. Il m'apporta sans doute les meilleurs livres sur l'art, la musique, sur toute l'histoire de l'art universel, sur la littérature moderne et classique, et insista pour que je les lusse dans leur version originale. L'étude des langues étrangères m'ennuyait beaucoup : il les apprit donc avec moi. Pour moi encore, il trouva le meilleur professeur de piano. Il fit tout ce qui était possible pour enrichir ma culture au-delà de toute mesure. Mère le considérait comme un ange tombé du ciel pour parfaire mon éducation. Les langues précisément me causaient bien des tracas. J'avais en vain eu les meilleurs professeurs de langue : je ne voulais rien apprendre par cœur. Or, ce jeune homme m'apportait des journaux, des magazines et des pièces de théâtre en français, allemand et anglais, il me les lisait et, peu à peu, le brouillard qui enveloppait les langues se leva. Tout cela était bel et bon, très stimulant, mais en même temps, il augmentait sciemment son pouvoir sur moi. Dès notre première rencontre, il m'avait avertie que je devais devenir son épouse et me considérer dès lors comme *son bien*. Je ne pouvais rien lire sans lui en demander la permission. Je ne pouvais faire la connaissance de qui que ce fût sans son consentement. Comme toutes les jeunes filles, ma sœur et moi fréquentions une école de danse. J'adorais danser et appréciais la compagnie des jeunes de cette école. J'aimais aussi patiner. Or, tout cela ne lui plaisait guère. Mais j'étais jeune, je voulais danser et patiner et m'amuser avec d'autres jeunes. Il devint jaloux à un degré dépassant toute limite autorisée. La situation empira encore avec sa soif de puissance immodérée.

Au début, je trouvais fort flatteur qu'un homme de son envergure et très admiré eût choisi une petite jeune fille comme moi. Il pouvait être merveilleusement spirituel et je pris souvent un plaisir extrême à sa compagnie. Le fait qu'il eût de l'amitié et de l'amour la même conception que moi me séduisait aussi. Mais lorsque je sentis que son pouvoir m'emprisonnait de plus en plus, son amour me devint importun. C'est alors que commença un combat, étrange et terrible, entre les forces de deux âmes ! Plus il me sentait lui échapper, plus il tentait de me reprendre en main. Lorsque j'eus dix-sept ans, il désira annoncer officiellement nos fiançailles. Son père vint donc trouver le mien qui ne se montra pas vraiment enchanté. Plus tard, il devait m'avouer que la nature agressive de mon fiancé ne lui avait jamais plu mais qu'en aucun cas il n'aurait voulu nous influencer. Il respectait le droit de décision de chacun, donc de ses enfants aussi. C'est ainsi qu'il donna son accord… mitigé. Quant à moi, je pensais que la jalousie de mon fiancé se calmerait après les fiançailles. Mais celle-ci se mit à grandir en même temps que mon charme féminin s'affirmait. Les scènes effroyables se multiplièrent. Après m'avoir torturée pendant des heures, il tombait dans l'extrême, me demandait pardon à genoux, pleurait comme un enfant, mendiait mon amour et jurait de ne plus recommencer. Tout cela m'était intolérable. Je n'avais jamais été témoin de telles scènes dans ma famille ; Père était autoritaire mais son pouvoir émanait de lui naturellement. Et jamais il n'avait cherché à imposer sa volonté à qui que ce fût. Il laissait à chacun le droit d'être ce qu'il était et n'exigea jamais qu'on le suivît ou qu'on lui obéît aveuglément. À cette époque, il occupait une position très élevée ; je pouvais être satisfaite : il n'avait plus de directeur au-dessus de lui ! Mais jamais il ne fut tyrannique envers ses employés. Dans sa vie privée comme dans sa vie professionnelle, il était une colonne contre laquelle chacun pouvait trouver appui. Pour tous, il était une source de conseils. Il était juste, généreux, serviable. Oh, pensai-je, si tout le monde pouvait être comme lui ! Je ne connaissais pas le manque d'égards ni l'égoïsme dans notre famille ; l'amour qui y régnait était sain, authentique et désintéressé. Le sadisme et le masochisme m'étaient inconnus. Aussi, les scènes que me faisait subir mon fiancé m'étaient d'autant plus incompréhensibles et insupportables. Je voulais être libre. Libre !

Pendant longtemps, je ne pus résister à son autorité. En outre, ma fidélité naturelle et ma faculté de comprendre les faiblesses d'autrui me retenaient auprès de lui. Mais, ma volonté s'affirmait aussi avec les années et, tout à coup, je me demandai pourquoi je tolérais cette situation.

Un jour, je lui annonçai que je désirais reprendre ma liberté. Il n'en voulut rien savoir. Avec la force du désespoir, nous nous combattîmes ; pareil à un étau, son pouvoir me gardait encore prisonnière. Plus je devais me battre et plus ma volonté forma la résistance qui, petit à petit, eut raison de ses forces. Le moment vint où enfin j'eus le courage de lui dire que je ne serais pas sa femme. Les scènes qui suivirent furent tumultueuses mais elles avaient bien perdu de leur effet! Il me faisait de la peine mais je méprisais en même temps son attitude tyrannique d'un côté et lâche de l'autre. Je ne savais pas alors que ces deux caractéristiques se complétaient, qu'elles étaient les deux moitiés de la même maladie. Je sentais que cet homme était malade dans son âme et qu'il fallait absolument que je m'en libère, ce que je fis avec mes dernières forces.

J'en parlai à mes parents qui ne se montrèrent aucunement surpris. Et par un bel après-midi – j'avais alors dix-neuf ans – je me rendis avec mon cousin chez sa mère, la sœur de mon père, la belle Tante Raphaela.

Mes fiançailles étaient rompues…

PREMIÈRE RENCONTRE
AVEC LA MORT

Depuis mon enfance, je passais par des périodes de mauvaise santé : je devenais transparente et une fatigue insurmontable me terrassait. Il suffisait en général à mes parents de m'envoyer chez Tante Raphaela. Elle habitait avec sa famille à la montagne. L'air de ces montagnes, l'esprit de sagesse et de dévotion qui animait ces gens m'aidaient à rapidement recouvrer la santé. Je me sentais bien avec eux, dans leur entourage calme et spirituel. J'en revenais chaque fois pleine de forces et de vie.

C'est aussi chez Tante Raphaela que je me rendis après la rupture de mes fiançailles. Elle avait perdu son mari et vivait avec sa fille. Leur accueil fut très chaleureux et enfin, je pus jouir de ma liberté retrouvée. Je me sentais pareille au cerf-volant dont le lien a cassé et qui s'envole dans l'infini du ciel. Ce printemps fut magnifique. Comme toujours, ma tante me comprit parfaitement. Son commentaire sur ma décision de rompre se révéla très perspicace, et plus jamais le sujet ne fut abordé. Je jouissais chez elle de la plus grande liberté. Elle me laissait être ce que j'étais ; je pouvais aller me promener dans les montagnes, dans les forêts et jouir de la nature comme bon me semblait. Or, au moment même où je me sentais si heureuse avec ma liberté et mon avenir si plein de promesses, je rencontrai la mort pour la première fois !

Lors d'une excursion, je passai près d'un champ de blé. Mes plans de mariage ayant échoué, j'essayai donc d'imaginer mon avenir différemment. Je pensai : d'abord, je veux devenir pianiste comme ma grand-mère maternelle, puis, je rencontrerai un homme sympathique, sain et *normal* ; nous nous marierons et fonderons une famille. Les enfants grandiront, me donneront peut-être des petits-enfants… et ensuite ?… je deviendrai vieille… et puis ?… et puis, il faudra bien qu'un jour je meure !

Mort ! Voilà la fin, le but vers lequel chacun de nous se dirige… Mais pourquoi ? Pourquoi cela ? Pourquoi apprendre à jouer du piano et devenir artiste ? N'est-ce pas tout à fait égal que mes doigts, ces os recouverts de chair et de peau, courent sur le clavier avec virtuosité ou non ? Puisque de toute façon, l'homme s'enfonce dans la tombe ; est-ce que ce qu'il fait dans sa vie a de l'importance ? N'est-ce pas égal qu'il ait été célèbre et brillant ou parfaitement inconnu ? Qu'il ait été honnête ou non ? Pourquoi lutter, travailler, mettre des enfants au monde, souffrir, se réjouir, être heureux ou malheureux si la fin est la mort, la destruction ? Il serait alors infiniment plus simple de mourir tout de suite !

Cette pensée me fut si intolérable, si insupportable que le monde chancela autour de moi. Je m'appuyai contre un arbre et regardai vers la vallée, vers la ville avec ses maisons innombrables peuplées de gens qui, d'ici, ressemblaient à des fourmis. Et ces gens vivaient, luttaient, couraient après l'argent et l'amour, tous avaient leurs problèmes, chacun avait sa croix à porter ? Ils prenaient tout tellement au sérieux… Pourquoi ? Pourquoi puisque tout cela n'était que *passager*… puisque à la fin, la mort attendait, mettait un terme à tous les problèmes, à toutes les souffrances et les joies ? Pourquoi l'homme court-il ? Que peut-il atteindre ? *La mort !* Qu'un homme soit heureux ou non, qu'il soit un Crésus ou un mendiant, sa fin est : *la mort !*

La panique s'empara de moi. Non! Je ne voulais pas jouer à ce jeu! Je ne pouvais étudier, aimer et vivre avec cette pensée. Tout était insensé : je préférerais alors me tuer *afin de ne pas devoir mourir à la fin de ma vie!*

Une petite voix moqueuse et démoniaque se fit entendre : « Hihihi! Voilà des bêtises bien dignes de toi! Tu veux te tuer pour ne pas devoir mourir? Crois-tu pouvoir échapper à la mort? Tu es *là*, ici sur terre, dans un corps; tu ne peux pas t'enfuir d'ici sans passer par la *mort*. Si tu te tues, c'est la fin que tu voulais éviter mais *immédiate! La mort* – là, tout de suite! Pas "un jour" quelque part dans le temps, mais "maintenant" dans le présent! Comprends-tu? Tu es *là* dans un corps, donc tu ne peux t'échapper sans passer par la mort! Tu es prisonnière! Comprends-tu? Prisonnière! *Ce n'est que par la mort* que tu peux te libérer du corps, elle représente la seule porte de sortie, tu ne peux échapper à la mort... pas échapper... hihihi! »

Je tentai d'y voir plus clair, d'ordonner mes idées. Oui, je devais bien reconnaître que j'étais dans un piège et que le suicide ne résoudrait rien. Cela créerait exactement la situation à laquelle je désirais échapper. Que faire alors? Quoi qu'il en soit, la pensée d'être jeune, en bonne santé et d'avoir une famille au sein de laquelle on atteignait un grand âge suffit à me réconforter sur le moment : la mort était certainement encore très loin de moi. Et jusque-là – pensais-je – il coulerait beaucoup d'eau sous les ponts. Les savants qui inventaient toujours de nouvelles choses allaient certainement *découvrir l'immortalité* avant que je dusse mourir! Je me cramponnai à cette idée qui me donna le courage et la force de continuer à vivre, à travailler, à avoir des désirs.

J'avais parfaitement raison! L'immortalité avait vraiment été découverte. Seulement, je ne savais pas alors que cette « découverte » de l'immortalité consistait à trouver et reconnaître en soi et pour *soi-même* cette vérité : « *la mort* » *n'existe pas*, l'être humain – donc moi aussi – a toujours été et sera toujours immortel ! Cette immortalité est une découverte qui se fait en soi et pour soi, personne ne peut nous transmettre cette vérité. Chacun doit faire en soi l'expérience de l'immortalité ! Si une personne ne croit pas à une vérité, si évidente qu'elle puisse paraître, cette vérité est donc inexistante pour elle et *peu lui importe le nombre de ceux qui l'ont découverte*. Chacun doit reconnaître en soi que la mort n'est rien d'autre que la vie elle-même, que l'homme ne *doit* pas mourir, qu'il ne *peut* même pas mourir. C'est simplement impossible !

À cette période de ma vie, je ne savais pas tout cela. La mort restait pour moi un mur noir contre lequel je butais.

Mais j'étais jeune, je me tranquillisais donc du mieux que je le pouvais. Je refoulais ce problème et, dans la mesure du possible, refusais de penser à la mort. De telles idées ne pouvaient que m'affaiblir et je préférais établir des plans pour mon avenir.

En général, je réglais seule mes problèmes. Père ne s'était jamais immiscé dans les affaires personnelles de ses enfants. Il était très pris par son travail et n'avait que peu l'occasion d'observer ce qui se passait dans la famille. Nous nous rencontrions autour de la table familiale où, bien évidemment, je ne soufflais mot des scènes que me faisait mon fiancé. Mère m'aimait comme elle aimait tous ses enfants, mais elle ne me comprit que beaucoup plus tard lorsque nous dûmes nous séparer à jamais. Elle désirait encore me voir devenir une bonne épouse, une bonne maîtresse de maison, une bonne mère. C'était aussi mon but mais nous avions des idées fort différentes quant au chemin à suivre pour y parvenir. Mon chemin ne pouvait être le sien ni celui de qui que ce fût, il ne pouvait être que le mien. C'est pourquoi je ne pouvais accepter ses directives. Mère désirait que je me préparasse au rôle d'une gentille petite femme tandis que je voulais m'efforcer, avec chaque goutte de mon sang, à réaliser tout mon être dans la musique, dans l'art! Je ne pouvais donc compter que sur moi-même et m'étais ainsi habituée à penser, réfléchir et agir d'une manière aussi indépendante que le permettait le cercle de la famille. Seule, je tentais d'imaginer mon avenir, sans demander conseil à quiconque. Je désirais fréquenter l'Académie de Musique et y terminer mes études jusqu'à l'obtention d'un diplôme. Père avait toujours dit : « Ne vous laissez pas abuser par votre confort présent. Les biens matériels peuvent être détruits tandis que ce que vous savez restera toujours une propriété que personne jamais ne pourra vous ravir. Apprenez autant qu'il vous est possible de le faire. Que chacun de vous obtienne au moins un diplôme. Si tout va bien pour vous, vous pouvez le laisser dormir dans un tiroir. Si vous vous trouvez en difficultés, il vous aide à gagner votre pain ! »

Ah ! Père, cher Père sage et dévoué ! Ce conseil, entre tous les trésors que tu m'as légués, fut le plus important. Nous ne pouvions imaginer alors comment les choses pourraient tourner mal pour nous et, sur le moment, considérions tes paroles sous un angle purement pédagogique. Combien de fois ai-je pensé à ces mots plus tard, quand la guerre eut tout détruit ce que nous avions possédé et que je me retrouvai seule avec un mari grièvement blessé et incapable de travailler, sans moyens. La seule chose qui nous sauva fut bien ce que j'avais *en moi*, ce que je *savais* ; car tous nos *biens extérieurs* avaient été perdus.

Au temps où, jeune fille, je pensais à mon avenir, là-haut dans la montagne, je ne savais encore ce que me réservait ma destinée mais j'avais senti que je devais suivre ce conseil.

Aussi, lorsque je rentrai à la maison dans le courant de l'été pour commencer un nouveau chapitre de ma vie, je concentrai toute mon énergie à l'obtention du diplôme de professeur de piano. J'abandonnai tout le reste dans les mains du destin.

PREMIÈRES VISIONS D'AVENIR

Pendant les six ans que durèrent mes fiançailles, il se passa quelque chose de si surprenant, de si impressionnant que cela influença la ligne directrice de toute la seconde moitié de ma vie. Mon attention se vit attirée sur le monde qui gît profondément caché dans chaque être : le monde inconnu, inconscient du « je » humain.

J'avais quinze ans lorsque je découvris que j'étais parfois capable de voir l'avenir en rêve avec une précision parfaite. Le phénomène se répétait – comme aujourd'hui encore – toujours de la même manière : je rêve et je vois toutes sortes d'images chaotiques, sans rapport les unes avec les autres. Puis, il semble qu'un rideau se tire de côté, ce qui me permet de voir des images claires, en couleurs, plastiques et se suivant logiquement comme dans la réalité.

Lorsque cela m'arriva pour la première fois, je vis, dans la salle de bains de mes parents, un jeune homme qui essayait de ranimer un nouveau-né tout bleu, comme s'il s'était étouffé. Une assistante prête à lui venir en aide se tenait près de lui. L'enfant ne respirait pas. Le médecin le passait alternativement de l'eau glacée à l'eau chaude. Puis, il le prit par les pieds et le balança, tête en bas, jusqu'à ce qu'enfin un son se fît entendre au grand soulagement de chacun. Père, qui était resté à la porte, se précipita vers le lit de Mère, tomba à genoux, posa sa tête sur le bord du lit et sanglota comme jamais, de ma vie, je n'avais vu sangloter cet homme. Mère était très pâle mais son sourire habituel si doux illuminait son visage ; elle caressait les cheveux de Père. Celui-ci se calma peu à peu, se leva et se rendit dans la chambre d'à côté où Tante Raphaela et sa fille attendaient de rendre visite à Mère. Bizarrement, je pouvais voir dans toutes les chambres en même temps, ce qui, dans la réalité, n'est pas possible. Une chose me surprit aussi : le jeune homme qui, entre-temps, avait remis le bébé entre les mains de l'assistante, avait une démarche flottante. Je remarquai aussi ses cheveux blonds et bouclés et je l'entendis clairement dire : « La mère et l'enfant sont hors de danger, ils ont besoin de calme et d'isolement. Si quelqu'un du dehors s'aventure ici, je ne pourrai alors pas répondre de leur état car ils sont faibles et une infection est toujours possible. »

« Bien entendu, docteur », répondit ma tante, et je la vis prendre congé et partir avec sa fille. Les images se brouillèrent et je me réveillai.

Le lendemain matin, je me précipitai vers Mère pour lui raconter mon rêve. Elle rit et dit : « Je t'en prie, ne fais pas de tels rêves. J'ai assez d'enfants ! Comment se fait-il que Tante Raphaela ait été présente dans ton rêve ? Elle n'habite même pas avec nous. Et qui est ce beau jeune homme à la démarche flottante et à la blonde chevelure ? N'est-ce pas un peu suspect que tu rêves à de si beaux jeunes gens ? »

« Je ne sais pas, Mère, qui il est, mais c'est ainsi que je l'ai vu en rêve. »

À table, on parla encore de ce rêve singulier. Puis le jour suivant, tout était oublié.

Six mois plus tard, Mère se sentit fort indisposée. Elle ne pouvait plus manger et le médecin pensa à un ulcère du duodénum. On fit des radiographies et toutes sortes d'examens qui n'apportèrent aucun éclaircissement. Le médecin conseilla de consulter un gynécologue. Celui-ci termina l'entretien en disant : « Je vous félicite ! La fin de cette grave maladie sera un baptême ! »… et il rit de tout son cœur.

Mère revint à la maison désespérée. Elle avait déjà trente-neuf ans – mais elle se calma et, six mois plus tard, soit exactement un an après mon rêve alors que personne ne pouvait suspecter que Mère aurait encore un enfant, un bébé naquit. Le vieux professeur avait recommandé, pour l'assister pendant la naissance, un jeune médecin déjà célèbre. L'enfant vint au monde pratiquement étouffé. Il fallut attendre vingt minutes avant qu'un son ne sorte de sa bouche. Mon père, épuisé par tant d'émotions, tomba à genoux près du lit de Mère et le grand homme sanglota comme un enfant. Tante Raphaela qui se trouvait chez nous pour deux jours avec sa fille, était sur le point de partir lorsque le bébé naquit. Elles attendirent toutes deux dans la chambre d'à côté et, lorsque Père vint leur annoncer que tout s'était bien terminé, Tante Raphaela demanda si elle pouvait voir Mère avant son départ. C'est alors que le jeune médecin entra – il avait les cheveux blonds et une démarche vraiment flottante ! – et prononça exactement les mêmes paroles que j'avais entendues en rêve. Oui. Tout se passa exactement comme *je l'avais déjà vécu* ! Comme si j'avais déjà vu quelques scènes d'un film coupées du reste des événements.

Dès lors, il m'arriva souvent de voir l'avenir. Ces visions m'apparaissaient toujours en rêve – comme si un rideau se levait – puis beaucoup, beaucoup plus tard, je pus, par ma seule volonté, me mettre dans cet état réceptif sans dormir.

Ma petite sœur entra dans la famille presque comme une petite-fille. Grete avait dix-neuf ans, moi seize et mon frère neuf. Elle devint la préférée de tous. Son arrivée captiva l'attention de chacun, et nous, les aînées, nous trouvâmes à l'arrière-plan des préoccupations familiales, et souvent seules. Dans nos sorties, concerts, patinage, invitations, nous fûmes très longtemps accompagnées de notre seule gouvernante. Mère consacrait tout son temps au nouveau-né comme elle l'avait fait autrefois pour mon frère. Pas étonnant alors qu'elle n'eût pas eu l'occasion de se soucier de mes problèmes personnels, bien qu'elle eût remarqué mes disputes avec mon fiancé d'alors. Je devais lutter seule, sans aide.

LE PASSÉ SE RÉVEILLE

C'était l'été lorsque, après la rupture de mes fiançailles, je revins de chez Tante Raphaela. J'avais dix-neuf ans et j'étais ravie de pouvoir jouir de ma liberté. Je pouvais enfin fréquenter des jeunes gens sans avoir à redouter de violentes scènes de jalousie.

Juste après mon retour, je me rendis au club de tennis où je fis la connaissance d'un jeune homme, sympathique et sain, d'apparence agréable. Il avait une belle tête, un corps fort bien bâti et musclé, il portait un ensemble de tennis d'un blanc immaculé. Il me plut tout de suite – et je lui plus tout de suite ! Trois jours plus tard, une partenaire de jeu jeta malencontreusement sa raquette sur la tête du petit ramasseur de balles. L'enfant se mit à pleurer. Le jeune homme sympathique posa immédiatement sa raquette, s'empressa auprès du petit garçon, le prit sur ses genoux sans se soucier un instant des larmes qui coulaient sur ses vêtements. Il le caressa, sécha ses pleurs, lui donna une piécette d'argent jusqu'à ce que l'enfant sourît enfin et courût au buffet acheter quelques bonbons.

Cette scène réchauffa mon cœur. Oh ! pensai-je, il existe donc des jeunes gens qui ont du cœur ? Et je commençai à l'aimer…

Nos fiançailles furent célébrées en hiver. Nous nous aimions profondément, passionnément, et j'attendais avec impatience le moment d'être sa femme, corps et âme, de tout mon être.

Père désirait me voir d'abord terminer mes études. J'en avais encore pour une année à l'Académie de Musique. Nous dûmes donc attendre. Chaque jour, je passais quatre à cinq heures à mon piano, apprenais les lois de l'harmonie, jouais de la musique de chambre, entreprenant tout ce qu'il fallait pour bien préparer les examens. Mon fiancé passait ses soirées chez nous.

Un soir, après qu'il se fut retiré, je me mis au lit et m'endormis profondément. Comme d'habitude, toutes sortes d'images oniriques, chaotiques et sans suite, défilèrent dans mon rêve. Tout à coup, j'entendis un son étrange qui se répétait rythmiquement, un claquement, toujours plus fort, jusqu'à ce que je m'éveillasse et redevinsse consciente.

J'ouvre les yeux et constate que ce son rythmiquement répété provient du fouet du surveillant d'esclaves qui se tient à mes côtés et fait claquer son fouet pour faire marcher au pas tous les esclaves qui me tirent. Je suis couchée sur quelque chose qui ressemble à une luge qui glisserait sur des rails. Je sais que j'ai été emmenée hors du palais car j'ai entendu les portes se fermer derrière moi.

Je veux me lever mais en suis incapable, mes membres me refusent tout mouvement : du cou aux orteils, je suis entourée de bandelettes très serrées. Je gis là, comme un morceau de marbre, les mains croisées sur la poitrine, les jambes étendues. Ma position ne me permet de voir qu'en avant et en haut. Je regarde vers mes pieds et vois le dos des hommes ruisselant de sueur sous un soleil de plomb. Ces esclaves avancent rythmiquement et me conduisent toujours plus loin. Par-dessus leur tête, j'aperçois un grand édifice de pierre blanche percé d'une tache noire, comme une porte. Cet édifice aux murs éblouissant de blancheur se détache de manière frappante sur le bleu foncé du ciel. Les esclaves me tirent toujours, le monument semble s'approcher, la tache noire grandit.

Je regarde vers le ciel dont le bleu est presque noir. Deux grands oiseaux volent au-dessus de moi... cigognes ou grues?

Le bâtiment est tout proche, la tache noire est très grande... oui... c'est vraiment une ouverture. – Oh! maintenant, je reconnais l'endroit: nous sommes dans la Vallée des Morts... dans cette *tombe*! Nous y arrivons déjà. Les esclaves entrent puis disparaissent dans les ténèbres... ce trou noir m'avale et, après la lumière éblouissante du soleil, tout devient sombre autour de moi. Il n'y a plus rien... je suis dans l'obscurité la plus totale! Épouvantée, je cherche en moi la réponse à cette question: «Combien de temps – combien de temps dois-je rester ici, prisonnière?»

Très distinctement, j'entends une voix que je connais bien prononcer calmement et imperturbablement le verdict:

«*Trois mille ans...*»

Terrorisée, je perds conscience...

Quelqu'un essayait de me secouer de toutes ses forces. Je levai les yeux et rencontrai le regard de ma sœur. Elle me secouait et me fixait, apeurée.

«Pour l'amour du ciel, me dit-elle, qu'est-ce qui t'arrive? Tu es assise ici, les yeux écarquillés, tu gémis lamentablement comme si tu étais en train de mourir! Est-ce que tu ne te sens pas bien? Dois-je appeler Mère?»

Je voulus répondre mais aucun son ne sortit de ma bouche. La terreur que je venais d'éprouver me paralysait encore tout entière. Je fis signe à ma sœur de se tranquilliser. Je retombai sur l'oreiller et tentai de réfléchir, mais je ne pus même pas penser. Je restai ainsi un long moment, encore effrayée, en attendant que mon cœur se calmât et moi avec – essayant de reprendre le contrôle de la situation, de savoir qui et où j'étais. Ma sœur me tint compagnie, puis constatant que j'étais plus tranquille et que je respirais plus régulièrement, elle me demanda : « N'as-tu besoin de rien ? »

Je pus enfin répondre : « Non, merci. »

Le lendemain, j'essayai de mettre de l'ordre dans mes pensées. Qu'avais-je vu ? Que s'était-il passé pendant la nuit ? Cela ressemblait aux visions que j'avais de l'avenir, mais ce ne pouvait avoir été un rêve prémonitoire. *Dans la vision d'avenir, je reste toujours la même personne que je suis à l'état de veille alors que cette fois, j'étais quelqu'un de tout à fait différent !*

Je me regardai longtemps dans le miroir pour essayer de comprendre comment un seul et même être pouvait être deux personnes en même temps. Parce que enfin je me voyais là dans le miroir et pourtant, *maintenant, j'avais aussi une autre image en moi, une image que j'avais vue dans un autre miroir, un énorme miroir d'argent alors que j'étais l'autre personne !*

J'étais celle que j'étais ici, mais en même temps, j'étais aussi cet être que l'on avait conduit au tombeau, là-bas, où *j'étais à la maison*. En quelques minutes, j'avais fait l'expérience d'être quelqu'un qui savait exactement qui il était, à qui il appartenait, où il était à la maison, qui portait en lui toute sa vie comme chaque être, même s'il n'y avait jamais pensé. Soudainement, il m'avait été donné de revivre des épisodes d'une vie, d'un foyer, et je savais qu'enfant, alors que ma conscience s'éveillait, c'était *ce foyer* que j'avais toujours cherché, que c'était là-bas que j'étais chez moi et que le « grand homme » était mon père et mon époux d'alors – mon « vrai » père. Les années et l'acceptation progressive de ma situation présente m'avaient aidée à m'habituer à l'idée que mon père et ma mère actuels étaient aussi mes « vrais » parents. Mais l'étrange impression était toujours restée gravée en moi et s'imposait maintenant avec force. Il était surprenant que des choses qui m'étaient apparues évidentes quand je les avais « revécues » me semblassent maintenant bizarres. Ces deux attitudes s'opposaient véritablement. Par exemple, je savais qu'il était parfaitement normal d'être en même temps la fille et l'épouse de mon père – le pharaon – je le ressentais même comme un honneur. Dans ma situation présente, cette idée me choquait car mon éducation m'avait inculqué des principes moraux bien différents. Mais à l'époque, ce n'était pas immoral, c'était normal. Lorsque la femme du pharaon mourait et que celui-ci n'avait pas de sœur, il élevait sa fille à la dignité d'épouse. Il n'aurait jamais placé une autre femme n'appartenant *pas* à la famille royale *au-dessus* de sa propre fille. Donc, qui d'autre qu'elle eût pu être au côté du pharaon comme épouse et reine ? Qu'y avait-il là d'immoral ? Par contre, il eût été immoral d'introduire une étrangère dans la famille. Je me souvenais de beaucoup de choses, en particulier du Temple où je m'étais rendue si souvent – mais bien des points restaient encore obscurs. Je ne savais pas pourquoi je m'étais trouvée dans ce cercueil, comprimée dans des bandelettes, pourquoi on m'avait conduite au tombeau. Et à *qui* appartenait cette voix familière ? À qui ? Un mur semblait barrer la voie à mes souvenirs et lorsque je voulais me forcer à me rappeler, quelque chose ressemblant à un choc électrique me retenait. Je ne pouvais me frayer un chemin jusqu'à mon passé !

Le lendemain, au petit déjeuner, je dis à Père : « À l'école, j'ai appris que les pyramides étaient des tombes royales. Ce n'est pas vrai ! Les pyramides n'étaient pas toutes des tombes mais quelque chose de tout à fait différent. Les morts étaient enterrés hors des murs de la ville, dans la Cité des Morts. Les morts étaient emmenés depuis le palais royal sur une sorte de cercueil-luge et étaient tirés jusqu'à cet endroit où ils étaient emmurés. Le tombeau était fermé par une porte en pierre. »

Étonné, Père me regarda et dit : « Comment veux-tu mieux connaître ces détails alors que tous les égyptologues prétendent que les pyramides sont des tombes royales ? Nous n'avons jamais entendu parler de la Cité des Morts ! »

« Et pourtant, Père, je sais qu'il en fut ainsi », répondis-je, consciente de la véracité de mes dires.

« Et d'où tiens-tu cela ? » questionna-t-il. Tous les regards se posèrent sur moi.

« Il m'est difficile de le dire avec exactitude, je ne peux l'expliquer », répondis-je, et je racontai ma vision de la nuit. Père m'écouta avec beaucoup d'attention et constata que j'en tremblais encore, que j'avais donc bien dû vivre quelque chose d'exceptionnel. Enfin, il dit : « Dans *Hamlet*, Shakespeare dit : "Il y a plus de choses sur la terre et dans le ciel, Horatio, que votre philosophie n'en rêve." On parle aujourd'hui de souvenirs hérités mais je ne crois pas à ces choses. J'aimerais savoir comment toute l'histoire d'une famille, avec tous ses innombrables ancêtres, pourrait se cacher dans une petite cellule quasi invisible ? Les savants avancent des hypothèses et en changent tous les vingt ans. Je te conseille donc de ne pas t'occuper de tout cela. Oublie ton rêve… ou ta vision. Cela peut influencer le système nerveux et porter atteinte à l'équilibre mental. Garde les deux pieds sur terre et ne pense plus aux enterrements égyptiens. As-tu peut-être lu quelque chose à ce sujet ? »

« Non, Père, je n'ai encore rien lu ni entendu à ce sujet à part le peu d'histoire que j'ai appris à l'école et qui ne m'a pas intéressée. Cependant, l'école m'a enseigné sur l'Égypte des choses toutes différentes de celles que j'ai vécues dans ma vision. Je ne comprends pas cette expérience. Pourtant, j'ai la conviction intérieure que ce que j'ai vu était absolument juste. Je sais aussi avec certitude que la personne que j'étais dans le rêve existait bien, mais je ne peux expliquer comment la personne que je suis maintenant peut être *moi*. Et qui était l'autre ? Je ne comprends pas. Est-il possible que l'être humain vive plusieurs fois ? »

« Y a-t-il des fruits ? » demanda brusquement Père. On apporta les fruits et la conversation s'orienta vers d'autres thèmes.

En me couchant, ce soir-là, j'étais curieuse de savoir si j'allais encore rêver de cet autre « je ». Mais rien ne se passa. J'attendis longtemps, des jours et des jours ; j'essayai même de me projeter dans ce monde passé, mais rien n'y fit. Le rêve ne se répéta pas.

Peu à peu, j'oubliais, je n'y pensais plus. Ma nature très saine me faisait travailler avec ardeur. Je m'exerçais au piano, peignais des portraits, étudiais et, chaque soir, j'attendais mon fiancé…

Et l'année passa.

DEUXIÈME RENCONTRE
AVEC LA MORT

Le jour de mon mariage arriva enfin. Lorsque j'y pense aujourd'hui, il me semble que ce fut un rêve : moi avec ma robe à traîne, le grand voile de dentelle sur la tête, entrant dans le salon et posant la main sur le bras de mon fiancé dans ses vêtements de gala. On nous photographie, ce que je n'aime pas et qui me rend nerveuse. Nous descendons les escaliers et montons dans la voiture toute décorée de fleurs. Nous sommes suivis de Grete et de ma cousine toutes de rose vêtues, accompagnées des deux cousins avec lesquels j'avais autrefois conclu le pacte « d'amitié éternelle ». Ils sont devenus des jeunes officiers très fringants ! Puis, mon frère avec son visage sérieux et triste – il a quatorze ans – et ma petite sœur de quatre ans, une vraie poupée, qui observe le monde des adultes avec un brin d'impertinence. Tout un cortège de parents, avec Tante Raphaela, belle et royale, la mère de mon fiancé ; Mère rayonnante, belle et jeune encore au côté de Père qui, avec son frac et son haut-de-forme, impressionne et séduit toutes les dames. Mais lorsqu'il s'aperçoit que je me moque un peu de sa coiffure, il me sourit d'une manière qui me fait comprendre que, lui aussi, il trouve toutes ces formalités bien ridicules. S'il savait combien je souffre avec ces gants qui montent jusqu'à mes épaules ! Si seulement je pouvais les arracher et me mouvoir librement ! Le bouquet à la main, il me semble que mon fiancé et moi sommes les victimes décorées et fleuries d'une « coutume » tyrannique et que nous devons jouer ce rôle. J'aimerais m'enfuir pour échapper aux regards de cette cohorte de tantes, oncles, connaissances et autres spectateurs qui nous considèrent comme des bêtes curieuses. Je sais que maintenant, je dois me concentrer sur ce que j'estime être le sacrement suprême : la réalisation de l'amour. Mais avec quelle différence de conception ! Je vois encore que quelques-uns de mes oncles se permettent de chuchoter des histoires stupides à notre sujet. Cependant, je ne peux pas fuir, la longue colonne de voitures roule vers l'église – nous entrons – nous voici devant l'autel. J'essaie d'être sentimentale, romantique, d'être émue… je n'y arrive pas. Je suis calme et composée comme toujours. Avec patience, j'écoute le prêtre et ami débiter des belles paroles. Il me regarde et je vois, dans ses yeux, qu'il pense précisément à ce que je lui ai demandé : être bref dans son sermon de mariage sinon j'allais bâiller ! Bruyamment ! Mère avait été fort choquée de mon impertinence mais j'étais au moins arrivée à ce que j'avais voulu : le sermon est court et sage. Dieu soit loué ! Un long sermon de mariage n'a jamais rendu une union heureuse. – Nous sortons et la troupe de parents et d'amis se précipitent sur nous pour nous embrasser, nous toucher, et cela dure… dure… les vieux oncles s'en donnent à cœur joie d'embrasser et de serrer contre eux la nouvelle épouse, ce que je subis avec dégoût… Ouf, c'est fini ! L'épreuve du banquet nous attend encore. Puis, chacun se retire. Je me change et je peux enfin me mettre en route avec « mon mari » pour notre voyage de noces…

Après avoir dû attendre si longtemps d'être la femme de celui que j'aimais tant, je fus comblée. C'était le bonheur suprême : le bonheur tel que je l'avais imaginé. J'avais atteint mon but : j'étais devenue sa femme devant Dieu et les hommes. Il n'existait plus d'interdits entre nous. Je l'aimais passionnément, de tout mon être, et il me le rendait bien. C'était l'accomplissement suprême de l'amour, dans le corps et dans l'âme.

Puis, tout à coup, tout s'effondra autour de moi.

Je me tapai violemment la tête contre un mur, ce même mur contre lequel j'avais déjà buté une fois : je rencontrai la mort pour la deuxième fois dans ma vie. Mais cette fois, ce fut infiniment plus douloureux…

Tant que j'avais attendu le bonheur, j'avais eu un point fixe dans l'avenir vers lequel je me dirigeais. J'avais eu un but. Or, j'avais maintenant atteint ce but, mon attente avait été satisfaite. L'avenir s'était soudainement vidé devant moi. Je tombai dans ce vide car je ne savais pas si je pouvais encore attendre quelque chose de la vie. Que pouvait encore me réserver l'avenir ? J'avais réalisé tout ce que j'avais voulu. Ce qui pouvait arriver désormais serait juste bon à m'aider à passer le temps qui me restait. *Le temps qui me restait ?* Jusqu'à quand ? La réponse était : *Jusqu'à la mort !*

Je devais bien reconnaître que, quoi que je puisse encore faire ou atteindre dans cette vie, quoi que le destin puisse m'apporter, j'avançais, comme chaque être humain, dans une seule direction – car il n'y en pas d'autre – vers la mort ! Quand ? Personne ne le savait, mais une fois, tout chavire, tout sombre dans ce trou.

Je devais aussi admettre que notre amour ne pourrait durer jusqu'à l'infini puisque, inexorablement, l'un de nous partirait le premier. Ce serait alors la fin de ce bonheur. Lorsque j'étais avec mon mari et que je plongeais regard dans ses beaux yeux brûlant d'amour, une main froide me saisissait à la gorge et, en moi, j'entendais cette question : « Combien de temps vas-tu pouvoir jouir de ces beaux yeux ? Que réserve l'avenir ? Même en admettant que tu aies particulièrement beaucoup de chance et que tu puisses vivre très, très longtemps avec lui, la fin sera la même, il ne peut y en avoir qu'une : il te fermera les yeux ou

tu fermeras les siens ! Vous serez obligés de vous séparer, de prendre congé l'un de l'autre. Le temps passe
avec une rapidité étonnante, que la fin arrive vite ou
lentement. Cela n'est d'ailleurs pas important. Le bonheur le plus grand, l'amour le plus profond, tout doit
avoir une fin et vous perdrez tout, l'un l'autre, et tout
ce qui aura été bon et beau... »

Tout en écoutant *cette* voix, je regardais mon aimé.
Je savais que même si *je ne voulais pas* entendre cette
voix, *je devais l'écouter*, je ne pouvais la faire taire car
elle avait raison, elle disait la vérité !

Souvent, j'avais constaté que les hommes agissent
comme si tout était éternel. Ils omettent de penser à
l'avenir. La plupart des hommes ne semblent pas réaliser qu'ils vont mourir un jour tout comme ceux qu'ils
aiment d'ailleurs. Ils ne veulent pas admettre que le fait
d'être ensemble ici sur cette terre doit être considéré
comme un cadeau de courte durée qui *doit* avoir une
fin. Un jour, l'un ou l'autre doit mourir et tout est fini.
Les hommes ne veulent pas y penser. D'ailleurs cela ne
change rien, qu'ils y pensent ou non. Personne ne peut
le nier. Quel est alors le sens du bonheur si le destin
nous retire ce cadeau, inexorablement ? À quoi cela sert-
il ? À être plus malheureux encore ? On lutte pour parvenir au bonheur et dès qu'on l'a, on sait qu'on *devra* le
perdre. Plus le bonheur est grand et plus grande sera la
perte. En fait, j'étais beaucoup plus heureuse lorsque je
n'étais pas encore si heureuse *parce que je n'avais pas
encore la possibilité de perdre le bonheur*. Il devient de
ce fait évident que seul celui qui n'a jamais été heureux
peut l'être et le rester ! Quelle effrayante contradiction !
Et pourquoi en est-il ainsi ? Parce que tout ne dure
qu'un certain temps, parce que rien n'est permanent,
parce que tout meurt, tout passe, tout doit passer !

Ô temps ! Ô fragilité du moment ! Combien de temps
devrai-je encore souffrir tes maux ? Combien de fois
vais-je encore me taper la tête contre ton mur noir et

impénétrable ? Tu as empoisonné chaque minute de bonheur de ma vie car j'ai toujours su qu'au moment même où j'obtenais quelque chose, je l'avais déjà perdu puisque cela devait avoir une fin.

Pourtant maintenant, je te remercie, *mortalité*! Tu ne m'as jamais permis de jouir, même pas pour une minute, d'un bonheur passager, éphémère. C'est ainsi que ma souffrance constante m'a fait trouver *l'éternité infinie, immortelle*, le *Soi* éternel et divin!

Mais à cette époque, je n'en avais encore aucune idée. Je ne savais pas que cet état était celui de l'être perdu et criant à l'aide du tréfonds de son âme, celui qui annonce le salut. Comme il est dit dans le livre sacré, la Bible : « Je suis la voix de celui qui crie dans le désert. J'aplanis le chemin du Seigneur ; je vous baptise d'eau ; mais après moi, viendra quelqu'un de plus fort que moi, je ne serai même pas digne de délier la courroie de ses souliers ; il vous baptisera du Saint-Esprit et du feu... »

En ces temps-là, j'étais encore dans le désert, je criais en moi pour demander de l'aide, je versais en moi des larmes invisibles. Je fus baptisée d'eau – les larmes – et ne savais pas que le temps était proche où j'allais rencontrer l'*Être* éternel. Cet état est suivi de celui dont on dit : « Je suis la résurrection et la vie ; celui qui croit en *moi* aura la vie éternelle même s'il mourrait » – et c'est le baptême du Saint-Esprit et du feu...

Cependant, je n'en étais pas encore là, j'étais comme Jean dans le désert criant à l'aide, j'étais seule, toute seule avec mon désespoir... Je ne voulais pas en parler à mon époux. Il était si parfaitement heureux, il n'aurait pu me comprendre. S'il ne pensait pas lui-même à tout cela, *s'il vivait encore le rêve des mortels*, pourquoi le réveiller et le rendre malheureux ? Je n'entrevoyais pas de solution à mon problème et personne n'eût pu affirmer que je n'avais pas raison. On eût encore admis qu'effectivement tout était passager et que la seule consolation était « de n'y pas penser ». L'idée de simplement ignorer la réalité ne me satisfaisait pas du tout... et les petites histoires que la religion nous contait au sujet de l'au-delà et de l'autre monde, encore moins. Ce sont là des inventions propres à « endormir » les gens. Heureux celui qui peut y croire – mais un être pensant demande des preuves. Cela devint une préoccupation continuelle, un fardeau spirituel dont je ne pouvais me libérer. Or, un poids psychique constant affecte le corps tôt ou tard...

TÉNÈBRES

Ma stature et ma constitution étaient très similaires à celles de Père. J'étais grande ; mes cheveux, sans être aussi noirs que les siens, étaient d'un brun foncé ; mon teint n'était pas aussi rose que celui de Mère, mais pâle comme celui de Père. Seuls mes yeux étaient d'un bleu foncé alors que les siens étaient vraiment noirs.

Après mon mariage, je devins encore plus pâle et plus maigre. Je ne pouvais me libérer de l'idée du caractère passager et de l'aspect transitoire de toute chose. Je ne me sentais ni libre ni heureuse. Cette préoccupation psychique constante ne tarda pas à avoir des répercussions physiques fort désagréables.

Un soir, je me couchai en bonne santé. Le lendemain matin, j'ouvris les yeux et regardai par hasard au plafond. À ma grande surprise, j'y découvris un épais trait noir. Étonnée, je m'assis afin de voir avec précision ce que pouvait bien être cette tache noire qui, par le mouvement que je fis, sembla sauter puis redescendre lentement.

Mon cœur se serra d'angoisse. Je réalisai que le trait ne se trouvait pas au plafond mais dans mon œil. J'ouvris et fermai les yeux plusieurs fois, alternativement, et constatai que le trait noir était dans l'œil droit seulement.

J'avais une fois entendu parler d'un trouble de la vue nommé « mouches volantes ». Devant les yeux, on voyait danser des petits points noirs tout comme le ferait un vol désordonné de mouches. D'après ce que je savais, l'origine en était nerveuse et ce n'était pas un mal sérieux. J'essayai donc de voir ces «mouches volantes». Je regardai en haut, en bas, et le trait noir se mouvait en suivant les lois de la gravitation, comme s'il s'agissait d'un épais fil noir attaché quelque part à une extrémité, l'autre restant libre et suivant chaque mouvement oculaire. Ce n'était donc pas une illusion optique d'origine nerveuse. C'était quelque chose de très réel, de physique !

C'est ainsi que commença pour moi un long et pénible calvaire tel que le connaissent ceux qui souffrent de malheurs devant lesquels la science reste perplexe.

J'allai d'un professeur à l'autre pour toujours m'entendre répéter que l'œil ne pouvait être guéri puisque les symptômes n'étaient pas ceux d'une maladie organique. L'un me dit: «Ce n'est pas une maladie et c'est pourquoi on ne peut le guérir. Il s'agit d'un signe de vieillesse qui très rarement peut également apparaître chez les jeunes; comme une jeune personne peut voir ses cheveux blanchir à la suite de problèmes psychiques. Comment y remédier? Cela peut se stabiliser si les problèmes sont résolus. Quant à guérir… On ne peut guérir que des maladies. La science contemporaine est impuissante devant votre mal. Chez les personnes âgées, cela n'est pas dangereux car ce processus évolue très lentement. Chez les jeunes, on n'en sait rien. Du point de vue organique, vos yeux sont parfaitement sains mais ultrasensibles. Les examens que vous avez passés prouvent que votre acuité visuelle est exceptionnelle; une personne sur mille voit aussi bien que vous. Votre faculté de perception est étonnamment développée. Votre sensibilité à la lumière est tellement extraordinaire que vous avez pu lire sans peine les plus petites lettres avec un éclairage qui ne suffit pas à l'homme moyen pour voir combien de doigts je montre devant son visage. On rencontre parfois des marins qui, d'une distance quasi incroyable, peuvent lire l'heure au clocher d'une église sur le rivage. Mais ils sont constamment exposés à l'air marin, ils ne sont pas nerveux et n'ont pas de problèmes psychiques. Ils ont, en outre, la résistance nécessaire à préserver la sensibilité de leurs yeux. Mais vous, petite Madame, vous vivez dans une grande ville et avez fort peu de résistance, vous êtes si maigre que vous en devenez transparente. Dites-moi, ne souffrez-vous pas de quelque tension psychique ? »

« Non, Professeur, répondis-je, je suis parfaitement heureuse. »

Comment aurais-je pu lui faire comprendre que le fardeau qui m'accablait était le caractère passager des choses ! Que je luttais contre le temps qui, inexorablement, entraînait toutes les créatures vivantes et leur bonheur vers la destruction – vers la mort ?

Et même si je le lui avais dit, aurait-il pu m'apporter une solution ? Je lui posai donc une autre question :

« Professeur, l'autre œil peut-il également être attaqué ? »

« Comment puis-je le savoir ? Espérons que les injections de sel seront efficaces et que l'exsudation se résorbera. Espérons aussi que l'autre œil restera sain. Je ne peux pas anticiper sur les événements ni garantir quoi que ce soit. Vous devez bien manger, veillez à enrichir votre pauvre sang afin de renforcer la résistance de vos yeux. Protégez-les avec de bonnes lunettes foncées lorsqu'il y a du soleil. Reposez-vous bien – et espérons que votre œil guérisse. »

Cela me suffisait. Avec mon époux, je me rendis chez mes parents et il me sembla être étrangère à tout ce qui se passait, comme si cela concernait quelqu'un d'autre. J'écoutai ce quelqu'un répondre aux questions posées par mes parents, j'observai ce quelqu'un prenant le repas du soir. Tout était changé, tout était devenu étrange. Toute la famille était bouleversée mais personne ne voulait le montrer. Chacun s'efforçait d'être gai. Mère voulut me consoler : « Sois tranquille, tout va rentrer dans l'ordre. À notre connaissance, personne dans ma famille ni dans celle de ton père n'a jamais été malade des yeux. Ton œil va redevenir sain. *N'y pense pas !* »

Oh, combien de fois ai-je entendu ces mêmes paroles de la part de ceux qui m'aimaient et voulaient me consoler, « N'y pense pas ». Comment ne pas penser à quelque chose qui danse constamment devant mes yeux ? Comment oublier ce fil noir qui couvre une partie de l'image reçue, où que je regarde ? Lorsque je regardais une personne, le trait noir barrait son nez ou son front, puis descendait lentement sur sa bouche. Plus tard, lorsque les taches noires se furent multipliées dans mon œil, je ne vis plus qu'au travers d'un filet noir. Alors comment n'y plus penser ?

Pendant les premiers jours, je fus très abattue, comme si un roc immensément lourd s'était écroulé sur ma tête et m'avait détruite. Je ne pouvais comprendre : *mes* yeux en réel danger ? Un signe de vieillesse ? Impossible. Cela était impossible ! C'était un cauchemar dont je devais absolument m'éveiller. Puis, libérée de ce poids, j'allais pouvoir mieux respirer enfin…

Mais il n'y eut pas de réveil. Je restais assise devant le miroir, scrutais l'image qu'il me renvoyait : un visage enfantin avec deux grands yeux bleus. Et *ces* yeux montraient des signes de vieillesse ? J'étais encore jeune, je venais juste de commencer ma vie ! Déjà vieille ? Là-haut sur la montagne alors que pour la première fois j'avais rencontré la mort, j'avais admis que tout était éphémère. Cela allait-il donc si rapidement ? De manière si inattendue ? Mais l'idée d'avoir encore beaucoup, beaucoup de temps devant moi m'avait alors tranquillisée. Or, ce temps était-il déjà écoulé pour moi ? Était-il possible que certaines parties du corps vieillissent plus rapidement que d'autres ? Que des organes aussi importants que les yeux se détériorassent précisément plus vite ? Et que le corps, lui, continuât longtemps encore – mais sans les yeux ? Aveugle ? – Terrifiant ! Terrifiant !

Non ! je ne pourrai jamais supporter cela ! – Je voulais fuir… m'échapper… Mais où ? Mon malheur, ces taches noires, me suivraient partout, où que j'aille…

Je sombrais dans un profond désespoir que seuls ceux qui ont vécu de telles expériences peuvent comprendre. Mon cœur se serrait à la vue de personnes aveugles… comme je les comprenais ! Mon malheur ne me laissait pas une minute de répit. Les taches noires palpitaient constamment devant mon nez et se transformaient petit à petit. Je les observais sans relâche. Chaque matin au réveil, j'avais pris l'habitude d'examiner mes yeux. Était-ce pire ? – Pouvais-je encore lire les petits caractères avec mon œil droit ? – Sinon… si, remplie d'horreur, je devais constater une aggravation, le sang me montait à la tête, mon cœur battait à tout rompre et je reprenais l'examen pour déterminer le degré de la détérioration.

Oh Beethoven ! – Comme je comprenais ton désespoir d'avoir perdu l'ouïe. Tu as connu cet état, cette panique, ce sentiment écrasant : je ne peux plus supporter cela, je dois partir, je dois échapper à cette souffrance atroce. Oui ! Mais où ? Je ne peux me débarrasser de mon malheur. Je ne peux sortir de ma peau. Je suis condamnée à le supporter.

Mon désespoir devant le caractère passager de la vie semblait ne pas être un fardeau assez lourd encore. Il fallait, en plus, que je porte devant les yeux cet « aide-mémoire » éternel me rappelant le déclin, la mort. Ces taches allaient me rendre folle !

Je ne pouvais plus me réjouir de quoi que ce fût. Mon mari faisait tout ce qui était en son pouvoir pour que j'oubliasse mon état. Mais quoi qu'il fît, quelque présent qu'il m'apportât – je ne pouvais m'en réjouir. Partout, je reconnaissais le déclin et la mort car partout je voyais aussi les taches noires. Les moines chartreux considéraient les deux lettres « M » « M » des paumes de leurs mains comme un rappel des deux mots « Memento Mori » ; les taches noires dans mon œil droit me rappelaient la cécité, la mort.

Lorsque mon époux m'emmenait dans une belle contrée, je pensais : « Combien de temps encore pourrai-je voir le soleil, les montagnes, les prairies, le ciel, toute la nature ? » Lorsque j'allais à l'Opéra, je pensais : « Combien de temps encore pourrai-je voir de telles représentations, apprécier les gracieux mouvements des ballerines ? » Un désespoir toujours plus profond m'accablait car la réalité cruelle s'attaquait à mon autre œil, même si cette dégradation était beaucoup plus lente. J'étais en train de devenir aveugle. Je ne pouvais même plus pleurer. Il ne m'avait jamais été donné de pouvoir vraiment pleurer, je considérais cela parfaitement inutile, c'était avoir pitié de soi-même, ce que je trouvais indigne de moi. Or, maintenant, pleurer m'était interdit car c'était dangereux pour mes yeux. Je portais en moi mon désespoir sans le montrer, sans en parler. Une chose m'était claire : si je parlais constamment de mon mal à mon entourage, cela ne manquerait pas de le démoraliser et de le faire souffrir. Et comme l'être humain tente instinctivement de se débarrasser de ce qui lui est désagréable et le fait souffrir, les gens se seraient inconsciemment éloignés de moi. Je ne voulais pas ennuyer le monde avec mes lamentations. Au contraire ! J'étais gaie et pleine de bonne humeur, pareille à un clown qui, sous son masque, cache une profonde mélancolie. Ma douleur restait muette.

Mes ambitions artistiques se virent aussi anéanties. À côté du piano, je m'étais appliquée à apprendre le dessin, la peinture. Mes maîtres attendaient beaucoup de moi. J'aimais tant peindre ! Et maintenant, tout était fini ! Lorsque, malgré tout, je voulais peindre, les taches étaient toujours devant mes yeux, ce qui me dérangeait et me rendait si nerveuse que je devais me maîtriser pour ne pas jeter rageusement le pinceau. Je n'avais plus d'énergie. Une pensée m'obsédait : pourquoi travailler à obtenir un nom et une réputation pour ensuite tout devoir abandonner à cause de la cécité ? Non ! Je préférais laisser là ma carrière artistique de peintre et me concentrer sur le piano car, même aveugle, je pourrais toujours en jouer.

Je me mis à y travailler, les yeux fermés... à me diriger dans l'appartement, les yeux fermés, pour savoir si je pouvais trouver ce que je cherchais... à m'habiller, à me coiffer, les yeux fermés, afin que la cécité, si elle devait venir, ne me surprenne pas. En outre, lorsque je fermais les yeux, je ne voyais plus ces taches noires ; c'était le seul moment où je ne les voyais pas danser devant moi, c'était mon seul répit...

Les injections de sel furent également une terrible épreuve. Les réflexes sont tels que les yeux se ferment à l'approche d'un danger pour s'en protéger. Les paupières se baissent automatiquement lorsqu'un objet bouge juste devant les yeux. Je dus apprendre à maîtriser ces réflexes. Je devais garder l'œil parfaitement ouvert et immobile, et *regarder* le médecin piquer mon œil – car si les yeux sont ouverts, on voit, qu'on le veuille ou non. Je dus passer vingt fois par cette épreuve. Je ne savais pas que *vaincre ses instincts naturels était l'un des exercices les plus avancés dans la voie du Yoga* car le Je doit maîtriser le corps. Le destin m'a forcée à y parvenir et c'est ainsi que j'acquis un étonnant contrôle de mes nerfs. Pourtant, après la première injection, quand le médecin m'avait accompagnée à la porte, je m'étais sentie bien faible et avais dû mobiliser toutes mes forces pour ne pas tomber. Il m'avait été bien difficile de prendre congé en souriant : j'avais l'impression que les muscles de ma bouche étaient rouillés ! Pour couronner le tout : les injections n'apportèrent aucune amélioration.

Je renonçai à consulter, j'avais perdu tout espoir. Tous disaient la même chose : il ne s'agissait pas d'une maladie organique, les yeux étaient en bon état, seule la pupille devenait opaque. Ma vue baissait de jour en jour. Quelle différence cela pouvait-il faire de devenir aveugle avec un œil sain ou malade ? Je devais me résigner à accepter l'inévitable. Or, c'est précisément ce que je ne pouvais faire ! Qui peut se résigner, qui peut trouver normal de devenir aveugle ? La fatalité et moi luttions l'une contre l'autre et l'issue du combat ne faisait aucun doute : je devais perdre. Et comme je ne pouvais céder, je devais donc être détruite…

En fait, c'est la nuit même où le premier trait noir était apparu devant mon œil que j'avais été vaincue. Seulement, je ne l'avais pas compris tout de suite. Cet être jeune, gai, impertinent, vaniteux et sensuel qui avait voulu devenir une grande artiste célèbre et adulée, une femme belle et adorée, cet être-là avait été abattu, annihilé. Ma philosophie de la vie, née sur la montagne lors de ma première rencontre avec la mort et refoulée en moi, s'imposait maintenant à moi avec toute sa force. Je ne pouvais – ni ne voulais – plus faire taire la voix qui me rappelait constamment la fragilité des choses.

Renonçant à me détourner d'elle, je m'efforçais au contraire de l'écouter avec la plus grande attention. Peu à peu et avec toujours plus de précision, je reconnus la voix familière et tant aimée : *sa* voix…

TOURNANT DÉCISIF

Un après-midi en revenant de ville, j'admirais les villas entourées de jardins soignés, le soleil qui brillait avec ardeur, les fleurs étonnantes de beauté et les oiseaux qui chantaient joyeusement quand les paroles de Don Carlos me revinrent en mémoire : « Ô ma Reine ! la vie est si belle malgré tout. » « Oui, ajoutai-je, si mes yeux ne perdaient pas tant de leur lumière ! »

J'entendis alors en moi une voix qui demanda distinctement : « Es-tu déjà aveugle ? Ne vois-tu donc plus le monde, le ciel, les arbres, les fleurs ? »

« Si, répondis-je en regardant autour de moi. Tout est encore assez clair. » Je me rappelai alors ce que le professeur m'avait dit lors du récent contrôle de mes yeux. « Oui, l'œil droit est devenu opaque mais avec le gauche vous voyez encore mieux que la plupart des gens avec les deux. »

« Alors, si tu vois encore aussi bien, pourquoi te lamentes-tu autant que si tu étais déjà aveugle ? Pourquoi désespérer maintenant ? Admettons que tu deviennes aveugle dans la seconde moitié de ta vie. Si tu te désespères maintenant déjà alors que tu vois encore bien, tu auras empoisonné les *deux* moitiés de ta vie ! En outre, es-tu vraiment certaine de devenir aveugle ? Il est possible que tu meures avant que ce fléau ne t'afflige ! Dans ce cas, tu auras passé des semaines, des mois et des années à te faire de vains soucis alors

109

que pendant tout ce temps, exception faite des taches noires, tu voyais bien! Il est insensé de se tourmenter pour des choses qui ne sont pas encore là! L'avenir? Sais-tu seulement ce qu'est l'avenir? Des événements *qui ne sont pas encore là*! Pourquoi donc gâter le plaisir d'être avec des choses qui n'existent pas? Le présent n'est pas si mauvais pour toi. Jouis de la vie et tu augmenteras tes chances de guérison. Ta dépression ne fait qu'accélérer le processus de dégradation de tes yeux. Jouis du présent et pense que «*lorsque ta cécité spirituelle cessera, tes yeux physiques recouvreront la vue*».

Comme cette voix bénie avait raison! Dans mes moments de plus profond désespoir, je me rendais compte que les taches noires reflétaient mon obscurité *intérieure*, ma cécité *spirituelle*. Mais comment faire pour m'en guérir? C'était précisément ce qui tourmentait mon âme: je ne comprenais pas – j'étais aveugle – le mystère de la vie et de la mort. Je baignais dans l'obscurité car partout je voyais la mort et ne pouvais saisir le sens de la vie. Mon plus cher désir était de devenir «voyante» – mais comment?

La voix répondit: « Cherchez et vous trouverez – Frappez et l'on vous ouvrira. »

Je ne saisissais pas encore le sens de ces paroles mais je voulais obéir. Je me mis à respirer calmement et profondément tout *en me concentrant sur le présent exclusivement*! Comme c'était difficile – les taches noires dansaient devant mes yeux et me rappelaient mon affliction – mais je persévérais encore et encore jusqu'au moment où il m'arriva de me sentir joyeuse à nouveau. Oui, je devais être gaie car cela avait une bonne influence sur mes yeux. Il fallait que je m'aide moi-même. Je me mis à penser: quelle occupation pourrait-elle m'apporter une joie constante? Mon époux, ingénieur dans la construction des ponts, était très pris par son travail. Nous ne nous retrouvions qu'aux repas et j'étais seule toute la journée. Une pensée fulgurante traversa mon esprit : un enfant ! Je désirais un enfant si ardemment et depuis si longtemps déjà ! Quelle joie merveilleuse ! Et je ne serai alors plus jamais seule !

J'ouvris mon âme à cet être inconnu qui, quelque part, attendait d'être *mon* enfant. Et l'inconnu entendit mon appel...

Pendant ma grossesse, l'exsudation cessa dans mon œil et, lorsque le temps de la délivrance arriva, j'avais complètement oublié que quelque chose n'était pas en ordre avec ma vue.

Comme dans un rêve, je me revois dans la salle de travail de la clinique, épuisée après une narcose dont je ressens encore les effets. Mais un son fait tressaillir mon cœur et me réveille tout à fait : c'est un cri... qui ne ressemble pourtant pas à celui que pousse un nouveau-né, non, c'est plutôt le rugissement d'un petit lion ! « L'enfant vit », me dis-je pleine de reconnaissance, et j'ouvre les yeux. Un visage se penche sur moi : « C'est un garçon, un magnifique garçon en bonne santé ! » Et on me tend une masse rose. Je vois une tête ronde et un petit corps tout potelé.

« C'est *mon* enfant ? » pensé-je en le considérant avec curiosité.

Je sens que seul son corps est « mon enfant » : il est un être indépendant. Tout ce que je sais de lui est qu'il est venu au monde comme « notre enfant ». Puis, le nouveau-né est couché dans le berceau revêtu de ses premiers vêtements humains. De ses grands yeux, il contemple ce monde nouveau.

Mes parents sont déjà là pour nous saluer – moi et le bébé – après ce terrible combat que nous avons mené pour la vie. J'ai atteint la limite de mes forces, mon cœur bat à peine, j'ai perdu tant de sang. Mais l'enfant vit !

Je me remets très lentement. Je suis faible, je supporte mal la lumière. L'exsudation apparaît de nouveau, l'œil redevient vitreux. L'image que je reçois par cet œil est recouverte d'un épais brouillard. Mais, j'ai fort peu de temps pour m'y arrêter. L'enfant est là qui requiert toute mon attention. Et quand il me sourit et passe ses petits bras potelés autour de mon cou, j'oublie le fardeau qui tourmente mon âme.

Les années passèrent à un rythme effréné. L'enfant se développait en force et en grâce. Chacun admirait ses grands yeux bleus rayonnant d'amour. Il faisait preuve d'une maturité inhabituelle pour son âge. Et lorsqu'il eut quatre ans, il me rappela ma propre enfance : il me montra un livre d'images et me demanda la signification de quelques lettres. Je les lui expliquai. L'enfant observa les lettres avec beaucoup d'attention, puis s'écria : « Mère... cela veut dire *"taureau"* n'est-ce pas ? »

Je le pris sur mes genoux et l'embrassai mille fois. Puis lentement, je lui montrai chaque lettre. Il n'avait pas besoin d'apprendre, il semblait qu'il n'avait qu'à se souvenir.

Chaque été nous retrouvait en famille dans notre villa au bord du lac. Toute une série d'étés heureux ! Mon frère et ma plus jeune sœur invitaient quantité de camarades qui restaient avec nous des semaines durant. Nous jouions au croquet, allions nous baigner et ramer. Le soir, nous faisions de la musique de chambre, des jeux de société ou nous dansions sur la terrasse. C'était une vie saine et harmonieuse.

Mes yeux ne me préoccupaient pas trop en ce temps-là. Après la naissance de mon fils, j'avais passé quelques mois à la mer. Cette source d'énergie mystérieuse m'avait redonné tant de force que je revins radieuse à la maison ; mes yeux supportaient mieux la lumière. Je pus même me remettre à dessiner et à peindre. Je me mis également à la gravure sur bois. Comme toujours, le travail artistique me remplissait de joie.

Apparemment, tout allait bien. Pourtant, je n'étais pas heureuse et je ne savais pas pourquoi. Une insatisfaction intérieure m'envahissait à un tel point que je ne pouvais pas feindre de l'ignorer.

Une nuit, après avoir vécu avec mon époux une nouvelle expérience merveilleuse de la réalisation suprême de l'amour et de l'unité terrestres, au lieu de m'endormir heureuse, je restai longtemps éveillée à ruminer, à analyser, à disséquer les causes de mon mécontentement intérieur. Je pleurai, je sanglotai dans l'obscurité. Pourquoi étais-je tellement malheureuse ? J'avais tout ce qu'il fallait pour être pleinement heureuse. D'où venait cette insatisfaction ?

Cette question esquissa la réponse. Du fond de mon subconscient, les raisons commencèrent à apparaître et à devenir conscientes.

Je cherchais un être *qui soit mon autre moitié, mon complément*. L'amour est la manifestation d'une puissance qui force deux moitiés complémentaires à s'unir. Donc, on appelle « amour » le désir inconscient de s'unir. J'avais vécu cette union, j'en avais éprouvé la plénitude dans mon cœur et dans mon âme et pourtant, je n'étais pas heureuse. Au contraire, mon agitation et mon insatisfaction intérieures grandissaient à chaque fois.

Je m'assis dans mon lit et, en désespoir de cause, demandai encore : « Pourquoi ne puis-je pas être heureuse ? » Je voulais une réponse. Je regardai en moi plus profondément encore et compris que *le bonheur de l'union n'était pas tel que je l'avais imaginé*. Inconsciemment, j'avais cherché quelque chose, un accomplissement et, *aussi longtemps que cela m'était resté inconnu, j'avais pensé que l'amour physique m'apporterait cette perfection*. Or maintenant que j'en avais fait l'expérience, je devais reconnaître que ce n'était *pas* ce que j'avais espéré ! J'avais touché au suprême dans l'union physique – il me fallait bien admettre maintenant que *c'était quelque chose d'autre que je cherchais* !

Mais quoi ?

J'étais à la recherche de quelque chose de *constant* ! Je cherchais *une unité réelle et durable* ! Je cherchais une unité au sein de laquelle je serais *identique* à l'être aimé ! Je voulais *devenir une* avec son âme, ses pensées, *avec tout son être* ! *Je* voulais être *lui* ! Mais je ne voulais pas ce que m'apportait l'union physique, ce n'était en réalité qu'une tentative désespérée pour devenir un – on y met toute son énergie – et au moment même où l'on croit parvenir à cette perfection, il y a séparation et l'unité n'a pas été réalisée.

Une scène de mon enfance me revint à l'esprit : je suis à la table familiale et avec ma cuillère, je réunis les yeux du bouillon ! Oui ! C'est exactement ce que je voudrais : faire de nos deux âmes, de nos deux êtres, un seul. De nos deux « je », je voudrais en faire un. Je voudrais faire fondre nos deux « soi » en un seul Soi ! Or, cela n'est pas possible ! En amour, chacun des amants a le désir de s'unir à l'autre. Mais ils veulent le faire *physiquement* et chacun, désespérément, se pousse, se presse contre l'autre. Nous savons tous comment deux amoureux s'embrassent, cœur contre cœur, comment ils cherchent à s'unir *dans leur cœur*. Mais ils échouent ! Pourquoi ? Le corps reste entre les deux. *La résistance du corps empêche la réunion !* Comme il est étrange de constater que je désire former un corps avec mon aimé et que c'est précisément le corps qui m'en empêche. Alors, est-ce vraiment le corps qui désire cette unité ? Mon corps veut-il cette unité ? Le corps peut-il désirer quelque chose que sa nature même rend impossible ? – Non ! Le corps ne peut avoir en lui un désir dont il empêche lui-même la réalisation. *Qui* et *quoi* se languit alors de l'union parfaite ? Ce ne peut être que mon « je » *incorporel*. Et pourquoi est-ce que je veux cette unité, ce quelque chose d'impossible ? Parce que je sais que seule cette réunion, ce « devenir complètement identique » peut me satisfaire et que seul cet état me fera goûter la véritable et absolue félicité !

C'est cela que je recherche depuis toujours. Et pourquoi suis-je à la poursuite de l'impossible ? Parce que je sais, parce que j'ai en moi la certitude que cela existe quand même d'une manière ou d'une autre – seulement, je ne sais pas *comment*. Et qu'est-ce qui m'empêche d'y parvenir ? Le corps ! Le corps reste entre nous ! Cela serait-il alors possible, mais dans *un état incorporel* seulement ? Il me tarde de *retrouver* cette unité. Je l'ai vécue une fois, quelque part, mais je l'ai perdue. Est-il possible que j'aie vécu une fois dans un état immatériel et que, *parce que je suis née dans ce corps, je sois sortie de cette harmonie spirituelle* ? Est-il possible que j'aie vécu en parfaite communion dans un monde où le corps n'existe pas ?

Étant parvenue logiquement à ce point de mon analyse, je me sentis défaillir : dans un état incorporel ? Dans un monde où les corps n'existent pas ? Donc, dans « l'autre monde » ? Dans « l'au-delà » ? Est-il possible que *cet « au-delà » existe réellement* ? Cet au-delà auquel je n'avais jamais voulu croire et que j'avais considéré comme une invention nécessaire aux religions pour forcer les gens primitifs à vivre selon un standard moral bien établi grâce aux promesses d'un « paradis » et aux menaces d'un « enfer » ? Mon corps ne vivrait donc que dans ce monde matériel ? Et mon « Je » – qui *connaît* cette unité impossible à réaliser dans le corps et qui désire la *rétablir* – appartiendrait à un autre monde, au monde de « l'au-delà » ? Ainsi, tous les êtres humains viendraient d'une autre sphère où l'unité serait réalité ; ils seraient alors « *tombés* », sortis de ce monde pour *entrer dans la matière, dans le corps, dans le monde matériel… Mais c'est en notre « Je »*, en notre âme qui n'est pas d'ici, qui plonge ses racines dans un « autre monde » que nous portons le désir ardent de cette félicité perdue. Et nous commettons une faute sans cesse répétée : vouloir atteindre et vivre ce bonheur, cette union *dans le corps et avec l'aide du corps, par la sexualité*. Dans ce corps qui justement nous en empêche. Maintenant, je comprends ce que signifie « être chassé du paradis » !

Ce bonheur tant souhaité n'est ainsi possible que dans l'au-delà, au paradis ! Et puisque je ne peux attirer, forcer cette félicité à entrer dans le monde matériel, il faut donc que j'apprenne à connaître cet au-delà où réside mon vrai bonheur ! Mais comment ? Des paroles vides de sens ne me suffisent pas – *je veux la vérité* ! Je veux quelque chose de concret !

Cette nuit marqua un tournant décisif dans ma vie. Je devins consciente du fait que la sexualité est la plus grande imposture qui soit. La nature nous promet quelque chose de magnifique, d'extraordinaire ; elle nous promet le bonheur, l'accomplissement suprême, mais elle nous prive de la faculté de le réaliser, et au moment où nous croyons toucher au but, nous nous retrouvons soudainement encore plus bas qu'avant. Nous perdons beaucoup d'énergie et nous sentons ensuite comme de pauvres mendiants. Un proverbe latin dit qu'hommes et animaux sont tristes après l'union physique...

Je voulais un bonheur constant, éternel et non pas ce qu'offrait la sexualité. Pas cela ! Que reste-t-il du plus grand plaisir sexuel au petit matin ? Rien, tout au plus de la fatigue ! Et cela est censé se répéter toujours ? Toujours en vain car ce n'est qu'un effort désespéré pour parvenir à l'unité ! L'être humain ne peut jamais réaliser son désir ni se fondre dans une unité éternelle. Avant l'acte, il y a au moins la force d'attraction, ce désir qui réunit les deux chercheurs. Ce désir assouvi, il n'y a plus que le vide, chacun reste seul – pour soi – désespérément seul, éternellement seul...

Ce n'était pas *cela* que je cherchais.

Je voulais autre chose. Et si la sexualité m'avait trompée jusqu'alors, je refusais maintenant de prolonger ce jeu. Je ne me laisserais plus duper ! La sexualité pouvait satisfaire le corps, mais jamais l'âme, le « Je » !

Le plaisir sexuel ne pourrait jamais m'aider à trouver l'unité que j'avais vécue dans le « Je » !

Alors ? Je voulais, je devais trouver le bonheur ! Je devais trouver une solution à ces problèmes si importants. Je ne pouvais pas m'arrêter, je devais continuer. Mais dans quelle direction ?

Si le bonheur est dans l'au-delà, c'est donc là que j'irais le chercher.

C'est ainsi que je me mis à la recherche du bonheur et de la perfection là où je les pressentais, dans l'au-delà…

COMBAT POUR
RETROUVER LA LUMIÈRE

Je voulais conquérir l'au-delà mais ne savais trop comment m'y prendre, pareille à quelqu'un qui voudrait vaincre la jungle sans savoir où commencer et qui ne posséderait qu'une hachette pour se frayer un chemin. Il ne sait pas que des dangers terribles le guettent, serpents venimeux et bêtes sauvages ; il peut s'égarer ou disparaître dans quelque précipice. Mais c'est précisément son ignorance qui lui donne le courage de s'enfoncer dans la jungle.

Je ne savais pas non plus que, pendant mon voyage de reconnaissance dans l'au-delà, au royaume de l'inconscient, des forces inconnues se précipiteraient sur moi comme des animaux sauvages, que des chemins trompeurs me mystifieraient, que les abysses de la folie guetteraient un faux pas de ma part. Et je n'avais qu'une petite hache : mon bon sens !

Alors, où commencer ? La religion parle de l'au-delà mais les prêtres auxquels je m'étais adressée voulaient que je croie aveuglément à des dogmes qu'ils ne comprenaient pas eux-mêmes, ou ils me racontaient de charmantes petites histoires sur un paradis romanesque auquel ils ne croyaient pas mais qui, d'après eux, devaient suffire à contenter cette « petite Madame ».

Il était donc préférable que je me tournasse vers les grands penseurs de la planète pour connaître leurs points de vue sur ce problème immense du sens de la vie et de la mort. Et comme en ces temps-là je ne savais rien encore des philosophes orientaux, je me mis à lire les œuvres des penseurs européens.

Je commençai par les ouvrages philosophiques grecs et latins traduits dans une langue familière. Socrate, Platon, Pythagore, Épictète et Marc Aurèle m'enthousiasmèrent. Ils m'apprirent beaucoup et bien des choses se clarifièrent dans mon esprit. Une phrase d'Épictète, plus particulièrement, resta gravée en moi, m'accompagna tout au long de ma vie et m'aida à sortir de l'obscurité pour aller vers la lumière éternelle :

« Les choses ne sont jamais mauvaises ; seule peut l'être la manière dont tu y penses ! »

Je m'efforçais, dès lors, de changer toute ma manière de penser, mon point de vue – *penser aux choses différemment !* Mais toutes ces grandes vérités ne purent répondre à ma question sur l'au-delà.

Je me penchai alors sur les philosophes plus modernes, Kant, Schopenhauer, Nietzsche, Descartes, Pascal, Spinoza. Je restai sur ma faim. Je sentais que tous avaient été aussi loin que *l'intellect le leur avait permis* mais qu'ils n'avaient pu atteindre le but, *la réalisation*. En fait, leurs réponses étaient moins bonnes que celles des Anciens. Parmi les modernes, Spinoza était certainement celui qui était allé le plus loin dans sa recherche. Mais j'avais l'impression que ces philosophes modernes s'étaient égarés dans les circonvolutions de leur propre cerveau. Malgré leur système philosophique, ils étaient insatisfaits, déçus, malheureux. Comment auraient-ils pu m'aider dans ma quête des grandes vérités de l'au-delà ? Ils n'en savaient rien et pourtant avaient cherché avec autant de désespoir que moi. Je voulais la réalité, pas des mots.

Un jour, j'étais à la fenêtre avec mon petit garçon et nous regardions tomber les feuilles du châtaignier.

Comme toujours, je réfléchissais au sens de la vie. « La mort, me dis-je, toujours la mort ! »

Mais la voix en moi répondit : « La mort ? – pourquoi ne vois-tu que ce *seul* aspect de la vérité ? Que manifestent l'arbre et toute la nature au printemps ? La vie ! – Toujours la vie ! La mort et la vie se succèdent en un cycle éternel. La mort n'est que l'autre face de la vie… »

Soudainement, je compris que l'arbre retire la vie de ses feuilles en automne pour la garder en lui ; les feuilles deviennent alors des enveloppes vides, meurent et tombent. Que des enveloppes vides ! La vie qui avait animé ces feuilles repose dans l'arbre et, au printemps, elle va tout ranimer, se vêtir d'une nouvelle matière – les nouvelles feuilles – et la vie reprend son cycle éternel. L'arbre inspire et expire la vie, seules les feuilles changent, seulement l'extérieur. La vie est éternelle car la vie est l'état d'*ÊTRE* éternel. Je vis plus loin encore : la source de cet état d'ÊTRE éternel – les hommes la nomment Dieu – insuffle aussi la vie dans l'être humain – comme il est dit dans la Bible que Dieu souffla dans les narines d'Adam un souffle de vie – puis la retire et l'enveloppe vide tombe : le corps humain meurt. Mais la vie ne cesse pas pour autant, elle s'habille d'un nouveau corps, en un rythme éternel, comme tout dans l'univers vit et se meut en rythme, des corps célestes à la respiration et aux battements du cœur de chaque être vivant.

Un souvenir me revint en mémoire : j'avais alors six ou sept ans quand j'avais entendu parler de la mort pour la première fois. Je m'étais mise devant le miroir pour examiner l'image de l'invisible : ma propre réflexion. À cette époque déjà, je ne pouvais concevoir que j'allais mourir un jour et que je n'existerais plus. Je voulais voir où se cachait ce « Je » qui pensait et qui ne voulait pas mourir. Je m'étais approchée du miroir jusqu'à ce que mon nez le touchât. J'avais regardé dans mes yeux du plus près possible, j'avais voulu voir ce « Je » ! Dans mes yeux, il y avait un trou noir mais je n'avais pu « me » voir. Le Je – *moi-même* – était resté invisible comme je l'avais toujours pensé depuis que j'étais devenue consciente sur cette terre. Même dans un miroir, je ne pouvais *me* voir, je n'y découvrais que mon visage, *mon masque*, et les deux trous noirs dans mes yeux d'où je regardais. Je sentais bien alors qu'il était *impossible* que je n'existasse pas ! « Bien, m'étais-je dit, mais avec quoi vas-tu regarder le monde lorsque ces deux yeux se fermeront ? » – Sans hésiter, j'avais répondu : « Ici je ferme ces yeux et, dans un autre corps, j'en ouvre deux nouveaux. » – « Et si une longue période se passe entre deux, si tu ne trouves pas tout de suite un autre corps ? Si tu dois attendre une semaine, des mois, des années, ou même peut-être des milliers d'années ? » – « Cela ne se peut pas, répondit le petit enfant que j'étais alors, car quand je dors, je ne sais pas, à mon réveil, combien de temps s'est écoulé pendant mon sommeil. Le temps n'existe pas dans le sommeil et, dans la mort, cela doit être pareil aussi longtemps que je resterai sans corps. Que je reste dans l'obscurité – dans le "rien" – une semaine ou mille ans, c'est pareil. Il me semblera avoir juste fermé mes yeux ici pour les rouvrir là-bas. Il n'y a pas de temps dans le rien. Mais il est impossible que je ne doive plus exister. » Et c'est ainsi que, tout à fait rassurée, je m'étais éloignée du miroir pour reprendre mes jeux.

Ce souvenir d'enfance s'était imposé à mon esprit alors qu'adulte maintenant, je venais de reconnaître dans le châtaignier la loi de la réincarnation. Cela me surprit de constater avec quelle spontanéité et avec quel naturel un enfant peut admettre une telle vérité avec sa petite raison toute primitive et sans avoir jamais entendu parler ou lu quoi que ce soit à ce sujet. Aujourd'hui, je ne dirais pas que le temps n'existe pas dans l'« obscurité » mais plutôt que « le concept du temps » n'existe pas dans « l'inconscient »...

122

Je savais aussi maintenant que je portais en moi la mémoire confuse d'une personne que j'avais été une fois. Les visions d'Égypte n'étaient rien d'autre que le resurgissement de souvenirs.

Ma recherche de l'au-delà et mes idées sur la réincarnation m'amenèrent à m'intéresser au spiritisme. Les spirites prétendent pouvoir entrer en contact avec l'esprit des morts et croient à la réincarnation. J'étais pourtant très réticente à leur sujet car j'avais toujours entendu mes parents en parler avec mépris. Mère avait une amie très chère qui le pratiquait et racontait que lors de séances qui avaient lieu chez elle, une table en chêne aussi lourde que du plomb s'élevait dans les airs. Mère refusa toujours ce genre de choses étant d'avis que cela pouvait nuire au système nerveux. Mais alors que je réfléchissais à la réincarnation, je me rappelai soudain avoir assisté à une séance chez la vieille dame à l'insu de Mère. Et encore, si l'on pouvait appeler cela « une séance » !

La vieille amie de Mère aimait beaucoup ses petits-enfants et invitait souvent des jeunes pour le repas de midi. J'en faisais fréquemment partie. Un jour, nous restâmes et la vieille dame, de nature joyeuse et très vive, fut ravie de s'entretenir plus longuement avec nous. À cette époque, nous avions une quinzaine d'années. Nous étions évidemment fort curieux d'en savoir davantage sur le spiritisme et nous priâmes la dame de nous en parler. « Si vous le désirez, répondit-elle, nous pouvons faire tourner la table. » Cette perspective nous enchanta.

La table – ce n'était pas la lourde table en chêne dont Mère avait parlé mais une petite table ronde à trois pieds – fut apportée au milieu du salon et, avec la dame, nous nous mîmes tout autour, plaçant nos mains sur son plateau, doigts écartés, de façon à ce que pouces et auriculaires se touchent. La chambre était bien éclairée. Nous trouvions cela fort divertissant et cela devint franchement comique lorsque nous entendîmes la charmante vieille dame demander à haute voix : « Esprit, es-tu là ? »

Nous nous regardâmes en réprimant nos rires avec beaucoup de peine. Nous ne voulions pas vexer notre hôtesse ; nous nous appliquâmes donc à arborer des mines de circonstance. Nous étions debout, nous attendions. Tout à coup, la table se mit à trembler comme si une énergie voulait faire éclater le bois. Puis, cela s'accentua jusqu'à ce que la table se soulevât d'un côté, un pied en l'air. Puis, elle retomba et resta tranquille.

« Oui, dit la dame, la table dit "oui". Quand la table frappe une fois, cela veut dire "oui" ; quand elle frappe deux fois, cela veut dire "non". Wolfgang, prends une feuille de papier et un crayon et écris les lettres. Un esprit est présent ! »

Wolfgang, crayon en main, attendit. La table se remit en mouvement, frappa, frappa et frappa encore. Nous récitions l'alphabet et Wolfgang écrivait la lettre à laquelle la table s'arrêtait.

Je ne peux expliquer pourquoi cela nous sembla si comique. C'était drôle de réciter l'alphabet et, bien sûr, de voir avec quel sérieux la dame officiait. Pas un instant, je ne crus que la table se mouvait par elle-même. C'était certainement le fait de Nicolas, l'autre petit-fils de la dame. Ce frappement répété nous amusa beaucoup mais ce ne fut rien à côté de ce qui suivit et nous fit éclater de rire. Quant à la dame, elle secoua la tête avec un regard de reproche. Mais rien n'y fit, nous ne pouvions retenir nos rires : la table se pencha plusieurs fois brusquement et si bas que le bord de son plateau toucha presque le sol – je crus bien que la table allait glisser et tomber – mais non, elle se releva chaque fois d'une manière irrésistible, puis se mit à tourner autour de la chambre. Pour la suivre, nous dûmes nous mettre à courir. Finalement, elle se calma et s'arrêta dans un coin du salon. La dame demanda : « N'y a-t-il plus personne ? »

La table ne bougea plus.

« C'était un esprit folâtre parce que vous vous êtes tellement amusés. Maintenant, tous les esprits sont partis, reprit-elle. Un instant les enfants, je vais vous faire préparer du café », et elle disparut dans la cuisine.

Nous restâmes donc seuls un instant. J'en profitai pour demander à Nicolas : « C'est toi qui as fait bouger la table, n'est-ce pas ? »

Surpris, il répondit : « Moi ? J'ai cru que c'était toi ou Emmerich, en tout cas ce n'était pas moi. Mes doigts effleuraient à peine la table. »

Emmerich, vers qui nous nous étions tournés, protesta vivement : « Ah ! non, je n'ai pas fait bouger la table. »

« Écoutez, dis-je, nous allons bien voir si vraiment la table peut bouger d'elle-même ! »

Nous nous précipitâmes autour de la table pour tenter de la faire bouger en la poussant de nos mains. À notre stupéfaction, elle ne bougea pas ! La table était immobile, sans vie, comme devait l'être un morceau de bois. Nous insistâmes et poussâmes plus fort. Elle tomba mais ne se releva pas. Lors de l'expérience, la table s'était penchée très bas, presque jusqu'au sol, puis elle s'était relevée. Mais tous nos efforts restèrent vains. Nous décidâmes de pousser dans la même direction, de la relever, et lorsqu'elle fut en équilibre sur un pied, elle retomba lourdement sur les deux autres. Rien à faire pour la garder sur un seul pied.

Nous nous regardâmes en silence cette fois. Nous n'y comprenions plus rien. L'envie de rire nous avait quittés. Seuls les deux petits-fils de notre hôtesse gardaient leur calme. Ils nous dirent qu'eux non plus ne comprenaient pas mais que, quand leur tante Margaret était là, elle pouvait même faire lever l'immense table de chêne massif, ce que d'ordinaire seules quatre personnes pouvaient faire. Il était donc exclu que tante Margaret puisse la soulever à l'aide de ses seules forces.

Sur le chemin du retour, j'avais réfléchi longtemps encore à ce phénomène. Je ne pouvais croire à un « esprit » qui faisait bouger la table. Par contre, *je devais reconnaître qu'il y avait là une force inconnue.*

Après cet incident, la vie avait repris son cours avec mes études de piano, le patinage, les querelles avec mon fiancé d'alors et la table tournante avait rejoint le lot de tous mes souvenirs. Or, tout à coup, elle me revenait à l'esprit. Il était clair que la charmante vieille dame ne savait pas trop ce qu'était le spiritisme. Mais il devait certainement exister des cercles de spirites sérieux. Les préjugés sont toujours à bannir. En étudiant de plus près le spiritisme, pourquoi n'y trouverais-je pas quelque chose qui me permettrait d'avancer dans mes recherches ?

Je pus entrer en contact avec le responsable du groupe le plus célèbre du pays. Il me donna des livres à lire auxquels je pouvais croire ou non ! Les théories ne peuvent satisfaire celui qui cherche la vérité. Je voulais de la pratique et de la conviction. Un livre attira mon attention sur un médium qui avait acquis ses facultés en s'asseyant chaque jour au même moment devant une feuille de papier, crayon en main posé sur le papier, attendant ainsi pendant une heure. Il le fit régulièrement pendant six mois. Puis, le crayon se mit à bouger et à écrire des mots. C'est ainsi que ce médium écrivit plusieurs ouvrages qui eurent leur heure de gloire. Mais ceux-ci ne m'intéressèrent pas : ce n'était qu'une suite de sermons pleins de gentillesse et de fadeur – on peut en entendre de meilleurs à l'église. Pourquoi avait-on besoin, pour cela, d'un esprit *si toutefois cette force qui animait la main du médium était vraiment un esprit* !

Je pris donc aussi une feuille de papier et un crayon que je tins perpendiculairement au papier... et j'attendis.

Le premier jour – rien.

Le deuxième jour, le crayon se mit à trembler et, par voie de conséquence, à faire trembler ma main. Puis un mouvement saccadé s'imposa et me fit dessiner divers « abracadabra ».

Le troisième jour, le tremblement du crayon fut immédiat et bientôt, des mots intelligibles apparurent. On aurait dit l'écriture hésitante d'un vieillard. Je continuai l'expérience régulièrement chaque jour et les phrases s'allongèrent. Pendant que le crayon écrivait, j'observais mon bras et ma main. D'où venait cette force qui animait ma main ? Si ce crayon était capable d'écrire par lui-même, n'importe quel crayon pouvait en faire de même. Il ne faisait aucun doute que c'était le crayon qui avait fait bouger *mon* bras sans que *je* l'aie voulu et sans que *j'*aie su auparavant ce qu'il allait écrire. L'énergie provenait donc d'une source hors de ma conscience mais de toute évidence en moi. Cela pouvait être une force agissant depuis mon inconscient mais il n'y avait pour le moment aucune preuve que cette force émanât d'un étranger, d'un soi-disant « esprit ».

Mais qui sait exactement ce qu'est notre « inconscient » ?

Je montrai ces écrits au chef du cercle spirite. Avec une assurance étonnante, il me dit qu'il s'agissait d'une écriture typiquement médiumnique provenant d'un esprit. Je me tus. De telles affirmations me commandaient la plus grande prudence. Que la force qui avait animé mon bras *ne provînt pas de ma conscience, cela était certain car ce n'était pas ma volonté qui avait fait bouger mon crayon. Néanmoins, elle pouvait quand même avoir son origine dans mon être mais surgir de mon inconscient.* Le fait que les spirites *croient* à une énergie produite par des esprits ne prouve pas qu'il en est ainsi.

Je poursuivis l'expérience tout en m'observant... moi et mon crayon.

Un dimanche après-midi, mon mari et moi étions ensemble dans notre chambre. Il lisait un livre, je faisais de la gravure sur bois tout en pensant aux expériences que j'avais faites avec le crayon. J'en vins à la conclusion suivante : s'il est possible que ma main, mes nerfs ou n'importe quel instrument – encore inconnu – en moi *puissent capter et manifester les pensées d'un être désincarné et totalement étranger, il doit donc aussi m'être possible de capter et de manifester de la même manière les pensées d'un être séparé de moi mais incarné.* Cela représenterait un pas en avant dans ma recherche.

J'en parlai à mon époux et lui demandai s'il n'aurait pas envie de se livrer à des essais de transmission de pensées. Il accepta immédiatement car cela l'intéressait grandement.

Je ne savais pas exactement comment procéder mais il me semblait que si je voulais capter les pensées de quelqu'un, il était absolument nécessaire de faire le vide en moi, d'être parfaitement passive afin que mes propres pensées ne dérangeassent pas le processus. Nous nous mîmes l'un à côté de l'autre. Je pris son poignet gauche dans ma main droite, là où l'on sent le pouls. Il me semblait qu'un contact pourrait aider. Je détendis tous mes muscles, ne pensai plus à rien... et attendis.

J'imaginais qu'une transmission de pensées se passait ainsi : mon époux penserait à quelque chose et cette pensée allait surgir *dans ma tête* d'une manière ou d'une autre. J'attendais donc une pensée qui n'émanât pas de moi. (À cette époque, je n'avais pas encore réfléchi au fait que nous ne savons même pas d'où proviennent les pensées que nous appelons nôtres.) À ma grande surprise, il se passa une chose à laquelle je ne m'étais pas du tout préparée. Alors que j'étais là, attendant une pensée de mon mari, je ressentis vivement – je « vis » même – un courant d'énergie d'environ huit à dix centimètres de diamètre sortir de son estomac et entourer mon corps à la hauteur du plexus solaire, comme un lasso. Je le perçus comme si ce courant provenant de mon époux était fait d'une *matière* très fine, comme un brouillard, matériel quand même. Après que ce courant m'eut enlacée, il me tira dans une direction précise, ce qui m'obligea à faire un pas de ce côté. Il me tira toujours plus loin. Si je faisais un pas dans une mauvaise direction, il me faisait immédiatement revenir dans la bonne. C'est ainsi qu'il me fit arriver près de la fenêtre. C'est là que me laissa la volonté matérialisée de mon époux. Mais une nouvelle surprise m'attendait : mon bras libre que j'avais laissé pendre le long de mon corps s'éleva soudainement : *il ne pesait plus rien !* Jusqu'alors, je n'avais jamais pensé au fait que mon bras pendait parce que la terre l'attirait constamment à elle. J'avais bien appris à l'école la loi de la gravitation mais n'avais jamais été consciente du fait que c'était elle qui faisait pendre mon bras. Or là, devant la fenêtre, je vivais l'expérience que mon bras perdait son poids et s'élevait lorsque la force d'attraction terrestre cessait d'agir. Mon bras en s'élevant ainsi souleva le rideau. Je n'avais bougé ni contracté aucun de mes muscles. J'avais l'impression que la masse qui émanait du plexus solaire de mon mari soutenait mon bras. Cette masse poussa ma tête en avant jusqu'à ce que mon nez touchât involontairement la vitre. À cet instant précis, la masse quitta mon corps – bras et tête – et je pus me mouvoir librement.

Nous nous regardâmes fascinés. Cette nouvelle expérience m'avait montré que la volonté humaine, telle une matière, s'écoulait du plexus solaire de l'individu, atteignait une autre personne, l'entourant comme un poulpe et pouvait même neutraliser les effets de la gravitation. Cette « matière » donnait l'impression d'une myriade de gouttelettes de brouillard pareilles à la Voie lactée dans le ciel, étroitement liées entre elles et allant dans la même direction.

Mon mari était stupéfait et ne comprenait pas comment j'avais pu exécuter comme un automate tout ce qu'il avait pensé : aller à la fenêtre, soulever le rideau et regarder par la fenêtre. Je lui racontai qu'un courant d'énergie que j'avais perçu comme de la matière était sorti de son plexus solaire. Je précisai immédiatement que cela était subjectif. En effet, une force nous donne l'impression de matière.

Il me revint en mémoire que, quelques années auparavant, notre enfant avait eu mal au ventre. J'avais alors posé le coussin électrique sur son petit ventre et caressé son visage. À ma grande surprise, sa peau d'ordinaire aussi douce qu'un pétale de rose était soudainement devenue aussi rugueuse qu'une râpe. C'était comme si j'avais caressé les joues de mon mari qui ne se serait pas rasé pendant deux jours au moins. Cela s'explique par le fait que le coussin électrique était devenu un peu humide et qu'ainsi une partie du courant avait électrisé le corps de l'enfant. J'avais aussitôt déclenché le courant et la peau de l'enfant était redevenue normale. Ma main avait donc perçu le courant électrique comme une matière rugueuse. Si l'on considère ce fait que chacun peut vérifier, on peut alors comparer cette manifestation « matérielle » de la volonté humaine avec une matière ou avec un courant électrique. Cela revient d'ailleurs au même car la science contemporaine sait que la matière n'est rien d'autre qu'une forme d'énergie, une vibration qui ne nous donne que l'impression de la matière car pour nous elle reste impénétrable.

Chaque dimanche soir, la famille se réunissait chez mes parents. Je leur fis part de notre expérience. Immédiatement, chacun voulut s'y essayer. Je la tentai d'abord avec Mère. Les autres restèrent silencieux, immobiles, s'efforçant de ne penser à rien car, dans cet état de réception exceptionnelle, je captais si intensément les pensées de tous ceux qui étaient présents que cela pouvait me déranger.

L'expérience avec Mère me fit constater quelque chose de nouveau. Le courant qu'elle émettait était plus faible, plus fin et plus petit en diamètre que celui de mon époux. Je répétai l'expérience avec des oncles, des tantes et autres parents réunis autour de la table familiale. C'est ainsi que j'appris que chaque être émet un courant différent. Un oncle qui manquait de pouvoir de concentration et de décision avait un courant épais et fort, mais les particules ne s'écoulaient *pas dans la même direction*, leurs mouvements étaient désordonnés et, par conséquent, leur effet aussi. Il était très difficile pour moi de déceler ce qu'il voulait. Une tante avait un courant très mince mais perçant que je ressentis comme un fil de fer dur et rigide qui me blessait. Elle était très agressive en général. Ainsi, chacun avait sa propre émanation de volonté.

Un monde nouveau s'ouvrait à moi ! Je commençais à comprendre certains phénomènes que je n'avais pas pressentis, appréhendés, même pas remarqués. Je savais maintenant pourquoi on se sentait aussi fatigué après une joute orale qu'on l'aurait été après avoir disputé un match de boxe. Je comprenais pourquoi il pouvait être si épuisant d'être avec certaines personnes et si stimulant et rafraîchissant d'être avec d'autres. Je saisissais d'une manière presque *palpable* ce qu'étaient la sympathie et l'antipathie : des émanations qui donnent, les autres qui absorbent, les unes qui répandent la force, les autres qui collent comme les tentacules d'un poulpe et sucent l'énergie d'un individu. Les expériences faites avec de telles personnes me laissaient affaiblie, les genoux tremblants, complètement épuisée. Je devais me reposer et attendre de recouvrer mes forces avant de poursuivre. Car tout le monde voulut faire cette expérience, y compris la femme de chambre, la cuisinière et le reste du personnel de mes parents. Je devins encore consciente d'un fait – et celui-ci ne peut être changé par aucun décret humain : les personnes cultivées et disciplinées avaient des émanations bien différentes de celles des personnes ignorantes et primitives qui ne vivaient que pour satisfaire leurs instincts. Cela ne dépendait évidemment pas de leur classe sociale ou économique ! Je perçus, chez des gens simples vivant dans la forêt, dans les montagnes ou des endroits peu touchés par la civilisation, des émanations beaucoup plus pures et élevées que chez des personnes érudites mais complètement égoïstes. On ne peut cacher, renier ou falsifier ces émanations. Elles révèlent immédiatement la nature de celui qu'on a en face de soi.

Lors de ces expériences, j'appris encore quelque chose d'intéressant : lorsque quelqu'un voulait de moi quelque chose que mon éducation réprouvait, cette dernière s'élevait entre la volonté de l'autre et moi, comme un mur isolant. Ce n'est qu'au prix de gros efforts qu'il m'était possible de faire tomber ce rempart.

Ces expériences m'éprouvaient beaucoup car, même si j'avais à faire à des êtres positifs, je devais d'abord faire le vide en moi pour pouvoir « réceptionner » la volonté de l'autre, c'est-à-dire *la rendre consciente en moi* et ainsi faire passer ces vibrations étrangères dans mes nerfs en supprimant le plus possible les miennes. C'était précisément la partie la plus difficile. Nos nerfs sont toujours *en harmonie avec nos propres vibrations*, leur résistance est adaptée à notre courant vital. Tout dérangement éprouve les nerfs, crée une dissonance vers le haut ou le bas mais toujours astreignante. Lorsqu'on en fait l'expérience, on en ressent les effets nuisibles, qu'ils aient été causés par une peur, un transport passionnel ou même une trop grande joie. Par conséquent, il devient facile de comprendre pourquoi il est fatigant ou mauvais de devoir harmoniser nos nerfs avec des vibrations complètement étrangères non seulement en fréquence mais encore dans leur essence. Lorsque la différence est trop marquée, de graves désordres peuvent apparaître, une surexcitation, une inflammation, une maladie nerveuse. Cela explique pourquoi certaines personnes sensibles sont constamment malades dans un environnement particulier. Le médium est donc une proie facile et le grand danger qui le menace est qu'il perde sa propre identité, son propre caractère, ce qui arrive d'ailleurs dans la plupart des cas. Il est réceptif à toutes les vibrations, mais ne peut les « digérer », les *assimiler*. Il devient alors désordonné, faible, on ne peut plus s'y fier ! Nous devons absolument éviter de jouer avec ces choses ! Il existe de nombreux documents relatant de bien tristes histoires au sujet de médiums devenus de vrais automates, faibles, dénués de toute force de résistance et qui furent traités de menteurs ou de fraudeurs. Cela n'est pas étonnant. Ce sont précisément leurs facultés médiumniques qui les affaiblissent et en font des jouets entre les mains des spectateurs. J'ai été moi-même le témoin d'un tel déclin : une femme dotée de facultés exceptionnelles pouvait accomplir des tours extraordinaires puis, avec le temps, elle se mit à perdre toujours plus de son caractère. Elle ne put plus résister aux désirs d'autrui et voulut constamment faire plaisir en « produisant » quelque chose. Et lorsque la force inconnue ne se manifestait pas, elle prit l'habitude de tricher pour ne pas décevoir ses spectateurs. Un énorme scandale fut la fin de cette histoire. Les ignorants triomphèrent et prétendirent que tous les phénomènes, depuis le début, avaient été truqués. Non ! Pas tous. *C'est précisément la médiumnité réelle de cette femme qui lui avait fait perdre son caractère et sa résistance au point d'en faire finalement une tricheuse*. Je pus d'ailleurs constater ces effets en moi-même. Je ne voulais pas me leurrer, je voulais connaître la vérité et dus admettre que ces expériences pouvaient être nuisibles. J'étais suffisamment consciente et animée d'une volonté assez forte pour vaincre les vibrations étrangères pour redevenir moi-même après chaque expérience. Mais cela me coûtait beaucoup, je devins fatiguée et nerveuse. Voilà pourquoi j'abandonnai ce type d'expériences et, par la suite, tout ce qui touchait au spiritisme. Je sais que de nombreux spirites prétendent que ce genre de manifestation n'est ni fatigant ni dangereux. Qu'ils veuillent bien me pardonner de dire ici ouvertement et après de longues années d'expériences que les médiums qui ne sont pas fatigués après les séances *n'ont jamais reçu une volonté étrangère à la leur mais ont agi depuis leur propre inconscient* même s'ils étaient convaincus que la manifestation provenait d'une autre personne. J'ai acquis la certitude qu'*un individu pouvait « recevoir » sa propre volonté d'un complexe profondément caché dans son inconscient, la ressentir et la manifester comme s'il s'agissait d'une volonté étrangère.* C'est ainsi que naissent la plupart des « auto-illuminations ». Il est impossible de discuter avec les ignorants, ils s'accrochent à leur croyance fanatique « aux esprits », ils s'abusent et trompent une foule de crédules indisciplinés et stupides. Ils n'ont aucune idée de ce que sont *leurs propres forces inconscientes*.

Mais celui qui veut connaître la vérité et qui, systématiquement, contrôle et étudie tous les phénomènes, peut découvrir des *faits* très intéressants. Il faut être très prudent avec le mot « esprit ».

Réfléchissons un instant. Si la volonté d'un individu réussit à soulever le bras d'un autre, donc de *vaincre la force de l'attraction terrestre*, où la limite du possible se situe-t-elle ? La découverte de ces phénomènes me fit comprendre ce qu'on appelle en Occident « lévitation » que, par des exercices spéciaux, on apprend encore dans certains couvents tibétains. Mais, sans même avoir entendu parler de cette formation, mes expériences m'avaient conduite aux mêmes résultats. Ces phénomènes sont d'ailleurs connus en Europe également et des témoins oculaires dignes de foi ont décrit comment Thérèse d'Ávila, Jean de la Croix et François d'Assise flottaient dans les airs, quelquefois pendant plus d'une heure. Je sais que *cela est possible*, la volonté d'un individu agit aussi bien sur lui-même que sur autrui, qu'elle peut vaincre – pendant un certain laps de temps – la force d'attraction terrestre. Cela dépend de l'importance, de l'intensité de cette volonté.

Il m'est arrivé, lors de certaines expériences, de ne pouvoir « rendre consciente » en moi la volonté d'un autre et ainsi de ne pouvoir manifester sa pensée. Cette « masse » pesait lourdement sur ma poitrine, m'étouffait, je haletais comme si j'allais mourir. Je devais demander à la personne en question de mieux se concentrer. Dès que je devenais consciente de sa volonté, je pouvais la réaliser, je pouvais respirer librement et l'oppression disparaissait. Tout ce que j'ai vécu pendant ces expériences m'a convaincue du fait que, dans de nombreux cas, *l'asthme n'est rien d'autre que la volonté invisible* d'un individu qui pèse lourdement sur le malade. *Mais cette volonté invisible non réalisée peut aussi être la sienne, provenir de son propre inconscient et causer des maladies sans que le malade se doute que c'est sa propre volonté qui le rend malade.*

La vie entière est une suite de tels combats invisibles dont nous sortons une fois vainqueurs, une fois vaincus.

Ces expériences et ces phénomènes ont été pour moi une école extraordinaire. Ils m'ont permis de regarder profondément dans l'inconscient humain et d'acquérir une connaissance étendue de soi et de l'humanité. La preuve me fut donnée qu'il était possible de recevoir les pensées d'autrui tout en constatant, en même temps, combien cela était difficile ! Je compris pourquoi les Tibétains et les Indiens se retirent trois jours dans la solitude, loin de toute habitation, pour jeûner, prier et ainsi se préparer méticuleusement à établir un contact avec l'esprit d'un mort. Pas comme de nombreuses personnes qui se disent spirites, se réunissent en séance à la sortie du bureau et au milieu de la vie mondaine, et croient pouvoir établir immédiatement une liaison avec l'au-delà. Elles imaginent pouvoir, par une petite prière, se protéger de tout danger. Pensent-elles qu'une prière peut faire échapper à la mort une personne qui s'est précipitée dans le vide ? Or, le spiritisme pratiqué par des ignorants est aussi dangereux que de sauter dans le vide. Soyons raisonnables ! N'oublions pas que notre raison nous permet de contrôler et d'analyser toutes nos expériences. Pendant les années passées au sein des groupes les plus divers, j'ai été témoin de tant de catastrophes, possessions, suicides, dépressions nerveuses, troubles mentaux très graves causés par des jeux dangereux que l'on nomme spiritisme. Des gens de bonne foi, sincères mais complètement ignorants, n'ayant aucune formation psychologique tiennent des séances ! Les êtres ignorants réveillent des forces qui leur sont inconnues et dont ils ne peuvent percevoir l'origine. Ils sont donc incapables de les contrôler et tombent à leur merci. Seules les personnes qui sont assez fortes pour résister parfaitement à toute influence, qui ont des connaissances psychologiques poussées et de l'expérience, qui possèdent une immense force de volonté *consciente* et une excellente maîtrise de soi peuvent s'occuper de spiritisme et procéder à des expériences de ce type.

VŒUX

Petit à petit, je me rendis à l'évidence que le spiritisme n'avait plus rien à m'offrir. Les expériences que j'y avais glanées m'avaient cependant ouvert les portes de l'âme humaine et c'est avec consternation que je remarquais combien l'homme est solitaire dans la grande obscurité de son ignorance. Ma propre médiumnité me permettait de pénétrer dans le domaine extraordinaire de l'inconscient. Je me disséquais littéralement sans aucune pitié et refusais de me laisser aveugler par des théories aussi brumeuses qu'incertaines. Ma hachette à la main, je progressais dans cette jungle, pas à pas. Le spiritisme me conduisit finalement à l'étude de la psychologie. Et comme en ces temps-là je n'avais aucune idée de l'étendue du savoir psychologique des Orientaux – Indiens et Chinois –, je me penchai sur la psychologie occidentale.

Lorsque nous luttons sérieusement pour obtenir quelque chose et que nous y consacrons tous nos efforts, le destin se plaît à nous prêter assistance. Après avoir acquis une formation théorique solide, je pus entrer en relations avec le médecin chef de l'asile psychiatrique d'État. Celui-ci m'aida à parfaire mes connaissances par un exercice systématique de la pratique. J'obtins l'autorisation d'étudier les malades de cet asile dans quelque service qu'ils se trouvassent, même les fous furieux des deux sexes.

Un soir, je rentrai chez moi et restai longtemps seule à mettre de l'ordre dans mes idées. Ce que j'avais vu dans cet asile était affreux. Horrible ! L'enfer de Dante n'était rien en comparaison de ce qui s'y passait. Combien de malades, enfermés ou non, sur cette terre souffrent-ils de cette manière ? Combien de personnes saines souffrent-elles à cause de ces malades, perdent-elles leur santé et se trouvent anéanties ? Combien de malades trompent-ils des ignorants naïfs par leur comportement normal et parce qu'ils ne portent pas sur leur front le sceau du malade mental ? Ils occupent parfois des positions élevées, épousent un être confiant et innocent puis détruisent leurs proches, leur famille, souvent de grandes entreprises, même des pays entiers.

Souvent, je vis l'enfer devant mes yeux, je considérai avec effroi l'océan de la souffrance et constatai l'impuissance de l'humanité devant cette misère incommensurable…

Il fallait faire quelque chose ! Les gens doivent connaître les dangers qui conduisent aux maladies mentales. Toutes les personnes saines doivent s'unir pour combattre ensemble cette détresse amère.

Ce travail auprès des malades me révéla les secrets les plus profonds des êtres et des familles les plus diverses. Ce fut avec stupéfaction que je dus reconnaître qu'il y avait, dans le monde, plus de malades que d'individus sains. Je ne comptais plus les anomalies, les maladies mentales que les gens portaient en eux, mais je vis aussi combien de ces êtres auraient pu être sauvés par un traitement adéquat ou même par un simple changement de leur environnement ; cela aurait souvent suffi à assainir leur psychisme et, par conséquent, à redonner le bonheur à leur famille.

Je restai là avec mes réflexions à me demander à quel résultat on pourrait parvenir si chaque personne saine voulait bien se dévouer à cette cause. De toutes mes forces, je voulais me consacrer à ce travail, à l'adoucissement de cette souffrance. Mais comment et où doit-on commencer?

Où trouver l'aide nécessaire?

Alors que je me posais cette question, j'eus soudainement l'impression d'une présence près de moi. Les exercices de transmission de pensées et les expériences spirites avaient tant affiné, aiguisé mes nerfs que si l'on me conduisait, les yeux bandés, dans une chambre je pouvais dire si quelqu'un s'y trouvait et même définir le caractère de la personne présente. Je reconnus tout de suite en moi le picotement, pareil à un courant électrique, qui m'avertissait d'une présence. Puis, je ressentis une radiation familière bien que ne sachant toujours pas d'*où* je connaissais ce rayonnement noble, pur et puissant… j'entendis à nouveau en moi la voix si chère:

« Où trouver une aide? Mais en toi! Ne comprends-tu pas que le mal vient toujours de ce que l'on attend l'aide de l'extérieur? Et comme tous *attendent* de l'aide mais n'en *donnent* pas, personne ne peut en recevoir. Par contre, si chacun *prêtait* assistance, chacun *recevrait* cette aide. On pourrait ainsi libérer la terre de toutes ses misères. »

Je répondis à la voix intérieure: « Je ne sais pas qui tu es ni quelle espèce de force tu es. Je n'entends que ta voix qui, toujours, me dit la vérité. Tu connais mes pensées, tu vois mon être invisible aux yeux d'autrui. Je n'ai donc pas besoin de te dire que je veux consacrer ma vie à apaiser la souffrance des autres. Même si je ne suis qu'un grain de poussière, je veux que ce grain multiplie ma force secourable. Sans cela, la vie n'a plus de sens, je ne peux plus trouver la joie tant que je porterai en moi la souffrance d'autrui. Je veux contribuer au salut de la terre! »

« Attention! dit la voix intérieure. Sois prudente avec ces belles paroles! Contribuer à cette œuvre signifie devoir, abnégation et sacrifice. Tu dois éliminer

139

toutes tes imperfections! Ne jamais oublier que tu dois constamment veiller, que tu ne peux te permettre la moindre infraction aux lois éternelles. *Tu seras à nouveau soumise à toutes les tentations auxquelles tu as succombé et malheur à toi si tu n'en sors pas victorieuse.* Aucun mortel n'a le droit de jouer avec les forces divines. Tu ne dois jamais plus utiliser à des fins égoïstes les forces acquises dans ce travail. Tu dois te débarrasser de tout sentiment personnel et ne plus considérer les choses sous un angle personnel. Fais attention! Il est préférable de vivre sa vie comme tout le monde plutôt que d'échouer comme artisan dans cette grande œuvre. C'est un avertissement!»

«Je n'ai pas peur, répondis-je. Ma personne ne m'intéresse plus, je n'ai plus aucun désir. Après tout ce que j'ai vécu et appris, je ne puis plus ressentir aucune joie à ce niveau. Je ne crains aucune tentation. Je leur résisterai car je n'ai plus d'illusions. Je veux contribuer à cette grande œuvre!»

Ce fut le silence pendant un instant, je me sentis envahie par un rayon d'amour infini, puis la voix reprit: «Je reconnais bien là cette confiance en toi, mon enfant, mais, *cette fois*, veille à ne pas t'oublier...»

J'étais assise sur mon divan, je frottai mon front, regardai autour de moi – la chambre était vide. Qui était-ce? Qui est-ce? – Ou quelle était la force qui me parlait de cette voix si familière? D'où connaissais-je cette voix – d'où connaissait-elle cette confiance en moi – et quand avais-je tellement manqué de prudence que *cette fois* je devais prendre garde de ne pas m'oublier?

Je ne reçus pas de réponse.

LUEURS

Les jours, les semaines, les mois passèrent… j'attendais un signe, une indication pour savoir ce que je devais faire, ce que devaient être mon devoir et mon sacrifice comme l'avait annoncé la voix de l'invisible ; mais la voix ne se fit plus entendre…

Souvent, j'essayais de créer l'ambiance nécessaire à ressentir ce picotement sur tout le corps comme si l'on se baignait dans de l'eau gazeuse, à déclencher mes sens pour m'ouvrir tout entière à la réception de cette voix… mais je n'y parvenais pas.

J'étais perplexe. C'était en vain que j'attendais. Cependant, je refusai de gaspiller mon temps. Aussi, me dis-je que la meilleure chose à faire était de vaquer à mes occupations terrestres au mieux de mes possibilités et d'espérer bientôt recevoir de la voix intérieure des instructions quant à mon devoir pour collaborer à la grande œuvre. Je sentis aussi qu'il fallait me purifier de tout égoïsme si je voulais reconnaître la vérité avec précision, tout comme le carreau de la fenêtre devait être propre pour laisser passer la lumière du soleil dans toute sa clarté. Le premier pas était donc de savoir ce qu'il y avait en moi. Me connaissant parfaitement, il me serait alors possible de me purifier.

Je me mis à sonder et à analyser la source et la cause de toutes mes pensées, paroles et actions. Quelle était la force inconsciente qui travaillait en moi ? *D'où* provenaient mes pensées ? *Qui* était-ce qui en moi voulait que je prononçasse telle ou telle parole ? *Pourquoi* voulais-je faire ceci et pas cela ? Si quelque chose me faisait plaisir, j'examinais *pourquoi* j'en éprouvais de la joie. Si je me sentais déprimée ou en colère, je voulais en connaître les raisons. Si quelqu'un me paraissait sympathique ou antipathique, je m'analysais immédiatement pour connaître les caractéristiques responsables de mon jugement. Je m'observais constamment pour savoir pourquoi je faisais volontiers une chose alors que je rechignais devant une autre. Lorsque j'étais loquace, je voulais mettre au jour les raisons qui me poussaient à parler et quand je restais silencieuse, savoir pourquoi je n'avais pas envie de parler. Je mettais sous la loupe chaque mot qui sortait de ma bouche pour savoir s'il était parfaitement vrai et s'il ne pouvait blesser qui que ce soit. J'étais à l'affût de l'effet que produisaient mes paroles et mes actes. J'essayais toujours de me mettre à la place de celui à qui je parlais : que ressentirais-*je s'il me* disait les mots que j'*étais en train de lui dire ? Constamment, sans répit, je me gardais sous contrôle*.

Cette observation continue m'apporta d'innombrables trésors. Peu à peu, j'appris à connaître le monde magique de la subconscience et de la conscience. Je reconnus *les manifestations diverses de la force unique* dans les instincts les plus bas jusqu'au Soi spirituel le plus élevé. Je compris que nous avons le choix de nous identifier à nos instincts ou d'en rester les maîtres, c'est-à-dire *nous-mêmes* ! J'appris que seul est libre celui qui contrôle et maîtrise ses instincts et qui ne devient pas l'esclave de ses passions, de ses envies, de ses désirs.

En plus de cette auto-analyse, je continuais mes études de psychologie et de philosophie sans pour cela négliger la gravure sur bois ni le piano. L'activité artistique procure une excellente occasion de plonger en soi et de réfléchir à toutes sortes de problèmes.

Un jour, nous reçûmes la visite d'un critique d'art qui regarda les meubles que j'avais sculptés. Au-dessus du lit, il y avait un faune jouant de la flûte. L'esthète me demanda si j'avais d'abord fait un modèle en terre. Je lui répondis que je ne savais pas modeler la terre et que j'avais sculpté la figurine directement dans le bois. « J'ai simplement enlevé le bois superflu », lui dis-je.

« Avez-vous étudié l'anatomie ? » demanda-t-il encore.

« Non, j'ai fait des études musicales. Il ne m'était donc pas possible de suivre deux académies en même temps. »

Un moment encore, il regarda mes gravures puis dit : « C'est un péché que vous ne soyez pas sculpteur ! »

« Sans apprendre, je resterais toujours un amateur et cela ne me plairait pas du tout. Je ne peux plus fréquenter l'Académie des Beaux-Arts car j'ai un mari et un enfant que je ne veux pas négliger ! »

« Attendez un instant, dit-il, je vais tenter de convaincre le directeur de l'École des Arts de vous laisser fréquenter, à titre exceptionnel, les seuls cours de sculpture. Vous n'avez d'ailleurs pas besoin du reste. Je crois bien pouvoir vous faire accepter comme élève extraordinaire. »

C'est ainsi que je devins élève de l'École des Beaux-Arts puis celle de notre plus grand sculpteur de l'époque. Lorsque je me présentai chez lui, il me regarda avec attention, scruta mon visage et, surpris, me dit : « Comme c'est intéressant, c'est la première fois que je vois des yeux égyptiens chez un être vivant ! Savez-vous que vous avez des yeux égyptiens ? »

« Non, répondis-je, je ne connais même pas la différence qui peut exister entre des yeux communs et des yeux égyptiens ! »

« L'ouverture des yeux égyptiens s'étend en longueur sur le côté. C'est pourquoi les paupières sont placées d'une manière toute différente de celles des races occidentales. Si vous voyez un tableau, vous pouvez immédiatement reconnaître, grâce à cette caractéristique, s'il s'agit d'une œuvre égyptienne ou non. Je n'ai cependant jamais pensé pouvoir rencontrer de tels yeux chez une personne vivante car on n'en trouve plus chez les Égyptiens d'aujourd'hui. On ne les voit plus qu'en peinture ou en sculpture. Il en est d'ailleurs de même du crâne allongé si typiquement égyptien. Mais d'où tenez-vous ces yeux-là ? »

Je souris poliment : « Je ne sais pas, Maître, c'est peut-être atavique ? » Il me sourit aussi et me donna mon premier travail…

Un an passa, puis un jour, il vint dans le studio dans lequel je travaillais – il en avait plusieurs – et déclara : « Dès aujourd'hui, vous ne me devez plus d'honoraires. Si vous n'avez pas d'atelier, celui-ci est à votre disposition. Vous pouvez y travailler librement comme artiste indépendante. Vous n'avez plus besoin de mes conseils mais de pratique pour pouvoir toujours mieux vous exprimer dans votre sculpture. »

Je le remerciai de son offre si aimable. À la maison, j'avais un studio où j'avais déjà exposé à plusieurs reprises. J'y continuai donc mon travail. Mais ce professeur resta notre ami et vint de temps en temps constater mes progrès.

Cette activité me rendait heureuse, véritablement et parfaitement heureuse. C'était l'extase. Pendant que je sculptais, le monde extérieur et le temps cessaient d'exister, je ne ressentais plus aucun désir physique, ni la faim ni la soif, j'oubliais ma personne. Je remarquais qu'une énergie abreuvait mes nerfs lorsque je me concentrais totalement, une force dont les effets étaient bénéfiques pour mon corps comme pour mon esprit. Souvent, alors que seul mon travail m'accaparait, il m'arrivait de reconnaître une vérité sans aucun rapport avec ce que je faisais. C'est ainsi que je reçus la réponse à des problèmes qui me préoccupaient, à des questions philosophiques, psychologiques ou autres. Dans ces moments précis, je restais immobile, l'ébauchoir à la main, considérant de mes yeux spirituels la nouvelle vérité révélée. J'avais l'impression que ma tête avait percé le plafond pour émerger dans la chambre de l'étage supérieur. Je regardai ce nouvel univers et y découvris tous les trésors qu'il recelait. Ces éclairs d'inspiration se répétèrent de plus en plus souvent, non seulement pendant que je sculptais ou jouais du piano mais surtout lorsque je me concentrais tout particulièrement sur quelque chose.

Un soir, je fis une expérience fort étrange, pas pendant le travail cette fois, mais alors que j'allais m'endormir.

Dans nos deux lits contigus, mon mari et moi avions l'habitude de lire un peu avant de nous endormir. C'est ce que nous fîmes ce soir-là. Puis, je dis à mon époux : « Je suis fatiguée. Bonne nuit ! » J'éteignis ma lampe de chevet, m'allongeai confortablement et fermai les yeux. Oui, j'avais fermé les yeux *mais je voyais encore tout dans la chambre* ! Les yeux fermés, je voyais tout ce qui se trouvait dans la chambre ainsi que mon mari qui tournait les pages de son livre. J'ouvris promptement les yeux pour voir si c'était vraiment ce qu'il faisait ou si tout cela n'était qu'une projection de mon « intérieur ». Mais non, ses mouvements étaient bien ceux que j'avais vus. Je refermai les yeux et constatai que je voyais encore tout. Fort surprise, je m'assis, regardai autour de moi les yeux toujours fermés, et vis tout ce qui pouvait être vu ! Une chose, toutefois, était étrange : je ne voyais pas les choses d'une manière plastique, en trois dimensions, mais transparentes comme semblaient l'être mes paupières, et plates comme un négatif de photo, comme une radiographie beaucoup plus précise. Par exemple, je voyais ma machine à coudre à travers son couvercle de bois, les tableaux sur la paroi de la chambre voisine à travers la porte fermée, les vêtements dans le placard, et tous mes petits objets personnels en désordre dans mon bureau. Cela me donnait l'impression de voir toutes les choses les unes derrière les autres.

Mon mari observa mon manège un moment et me dit : « Pourquoi, les yeux fermés, tournes-tu la tête dans toutes les directions ? »

Fort excitée, je lui expliquai que je voyais tout avec les yeux fermés. Cela le surprit et il me mit à l'épreuve en me demandant combien de doigts il levait et en faisant d'autres petites expériences similaires. Dans son corps, je voyais son squelette mais aussi ses organes, tous les uns derrière les autres. C'était étrange mais mon sens inné de l'humour me fit éclater de rire car voir mon mari aussi transparent que cela était très comique !

Nous nous endormîmes enfin. Comme toujours, je dormis calmement et le lendemain, je me remis à voir normalement avec les yeux ouverts ! Ce phénomène bizarre ne se répéta plus pendant longtemps. La sculpture m'occupa de nouveau tout entière.

Je n'en négligeais pas pour autant mes études de psychologie. Les personnes qui venaient me consulter pour discuter de leurs problèmes étaient de plus en plus nombreuses. C'est ainsi que j'acquis beaucoup de connaissances pratiques.

Les années passèrent : en hiver le travail ininterrompu, en été la vie au bord du lac, jouissant des beautés de la nature et de la vie familiale.

VISIONS

Une période de ma vie fut tout particulièrement marquée par une quantité de visions que je recevais alors que j'étais éveillée. Certaines furent si extraordinaires qu'elles exercèrent une influence très vive sur moi et le reste de ma vie. Voici les plus importantes :

À la fin de chaque été, mon mari et moi entreprenions un voyage à travers divers pays. Une année, nous nous arrêtâmes dans les Dolomites à notre retour d'Italie pour y faire quelques excursions. C'est là que j'eus l'une des visions les plus impressionnantes.

Un soir, en rentrant à l'hôtel après une marche fatigante, je m'allongeai. Le soleil avait été si fort pendant la journée qu'il m'avait semblé que ses rayons, pareils à des lances, avaient transpercé mon dos et mon cœur. Les immenses parois rocheuses rougeâtres reflétaient ces rayons solaires en les multipliant par mille. L'atmosphère avait quelque chose de démoniaque ; tout était embrasé, c'était presque l'antichambre de l'enfer. J'avais été bien aise de me retrouver sur le chemin du retour et de voir le soleil, véritable lance-flammes, disparaître à l'horizon.

Je me couchai donc de bonne heure prête à m'endormir. C'est alors que j'eus la sensation que le plafond tombait sur moi, et moi dans un vide sans fond, dans le néant, comme si j'allais mourir. Un médecin, appelé d'urgence par mon époux, constata que j'avais eu une attaque cardiaque. Il me fit une injection ; la nuit passa, mon pouls restait faible et un sentiment d'anéantissement me torturait. J'apprenais ce qu'était la peur de mourir. Comme toujours et même en pareilles circonstances, je m'observai et dus reconnaître que la peur de la mort était une condition physique. Dans ma conscience, j'étais calme, je n'avais aucune crainte de la mort et pourtant, je ressentais une affreuse angoisse devant elle. C'était insupportable ! Je n'étais plus tout à fait dans ce monde et pas encore dans l'autre. Je flottais dans le néant. La souffrance était si intense que je pensais : plutôt mourir tout de suite qu'endurer encore cette torture. J'abandonnais la lutte car je désirais entrer consciemment dans la mort afin de me libérer de cette peur de mourir...

Mais alors que je m'apprêtais à glisser consciemment dans ce néant – dont j'avais si peur – l'espace s'ouvrit soudainement sur l'infinité que mes yeux contemplèrent avec étonnement : j'y vis un chemin, un très long chemin à l'extrémité duquel, au-delà de tout ce qui est matériel et déjà dans l'éternité, se tenait une silhouette masculine d'une lumière aveuglante qui tendait les bras dans un geste d'amour ineffable. Il semblait être infiniment loin de moi, sa face brillait et rayonnait avec une telle intensité que je ne pouvais en discerner les traits. Pourtant, je savais qu'il était le *Sauveur* du monde.

Le long de la route, des créatures ovales, pareilles à des œufs, avançaient lentement. Elles me faisaient penser à un troupeau de moutons dont on ne verrait que le dos. Je me tenais là, au départ de ce chemin et indiquais à ces êtres la direction à prendre. Ils se dirigeaient tranquillement vers la silhouette de lumière qui les attendait à bras ouverts. Ceux qui *L*'atteignaient se fondaient dans sa lumière et disparaissaient. Cette route si longue était comme un fleuve incessant de ces créatures ovales que je savais être des *âmes humaines*.

Inlassablement, je montrais la direction à tous ceux qui passaient, mettant toutes ces âmes sur le bon chemin...

Cela me fit comprendre que je n'allais pas mourir puisque ce travail restait encore à faire, que je ne pouvais pas mourir avant de l'avoir accompli. Je savais que cette mission allait être de très longue haleine et qu'il se passerait beaucoup de temps jusqu'à ce que mon horloge cosmique sonnât l'heure de mon départ vers ma patrie de lumière où l'amour éternel m'attendait...

Une paix infinie m'enveloppa et mon cœur reprit son travail normalement bien que faiblement encore. Je regardai le visage soucieux de mon époux. Comme je pouvais à nouveau bouger la langue, je lui dis doucement que j'allais mieux. Ce cher garçon pleura comme un enfant, heureux de m'entendre parler et de revoir de la lumière dans mes yeux.

Je dus garder le lit un jour encore puis nous pûmes rentrer à la maison. Peu de temps après, tout était rentré dans l'ordre.

L'été, au bord du lac, j'étais toujours plus réceptive aux visions, plus sensible aux messages télépathiques – émissions ou réceptions. Un jour de vacances, après une joyeuse journée, nous allâmes nous coucher. Le calme régnait dans la maison et je m'endormis auprès de mon mari. Je me mis à rêver toutes sortes de choses dans un ordre chaotique et apparemment sans rapport les unes avec les autres quand, dans mon rêve, j'entendis des pas lents et traînants, ce qui me réveilla abruptement... oui, évidemment, je m'étais assoupie, assise sur une marche, et comme personne n'était passé par là, je n'avais pas pu mendier. Mais le bruit des pas m'avait réveillée, quelqu'un approchait, j'étais alerte, mes yeux étaient ouverts : je constate alors que ces pas sont ceux d'un vieil homme voûté qui finit par s'asseoir juste en face de moi. L'escalier relie la haute ville aux quartiers du bas. Comme de nombreux fonctionnaires de la ville et de l'État travaillent là-haut, des milliers de personnes empruntent chaque jour ce passage. L'endroit est très agréable pour moi : un avant-toit me protège de la pluie et la recette est bonne. J'ai «mes clients réguliers» qui me font l'aumône chaque jour en se rendant à leur bureau. Quel est donc ce vieillard impertinent qui vient précisément mendier à cet endroit ? Cela va me porter préjudice car les gens ne donnent pas à deux mendiants. Je vais perdre la moitié de mon revenu. Je le dévisage et suis sur le point de lui dire de s'en aller mendier ailleurs, qu'ici, c'est ma place, qu'il doit partir tout de suite ! Je le regarde et éprouve un sentiment d'incertitude... Je le fixe et me sens mal à l'aise... je vois que lui aussi est embarrassé, qu'il esquisse un mouvement comme s'il voulait s'enfuir, mais c'est trop tard : je le reconnais et il me reconnaît. Oh ! Miséricorde, ne m'abandonne pas !... *il* est celui que j'ai cherché pendant toute ma vie, qui m'a abandonnée et que jamais je n'ai pu oublier... Et maintenant le voici en face de moi, mendiant comme moi... Pourquoi, pourquoi devons-nous nous retrouver ainsi ?

Je le regarde, lui et son visage vieux et ridé, sa peau flasque, ses lèvres pendantes, ses cheveux rares et sa barbe négligée, ses vêtements composés de vieux haillons disparates et déchirés. Qu'est-il advenu du jeune cavalier élégant qu'il avait été autrefois ? Il me regarde avec effroi, conscient de sa faute, honteux. Son visage se tord dans une grimace et il commence à pleurer silencieusement. Il lève les mains pour essuyer ses larmes – et je vois ses mains calleuses, couvertes de blessures, ses ongles longs et sales, ses doigts répugnants, raidis par la goutte. Oh ! ces mains qui avaient été si belles, si élégantes, si soignées et que j'avais embrassées avec tant de ferveur...

Je regarde mes mains... Horreur !... Elles sont aussi négligées et vieilles que les siennes. Je vois mes doigts tordus par la goutte, blessés de part en part. Depuis quand mes mains sont-elles aussi horribles ? Je ne le sais pas ! Je ne pense jamais à me regarder. Jusqu'à cet instant, j'ai vécu comme une somnambule. Maintenant, il me semble m'éveiller, comme si je sortais d'un brouillard épais et impénétrable qui aurait enveloppé ma conscience. Le brouillard se dissipe et tout devient clair. Je vois toute ma vie et ma place au milieu des personnes qui m'ont traitée comme une sauvage, sans amour, sans compassion. Dans cet état de demi-conscience, j'avais tout toléré – les coups, la méchanceté, la raillerie – des gens de la ferme qui se moquaient de mes imperfections et de ma maladresse. Comment, dans ces conditions, aurais-je pu m'inquiéter de mes mains et de mon apparence en général ? Quand j'étais jeune, je voulais parfois me faire jolie *pour lui plaire* et je nouais mes cheveux avec des rubans de couleurs. Mais après l'avoir perdu, lui et l'enfant, tout m'était devenu indifférent. Il ne m'était plus venu à l'idée de me regarder dans un miroir. Je ne m'occupais plus de l'aspect de mes mains mais seulement de l'aumône qu'on y glissait. Oui, maintenant que dans ma tête tout s'éclaircissait, je me rappelais que certaines personnes retiraient brusquement la main après m'avoir tendu une pièce d'argent pour éviter que leurs doigts ne touchassent les miens. Je comprends tout ! Cela me répugne de voir mes mains si vieilles et mes haillons déchirés, sales et puants. Comment peut être mon visage ? Oh, s'il ne m'avait pas si cruellement abandonnée autrefois, nous n'en serions pas là aujourd'hui et je n'aurais pas perdu l'enfant… Pourquoi ? Pourquoi les choses se sont-elles passées ainsi et pourquoi devons-nous nous rencontrer une fois encore à la fin ? La vie est finie – rien ne peut être réparé – rien ! Tout est fini, c'est trop tard… trop tard…

Une lassitude infinie m'envahit et je plonge dans le désespoir le plus profond. Une douleur atroce déchire tout mon être – je sens mon cœur se briser… puis tout devient noir devant mes yeux, tout disparaît, je tombe dans le néant…

Quelqu'un gémit, râle, halète… j'entends, je veux savoir qui c'est… la lumière revient lentement et je rencontre le regard angoissé de mon mari. Je réalise alors que c'est moi qui lutte pour respirer. Je m'assieds, il me secoue et quand il comprend que je le reconnais, il soupire avec soulagement et me demande encore apeuré : « Que se passe-t-il ? Te sens-tu bien ? J'ai eu une telle frayeur ! Tes gémissements m'ont réveillé, tu étais assise et me regardais avec des yeux écarquillés mais sans me voir. Qu'as-tu ? Que se passe-t-il ? Réponds-moi ! »

Je le regarde, désire lui répondre, mais aucun son ne sort de ma bouche. L'horreur me paralyse encore. Petit à petit, je recouvre mes sens et peux enfin articuler avec peine : « Pas maintenant, je ne peux pas maintenant – demain. »

Mon mari n'insiste pas, je retombe sur l'oreiller. Il prend ma main dans la sienne et quand il voit que, petit à petit, je me calme, il pose une fois encore son regard interrogateur sur moi, puis éteint la lumière.

Le lendemain matin, nous nous installâmes tranquillement au jardin et je pus alors lui raconter ce qui s'était passé pendant la nuit, cette vision étrange.

J'avais été une mendiante qui se souvenait maintenant de toute sa vie et *c'est moi* qui avais été cette mendiante. *Je* me rappelais tout ce que j'avais vécu alors que j'avais été cette femme. C'était ma propre vie qui, tout à coup, s'était réveillée, révélée à ma conscience.

« J'étais une enfant abandonnée à elle-même vivant dans une grande propriété. Je n'avais pas de père, ou plutôt ne me souviens pas d'avoir jamais eu ni père ni mère. Le manoir et la ferme comptaient beaucoup de personnes, un cocher qui s'occupait des chevaux, des valets qui coupaient le bois et nourrissaient les chiens de chasse, la cuisinière qui régnait dans une grande cuisine et quantité de jeunes servantes qui travaillaient partout. J'avais grandi dans cette ferme où on m'avait fait faire toutes sortes de travaux. Adolescente, j'avais pu entrer dans la maison des maîtres. C'était une maison immense ; il y avait beaucoup de chambres très belles d'après ce que m'en avaient dit les femmes de chambre. Mais je n'avais jamais eu la permission d'y pénétrer car j'étais toujours pieds nus et seuls ceux qui étaient chaussés pouvaient y entrer. J'étais une servante "extérieure". Ces chambres s'ouvraient sur un très long corridor que je devais garder propre. J'apportais l'eau du puits dans un gros baquet, m'agenouillais et frottais à la brosse les dalles de couleurs du corridor. Maintenant encore, je revois ces dalles tout près de mon visage, je revois comme je me penchais pour les frotter, une rangée après l'autre, frotter, toujours frotter ce corridor sans fin... et lorsque celui-ci était propre, il fallait nettoyer celui de l'étage supérieur ! Les jours, les mois et les années passaient... je continuais de laver et frotter les mêmes dalles. Mais j'étais contente. Il y avait peu de choses dans ma tête, tout était dans le brouillard. J'aimais les couleurs, et les dalles que je devais astiquer étaient en couleurs ! Comme récompense, je recevais ma nourriture et la permission de dormir dans un petit réduit au-dessus de l'écurie. Dans la cour de la ferme, je pouvais souvent admirer des attelages appartenant aux hôtes du manoir qui, eux, entraient par la grande porte. Les cochers étaient chargés des attelages qu'ils amenaient dans la cour, ils dételaient les chevaux, les faisaient marcher en cercle un moment avant de les conduire à l'écurie. Il y avait toujours beaucoup d'invités pour la chasse et le corridor était constamment sale. Les hommes entraient avec leurs bottes crottées et, avant l'aube, je devais le nettoyer avant que la compagnie se levât.

« Un jour, je me trouvais dans la cour lorsqu'un jeune homme très beau y entra. Il venait chercher son cheval. Il alla à l'écurie, le fit seller, monta et disparut. Cet homme m'avait fascinée, il était si beau, mais il ne m'avait même pas regardée. Je l'admirais comme s'il était Dieu le Père en personne. Et quand, la nuit suivante, il vint me rejoindre, je fus si heureuse, si ensorcelée que je le laissai prendre de moi exactement tout ce qu'il voulut. Son visage rayonnait dans le brouillard épais de mon esprit et je passai quelques minutes merveilleuses dans ses bras…

« Comme il venait souvent chasser, ma vie se décomposa en jours heureux et en jours gris dans l'attente de son retour.

« Un an plus tard, l'enfant naquit. La cuisinière près de laquelle j'avais cherché de l'aide, m'assista. Je n'avais alors aucune idée de ce qui m'arrivait et ce ne fut que lorsqu'elle mit l'enfant entre mes bras, après les tortures de l'accouchement, que j'eus chaud au cœur. Pour la première fois de ma vie, j'étais heureuse : *quelqu'un avait besoin de moi, quelqu'un pour qui j'étais tout !* La cuisinière s'en alla raconter l'histoire à notre maîtresse. Elle vint me voir, me regarda, contempla l'enfant et m'autorisa à le garder près de moi. Je promis de travailler davantage encore pourvu qu'on me laissât mon enfant…

« Lorsque le père de mon enfant fut à nouveau l'hôte du manoir et vint me rejoindre pour la nuit, je fus heureuse de lui montrer le bébé. Je le priai de me prendre chez lui pour travailler dans sa maison, dans sa ferme et le servir. Il eut un moment d'effroi puis avança qu'il n'était pas du tout certain d'être le père de cet enfant. "Qui sait, dit-il, n'importe quel valet de cette ferme peut l'être !" Je m'en défendis avec toute la force du désespoir et lui expliquai qu'il avait été le seul à m'approcher, que personne d'autre que lui ne m'avait jamais touchée. Ce fut en vain que je le suppliai de me laisser vivre près de lui, dans son ombre, sans le déranger, de me laisser travailler pour lui. Il m'écouta un moment mais, lorsque je m'agenouillai pour embrasser ses genoux, il me repoussa et sortit brusquement. Je ne le revis plus jamais. Fut-il encore l'hôte de mes maîtres ? Je ne le sais pas. En tout cas, il ne revint plus dans la cour et c'est en vain que je l'attendis pendant de longues années. Il avait disparu de ma vie. Mais l'enfant était là qui représentait tout pour moi, qui occupait toutes mes pensées, qui était ma vie !

« Je frottais les dalles du corridor en pensant à mon enfant... Je tirais l'eau du puits en pensant à mon enfant... je travaillais rapidement afin de retourner bien vite vers mon enfant. C'était une petite fille, belle et intelligente comme son père. Elle faisait toujours le contraire de ce que je lui disais et ne supportait aucune contradiction. Plus je devenais son esclave, moins elle se montrait gentille à mon égard. Encore toute petite, elle me manquait de respect et me méprisait. Rien de ce que je disais ou faisais n'avait l'heur de lui plaire. Elle aimait se promener partout et partait parfois si loin qu'elle ne revenait que le lendemain. Cela me désespérait, je devais aller la chercher. Mais dès qu'elle était de retour, ma vie reprenait son sens.

« Un jour, elle partit pour ne plus revenir, jamais. Je la cherchais partout, attendais, cherchais. Rien, elle avait disparu. Je ne pus plus travailler. Le chagrin m'avait anéantie. Le soleil n'existait plus, le monde était vide. N'y tenant plus, je quittai la ferme pour chercher encore mon enfant. J'allais d'un endroit à l'autre demandant à chacun s'il avait vu ma fille. Les années passaient et je cherchais encore mais sans plus d'espoir, seule l'agitation intérieure m'y poussait. Les gens me donnaient à manger et, quand mes vêtements étaient déchirés, me faisaient l'aumône de quelques haillons. Je vagabondais, j'errais toujours plus loin...

« Traversant une ville, j'y rencontrai un jour la cuisinière du manoir qui, entre-temps, s'était mariée et établie là avec son mari. Elle m'emmena chez elle, me restaura et me raconta que le père de l'enfant... »

Là, mon époux saisit ma main, m'interrompit. Il était pâle, sa voix tremblait quand il me dit : « Attends ! Attends ! Je vais continuer ce récit, j'en connais la suite, *je me rappelle ce qui arriva* ! Pendant que tu racontais, tout est soudainement devenu clair dans mon esprit. Je me suis reconnu : je sais que *je* fus cet homme qui t'abandonna à cette époque. Je sais que *j'*agis alors d'une manière frivole et irresponsable. Je ne vivais que pour m'amuser. Je gaspillais l'argent et un jour, je perdis tout ce que je possédais. La propriété de ma famille fut vendue aux enchères. Je dus quitter mes terres et mon château. Je me rendis d'abord chez des amis de jeux et de beuveries qui m'aidèrent à dilapider mon héritage. Quelques semaines plus tard, ils me firent comprendre que je n'étais plus le bienvenu chez eux. L'expérience se répéta jusqu'à ce qu'un véritable ami me conseillât de travailler. Je voulais commencer une vie nouvelle et me mis à chercher du travail. Personne ne me prit au sérieux. Je ne savais pas travailler, ni même ce que je voulais faire. Je sombrais toujours plus bas. Soudainement, une idée s'imposa à moi : Mon malheur était la punition que Dieu m'infligeait pour t'avoir abandonnée avec l'enfant. Je me rendis donc chez mes amis d'autrefois où tu travaillais pour savoir ce qu'il était advenu de vous deux. Je ne t'y trouvai pas et personne ne put me renseigner… Je continuai ma route sur laquelle je rencontrai de moins en moins d'amis qui voulussent bien me prêter quelque argent. Puis, on en vint à me refuser même l'hospitalité. Je me mis donc à solliciter l'aide de parfaits étrangers. Je devins un vagabond. Des gens compatissants me laissaient parfois passer la nuit dans l'écurie ou la grange. L'âge, la faim, la décrépitude me conduisirent dans cette ville où, mendiants, nous devions nous rencontrer une fois encore. »

J'écoutais mon mari avec un intérêt passionné car je savais que son récit était véridique. Tout de suite, j'avais reconnu mon époux dans ce mendiant. C'était comme la cuisinière me l'avait raconté : il avait gaspillé toute sa fortune, il était revenu une fois au manoir, beaucoup plus tard, mais n'était plus l'homme élégant qu'il avait été. Au contraire, il était négligé et portait des vêtements élimés. Après avoir quitté la cuisinière, je m'étais rendue dans cette propriété pour demander son adresse. Mais personne ne savait où il pouvait être. J'avais donc continué mon chemin mais l'âge s'était fait sentir, je ne pouvais plus vagabonder. Je m'étais donc arrêtée dans cette ville où, sur ces escaliers, je m'étais installée pour mendier. C'était là que j'avais retrouvé celui que j'avais tant cherché, juste au moment de ma mort, pendant ces quelques instants où il m'avait été donné de reconnaître l'échec total de ma vie, que je n'avais plus aucun moyen de réparer quoi que ce fût. C'était trop tard… trop tard… l'enfant avait disparu… ma vie était finie… et j'étais morte assise sur une marche d'escalier. C'était là aussi que s'arrêtaient mes souvenirs.

Nous nous regardâmes sans prononcer un mot, comprenant mal comment une chose pareille avait pu arriver à deux êtres modernes et intelligents. L'expérience que nous venions de vivre ne pouvait s'expliquer par des théories courantes sur l'hérédité et la psychologie. *Nous savions que tout cela s'était réellement passé !* Qu'il ne s'agissait pas de notre imagination.

Nous étions profondément bouleversés. Mon mari me dit : « Je ne m'étais jamais soucié de savoir pourquoi, dès mon enfance, je m'étais toujours sévèrement tenu à l'écart de l'alcool, des cartes ou de tout autre jeu de hasard, de la danse et des plaisirs mondains. Maintenant, tout s'explique : après avoir tout gaspillé et vécu dans une telle misère, le principe moral de ne plus jouer, ni boire, ni être frivole *s'était gravé toujours plus profondément dans ma conscience*. J'ai appris la valeur de l'argent dont je n'avais aucune idée. J'ai reconnu qu'*un homme prenait de la valeur dès qu'il pouvait assurer une vie décente à soi-même et à sa famille*. Toutes ces choses étaient cachées dans mon subconscient. Je comprends maintenant pourquoi j'ai eu la force de résister à mes camarades d'université lorsqu'ils voulaient m'entraîner dans leurs distractions. J'avais toujours peur que quelque chose de terrible ne m'arrive si je me laissais aller à danser ou à m'amuser. Maintenant, je sais que j'avais peur de l'effroyable misère dans laquelle ma vie dissipée d'alors m'avait précipité. L'idée que je ne devais plus boire ni jouer provenait de mon subconscient. »

« Oui, répondis-je, et le fait que tu n'aies jamais travaillé autrefois explique ton zèle et ton sens du devoir – exagérés – d'aujourd'hui ! »

« Évidemment. Dans la seconde moitié de cette autre vie, j'avais déjà *voulu* travailler. Mais comme je n'avais jamais rien appris, je ne pouvais savoir ce que travailler signifiait. C'est pourquoi personne ne m'avait pris au sérieux quand je m'étais mis à chercher du travail. Plus tard, des gens compatissants avaient confié des petits travaux au vagabond que j'étais devenu : couper du bois, charger un char, cueillir le raisin ou battre les tapis. Et pendant que mes mains malhabiles peinaient, le désir d'apprendre, d'être adroit, de savoir, s'imposait toujours plus fortement à moi. C'est pourquoi dans cette incarnation, j'ai appris tout ce qu'il m'a été donné d'apprendre et ne cesserai d'apprendre qu'à la fin de ma vie. »

Quand il prononça ces mots : « Jusqu'à la fin de ma vie », une main glaciale étreignit mon cœur. Où serons-nous, l'enfant et moi, à la fin de sa vie ? La peur me paralysa… Une loi de la nature dit : *Si, de la main, je frappe un mur, le mur me frappe en retour sans qu'il le veuille ! Ce n'est pas le mur qui me frappe, c'est mon propre coup qui se répercute. Si je frappe quelque chose, ce quelque chose doit toujours me rendre le coup…* Non !

Je ne veux pas poursuivre ce raisonnement jusqu'à sa fin. Nous ne voulons pas quitter cet homme, non... non... non !...

Je préférais penser à la relation entre cette incarnation passée et ma vie actuelle. Pourquoi cette faiblesse d'esprit d'alors et, sans transition, mes talents et mes facultés d'aujourd'hui ? Il n'y avait pas d'explication.

Les jours qui suivirent nous trouvèrent encore fort ébranlés mais nous retournâmes bientôt sur le lac avec nos voisins, nous baigner avec les enfants. Petit à petit, les souvenirs de cette vie s'estompèrent. Nous étions tous deux des êtres de bon sens et nous ne voulions pas perdre notre temps à nous préoccuper de choses passées. Mon mari dut d'ailleurs s'absenter quelques jours plus tard, ses vacances étant finies. Je restai avec mes sœurs, mon frère et les enfants.

Toute la région du lac est d'origine volcanique et il est probable que ses radiations exerçaient une telle influence sur moi que ma réceptivité aux visions en était facilitée. Je cherche toujours une explication naturelle aux événements. Je n'avais jamais cru aux fantômes ni aux démons et, lorsque quelqu'un me racontait des histoires d'apparitions nocturnes, ici ou là dans un vieux château, je souriais comme le font tous les ignorants en me disant que les gens avaient une imagination bien fertile. Cela signifiait que je ne pouvais imaginer vivre de telles expériences. De toute façon, cela ne réussit jamais de *vouloir* imaginer des visions. C'est justement lorsqu'on est occupé à tout autre chose qu'une vision s'impose soudainement, brusquement.

Un soir de ce même été, alors que mon mari nous avait déjà quittés, je me retirai pour la nuit. J'allai dans ma chambre où mon fils dormait profondément. Je me couchai et soufflai la bougie – nous n'avions pas encore l'électricité – et m'endormis.

Je ne sais combien de temps j'avais dormi lorsqu'un bruit me réveilla tout à coup : comme si quelqu'un errait dans la chambre. Je pris une allumette, allumai la bougie… et l'instant d'après, me précipitai sur une apparition effrayante qui emportait *déjà* mon fils. C'était une silhouette féminine pareille à la représentation que l'on fait des sorcières. Surprise par la lumière, celle-ci voulut s'enfuir par la fenêtre en se laissant glisser le long d'une corde tendue depuis le lit. Je me lançai sur elle, empoignai l'enfant qu'elle ne lâcha pas ! Un combat terrible s'engagea entre nous. La sorcière avait déjà progressé le long de la corde – elle semblait reliée à cette corde qui émanait d'elle comme un courant d'énergie qui l'alimentait en force – mais elle ne put continuer car je m'accrochais à l'enfant, voulant à tout prix le lui reprendre. Mais elle y tenait aussi ! L'enfant fut tiré de-ci de-là ; puis mon intuition me fit comprendre qu'elle devrait disparaître sans lui si, entre-temps, elle ne pouvait me l'arracher. Dans cette âpre lutte, je m'accrochais désespérément et de toutes mes forces au garçonnet que, de son côté et avec la même violence, elle tentait de m'enlever. Soudain, sans avertissement, elle lâcha prise, glissa le long de la corde et disparut dans l'obscurité.

Et moi ?… J'étais agenouillée dans mon lit. L'enfant reposait près de moi, paisible, parfaitement calme et dormait d'un profond sommeil. Mais la bougie était allumée. Avais-je rêvé ? Avais-je oublié peut-être de l'éteindre avant de m'endormir ? Mais non, l'allumette était encore incandescente, prouvant bien que *je venais de m'en servir* et que la scène s'était déroulée avec une rapidité extrême. Sinon, l'allumette n'eût pu être encore chaude. Je n'avais donc *pas rêvé* !

À nouveau, je soufflai la bougie, m'allongeai et tentai de calmer mon cœur qui battait avec frénésie. Qu'est-ce que cela signifiait ? Une sorcière ? Est-ce que cela existait vraiment ? Pourquoi les artistes représentaient-ils partout les sorcières de la même manière et d'où tenaient-ils cette image ? Comment se pouvait-il qu'il y eût des « sorcières » et pourquoi les gens les représentaient-ils volant sur des manches à balai ? Comment était-il possible que, partout dans le monde, on représentât les sorcières sous les mêmes traits si celles-ci n'avaient été que le fruit de l'imagination ? Pourquoi ne pas les dessiner avec un pied bot par exemple ? Comme le diable. Alors comment sait-on avec certitude que *le diable a le pied bot* et pas la sorcière ? Qui a déjà vu un diable et une sorcière ? Pourquoi lui met-on un manche à balai à la main ? La sorcière que j'avais vue tenait un fil, une corde ou je ne sais quoi, et lorsqu'elle était partie, j'aurais pu penser qu'elle était montée sur un manche à balai. Il était aisé de comprendre que de simples villageois, ignorant ce qu'était un courant d'énergie, eussent pu interpréter cela comme un manche à balai. La sorcière était la servante incarnée du « mal ». Je le savais. Elle était une réalité, un fait ! Que toute la scène eût été une projection, je le savais bien évidemment. *Mais qu'est-ce qui l'avait causée ? D'où provenait-elle et pourquoi une telle image précisément ?* Pour moi, tout cela avait été réel et le fait intéressant était que tous ceux qui avaient vu ce genre de projections, de fantasmagories, peu importe le nom qu'on leur donne, les avaient décrites de la même manière. Comment était-il possible que nous eussions tous cette image dans notre inconscient, pour autant que celle-ci provînt de là ? On pourrait arguer que j'avais déjà vu des dessins de sorcières et expliquer ainsi l'image projetée. Mais cela n'était pas le cas ! Car bien que cette sorcière présentât le même aspect que toutes celles que j'avais vues, j'avais été surprise de noter des différences bien nettes.

Et d'où venait cette drôle de corde ? Je n'en avais jamais vu de semblable sur aucun dessin. Et pourtant, il y avait eu une corde. J'avais mon opinion personnelle là-dessus, idée issue des expériences de transmission de la volonté d'une personne à l'autre. D'après moi, il s'agissait d'un courant d'énergie… ou peut-être d'un courant de volonté ? Mais d'où venait-il ? Émanant de qui ? Et si un courant d'énergie pouvait être vu comme quelque chose de matériel, la forme de la sorcière ne pouvait-elle pas être seulement une forme tissée par des forces rayonnantes ? Et nous, les humains, que sommes-nous ? D'où nous vient cette forme humaine ? Ne sommes-nous pas également des formes rendues visibles et composées par divers courants d'énergie ? Qu'est-ce que la « réalité » ? Seulement ce que nous pouvons toucher ? Nous, personnes humaines, ne sommes-nous pas aussi des projections *qui ne font que croire* qu'elles sont vraiment des formes ? L'amour, la haine, l'espoir, le désespoir, le bon et le mauvais ne sont-ils pas des réalités ? Ce sont des formes insaisissables, invisibles qui font souffrir l'homme ou le rendent heureux. Elles ne sont pas moins « réelles » que les « réalités » tangibles. Je sais bien que la forme physique – réelle – de mon enfant reposait tranquillement dans le lit pendant ma lutte contre l'apparition. Je suis également certaine que ce combat a eu lieu entre *des énergies* et non *des corps*. Mais, cela signifie-t-il qu'il n'a pas été réel ? Ces apparitions – l'enfant et la sorcière – n'avaient-elles peut-être pas été beaucoup plus réelles que la forme matérielle de l'enfant endormi dans son lit ? Qu'est-ce qu'une forme matérielle ? Seulement la résultante et l'enveloppe des forces qui composent le corps physique. La force est donc la cause, le corps matériel n'étant que l'effet. Lequel des deux est-il le plus important, le plus réel ?

L'expérience que je venais de vivre et qui avait été parfaitement réelle pour moi occupa mon esprit longtemps encore. J'avais la preuve de n'avoir pas dormi. En dormant, en rêvant, on peut ainsi vivre une réalité absolue !

Quelques jours passèrent et un soir, après que tous se furent retirés pour la nuit, tout devint calme et je me couchai. La journée avait été particulièrement chaude. L'air était très lourd dans la chambre. Je laissais ouvertes la fenêtre et la porte qui donnait sur un vestibule. De mon lit, je voyais les marches conduisant à l'étage supérieur.

Comme d'habitude, je repensais à tous les événements de la journée. Ce que j'avais fait bien ou mal, ce que j'avais dit ou pas, fait ou pas, ce que j'aurais dû dire ou ne pas dire. Le ménage étant de mon ressort, je composai dans ma tête les repas du lendemain. Mes pensées s'attardèrent encore à des sujets sans intérêt.

Tout à coup, mon attention fut attirée par deux silhouettes étranges qui, lentement, approchaient pour passer devant ma porte. Elles avaient une forme humaine de grandeur normale, mais étaient complètement noires, comme des ombres. Je ne les voyais pas en trois dimensions, j'avais au contraire l'impression qu'*elles n'étaient visibles que parce qu'elles absorbaient toute la lumière à l'endroit où elles se trouvaient*. Autrement dit, je ne voyais pas ces créatures mais seulement le trou qu'elles faisaient dans la lumière. En termes scientifiques, elles causaient une interférence complète dans les rayons lumineux et c'est pourquoi on ne pouvait les « voir » que parce que là où elles se trouvaient, la lumière manquait. Autrement, par elles-mêmes, elles eussent été invisibles. Il est très difficile de décrire un tel phénomène avec des mots. Je compris immédiatement pourquoi les paysans, quand ils parlaient de fantômes ou autres apparitions spectrales, utilisaient le mot « ombres ». Ces silhouettes étaient vraiment des « ombres », mais pas des ombres projetées par quelque chose, des ombres créées par *une absence absolue de lumière*. Voilà une chose qui m'était tout à fait inconnue. Plus tard, il me revint en mémoire que les astronomes connaissaient un tel trou noir dans le ciel – une absence totale de lumière. Ils le nommaient « Tête de Cheval » à cause de sa forme, mais ils ne l'expliquaient pas. Il s'agissait d'une interférence dans les rayons lumineux. Quelque chose dans l'univers avalait, détruisait la lumière et nous n'apercevions qu'une ombre immense. Les deux silhouettes étaient pareilles. Elles avançaient à pas lents. Sur l'épaule, elles portaient un bâton duquel pendait quelque chose d'indescriptible. On eût dit un poulpe mais sans forme organisée ni organique. Cela pendait comme une masse amorphe qui s'allongeait puis se rétractait. C'était horrible et dégoûtant, une masse purulente, pourrissante et verdâtre qui, je le savais instinctivement, exhalait maladies, malheur, catastrophes et mort. Je savais que ce monstre était un concentré de « mal ». Il se mouvait et se tendait sur le bâton avec des intentions méchantes évidentes et je réalisai qu'il cherchait des occasions et des victimes pour manifester son atroce pouvoir. Épouvantée, je vis les ombres se diriger vers la chambre de ma sœur. Il fallait à tout prix éviter que cette force satanique causât quelque malheur. Je m'assis sur mon lit et hurlai de toutes mes forces : « Grete ! Grete ! »

À mes cris, les deux silhouettes d'ombre disparurent. La masse monstrueuse rétrécit et se transforma en une boule verte phosphorescente de la grosseur d'un ballon de football, monta l'escalier tantôt roulant, tantôt sautillant. D'une voix méprisante accompagnée d'un rire infernal – que je n'entendis pas avec mes oreilles mais que je perçus parfaitement –, elle me cria : « Tu crois pouvoir m'attraper, moi ? Hihihihi ! » Elle glissa par la fenêtre et s'évanouit dans l'obscurité.

Je sautai du lit, me précipitai dans le vestibule pour voir ce que c'était. Le plus grand calme régnait dans la maison !

Mais au même moment, mon frère sortit de la chambre, regarda en bas et demanda : « Qui est là ? »

J'allumai une bougie et répondis : « C'est moi, pourquoi es-tu sorti ? »

« Je me suis brusquement éveillé d'un cauchemar avec l'impression que quelque chose de mauvais, un danger, était dans la maison. Je voulais juste voir ce qui se passait et je te trouve là. S'est-il passé quelque chose ? »

Pendant qu'il parlait, mes sœurs arrivèrent suivies de tout le personnel et chacun me demanda pourquoi j'avais crié. Je leur racontai l'histoire. Puis, nous passâmes la maison au peigne fin : la porte d'entrée était bien fermée, chaque chose était à sa place. Je priai ensuite mon frère de bouger la fenêtre d'en haut : un courant d'air aurait pu l'ouvrir, la lune aurait pu s'y refléter et expliquer la boule phosphorescente et verdâtre. Mais la lune éclairait en ce moment l'autre façade de la maison et, de mon lit, il était impossible de la voir, elle ou son reflet.

N'ayant rien trouvé, il ne nous resta plus qu'à nous recoucher. Mais longtemps encore résonna dans ma tête le rire démoniaque : « Tu crois pouvoir m'attraper, moi ? Hihihi ! »

Quelques jours plus tard, mon fils se plaignit de douleurs abdominales. J'eus la certitude qu'il s'agissait d'une appendicite. Je me rendis avec lui dans la capitale pour le faire examiner par un ami de mon père, célèbre chirurgien et chef d'un grand hôpital. Il diagnostiqua une irritation de l'appendice mais décida d'attendre l'automne pour opérer. Nous regagnâmes notre résidence au bord du lac où l'enfant passa encore d'heureux jours à jouer avec ses petits camarades.

Je préférerais ne pas avoir à relater la période qui suivit afin de ne pas raviver et revivre ces moments. Toutefois, cela est nécessaire à la compréhension des événements ultérieurs.

L'enfant fut opéré, tout se passa bien et il rentra à la maison après un séjour de huit jours à l'hôpital. Pendant ce temps, la petite fille de ma sœur tomba malade et souffrit d'un mal de gorge tenace et étrange. On lui appliqua des compresses et je remarquai un jour qu'elle avait une éruption rouge sur le cou causée – on le pensa – par les compresses humides. On la traita avec une poudre spéciale et le lendemain, la peau avait retrouvé son aspect normal. Lorsque mon fils rentra de l'hôpital, il retrouva avec joie sa petite cousine avec laquelle il joua toute la journée. Mais ensuite, au lieu de se fortifier, mon petit garçon devint pâle, fatigué et quelques jours plus tard, faible et déprimé. Prenant sa température, je fus horrifiée de constater qu'il avait 39° de fièvre. L'enfant pleurait, son état empirait d'un moment à l'autre… et son corps se couvrit de boutons rouges pareils à ceux qu'avait eus sa petite cousine. Nous fîmes venir le meilleur pédiatre qui examina l'enfant et demanda si quelqu'un avait eu récemment la scarlatine.

« Non, répondis-je, personne ».

« Quelqu'un n'a-t-il pas souffert d'un mal de gorge tenace ? » J'eus l'impression que le sol se dérobait sous mes pieds. « Si, sa petite cousine qui a également eu une éruption toute semblable sur le cou. »

Le professeur sourit : « Oui, cela était bien une scarlatine. L'enfant qui sortait d'une opération et qui avait en ce moment moins de résistance a contracté une mauvaise infection. Nous devons le vacciner immédiatement. Allez-vous le soigner personnellement ? » demanda-t-il.

« Oui ».

« Avez-vous déjà eu la scarlatine ? »

« Non, mais je ne vais pas l'attraper car je suis immunisée contre toute maladie contagieuse. »

« Je ne peux accepter la responsabilité que si je vous vaccine tous les deux », répondit-il.

Je savais par expérience que mon organisme ne supportait aucun sérum. Je tentai donc de convaincre le médecin de ne pas me vacciner. En vain. Il nous administra à tous les deux un sérum très nouveau dont on ne connaissait pas encore tous les effets. J'eus l'impression qu'on m'emmenait à l'abattoir, je devais tolérer qu'on m'empoisonnât.

Le médecin avait dit : « Je suis absolument sûr de ce sérum, cela ne va pas vous nuire. » Lorsque plus tard, je me trouvai à deux doigts de la mort, j'aurais voulu faire venir ce docteur plein de bonne volonté et lui faire voir qu'il faut parfois savoir écouter les gens et ne pas les traiter comme des numéros. Le sérum agissait comme un poison lent…

Mais d'abord, nous dûmes assister au long combat de l'enfant. Pendant six semaines, je restai à son chevet. La fièvre qui variait entre 40 et 41° ainsi que la réaction de son organisme au sérum furent terribles. Son cœur lâcha plus d'une fois. Un jeune médecin vint s'installer chez nous afin d'être prêt à lui faire une injection pour soutenir le cœur. Nous étions tous trois enfermés dans l'appartement à lutter pour la vie de l'enfant.

« Tu crois pouvoir m'attraper, moi ? Hihihihi ! » Combien de fois entendis-je cette voix résonner dans mes oreilles alors que, des jours et des nuits durant, je tenais l'enfant dans mes bras sans le laisser une minute. Je l'avais arraché à la sorcière : l'appendice avait été opéré. Mais le combat contre le monstre phosphorescent n'était pas aussi aisé, il n'était pas encore vaincu.

Mon petit garçon allait toujours plus mal, la fièvre montait. Le professeur dut lui administrer une seconde dose de sérum. Pendant quelques jours, la fièvre diminua mais le cou enfla terriblement du côté gauche. Les médecins dirent que l'infection s'était concentrée dans une glande et se demandèrent s'il ne fallait pas opérer ce gonflement qui grossissait à vue d'œil. L'enfant devait tenir sa tête tout de travers. La bataille devint toujours plus âpre, la fièvre monta encore. L'enfant était en plein délire. Cinq semaines avaient passé, nous dormions une à deux heures par nuit. L'enfant s'agitait dans son lit et ne se calmait un peu que dans mes bras. Les cinq derniers jours, je ne quittais plus son chevet, je gardais son pauvre petit corps dans mes bras... j'entendais sa respiration difficile... et j'attendais... J'attendis ainsi cinq longs jours et cinq longues nuits...

Jamais, je n'eusse pensé qu'un être humain pût rester si longtemps sans dormir. Cinq nuits, cinq jours avec l'enfant dans mes bras. Pendant ces heures interminables, je pensais aux mères qui si souvent se plaignent de l'ingratitude de leurs enfants : « Est-ce pour cela que je l'ai tant soigné ?... Est-ce pour cela que je me suis sacrifiée et l'ai veillé pendant qu'il était malade ?... etc. etc. etc. » J'en conclus qu'*une mère ne soigne pas son enfant pour l'enfant mais pour elle-même* ! Bien des femmes s'imaginent être des mères modèles parce qu'elles soignent leurs enfants ! Non ! Je n'étais pas une bonne mère parce que je soignais mon enfant et faisais tout pour sauver sa vie – je le faisais *pour moi* ! Je tremblais à l'idée de perdre mon fils. Ce n'était pas *lui* que j'aimais mais *moi-même* et c'est pourquoi je voulais le sauver. Cela était important pour *moi*, c'était *moi* qui lui étais si étroitement liée et l'idée que l'enfant pût disparaître de ma vie m'était insupportable. Assise là, l'enfant dans mes bras, je devins consciente du fait que je faisais cela *pour moi*, que je voulais garder l'enfant *pour moi*. Je le pressais tout contre moi pour essayer de lui transmettre un peu de mon énergie vitale afin qu'il *me* restât. Oui, je savais qu'*une force invisible rayonnait depuis le plexus solaire*, une force qui, si l'homme voulait vraiment quelque chose, pouvait devenir immense et même vaincre l'attraction terrestre. Maintenant, c'était le contraire que je désirais, je voulais que cette force terrestre s'accentuât pour garder l'enfant sur terre. Je concentrais toutes mes pensées pour que mon fils reçût l'énergie nécessaire à vaincre la maladie. Pourtant, je ne succombai jamais à la tentation de prier Dieu de me laisser l'enfant. « Les choses ne sont jamais mauvaises par elles-mêmes, tout dépend de la manière dont tu y penses. » La pensée d'Épictète était présente en moi. *De mon point de vue personnel*, c'eût été une catastrophe de perdre l'enfant. Mais je ne devais pas demander des choses subjectives et personnelles à la plus haute puissance, au Créateur, car *Il* savait ce qui était juste et pourquoi. Je ne devais donc pas vouloir garder mon fils pour des raisons personnelles. Et l'enfant ? Pour lui aussi, le mieux était que la volonté divine s'accomplît, quelle qu'elle fût. Je restai avec mon petit garçon dans les bras, mon petit « je » humain-maternel tremblant pour la vie de l'enfant, et moi priant sans cesse : « Que Ta volonté soit faite !… Que Ta volonté soit faite !… »

Je répétais ces mots des centaines de fois au cours de ces heures interminables. Mon corps se raidissait et se rebellait. Je ne sentais plus mon dos. J'essayai une fois de changer de position aussi imperceptiblement que possible mais l'enfant le remarqua immédiatement et cria : « Reste ! Reste ! Tiens-moi ! Si tu restes et me gardes bien serré contre toi, je te pardonnerai tout le mal que tu m'as fait ! »

Mon sang se glaça… qu'est-ce que l'enfant pouvait bien avoir à me pardonner ?

Jusque-là, j'avais pensé avoir fait tout ce qu'une mère devait faire pour son enfant. Depuis sa naissance, il avait toujours été au premier rang de mes préoccupations. Je m'étais toujours appliquée à le rendre heureux. Qu'avais-je bien pu faire qu'il dût me pardonner maintenant ?

J'essayai de le lui demander : « Sois tranquille, mon petit, je reste près de toi, je te tiens tout contre moi. Que veux-tu me pardonner ? »

Il répondit : « Je ne sais pas mais tiens-moi fort et je te pardonnerai tout… »

Je regardai le médecin qui me dit doucement : « Il délire, ne faites pas attention à ce qu'il dit. »

« Oui, oui, il délire... » – mais je connaissais déjà très bien l'âme humaine et je savais que les mots prononcés par le garçon venaient d'une grande profondeur. J'y pensai longtemps encore... qu'avais-je bien pu faire contre cette âme humaine... quelle faute avais-je commise...

Un jour tout devint clair...

Au soir du cinquième jour sans sommeil, l'enfant me laissa enfin quelques minutes de répit. J'étais si raide que le médecin m'aida à me lever et, pareille à un automate, je vaquai à quelques occupations indispensables. Mon âme était plongée dans l'obscurité et semblait assaillie par tous les démons de l'enfer. J'avais peur de craquer. Il fallait que je trouve l'énergie nécessaire à continuer, à tout supporter. En de tels moments, l'homme fait fi de tout son orgueil et tend la main pour saisir tout ce qui peut lui prêter assistance. La Bible ! La Bible était là sur la table de chevet et je m'en saisis comme d'une bouée de sauvetage. Je l'ouvris et mes yeux tombèrent sur ces mots de l'Ancien Testament : « Ne craignez rien, vos ennemis vous assaillent de leurs flèches invisibles aussi longtemps que le Seigneur le permet. Mais dès que leur temps est passé, vous serez délivrés du mal. »

L'effet que me firent ces paroles fut indescriptible. Mon cœur se trouva allégé d'un poids énorme. Et après six semaines d'obscurité angoissante, j'entrevis enfin la lumière... la lumière... la lumière !

Le téléphone sonna. Mère demanda : « Comment va le petit ? »

Je criai : « Mère, l'enfant va guérir ! »

« La fièvre est-elle tombée ? »

« Non, il a encore 40° mais Dieu m'a envoyé un message... » et je lui racontai l'histoire.

« Dieu t'entende ! » dit Mère.

Je raccrochai vivement le téléphone car l'enfant m'appelait. Je me précipitai vers lui au moment où l'affreux abcès, aussi *gros qu'une balle*, crevait à l'intérieur. De sa bouche, une masse verdâtre et purulente, horrible, s'écoula. Je pensai immédiatement à *la boule verte*… la couleur était identique.

Les médecins avaient attendu, pour percer l'abcès, que celui-ci mûrît à l'extérieur du cou mais il était resté dur et ils n'avaient pas osé opérer. La nature venait de faire ce qu'il fallait pour libérer l'enfant qui tomba dans un profond sommeil. Nous le veillâmes encore toute la nuit, son pouls s'affermit, sa respiration se calma, son front n'était plus baigné de sueur. Il dormit paisiblement. Après ces semaines éprouvantes, nous nous couchâmes enfin mais je ne pus trouver le sommeil. Mes nerfs avaient oublié ce que dormir signifiait.

Le lendemain, l'enfant reposa jusqu'à onze heures. Père avait souvent demandé de ses nouvelles et j'avais pu lui dire : « Oui, Père, il dort calmement d'un sommeil sain. »

Enfin, mon fils ouvrit les yeux et, immédiatement, demanda du lait. Pareil à une éponge, il en avala quatre verres d'affilée… puis il réclama ses jouets.

Le lendemain, c'était Noël. Mon mari, mes parents, mes frère et sœurs vinrent pendant l'après-midi jusqu'à la porte d'entrée pour nous apporter un petit arbre décoré et toutes sortes de joujoux. J'installai l'enfant dans un fauteuil, l'approchai un peu de la porte d'où il pût faire signe à la famille. Il était méconnaissable, maigre et faible, mais il vivait ! Nous pleurions de joie. Le mal avait dû battre en retraite… son heure cosmique avait sonné. Je ne pouvais pas parler, j'étais éperdue de reconnaissance. Dans ce cas, mon désir et la volonté de Dieu avaient été identiques : *Il* m'avait rendu mon enfant.

Mon fils se remit lentement. Le jeune médecin prit congé. Puis, le petit put enfin se lever. Il dut réapprendre à marcher mais il reprit vite des forces. Deux mois plus tard, il fut autorisé à retourner à l'école. Quant à moi, j'avais retrouvé le sommeil et désirais maintenant me remettre à la sculpture. Mais je ne me sentais pas bien, j'étais dans un état étrange, comme si j'étais constamment un peu ivre, je voyais le monde à travers un rideau d'eau. Petit à petit, les choses devinrent plus vagues encore et m'échappèrent de plus en plus.

Le sérum qui m'avait été administré était composé d'hormones de jument. Comme je l'appris plus tard – les journaux en avaient largement parlé – cette nouvelle préparation à peine éprouvée agissait sur les femmes comme un poison lent dans leur sang. La plupart de celles qui avaient été vaccinées étaient devenues d'abord malades des nerfs puis, la nature tentant d'expulser le sang intoxiqué, avaient souffert d'hémorragies qu'on n'avait pu arrêter. Beaucoup moururent. Il s'ensuivit des procès sans fin.

Mon état empira de jour en jour. Les choses m'apparurent de plus en plus vagues. J'avais le sentiment d'être étrangère à moi-même. Je marchais droit mais souffrais constamment de vertiges. Le rideau d'eau au travers duquel il me semblait voir le monde s'épaississait encore.

Un jour, je fus terrassée par une attaque, mon pouls s'arrêta, il ne subsista plus qu'une fibrillation. Je ne pouvais plus marcher, ni manger, ni dormir. Je gisais dans mon lit, une poche de glace sur le cœur, regardant le monde comme s'il évoluait dans l'eau.

Décrire toutes mes souffrances nous conduirait trop loin. Il suffit de dire ici que, pendant des mois, je parcourus toutes les sphères de l'enfer…

L'été m'aida à recouvrer un peu la santé. Le médecin nous avait conseillé de partir au bord du lac. Le changement de climat devait m'être salutaire. Je restais allongée sur la terrasse de la villa familiale, tentant de calmer et maîtriser mes nerfs agités. Des milliers de fois, je répétais : « Caaaaaaalme… caaaaaaalme… caaaaaaalme… » Lentement, mon état s'améliora et, de temps en temps même, je pus dormir…

Un jour, je m'aperçus que mon fils, au lieu de jouer sur la plage comme d'habitude, tournait autour de mon divan et restait étrangement calme. J'eus très peur – n'était-il pas de nouveau malade ? N'aimant pas voir des enfants aussi singulièrement tranquilles, je lui demandai :

« Que se passe-t-il ? Pourquoi ne joues-tu pas avec les autres enfants ? »

L'enfant s'appuya contre le divan, m'observa, puis demanda :

« Maman, est-il possible que j'aie déjà vécu une fois ? »

Sa question me laissa perplexe. Je demandai : « D'où te vient cette idée ? »

« J'étais dans le jardin et vis un gros scarabée noir. Je le taquinai avec une brindille. Il se renversa sur le dos et resta parfaitement immobile, comme s'il était mort. J'étais curieux de voir ce qui allait se passer. Je ne le quittai donc pas des yeux. Cela dura très longtemps, une demi-heure peut-être. Puis, le scarabée se remit sur ses pattes et s'en alla. Au même moment, j'eus la conviction que j'avais déjà vécu. Les gens avaient seulement cru que j'étais mort mais, comme le scarabée, j'ai continué et maintenant, je suis ici, je vis de nouveau. Cela veut dire que je ne mourus jamais ! Et tu vois, Maman, je te pose aussi la question parce que, chaque matin, quand je m'éveille et avant même d'ouvrir les yeux, il me semble que je dois me dépêcher de me lever et partir à la chasse pour pouvoir rapporter quelque chose à manger à ma femme et à mes enfants. Ce n'est que quand j'ouvre les yeux et que je reconnais tous les coins de la chambre que je sais de nouveau que je suis un petit garçon et ton fils. Mais, ma femme et mes enfants et tous les gens de là-bas ne sont pas comme nous, ils sont… ils sont… ils sont tout noirs et tout nus », dit l'enfant avec un sourire embarrassé.

Je l'avais écouté avec un intérêt grandissant mais n'avais pas voulu qu'il remarquât ma surprise. Je l'avais donc laissé s'exprimer avant de lui demander : « Tu étais donc le père de plusieurs enfants ? Où habitiez-vous ? »

L'enfant prit une feuille de papier et un crayon et, d'un trait parfaitement sûr, dessina une hutte ronde percée d'un trou très particulier pour laisser sortir la fumée, détail qu'il n'avait pas pu observer dans notre pays. Devant la hutte, une femme nue aux seins longs et pendants. Près de la hutte, une étendue d'eau avec des vagues et, dans le fond, des palmiers. Il me tendit le dessin en disant : « Nous vivions dans une hutte similaire que nous avions construite nous-mêmes. Chacun possédait son propre bateau qu'il avait taillé dans *un seul* morceau de tronc d'arbre. Il y avait un fleuve mais on ne pouvait s'y aventurer comme ici dans le lac parce qu'un monstre habitait dans l'eau, je ne me souviens pas de quel monstre il s'agissait, mais je sais qu'il dévorait les jambes des hommes. C'est pourquoi nous n'y allions jamais. Tu comprends maintenant pourquoi j'ai tellement pleuré, l'année passée quand tu voulais me mettre dans l'eau : j'avais peur que quelque chose me dévorât les jambes dans cette eau. Et maintenant encore, bien que je sache qu'il n'y a rien de dangereux dans le lac, je ne peux m'empêcher de penser au monstre. Te souviens-tu que, l'an dernier, lorsque nous avons reçu le bateau, j'avais tout de suite voulu ramer ? Et toi, tu ne m'avais pas permis car, disais-tu, je devais d'abord apprendre ! Mais moi, je savais que *je savais ramer*, j'étais tellement à l'aise dans mon petit bateau de bambou que je pouvais me mouvoir sur l'eau comme si le bateau et moi ne faisions qu'un. Assis dans ce bateau, je pouvais faire un

174

tour complet sur l'eau. Et tu te rappelles, j'ai tellement insisté que, impatientée, tu m'as dit : « Bien essaie donc et tu verras bien que tu ne sais pas ramer ! » Et tout le monde avait été surpris de me voir ramer avec *une seule rame* parce que j'étais trop petit pour me servir des deux et que, même avec une seule, j'ai pu conduire sûrement l'embarcation au milieu des autres bateaux et même entre les baigneurs. Oui, je pouvais tout faire avec mon petit bateau là où j'habitais alors ! Tu aurais dû voir ! Et les arbres n'étaient pas comme ici, il y avait des arbres comme cela, dit-il en les dessinant. Et d'autres encore, les plantes étaient très différentes. Regarde, je suis là et je chasse un grand oiseau, mon chapeau est là, près de moi ! »

Tout ce qu'il dessinait était caractéristique d'un pays tropical, avec ses palmiers et sa végétation typique. La silhouette qui devait le représenter était celle d'un nègre. Seul le chapeau me parut suspect. Il ressemblait aux chapeaux modernes en feutre. Mais je ne voulus pas le distraire et avec beaucoup de précaution, je le questionnai. Je ne voulais pas que son imagination s'éveillât. Comme de sa vie, il n'avait jamais vu de femmes nues sinon sur des peintures, mais elles n'avaient alors pas de longs seins pendants, je demandai : « Pourquoi as-tu dessiné ta femme avec des seins aussi longs, pendants et laids ? »

L'enfant me regarda surpris de m'entendre poser une telle question. Puis, sans hésitation et très naturellement, il répliqua : « Parce qu'elle avait les seins comme cela. Et ce n'est pas laid. Elle était très belle ! » ajouta-t-il fièrement. Sa réponse me convainquit du fait qu'il n'avait pu entendre ni voir ces choses dans notre entourage. Il n'avait jamais été au cinéma, n'avait pas encore lu des livres sur l'Afrique. D'où tenait-il qu'une femme aux seins longs et pendants était belle ? Notre idéal de beauté était certes bien différent. Je demandai encore :

« Quel est ton dernier souvenir ? »

« J'étais à la chasse quand un tigre surgit. Je lançai ma lance qui se ficha dans son poitrail. Mais le tigre ne mourut pas. Il se précipita sur moi. Après, je ne sais plus. »

« Bon, tout cela est très intéressant et il est possible que tu aies déjà vécu et que cela ait réellement existé. Mais maintenant, tu es ici. Ne pense donc plus à ce qui fut, mais à ce qui est. Tu peux tout me raconter. Mais ne parle pas de tes souvenirs aux autres. »

« Je sais, Maman, reprit-il, je sais bien que les adultes croient que les enfants sont un peu fous et ils se moquent toujours de nous. Mais, as-tu une idée de ce qui a pu arriver à ma femme et à mes enfants ? »

« Non, je ne peux te le dire. N'oublie pas que tout passe et que seul l'amour est éternel. L'amour vous réunira donc certainement dans cette vie. »

« Alors, tout est bien ainsi », dit l'enfant en retournant jouer avec ses camarades. Je pris ses dessins et les mis dans le journal que je tenais depuis sa naissance…

Je ne lui posai plus jamais de questions. Je voulais éviter de stimuler son imagination et qu'il vécût trop dans le monde de ses souvenirs.

D'ailleurs pourquoi ? Je savais qu'il n'avait jamais eu l'occasion de voir ni de lire un seul livre sur l'Afrique. Je connaissais chacun de ses pas, chacune de ses occupations. D'autre part, n'était-il pas frappant que ce garçonnet, d'ordinaire courageux, voire téméraire, se débattît avec la force du désespoir lorsqu'on avait décidé de l'emmener se baigner, comme si on avait eu l'intention de le tuer ? J'avais dû lui expliquer qu'il pouvait venir tranquillement dans l'eau, qu'il ne lui arriverait rien. Il avait enfin accepté que je le porte dans l'eau après lui avoir promis de bien faire attention et de ne pas le quitter. Mais le lendemain, tout avait été à refaire, il avait hurlé comme un petit forcené, refusant d'entrer seul dans l'eau. J'avais dû à nouveau le prendre dans mes bras. Peu à peu, il avait vaincu sa peur et était devenu un vrai petit canard barbotant dans l'eau. Plus tard, il passa ses journées à ramer et à faire de la voile.

Alors qu'il était encore petit – quatre ou cinq ans – il peignait avec sa cousine, la fille de ma sœur, toutes sortes de tableaux. Alors que la fillette donnait aux visages une couleur rose, mon fils les peignait tous en brun. Je lui avais fait remarquer que ces visages ne devaient pas être si foncés. Il avait écouté sans rien dire mais avait continué à les peindre couleur chocolat.

Nous ne parlâmes plus de ses souvenirs. De temps en temps, il faisait une remarque qui m'indiquait que toutes ces choses étaient encore très vivantes en lui. Plusieurs années s'étaient écoulées lorsqu'un jour, un monsieur entra dans le jardin, me pria de venir sur la route car il avait aperçu mon fils, de treize ans alors, grimper tout en haut d'un peuplier. Une chute eût pu signifier sa mort. Je regardai ces arbres de dix à quinze mètres mais ne pus le voir. Je l'appelai. Il me demanda ce que je voulais.

« Descends immédiatement ! »

« Pourquoi ? »

« Pas de discussion pour le moment. Descends ! » répondis-je.

Sans commentaires, il apparut bientôt à mes yeux. Il descendait prudemment avec une parfaite assurance, pareil à un petit singe. Il sauta enfin de la dernière branche et demanda en maîtrisant sa colère :

« Et pourquoi dois-je descendre ? »

« Parce qu'il est insensé de grimper si haut et incroyable que ce soient des étrangers qui doivent m'avertir de tes frasques. Pourquoi prendre de tels risques ? Que fais-tu là-haut ? »

« J'ai installé un nid là-haut, je mange mes épis de maïs là-haut et ils y sont bien meilleurs. Et de là-haut, je peux voir toute la région. Je peux tout observer ! »

« Ne recommence plus ! Pourquoi risquer ainsi ta vie ? Installe un nid ici, en bas ! »

Le garçon était fâché. Il rétorqua : « Ah ! Je ne dois plus grimper parce que tu penses que c'est dangereux. Je me demande qui a pris soin de moi lorsque j'étais dans la jungle et que je grimpais sur des arbres bien plus hauts encore pour observer les animaux ! Où étais-tu alors ? »

« Je ne sais pas où j'étais alors mais maintenant, je suis là et tu dois obéir ! » répondis-je énergiquement.

Il n'était pas content du tout, mais comme je lui laissais autrement beaucoup de liberté, il trouva vite d'autres occupations et l'incident fut oublié.

Quelque temps après, il rentra tout excité de l'école : « Ridicule ! Le prêtre veut nous faire croire que l'homme ne vit qu'une fois. Moi je sais qu'on vit plus souvent ! Je le sais ! Mais avec les adultes, il est préférable de se taire ! »

Les impressions de sa vie présente supplantèrent probablement dans sa conscience ses souvenirs antérieurs dont il ne parla plus pendant longtemps. Vers sa quinzième année, il me demanda une batterie de jazz. Nous allâmes dans un grand magasin d'instruments et il choisit le plus gros tambour qui fût avec tous les accessoires. Il se produisit alors le même phénomène surprenant que lorsqu'il avait ramé pour la première fois. Arrivé à la maison, il s'installa au tambour, saisit les baguettes et se mit immédiatement à jouer avec une parfaite maîtrise, comme s'il n'avait jamais rien fait d'autre dans sa vie, *les rythmes les plus compliqués, les syncopes les plus extraordinaires*. Il était en extase, ses yeux brillaient, les larmes coulaient le long de ses joues... silencieusement, il pleurait en jouant. Il ne me révéla jamais d'où il tenait ce don. Juste une fois, il dit : « Tu sais, Maman, c'est ainsi que nous nous faisions parvenir des signaux, que nous

nous transmettions des messages à de très grandes distances… » et il jouait comme un possédé.

Pourtant, il refusait toujours de lire des histoires sur la vie des Noirs. « Pourquoi ? Je sais mieux que personne comment c'était là-bas et il m'importe peu de connaître l'opinion des Blancs. En outre, les descriptions vraies, authentiques, me font toujours pleurer, que je le veuille ou non… »

Bien plus tard, nous allâmes voir un documentaire sur les Noirs. Il était déjà officier dans l'armée de l'air. Pourtant, comme un enfant, il pleura tout au long de la projection, les larmes roulant silencieusement le long de ses joues.

Où avait-il appris à jouer du tambour ? Je me rendis compte de la difficulté de cet instrument lorsque je voulus m'y essayer. Comment un enfant de la ville en vient-il à désirer un tel tambour ? Pour quelles raisons un jeune homme gai et moderne pleure-t-il lorsqu'il joue de la batterie ou assiste à un film sur les Noirs ?

Plus tard encore, Paul Brunton, écrivain, philosophe et grand voyageur, nous rendit visite. Il rentrait des Indes. Je lui racontai les souvenirs antérieurs de mon fils. Il demanda à voir les dessins et après les avoir étudiés, il dit : « Ce genre de huttes est tout à fait caractéristique d'une tribu noire de l'Afrique centrale, sur les rives du Zambèze. Tous les détails sont strictement exacts. »

« Oui, mais le chapeau n'est pas une coiffure de nègre. Il ressemble à un chapeau en feutre moderne », répliquai-je.

Brunton sourit : « Non, vous faites erreur et l'enfant a raison. Ce chapeau est également typique de cette tribu. Il n'est pas en feutre mais en feuilles de roseaux tressées. L'arme de chasse est fort correctement dessinée. Et ce monstre qui mord les jambes, c'est évidemment le crocodile. Mais dites-moi, comment êtes-vous devenue la mère d'un être qui fut un nègre ? » demanda-t-il encore.

« Voilà une question qui reste encore sans réponse pour moi », répondis-je en riant. Puis, nous parlâmes d'autres choses.

Les premiers souvenirs de mon fils s'étaient réveillés lorsque, immobile au bord du lac, il avait observé un scarabée noir. Sans le savoir, il avait utilisé une méthode indienne pour se concentrer. Les yogis indiens choisissent, pour le fixer, un point noir sur un mur ou une boule de cristal. L'enfant avait fait de même – le scarabée noir ayant fait office de point – et s'était involontairement mis en transe. C'est ainsi que le souvenir de sa vie antérieure s'était révélé à lui.

L'été passa. Mon état s'était amélioré. Ma conscience était redevenue claire, le monde ne m'apparaissait plus flou, les sensations de brûlure dans le sang avaient cessé. Mais en automne et de retour à la maison, je ressentis tous les symptômes qui avaient conduit à la mort les femmes qui avaient été vaccinées au sérum de cheval. Je dus m'aliter, souffrant de crampes et de douleurs atroces. Je n'aurais jamais pu imaginer qu'un être pût supporter une telle torture sans en mourir. Je perdis tout contrôle sur mon corps. Les nerfs étaient paralysés. Quand je voulais lever ma main, elle restait inerte. C'était angoissant, effrayant. Et pendant ces longues nuits sans sommeil, j'entendais dans le bourdonnement de mes oreilles cette voix irritante et mauvaise : « Quoi, tu veux m'attraper ? Hihihihi… » Les médecins conclurent qu'il fallait m'opérer.

Le même soir, un camarade d'école de mon mari avec lequel nous étions très liés téléphona. Il venait de rentrer d'un long séjour aux Indes. Le lendemain, il vint me voir.

« Tu sais qu'aux Indes j'ai étudié le Yoga sous la conduite d'un grand maître. Si tu fais ce que je te dis, tu recouvreras la santé. Ne te fais opérer en aucun cas ! » Je lui promis de suivre ses conseils.

Il me montra quelques exercices simples de respiration que, même à moitié morte, je pouvais exécuter couchée et que je devais répéter aussi souvent que possible pendant la journée *en dirigeant correctement ma conscience.*

Je suivis ses indications à la lettre.

Quelques jours plus tard, je me sentais vraiment mieux, les douleurs diminuèrent et tout le reste marqua une nette tendance à s'améliorer.

Encore deux semaines et je pus me lever un instant. Je redevenais *moi-même* ! Certains troubles étaient encore tenaces mais notre ami me conseilla d'autres exercices de Yoga. Mon état s'améliora et au printemps, je pus partir à la mer pour y passer quelques mois. Ce climat béni, les bains de mer et les exercices de Yoga me rendirent la santé. Mon époux me rejoignit pour les quatre dernières semaines de mon séjour et ce fut le temps le plus heureux de ma vie *personnelle.* Seul celui qui fut malade sans espoir de guérison peut savoir ce que signifie être *de nouveau* en bonne santé !

Ô *Toi*, force et puissance inconnue que l'on nomme *Dieu* ! Je *Te* remercie de m'avoir redonné la santé, de m'avoir permis d'échapper à l'enfer, d'avoir empêché que je devienne un fardeau pour ceux que j'aime, d'avoir à nouveau fait de moi un être utile et capable de travailler !

Jamais le soleil n'avait été si radieux, le ciel si bleu, jamais la mer n'avait scintillé si merveilleusement que cet été-là…

L'automne nous ramena à la maison et je me remis au travail, tout comme auparavant.

Un soir, nous allâmes en famille au cinéma assister à une soirée Walt Disney. Mickey Mouse, Pluto et Donald nous amusèrent beaucoup. Puis, on nous montra un film au cours duquel les personnages de Walt Disney fondent une entreprise pour purger les maisons hantées de leurs fantômes et autres spectres. À cette intention, ils font paraître une annonce. Dans un vieux château, toutes sortes de revenants vivent en parfaite harmonie. Ils se réunissent chaque nuit dans la grande salle des chevaliers. Or, un soir, l'un des spectres qui s'était confortablement installé dans un fauteuil pour y lire son journal, découvre l'annonce en question. Il la lit à haute voix à ses pairs qui en sont indignés : « Quoi ? Même les fantômes ne peuvent plus vivre en paix… » Ils décident alors du moyen de donner une bonne leçon à ces impertinents. L'un des fantômes téléphone à la maison coupable et demande qu'on veuille bien venir le voir. Puis, ils se distribuent les rôles : l'un se cachera sous le lit, l'autre derrière la porte, le troisième se placera dans le miroir de sorte que si quelqu'un veut s'y regarder, il apercevra le fantôme au lieu de sa propre image. Chacun sait exactement ce qu'il aura à faire pour effrayer Mickey et ses amis et les détourner à tout jamais de leurs plans. Tous les détails étant réglés, le chef des fantômes fait un signe et tous les spectres disparaissent, *se transformant en boules phosphorescentes flottantes, sautillantes et s'éparpillant dans toutes les directions… avec un rire infernal à l'idée que des créatures terrestres voulaient les attraper !*

La surprise me paralysa littéralement ! Ma sœur cadette et mon frère s'écrièrent ensemble : « Regarde, regarde ! La boule verte d'Esther ! N'est-ce pas extraordinaire… » Ils étaient tellement excités et parlaient si fort que je craignis un instant que l'on nous fît sortir de la salle. Et encore, ils ne savaient pas que toute la scène du chef fantôme se métamorphosant en boule verdâtre et phosphorescente, riant d'une manière diabolique et disparaissant en sautillant, était la réplique parfaite de ce que j'avais vu moi-même il y avait bien longtemps déjà !

J'en étais bouleversée. D'autres personnes avaient donc vu ces apparitions ? Je ne pouvais douter un seul instant que Walt Disney eût vu cette boule verte ! Comment aurait-il pu imaginer une apparition en tout point conforme à la mienne ? Il était exclu d'envisager une telle coïncidence. Mais cela n'était pas encore tout !

Quelques semaines plus tard, j'eus entre les mains un livre intitulé *Aram, Magie et Mystique* qui regroupait une collection importante de textes authentiques. J'en lus différentes parties et arrivai au passage que je cite ici : « …Comment ce quelqu'un pouvait-il entrer alors que la porte était fermée et verrouillée ? Sachant pertinemment que la porte était réellement fermée, je pensai : "Personne ne peut entrer, même si la poignée a bougé et que la porte a craqué." Pourtant, qui était-ce ? Un bruissement se faisait entendre dans la chambre, des coups furent frappés dans le placard. Cela dépassa le lit et fit résonner le verre de ma lampe de chevet. » Plus loin : « Je n'avais rien vu mais je ne m'étais pas donné la peine de voir quoi que ce soit. Seul mon voisin de chambre prétendit avoir vu soudainement sur le sol de ma chambre *une lueur de la grosseur de la pleine lune qui, comme une boule de lumière, était apparue dans l'entrebâillement de la porte pour disparaître ensuite derrière la paroi.* »

Je n'en croyais pas mes yeux. De nouveau, cette boule ressemblant à la pleine lune ? Cette boule de lumière n'était décidément pas une rareté ! Étrange ! Et pourtant en y réfléchissant, on trouve un exemple analogue en électricité : l'éclair en boule. Celui-ci roule également dans l'air. On connaît plusieurs cas où cette boule était entrée dans une chambre par une fenêtre, avait roulé dans toute la pièce avant de disparaître par une autre sortie. Tant que l'éclair garde sa forme sphérique, il n'y a pas de danger mais s'il en sort, il détruit tout ce qui se trouve sur son passage. Cette forme de foudre en boule est infiniment plus dangereuse qu'un éclair normal. Cette boule verdâtre et phosphorescente qui peut causer tant de dommages, n'était-elle pas aussi un éclair en boule mais à un niveau différent?

De la nuit des temps nous vient une vérité attribuée au grand initié Hermès Trismégiste qui connaissait tous les mystères de la terre et du ciel: «En haut comme en bas, en bas comme en haut.» Ce phénomène parallèle n'était-il pas étrange: cette sphère verte et l'éclair en boule?

L'AURORE – LES AYURVEDA

Chaque jour me retrouvait à nouveau dans mon atelier. Un jour que je travaillais, je me sentis soudainement envahie par une inquiétude quasi insupportable. J'avais tout à coup l'impression de ne *rien faire*. Le temps passait à une allure folle, les jours se suivaient et se ressemblaient ; et moi, je ne faisais rien. Rien ? – me demandai-je – comment rien ? Je travaillais toute la journée, j'étudiais et lisais un nombre impressionnant de livres et, quand j'étais fatiguée, je me mettais au piano. Pourquoi avais-je l'impression de ne rien faire ? Je pensais à ces dernières années et, en moi, la réponse me fut donnée : « Tu n'as rien fait pour adoucir les souffrances d'autrui... Être épouse, mère, sculpteur... ce sont là des occupations d'ordre personnel. »

C'était vrai. Mais qu'aurais-je pu faire ? Au cours des années passées, j'avais attendu que les puissances supérieures me donnassent des instructions. Mais jamais la voix ne s'était fait entendre. Comment alors savoir ce que je devais « accomplir » ? En racontant cela *aujourd'hui*, je ne peux m'empêcher de sourire en pensant à celle que j'étais alors. Que l'être humain ignorant est donc naïf ! Comment quelqu'un pourrait-il coopérer à la « grande œuvre » avant d'avoir tout d'abord atteint le but ? Avant d'être parfaitement au clair avec soi-même, de s'être vaincu ? Mais c'est là la maladie infantile de tout être qui s'éveille : il veut sauver le monde *avant de se sauver lui-même* ! Les puissances supérieures font cependant tout ce qui est nécessaire pour guérir chaque néophyte de sa naïveté ! À cette époque, je n'avais pas encore compris et néanmoins je voulais rendre les gens heureux. Depuis que j'en avais fait le serment, je n'avais jamais manqué de ne vivre que dans ce but. Certaines tentations s'étaient présentées sur mon chemin mais elles ne m'avaient causé aucune difficulté. Il y avait eu beaucoup de messieurs qui, prétendant « *m'aimer* », n'avaient cherché qu'à satisfaire leurs désirs. J'avais vu clair en eux : ils ne s'inquiétaient même pas de savoir qui j'étais en réalité. Seul l'amour charnel avait de l'importance. Comment cela aurait-il pu m'attirer puisque j'avais déjà démasqué le piège de la nature ? Même ma vanité ne s'était pas sentie flattée par de tels désirs. Au contraire, j'avais trouvé dégradant que les hommes n'en voulussent qu'à mon corps.

J'exposai, un jour, des principes très élevés de philosophie ; le monsieur avec lequel je discourais – et qui se disait un véritable ami – s'enthousiasma pour mon « intelligence » mais à la première occasion, il tenta de m'embrasser... ou voulut-il embrasser mon intelligence ?

Un autre n'en finissait pas de me complimenter sur mes talents de musicienne. Lorsque je jouais du piano en société, il prétendait adorer la musique. Il baisait mes mains avec ferveur et plongeait son regard dans mes yeux... mais avec une sensualité qui en disait long sur ses intentions ! Je connaissais plusieurs de ces « adorateurs de la musique » et je m'en moquais bien. Mais cela était tellement ennuyeux, tellement ennuyeux !

La musique, la philosophie, la psychologie, tout ce qui avait trait à l'art et aux sciences m'attirait réellement. Il me fallut pourtant bien me rendre à l'évidence : la plupart des philosophes, psychologues, astronomes, savants et artistes, pareils à tous les autres, trouvaient la sexualité plus intéressante encore ! Les pauvres !

Qu'advenait-il d'eux lorsqu'ils perdaient leur virilité? Le vide, leur propre vide. Terrible! Et les messieurs tentaient de me convaincre que je gaspillais ma vie en refusant de goûter aux plaisirs charnels à n'importe quelle occasion. Humiliant! *Les hommes ne peuvent-ils donc voir que le sexe?* Ne peuvent-ils pas simplement être des *humains*, au-dessus du sexe? Pareils à des enfants qui jouent ensemble *pour le plaisir de jouer* et non pour stimuler leur sexualité?

Nombreux sont ceux qui font de la musique ou du théâtre, qui s'intéressent à la psychologie dans le seul but de constamment faire la conquête de nouveaux partenaires. La Bible dit: «Je vous le dis en vérité, si vous n'êtes pas comme les enfants, vous n'entrerez pas au Royaume des Cieux.» L'insatisfaction et l'angoisse de ceux qui ne vivaient que pour leur sexualité me firent comprendre la profondeur de cette merveilleuse vérité. Et ces gens, vides et pauvres, prenaient mon indifférence pour de la «frustration de mes instincts» ou pour de la comédie. Je m'analysais toujours d'une manière très stricte. Jamais je n'avais eu une pensée qui m'eût attirée vers un homme. J'aimais mon époux aussi profondément qu'avant, non plus comme une femme aime son mari, mais comme un être humain en aime un autre. Il n'y avait pas de tentations, pas de combats et pas de «victoires» sur mes sens car je n'avais plus de «désirs» pour un homme. Depuis cette nuit où j'avais découvert la tromperie de l'amour charnel, je n'étais plus une femme, j'étais devenue un *être humain*, un *Je* et ce *Je* ne ressentait aucun *désir sexuel*!

Le «Je» n'a pas de sexe! Le «Je» n'est pas la moitié de quelque chose à la recherche de sa moitié complémentaire, le «Je» est un tout en soi!

Et si un être humain reconnaît cette vérité, le corps suit!

Je retournai toutes ces choses dans ma tête lorsque je fus envahie par le sentiment qui m'avait profondément troublée lorsque, il y avait bien longtemps, je m'étais exercée à la transmission de pensées et qu'il m'avait été impossible de recevoir ni d'exécuter une volonté : quelque chose m'oppressait tellement que je pouvais à peine respirer.

Posant mon ébauchoir, je me concentrai. Après de longues années, je sentis ces picotements singuliers mais connus dans tout mon corps et enfin, j'entendis à nouveau la voix qui s'était tue si longtemps : « Pourquoi négliges-tu tes facultés spirituelles ? »

« Comment puis-je *ne pas* les négliger ? Puis-je faire quelque chose ? » demandai-je.

« Tu sais bien que même si quelqu'un a un talent inné de musicien, sculpteur ou autre, cela n'en fait pas encore un artiste. Loin de là. Il doit développer son talent. Et cela ne se fait que par le travail. Travailler, encore travailler ! *Le talent sans assiduité n'est pas plus de l'art que l'assiduité sans talent. Si tu combines le talent avec le zèle, tu obtiens un art véritable.* Tu possèdes des talents auxquels tu permets de paresser : la faculté de manifester l'esprit. Travaille, pratique, exerce-toi… et tu deviendras une artiste en cet art royal qui surpasse tous les autres : *l'art sans art !*

Mon cœur se mit à battre très fort. Depuis des années, j'avais attendu un ordre intérieur qui me dictât ce que je devais faire. La réponse n'était pas venue. Il ne m'était donc rien resté d'autre que de vaquer aux travaux et aux devoirs journaliers que la vie m'avait imposés. J'avais appris la psychologie et la sculpture. Les deux disciplines se complétaient merveilleusement. Lorsque je faisais un portrait, un buste, je pénétrais et m'imbibais de la psychologie du modèle. Tous les êtres étaient fascinants ; plus profondément j'arrivais à les sonder et mieux je réussissais leur tête. Faire un portrait ou une analyse psychologique représentaient un seul et même travail ! Cela signifiait également donner des conseils. Tous ceux qui posèrent pour moi me restèrent spirituellement très proches. Les œuvres monumentales, les compositions de grande envergure furent également une source de grande joie. La concentration m'avait ouvert la porte vers de nouvelles vérités. Mais au tréfonds de mon âme, j'étais très triste de ne plus entendre « la voix ». J'étais desséchée, j'avais l'impression d'avoir perdu le contact avec une énergie issue d'une source supérieure.

Et maintenant, ce contact avait été rétabli et il m'avait été dit de m'exercer à *l'art sans art*. Comment faire ? Existait-il des exercices pour cela ? Je n'en avais en tout cas jamais entendu parler…

La voix se fit très précise : « Cherche ! »

« Chercher ? Où ? Comment ? » demandai-je.

Il n'y eut plus de réponse.

Ce même soir, nous fûmes invités par cet ami, qui lorsque j'avais été si malade, m'avait sauvée en m'enseignant des exercices de Yoga et comment diriger ma conscience.

Nous formions un groupe très gai. Les messieurs parlaient de leurs souvenirs d'école pendant que je m'intéressais à la bibliothèque de notre ami. J'y trouvai un livre qui m'attira tout particulièrement. Je demandai la permission de l'emporter, ce qui me fut tout naturellement accordé.

Je pris le livre et, prenant place auprès des deux messieurs, je priai notre ami de nous raconter comment et où il avait appris les exercices de Yoga qui m'avaient guérie. Il nous dit avoir été un jour invité par un maharaja à une chasse au tigre. Pendant cette chasse, son cheval avait fait un écart, le projetant au sol si malencontreusement qu'il n'avait pas pu se relever tant son dos était meurtri. On l'avait conduit dans sa chambre. Le maharaja était venu le trouver pour lui demander quel médecin il désirait consulter, l'Anglais ou l'Indien.

Notre ami préféra l'Anglais. Celui-ci lui prescrivit toutes sortes de calmants contre les douleurs et beaucoup de repos. Les jours et les semaines passèrent sans apporter l'amélioration attendue. Il ne pouvait se lever ni même bouger la nuque et le dos. Six semaines s'écoulèrent ainsi et son état empira.

Le maharaja revint et lui dit : « Vous désiriez consulter le médecin anglais. Je vous l'ai envoyé. Il vous traite depuis six semaines et votre état empire. Si vous vouliez bien accepter mon conseil, vous demanderiez à voir mon médecin indien, un praticien des Ayurveda. Il pourra certainement vous aider. »

Notre ami suivit ce conseil.

« Qu'est-ce qu'un praticien des Ayurveda ? » demandai-je.

« Cela qualifie un homme initié dans les Ayurveda. Les Veda sont les livres sacrés des Indiens, la plus haute philosophie qui soit sur terre. Les Veda se décomposent en plusieurs parties. Les Ayurveda sont la science de la santé, elles contiennent tous les secrets du corps humain, des maladies, des méthodes de guérison et du maintien de la santé. Ces initiés connaissent, par exemple, depuis cinq ou six mille ans, l'art de remplacer des organes malades par des organes sains prélevés sur des cadavres. Ils ont tenté et réussi les opérations les plus extraordinaires. Ils pouvaient remplacer un œil aveugle par un œil sain et même une jambe entière aussi bien sur des animaux que sur des êtres humains. Ils savaient également que les maladies étaient causées par des myriades de créatures minuscules nommées aujourd'hui bactéries et, surtout, ils considéraient que ces bactéries formaient les cellules du corps invisible d'un esprit démoniaque. Or, les Occidentaux, à part quelques initiés comme Paracelse, ne se soucièrent jamais d'orienter leurs recherches dans cette direction. Le mauvais esprit prend possession d'une personne – ou de plusieurs –, l'envahit de son corps et lorsque cette personne vibre en harmonie avec le mauvais esprit, elle devient malade. Cependant, il y a toujours des êtres dont les vibrations ne s'accordent pas avec celles du démon. Ils ne tombent donc pas malades. Ils sont immunisés, comme le dit la science occidentale.

« Dans ces écritures sacrées des Indiens, on trouve la description de tous ces mauvais esprits de la maladie, ils sont représentés en détail et en couleurs. Ces horribles figures ont chacune une apparence et une couleur caractéristiques. Le démon de la peste, par exemple, est un monstre noir ; on nomme également cette maladie "la mort noire". L'esprit d'une autre maladie tout aussi mortelle est un démon jaune et la maladie qu'il cause est la "fièvre jaune". L'esprit de la lèpre a une tête qui rappelle celle du lion, et il est bien connu qu'on reconnaît un lépreux à l'expression léonine de son visage. Le visage du lépreux révèle donc le visage de l'esprit qui le possède. La pneumonie est causée par un géant démoniaque rouge qui semble être fait de feu et de flammes. Etc., etc. Chaque maladie est une possession par des démons divers. »

« Eh, attends un instant ! m'écriai-je, interrompant ainsi le récit de notre ami. Tu disais que le démon de la pneumonie était un géant rouge ? Voilà qui est très intéressant... » Des souvenirs de mon enfance surgirent devant mes yeux : je revoyais mon petit frère s'asseyant brusquement dans son lit, horrifié, les yeux lui sortant de la tête, hurlant en regardant vers un point précis de la chambre : « Maman, Maman, l'homme rouge veut m'attraper, Maman, aide-moi !... » alors que ses petites mains tentaient de le protéger d'un invisible ennemi... puis il avait perdu connaissance. Mère avait dit : « Ce qu'il voit n'est pas réel, c'est une hallucination... » À l'époque, je m'étais déjà rendu compte que, pour l'enfant, « l'homme rouge » avait été réel et, apparemment, une réalité *objective* que les Indiens connaissaient depuis des milliers d'années ! Car la réalité ne se limite pas à ce que l'on peut saisir avec les mains et voir avec les yeux !

Je racontai donc cet épisode à notre ami qui n'en fut nullement surpris.

« Les malades voient ces démons très souvent et plus particulièrement au moment où ils en deviennent possédés ; et parfois plus tard, pendant la maladie, alors qu'ils les combattent. Mais s'ils en parlent, on dit qu'ils ont de la fièvre et qu'ils délirent. On ne cherche pas *à connaître l'origine de ces images qui s'imposent à l'imagination du patient* et pourquoi *ceux qui souffrent d'une même maladie voient toujours les mêmes images* sans que jamais ils aient pu en parler puisqu'ils n'avaient pu se rencontrer auparavant. »

Notre ami poursuivit son récit : « Le praticien des Ayurveda – médecin du maharaja – était un homme encore jeune, aimable, raffiné avec lequel, par la suite, je me liai d'amitié. Nous sommes d'ailleurs toujours en relation épistolaire. Après l'examen de mes réflexes nerveux, le médecin était parti chercher des pilules que je devais prendre à raison de trois par jour. En prenant congé, il m'avait dit en souriant : « Dans trois jours, vous remonterez à cheval ! »

Notre ami avait soupiré sans y croire.

Le lendemain, il put bouger la tête. Le médecin revint, lui redonna des pilules et lui fit exécuter quelques exercices de respiration en dirigeant correctement sa conscience. Ce même après-midi, il put s'asseoir et sentit des picotements dans sa colonne vertébrale, comme si de nouvelles forces vitales s'y déversaient.

Le deuxième jour, il se leva, fit d'abord quelques pas dans sa chambre, dévora son déjeuner plutôt qu'il ne le mangea, puis il descendit au jardin.

Le troisième jour, il se réveilla en pleine forme et remonta à cheval.

S'étant lié d'amitié avec le praticien des Ayurveda, il lui demanda un jour : « Que m'avez-vous administré qui me rendit si miraculeusement la santé ? »

« Notre science se transmet de père en fils. Lorsqu'un père initie son fils à cet art, ce dernier doit faire le serment solennel de ne jamais divulguer ses secrets, en aucune circonstance. Cette parole n'a jamais été rompue. Je ne peux donc vous révéler la nature de ces pilules. Par contre, je peux vous montrer quelques facettes de notre science. Les pilules que je vous ai prescrites sont une combinaison chimique essentiellement composée d'or. Ce composé d'or n'est pas une simple matière morte ; nous pourrions, au contraire, la nommer "or vivant". La préparation de ce mélange exige que, pendant plusieurs semaines, il soit gardé hermétiquement enfermé dans un creuset, dans un four chauffé à une température modérée et constante. Ce procédé développe, dans l'or mort, de telles propriétés qu'il est plus juste de le nommer ensuite "or vivant". Vous savez que si l'on garde un œuf pendant trois fois sept jours à une température constante de 40°, il en sortira un poussin au vingt et unième jour. Mais si on expose un œuf dix minutes à une chaleur de 100°, il va simplement devenir un œuf dur, jamais un poulet ! Il en va de même pour cette préparation d'or. Le séjour de plusieurs semaines à une chaleur régulière fait naître dans l'or une énergie qui a les mêmes vibrations que "l'énergie vitale". Cette dernière est infiniment supérieure à l'énergie atomique. Il faut des millions d'années pour que, de la terre brute, l'or se développe suivant un processus d'une extrême lenteur. En continuant ce processus, nous pouvons encore transformer l'or en une autre matière qui se charge de cette énergie suprême. Il est possible de magnétiser un morceau de fer ordinaire ; il est également possible de faire de l'or ordinaire un or magnétisé ou "vivant". Le magnétisme de l'or représente une énergie infiniment supérieure à celle du fer. Il a la même vibration que notre énergie vitale, cette énergie qui est la *vie* même et agit d'une manière quasi miraculeuse sur tous les êtres vivants. L'être humain est comme un aimant chargé de ces énergies supérieures. Pareil à l'aimant qui, avec le temps, se décharge mais que l'on peut toujours remagnétiser à l'aide du courant électrique, l'être humain peut être rechargé avec cette énergie. L'énergie vitale siège dans la moelle épinière. Or, c'est précisément cet organe si délicat qui fut touché lors de votre chute de cheval et la tension vitale diminua abruptement. Votre organisme ne put donc remettre les choses en ordre puisque c'était justement ce centre de guérison qui avait été blessé. Les pilules ont donc rechargé vos centres nerveux, permettant à la nature de reprendre son rythme et, maintenant, vous êtes en bonne santé. Voilà tout le mystère ! Le maharaja, voyez-vous, est un homme âgé déjà. Mais il désire manifester encore chaque jour sa virilité à son épouse favorite. Grâce à ces pilules d'or, il a pu conserver l'ardeur d'un jeune homme. Sans aide extérieure, la nature ne pourrait plus accorder cette énergie à son corps, mais cette préparation met en mouvement ses centres nerveux et cela suffit à recharger quotidiennement ses centres sexuels. »

Notre ami demanda encore au praticien : « Pourquoi gardez-vous votre savoir si jalousement ? Pourquoi ces mystères ? Pourquoi l'humanité entière ne peut-elle profiter des bienfaits de cet art ? Pourquoi n'instruisez-vous pas les médecins anglais de ces connaissances ? »

Le praticien resta un instant pensif puis dit : « L'œuf a besoin d'être fécondé par le coq pour que la vie passe de l'état passif à l'état actif. Pour fabriquer une telle préparation, on a besoin d'une source d'énergie qui mette en mouvement les forces latentes des molécules de l'or et le fasse passer de l'état mort à l'état vivant. *Cette source d'énergie est l'être humain lui-même.* Le pouvoir de procréation ne doit pas se manifester par le corps seulement, mais également à un autre niveau, comme une énergie. L'hypnotiseur, par exemple, manifeste sa force de procréation sur un niveau spirituel ; il peut pénétrer l'âme d'autrui, y réveiller des forces latentes pour les rendre actives, tout comme son sperme matériel peut pénétrer un ovule pour y déclencher le processus de vie active. Pour mettre en mouvement un certain processus de développement dans les matières diverses, dans ce cas l'or, l'homme a besoin de la radiation de sa propre énergie vitale. Si toutefois il dépense cette énergie par le canal de ses organes sexuels, il rend immédiatement passifs et latents les autres centres nerveux qui lui sont nécessaires pour radier l'énergie vitale dans sa forme originale de base. Ces centres nerveux s'ouvrent et se ferment automatiquement. Un homme peut donc diriger cette énergie soit vers les organes sexuels, soit vers ses centres plus élevés, *mais, en aucun cas, il ne peut la diriger simultanément vers les deux* ! Vous comprenez maintenant que, lorsqu'un père initie son fils à cette science, ce dernier doit, en plus du serment de ne rien révéler, faire vœu de chasteté. C'est pourquoi un fils ne reçoit cette initiation qu'une fois marié et père de plusieurs fils afin de ne pas rompre la chaîne. Présentez-moi un médecin occidental qui, pour cette science uniquement, serait prêt à vivre chastement ! Notre expérience nous a au contraire démontré que vos médecins veulent faire de leur savoir une source de revenus toujours croissants pour sans cesse mieux satisfaire leurs instincts les plus bas. Nombreux sont ceux qui tentèrent de nous extorquer nos secrets par toutes sortes de moyens. Nous comprîmes que leur but était de gagner des fortunes avec ces connaissances, ou flatter leur vanité en devenant célèbres. Nous nous tûmes. Il est triste de devoir constater que le pouvoir étranger dans ce pays alla même jusqu'à torturer certains de nos praticiens des Ayurveda pour tenter de leur arracher leurs secrets. Depuis lors, les étrangers ne peuvent plus trouver d'initiés en Ayurveda car aucun d'eux n'admet posséder des connaissances spéciales. Nous avons été forcés de porter un masque et de devenir de "mystérieux Orientaux". Le prix de cette leçon fut lourd. Je dois quand même vous dire qu'au cours de toutes ces années, il se trouva des médecins étrangers, de vrais êtres humains, qui voulurent connaître nos secrets pour aider les autres et qui n'hésitèrent pas à faire le vœu de Brahmacharya (chasteté). Ceux-ci reçurent l'initiation et travaillent toujours avec nous. Tout comme nous, ils taisent leur savoir. Lorsque l'humanité aura progressé et atteint un niveau qui fera de la majorité de ses médecins des hommes prêts à sacrifier leurs désirs sexuels pour pouvoir guérir, les praticiens des Ayurveda seront là pour leur dévoiler leurs vérités et leurs mystères. Pour le moment, les Occidentaux utilisent toutes leurs découvertes pour se nuire. Qu'est-il résulté de la découverte de la dynamite, des avions ? Des armes nouvelles ! Que feriez-vous si vous en veniez à découvrir le secret de l'énergie cosmique et de l'énergie vitale encore plus puissante ?… De nouveaux moyens pour détruire et encore plus d'argent à gagner. La guerre représente beaucoup d'affaires. Et pourquoi toujours plus d'argent ? Pour mieux satisfaire leurs instincts, leurs plaisirs sexuels, leurs perversités. Vous demandez pourquoi nous ne livrons pas notre savoir ? Les médecins étrangers n'en veulent pas ! Dès qu'ils en connaissent les conditions, leur intérêt tombe subitement. Ils ne peuvent imaginer qu'en payant un si modeste prix, on leur livrerait le secret de toute la vie. Il est beaucoup plus simple, sans tenter le moindre effort, de railler les Orientaux. La plupart des étrangers semblent penser que la satisfaction des instincts sexuels représente le bonheur suprême sur terre. Comment veulent-ils parvenir à connaître la puissance extraordinaire d'un être spirituel s'ils n'essaient même pas de l'acquérir ? Cette puissance ne peut s'obtenir ni par l'argent ni par la force. Le renoncement en est le prix. Or, celui qui l'a payé découvre ensuite qu'*il n'a en fait renoncé à rien* puisque à la place du bonheur passager et mortel, il a trouvé le bonheur impérissable et immortel. Quel meilleur marché peut-on conclure ? Mais ne discutons pas de ces choses. Ces mystères ne peuvent être appréhendés par l'intellect. On ne peut comprendre l'esprit, *on ne peut qu'en faire l'expérience, le vivre. On ne peut qu'être l'esprit !* Nous laissons donc les autres avancer sur le chemin de l'intellect. Ils ont déjà beaucoup appris et progresseront beaucoup encore. Mais ces "vérités ultimes" resteront cachées à l'homme de raison qui ne connaîtra jamais la félicité d'*ÊTRE* à laquelle conduit la renonciation. Ils ont fait une caricature du yogi oriental. Est-ce donc si surprenant que les initiés ne révèlent pas leurs secrets, se retirent et restent introuvables pour les Occidentaux ?

« Je vous ai dit tout cela car je peux voir en vous qu'il ne s'agit pas de curiosité mais d'un désir profond d'étudier notre science. Vous cherchez la vérité, vous cherchez Dieu ! Nous sommes prêts à aider de tels êtres. Laissez-moi vous donner un conseil : si vous voulez progresser plus rapidement, si vous voulez plus profondément encore pénétrer les mystères de l'être humain et de la vie, pratiquez le Yoga ! »

« Puis, il m'expliqua que les Orientaux avaient découvert et parfait au cours des millénaires passés diverses méthodes pour permettre à l'homme d'atteindre le but, ce bonheur que chacun porte en soi et auquel tend même l'être le plus ignorant, le plus inconscient. L'accomplissement, le salut, la félicité – ou le Nirvâna comme le nomment les Orientaux – l'homme peut y parvenir ici sur terre. La porte est ouverte à tout être qui en a trouvé la clé.

« Cette clé est le Yoga !

« Le médecin indien continua ses explications. En fait, chaque action exécutée avec direction de la conscience est déjà Yoga, car le seul moyen dont nous disposions pour parvenir au grand but est la concentration. Par des méthodes parfaites au cours des âges, le Yoga nous enseigne comment nous concentrer et améliorer systématiquement notre pouvoir de concentration. Le Yoga offre plusieurs voies : les exercices physiques, mentaux et spirituels de concentration. Ceux-ci développent les facultés les plus élevées chez l'homme, ouvrant ses yeux et ses oreilles spirituels. Il devient son propre maître et celui des forces créatrices et des forces du destin. Le chemin vers la félicité lui est ouvert. Ou, en d'autres termes, le chemin vers la réalisation de soi-même, vers *Dieu* ! La voie yoguique suprême la plus difficile est le Raja-Yoga, Raja veut dire "roi". Nous pouvons donc traduire Raja-Yoga par Yoga royal. C'est le chemin le plus court, le plus ardu, le plus étroit. C'est celui qu'enseigne le Christ dans la Bible. Avec de la patience et de la persévérance, on arrive au but.

« Le médecin indien m'enseigna les exercices de base du Yoga, ceux que je t'ai montrés. Plus tard, il m'indiqua comment entrer en contact avec l'un des plus grands yogis. Je me rendis vers lui. C'était un homme de quatre-vingts ans passés qui n'en paraissait guère plus de quarante. C'était un Hatha-yogi. Ces yogis connaissent tous les secrets du corps. À volonté, ils peuvent garder un corps sain pendant plusieurs centaines d'années. Les Indiens prétendent que des yogis de sept à huit cents ans d'âge vivent encore aujourd'hui dans les montagnes. »

Mon mari se mit à rire : « Hein ! Vivre sept cents ans ? Ce ne serait pas si mal ! Mais je pense que, malheureusement pour toi, le rêve s'acheva vite ! »

Notre ami répliqua : « Tu es décidément un "vrai Occidental". Le fait que tu n'aies pas entendu parler de certaines choses ne signifie pas que celles-ci n'existent pas. Les Orientaux connaissent bien mieux que nous les mystères de l'être humain. Mais ils ont dû apprendre à se taire. Les premiers conquérants venus de l'Ouest ont tout fait pour que les Orientaux gardent le silence. *Aujourd'hui encore, ils savent très bien cacher leurs secrets.* J'ai appris tant de choses aux Indes que je suis devenu très prudent : je ne me moque plus de personne. »

« Bon, bon, dit mon époux. Je crois aussi qu'il est possible de vivre plus longtemps puisqu'en Occident, l'espérance de vie se prolonge constamment malgré l'alcool, la nicotine et notre manière peu raisonnable de vivre. Il y a cinquante ou soixante ans, l'âge moyen de la population était encore de 35 ans et, en très peu de temps, il a passé à 60 ans. Où est la limite ? La science médicale avance à pas de géants. Qui sait jusqu'où cela nous conduira ? »

« Tu vois, ta conviction profonde n'a rien de cynique. Mais en Occident, nous n'osons pas exprimer ce que nous croyons parce qu'il n'est pas distingué de parler de choses inconnues sans s'en moquer. Je respecte le savoir de nos scientifiques mais ils font semblant de connaître tous les secrets de la vie alors qu'ils ignorent tout de la mort. Les Orientaux ont déchiffré le code de la vie et de la mort et ils n'ont qu'une arme devant les railleries de l'Occident : le silence. Ce n'est pas étonnant. Un exemple : un Indien me montra un briquet, une figurine de Bouddha dans la position du lotus. Une camelote de bazar. Il me dit : "Jamais un Oriental ne se permettrait de faire du Christ un vulgaire briquet ; nous respectons les symboles religieux des autres croyances. Nous savons que derrière les diverses représentations divines, il n'y a qu'un seul Dieu !" Et il reposa doucement le briquet-Bouddha sur l'autel familial. L'Occidental que je suis en fut profondément honteux. Et je me demande combien de temps il faudra à l'Occident pour ne plus insulter l'Orient par un tel manque de goût, de tact et de considération. Pense seulement aux films qu'on nous montre sur l'Orient. Les Orientaux les voient également et je t'assure qu'ils ont leur opinion là-dessus. Mais ils se taisent… »

« Existe-t-il des livres sur le Yoga ? » demandai-je.

« Le livre le plus beau et le plus sacré des Indiens est la *Bhagavad-Gita*. Tu y trouveras la plus belle description du chemin spirituel qui conduit à la réalisation de soi par le Raja-Yoga. Je te le conseille vivement. »

J'en avais assez entendu.

Ce même soir, je voulus commencer le livre que j'avais emprunté. Je m'installai confortablement dans mon lit, déballai le livre et l'ouvris.

À ma stupéfaction, je vis que *ce n'était pas là le livre choisi* ! J'en cherchai le titre. C'était étrange. Je me rappelais avoir lu ce titre lorsque j'avais parcouru la bibliothèque de notre ami. Je me souvenais aussi avoir pris le livre que je désirais prendre. Aurais-je fait une erreur et pris celui d'à côté ? Cela semblait bien être le cas. Mais puisque celui-ci était maintenant entre mes mains, je décidai de le regarder de plus près. Il éveilla d'ailleurs instantanément mon intérêt. De l'extérieur, il avait un air tout à fait moderne comme si on venait de le faire relier, mais à l'intérieur, je découvris un manuscrit très, très ancien. Le papier était devenu brunâtre, troué par les vers. L'encre noire très foncée et l'écriture témoignaient de l'âge respectable de cet ouvrage. J'en commençai la lecture. Bientôt, mon étonnement fit place à une telle excitation que je pouvais à peine tourner les pages.

Le manuscrit parlait d'un Ordre aussi ancien que la terre elle-même. Cet Ordre secret, purement spirituel, n'a aucun signe extérieur visible d'« appartenance ». Il accueille toujours des néophytes qui, sans savoir quoi que ce soit de cet Ordre, s'annoncent d'eux-mêmes. Cette « mise en contact » se fait dès qu'un être humain a atteint un certain niveau de développement : celui où il renonce à tout ce qui est personnel, et consacre toute sa vie à adoucir les souffrances d'autrui. Lorsqu'un homme a pris cette décision, un membre de l'Ordre secret se met en contact spirituel avec lui. En d'autres termes, l'individu qui a décidé de sacrifier sa personne et a ainsi touché à l'amour universel a atteint un tel degré de développement qu'il peut tout naturellement répondre aux vibrations émises par les membres de cette fraternité spirituelle. C'est ainsi qu'il entend en lui la voix du guide spirituel qui l'avertit de toutes les difficultés, de tous les dangers et des conséquences de cette décision. S'il persiste dans son choix, cet Ordre, qui est là pour aider l'humanité à sortir de son chaos, l'accepte en son sein. Tout d'abord et sans qu'il le sache, à l'essai. Cette période commence immédiatement : le néophyte est complètement abandonné à lui-même pendant *sept années*. L'Ordre n'établit avec lui aucun contact quels que puissent être les efforts du néophyte pour le rechercher. Par contre, les épreuves se suivent. Sept d'entre elles ont rapport aux vertus humaines : il doit se libérer de toute sensualité, vanité, colère, convoitise, envie, susceptibilité et savoir résister à toute influence extérieure.

S'il réussit tous ces examens en dépit de la solitude dans laquelle on le laisse et s'il reste fidèle à sa décision, il est alors considéré apte au travail et il est définitivement accepté. Il en est informé le jour même par un « hasard », une « coïncidence ». Dès ce moment, il reçoit une formation poussée et, simultanément, des tâches à remplir. Ces exercices d'abord faciles se compliquent de plus en plus selon sa faculté à les résoudre. Ils sont de nature très diverse. Certains néophytes travaillent dans l'ombre alors que d'autres doivent exercer en public. Il se peut qu'ils aient des devoirs à remplir en qualité de mendiant une fois et de personne riche une autre fois. Ils peuvent peut-être devenir les assistants d'un inventeur célèbre, ou orateurs, écrivains. Certains occupent des postes influents dans le monde, d'autres sont de modestes ouvriers dans les ateliers d'une grande usine. Deux membres de l'Ordre peuvent même *donner l'impression* de travailler l'un contre l'autre. Ils ne doivent cependant jamais révéler qu'ils marchent ensemble et restent en contact permanent. Parfois, ce sont des gens célèbres choyés par les foules ; parfois, ils vivent dans une telle misère qu'ils doivent endurer les privations et les humiliations les plus sévères. Ils doivent pouvoir faire leurs devoirs en jouant parfaitement tous ces rôles d'une manière absolument impersonnelle, comme de simples serviteurs de la grande cause. En plus de cela, *ils portent l'entière responsabilité de chacun de leurs actes* ! Les missions leur sont distribuées mais c'est à eux de décider comment les exécuter sans perdre de vue les conséquences qui peuvent en découler. Plus ils avancent et plus lourdes sont les responsabilités.

Celui qui refuse la responsabilité de ses actes et de son travail, tentant de la faire porter par un autre membre de l'Ordre, celui qui ne veut reconnaître son travail comme un exercice librement consenti en faisant apparaître qu'il agit pour le compte de l'Ordre ou comme instrument spirituel d'un membre de l'Ordre – celui-ci devient un traître et perd instantanément tout contact avec la fraternité. Cependant, il ne le sait pas et peut s'en croire membre longtemps encore. Ceux-là sont utilisés pour mettre d'autres personnes à l'épreuve, pour savoir si elles se laissent berner par de faux prophètes ou si elles sont capables de discrimination, de penser d'une manière indépendante, si elles sont assez avancées pour peser chaque parole entendue avant de l'accepter. Ceux qui suivent les faux prophètes sont encore des aveugles qui se laissent guider par un autre aveugle. Tous deux basculent dans le fossé ! L'Ordre ne peut regrouper que des êtres indépendants sachant résister à toute influence, qui ne doivent pas *faire le bien ou éviter de faire le mal* par simple esprit d'obéissance, de profit parce qu'ils en attendent une récompense et qu'ils pourront « aller au ciel », ou encore par esprit de lâcheté parce qu'ils craignent une punition et redoutent « l'enfer ». *Au contraire, les membres de l'Ordre doivent être capables, à tous les*

*moments de la vie et de la mort, de suivre leur profonde
conviction et d'agir en conséquence ! car : les messages de
l'Ordre que les membres entendent dans leur cœur représentent leur plus profonde conviction !*

Je lisais ces lignes avec une émotion grandissante.
« Renoncer aux plaisirs terrestres ? » Oh ! cette nuit pendant laquelle j'avais sangloté avec un tel désespoir !...
Peut-on y renoncer davantage encore ? « Vouloir apaiser
les souffrances d'autrui ? » Dieu seul connaît la gravité
du serment que j'avais fait alors dans ma chambre en
repensant aux atroces souffrances des malades mentaux
et à la douleur incessante de tous les habitants de la planète ! Je me souvenais maintenant de tous les avertisse-
ments, de cette solitude insupportable, de cet affreux
sentiment d'abandon total pendant de si nombreuses
années ! Combien d'années s'étaient donc écoulées
depuis lors ? Sept. Exactement sept ans ! Et aujourd'hui,
cette coïncidence avec ce livre... Hasard ? Non ! C'était
un message... un message ! J'étais profondément bouleversée ! Comme toujours, je me mis à analyser les faits
avec mon intellect car je n'avais jamais renoncé à faire
opérer des contrôles par ma raison. Mais qu'aurait-elle
pu dire maintenant ? Je savais qu'*il en était ainsi*. Qu'aurait pu faire mon intellect sinon reconnaître et confir-
mer les faits ? La raison la plus sceptique devait se taire
devant tant de coïncidences. Non, je ne pouvais en douter : j'avais été acceptée !

Un sentiment indicible de bonheur et de gratitude
m'envahit tout entière, je sentais la grâce de Dieu et
sa bénédiction sur moi. Une profonde humilité. De la
solennité.

Depuis lors, cet état est toujours resté le mien.

LA LUMIÈRE FUT

Depuis ce moment très précis, le nombre des personnes, hommes et femmes, jeunes et vieux, venant me consulter augmenta constamment : ils désiraient recevoir mon conseil pour trouver le chemin du bonheur. Toujours plus de «chercheurs» demandaient mon aide. Pourtant, j'avais l'impression d'être encore dans l'obscurité la plus noire. Alors, comment aider les autres ? Comment panser toutes les blessures que ces êtres portaient dans leur âme alors que je n'avais pas encore élucidé le problème de la vie et de la mort ?

Le plus important était de sortir de mes propres ténèbres. Je «cherchais» comme la voix intérieure me l'avait conseillé et j'essayais d'avancer en lisant de bons livres. J'en trouvai un qui décrivait les exercices secrets du Raja-Yoga, c'est-à-dire le chemin vers soi. J'en commençai immédiatement la pratique car je savais déjà que la *lecture* est seulement nécessaire pour savoir *ce que l'on a à faire*. Si l'on veut atteindre le but – le *Soi* – il faut *réaliser* ce que l'on a appris !

J'étais à la recherche de la réalité, pas à celle de belles descriptions ou de théories. Mais le Yoga spirituel exigeait l'ascèse la plus stricte.

J'en parlai à mon époux. Il était mon meilleur ami et savait que la réponse aux trois grandes questions : *d'où, où, pourquoi* était pour moi d'une importance vitale. Il me donna son accord.

Mon père avait acheté, pour la famille, une propriété dans les montagnes. Nous avions une petite maison dans la forêt. J'y emménageai seule pour une longue période. Mon fils était maintenant pensionnaire d'un institut et ne rentrait à la maison que pour les vacances. Mon mari voyageait beaucoup et nous ne nous rencontrions qu'en fin de semaine.

De la grande terrasse, la vue vers la vallée était extraordinaire. Le regard se perdait dans l'infini des vastes plaines du pays. Au pied de la montagne, le fleuve majestueux coulait lentement. De l'autre côté, les routes formaient un réseau immense, pareilles aux veines d'un corps gigantesque ; les autos étaient comme les cellules minuscules du flux sanguin. Tout semblait si petit, les villages et leurs maisons, les êtres humains zélés comme des fourmis.

Les autres fenêtres s'ouvraient sur la forêt dans laquelle on pouvait se promener des jours durant dans un silence impressionnant. Les faisans s'aventuraient jusque vers la maison ; en automne, les cerfs bramaient tout près et la nuit, on les entendait passer. Les portes et les fenêtres étaient munies de barres pour se protéger contre les sangliers et autres animaux dangereux.

Je vivais seule ici. Chaque matin, je trouvais sur la terrasse du lait fraîchement trait ; je descendais à la cave y préparer le bois pour la journée, je chauffais et me mettais à mes exercices.

Cette maison perdue dans la forêt était le lieu idéal pour pratiquer le Yoga. Toute la région était connue pour la solennité qui s'en dégageait. La tranquillité des bois et la pureté virginale de la nature agissaient bénéfiquement sur chacun, même sans pratiquer le Yoga. L'homme devenait plus réceptif aux vibrations élevées. Les facultés de l'esprit se développaient, je pouvais, sans effort, exécuter les exercices les plus difficiles de concentration et de méditation.

J'avais pris avec moi un livre qui se révéla être un véritable trésor. Lorsque j'en avais terminé avec les exercices de concentration qui m'occupaient de longues heures, je me plongeais dans l'étude des symboles extraordinaires représentant les vérités les plus profondes (figures secrètes des Rosicruciens datant des XVIe et XVIIe siècles). Les mystères de ce livre se révélaient peu à peu à ma vue spirituelle. À part cela, j'étudiais aussi la philosophie orientale, les Veda et les Upanishad en particulier.

Jamais, je n'oublierai le temps passé dans la forêt, les souvenirs ne pâliront pas car, pendant les moments d'extase que j'y vécus, il me fut montré, pour la première fois, *d'où je vins, où je vais et pourquoi je suis ici*.

Les longs exercices de concentration et de méditation m'aidèrent à pénétrer mon âme toujours plus profondément et, en moi, je mis des forces en mouvement qui continuaient d'agir aussi bien pendant que je vaquais à mes occupations journalières que pendant mon sommeil. Il arriva que, me promenant dans la forêt, des images de régions connues s'imposassent à mon esprit ; mais d'où venaient-elles ? Car jamais dans cette vie, je n'avais visité ces endroits. Quand j'étais éveillée, ou en rêve, je voyais des gens qui m'étaient familiers, certains même très proches. Pourtant, je ne les avais jamais rencontrés dans cette vie. Leurs vêtements, leurs noms et leur langue dans laquelle nous conversions en rêve m'étaient étrangers et fort éloignés de tout ce que je connaissais alors.

Lorsque je m'asseyais pour méditer, je dirigeais toute mon attention vers l'intérieur. Une lumière turquoise phosphorescente s'allumait aussitôt en moi. Elle grandissait et semblait provenir des yeux invisibles d'un être puissant et purement spirituel. Ce regard m'inondait d'une force, d'un amour et d'une bonté indicibles. Avec une confiance absolue, je plongeais dans cette source d'énergie bienfaisante. Je m'y sentais en sécurité et, sans appréhension aucune, je pénétrais toujours plus profondément dans le monde inconnu de l'inconscient.

Un jour, soudainement, la lumière chassa les ténèbres qui avaient caché le passé et la réalité. Tout devint clair.

Alors que, comme d'habitude, je m'étais assise pour méditer, la lumière phosphorescente apparut à mes yeux intérieurs. Cette fois cependant, je sentis plus clairement encore que la source de cette lumière était les yeux d'un être puissant et familier. Ce sentiment devint si fort que je *sus* que deux yeux étaient posés sur moi; j'en sentais le regard, l'éclat, la puissance, la lumière et l'amour. L'instant d'après, apparemment sous l'effet de ce regard, le reste du brouillard qui embrumait encore ma conscience disparut. Devant moi, se tenait une figure majestueuse aux yeux d'un bleu très foncé, infiniment profonds, *sa* forme, *sa* face, *ses* yeux: – LUI!

NOTE DE L'AUTEUR

Loin de moi l'idée de vouloir donner de l'Égypte un portrait historique. Une personne qui vit quelque part ne considère pas les coutumes, la langue et la religion de son pays du point de vue ethnographique. Elle trouve tout cela simplement naturel. Elle est un être humain avec ses joies et ses peines, comme n'importe quel autre à n'importe quelle époque. Car l'humain reste toujours pareil. Ce que je raconte ici ne concerne que le facteur humain, en aucun cas l'ethnographie ou l'histoire. C'est donc intentionnellement que les concepts exprimés le sont d'une manière moderne. Les enseignements du grand prêtre Ptahhotep sont traduits dans un langage *contemporain* afin que les gens d'*aujourd'hui* puissent le comprendre. J'ai également donné aux symboles religieux leur dénomination actuelle que nous connaissons tous. Si nous disons *Dieu*, l'homme moderne sait mieux de quoi nous parlons que si nous employons, pour le même concept, l'expression *Ptah*. Car si nous disons *Ptah*, chacun va penser: «Aha, *Ptah*, le dieu égyptien!» Non! *Ptah* n'a jamais été un dieu égyptien car les Égyptiens ont le même *Dieu* que nous, mais dans leur langue, ils le nomment *Ptah*. Il en est de même, par exemple, de *Satan* – nommé *Seth*. Nous savons exactement ce que signifient les deux mots *Dieu* et *Satan*. Par contre, les mots *Ptah* et *Seth* nous étant étrangers, ils restent vides de sens. Les expressions *Logos* ou *principe créateur* nous disent bien davantage que celle de *Faucon Horus*. Depuis toujours, l'électricité a été l'électricité, l'atome l'atome, mais on les appelait autrement. Que personne ne se récrie donc et parle d'anachronisme lorsque le grand prêtre égyptien, par exemple, utilise l'expression « réaction en chaîne » ! C'est intentionnellement que je renonce à imiter les expressions anciennes.

Le principe créateur traverse l'espace comme le faucon Horus et crée des mondes. Il incarne la loi de Dieu ; c'est pourquoi il porte sur la tête les tables des dix commandements divins.

Le faucon divin Horus (Musée du Caire)

Le pharaon Chéphren (Musée du Caire)

Le pharaon est l'image de Dieu à qui le principe créateur,
le faucon Horus, révèle la vérité divine.
L'initié écoute sa voix et lui obéit.

LE PASSÉ DEVIENT PRÉSENT

Il était là et me regardait avec calme. Ce regard, cette tranquillité céleste qui émanait de ses yeux me donna la force de supporter le bouleversement, la joie infinie de *Le* revoir. Son visage était immobile, mais ses yeux souriaient et je savais que *Lui* aussi se réjouissait de me voir enfin pleinement éveillée, de constater que je *Le* voyais de nouveau. Car *Lui* m'avait toujours vue, ses yeux avaient percé le brouillard qui obscurcissait ma conscience. *Il* avait vu mes combats, mes souffrances, mes tourments. *Il* ne m'avait jamais abandonnée. Au contraire, *Il* m'avait aidée à me réveiller, à devenir consciente.

Avec force, le souvenir s'imposa à moi, les images floues que je portais en moi mais que n'avais pu rendre conscientes devinrent claires et précises, entraînant d'autres souvenirs surgissant du tréfonds de mon inconscient qui, pareils à une mosaïque, finirent par former l'image complète d'une vie antérieure au pays du grand fleuve, le Nil, au pays des pyramides…

Tout en moi devint plus vivant. Les impressions de ma vie présente pâlirent et firent place à la personne que j'avais été une fois et qui se réveillait maintenant.

La petite chambre toute simple de la maison dans la forêt où j'étais assise, la vue merveilleuse vers la vallée et le fleuve, tout cela disparut lentement. Je ne *Le* voyais plus non plus. Mais la pièce s'élargit pour devenir une grande chambre. Je me trouve dans mon appartement privé et je vois qu'une femme bien en chair et fort aimable me sourit joyeusement…

Ah! oui. Aujourd'hui, c'est mon anniversaire, j'ai seize ans. J'enfile ma robe de cérémonie car je vais assister à une grande réception: mon père va me présenter aux dignitaires du pays comme son épouse, succédant à la reine prématurément disparue.

Une immense plaque d'argent martelée et polie avec un art consommé renvoie mon image et je regarde ma chère vieille Menu qui m'habille.

Ma mère était morte alors que j'étais encore très jeune. Les souvenirs de sa silhouette fine et fragile sont flous. Seuls ses grands yeux tristes me restent en mémoire depuis que, pour la dernière fois, ils me contemplèrent longuement avant de se fermer à jamais. Ce regard avait créé entre nous un lien intérieur que je sentais toujours vivant en moi, et plus particulièrement aujourd'hui puisque désormais, j'allais prendre sa succession dans le pays.

Me voilà parée et l'image que me renvoie le miroir me plaît: un être fin, délicat et élancé, habillé d'un vêtement raffiné, brodé de soie et d'or. La ceinture en or souligne sa sveltesse, la large collerette met en valeur ses épaules et la coiffure fait ressortir l'expression assurée et réfléchie de son visage. Je suis vaniteuse, je me plais et Menu qui me prend pour la créature la plus parfaite sur terre pleure de joie.

Les deux dignitaires les plus âgés du pays viennent me chercher et m'accompagnent le long du couloir qui mène à la salle de réception. À pas lents, solennels, ils me conduisent au milieu des personnalités de haut rang, vers la «grande maison» – vers le pharaon – vers mon père qui va devenir mon époux. Il est assis sur un trône d'or, pareil à Dieu. Ce n'est pas en vain que son nom signifie «grande maison»: Phar-ao. Sa personne est l'enveloppe, la «maison» de Dieu. Dieu habite en lui, radie et se manifeste à travers lui. La puissance de son regard est si pénétrante que ceux qui ne sont pas parfaitement honnêtes doivent baisser les yeux. Il est là, il me regarde, il regarde au-delà de moi ! Je soutiens son regard, je m'attache à ses yeux car je sais que l'énorme force qui en émane est celle de l'amour. Il voit tout. Il voit aussi que je suis vaniteuse et toutes mes autres imperfections. Mais il comprend tout, il est l'amour en personne. Il est mon père !

Un lion majestueux, immobile et digne, est assis à côté du trône. Il symbolise la puissance surhumaine du pharaon.

Arrivée au pied des marches du trône, je m'arrête. Le pharaon se lève, sort d'un prestigieux coffre à bijoux que le chancelier lui présente la pièce d'orfèvrerie la plus belle qui soit : une collerette d'or qu'il pose sur mes épaules. Puis, il prend un diadème qui se termine en tête de serpent et l'ajuste fermement sur le foulard de soie blanche qui couvre ma tête. Le symbole des membres de la race des seigneurs, des fils de Dieu. C'est le symbole des Initiés...

Le pharaon prend ma main droite et me conduit vers le trône. Nous nous tournons vers l'assemblée et il me présente comme le successeur de la reine, comme son épouse. Nous nous asseyons, moi à sa gauche un peu en avant. Puis, c'est le défilé de toutes les personnalités : d'abord les Anciens, puis les autres dignitaires avec leurs épouses qui, bras tendus, se prosternent devant le pharaon et devant moi. Nous restons immobiles, seuls nos yeux entrent en contact avec ceux qui passent devant nous. Je pense au fait que maintenant je manifeste l'esprit de ma mère, je suis tout à fait consciente de mes devoirs et de mes responsabilités. Les dignitaires défilent et, dans leurs yeux, je vois leur âme. Chez certains, je reconnais l'amour et le respect, chez d'autres l'envie, la curiosité ou une lâche servilité. Le chancelier – Roo-Kha – se prosterne devant moi.

Comme il l'a si souvent fait auparavant lorsque je le rencontrais dans le palais, il me jette un regard tout à la fois cynique, impertinent et intime. Mes yeux se font de glace pour lui. Le cortège continue. Je vois des amis, jeunes et vieux, d'anciens camarades de jeux, radiant d'amour véritable. Nos yeux se rencontrent et cet instant d'unité nous enrichit. Lentement, chacun passe à son tour, silencieusement, mais tous unis par l'esprit…

Les longues cérémonies prennent fin. Le pharaon se lève et me tend la main. Nous descendons les marches du trône et quittons la grande salle entre deux haies de dignitaires et d'hommes d'État. Mon père me conduit jusqu'à son appartement, s'assied, me désigne un siège et me sourit. Je vois que je lui plais. Il laisse errer son regard sur moi et apprécie ce qu'il voit. Puis il dit : « Nous allons désormais nous rencontrer plus souvent car tu devras remplir les fonctions officielles de ta mère pour lesquelles tu as été longuement préparée. Tu connais tes devoirs. En souvenir de ce jour, j'aimerais que tu exprimes un désir. Quel est ton souhait ? Tu attendais ma question, alors dis-moi ce que tu désires. »

Oui, j'avais attendu cette question et, comme beaucoup de jeunes femmes, j'aurais pu demander des bijoux car ce que je portais en ce moment était strictement réservé aux grandes cérémonies ; ou un beau voyage, un jeune lion dressé ou d'autres choses similaires. Mais ce n'était pas ce que je voulais !

« Père, dis-je, regarde l'ornement que je porte sur le front ! » Le pharaon regarde le diadème, me regarde et dit : « Le serpent d'or, évidemment, le symbole de la race des seigneurs, des fils de Dieu. »

« Oui, Père, mais c'est également le signe de l'initiation. Or, je le porte à tort car je n'ai pas été initiée. Mon vœu le plus cher que je te demande d'exaucer est l'initiation ! »

Père devient très grave : « Mon enfant, demande autre chose. Tu es encore très jeune et pas assez mûre pour recevoir l'initiation. Les jeunes pousses ne doivent pas être exposées au soleil violent : elles brûlent sans avoir pu fleurir. Attends d'avoir acquis les expériences nécessaires dans la vie terrestre, physique. Te préparer maintenant à l'initiation rendrait les épreuves que tu devras traverser plus tard infiniment plus difficiles. Pourquoi te causer des tourments inutiles ? Souhaite autre chose, mon enfant. »

Mais j'insiste : « Père, à part cela, je ne souhaite rien. Les choses qui intéressent les jeunes m'ennuient. Derrière tous les plaisirs terrestres, je détecte les désirs de la chair. Les beaux bijoux me plaisent beaucoup mais pour moi, l'or n'est qu'une matière qui ne devient précieuse que lorsque l'esprit se manifeste par le travail de l'artisan. Lorsque je voyage, je prends plaisir aux nouvelles régions, à toute chose digne d'être vue. Mais je ne peux oublier un instant que tout cela n'est que la création, mais jamais *le créateur* lui-même. Je souhaite faire l'expérience des vérités suprêmes dans leur réalité. Je veux connaître *Dieu le créateur*. Père, tu sais que ce processus par lequel nous passons tous et que nous nommons « *vie* » n'est qu'apparence, rêve. Tout nous glisse entre les doigts, on ne peut se réjouir définitivement de quoi que ce soit, tout est passager, transitoire entre le passé et l'avenir. Mais moi, je veux vivre le présent – qui ne deviendra jamais passé et qui ne fut jamais futur. Et je veux aussi trouver cet « endroit », cet état qui jamais ne fut « *là-bas* » avant que j'y arrive mais qui s'appelle « *ici* » dès que j'y suis, et qui n'est jamais « *ici* » tant que je n'y suis pas mais qui se transforme de nouveau en « *là-bas* » quand je le quitte. *Je veux vivre le présent absolu dans le temps et dans l'espace.* Père, je veux la réalité suprême, je veux l'initiation ! »

Père m'écoute attentivement mais devient de plus en plus triste. Enfin il dit : « Ton éveil spirituel s'est annoncé plus tôt qu'il ne l'aurait dû. Tout ce que je

peux faire est de t'autoriser à aller voir mon frère Ptahhotep, le grand prêtre du Temple, le Chef de notre
race. Je lui parlerai, je te laisse en sa garde et il te gui-
dera. Que Dieu éclaire ton chemin de sa lumière éternelle ! »

Il pose sa main sur ma tête et me bénit. J'aimerais
me jeter dans ses bras pour le remercier de son autorisation mais la lourde collerette d'or me retient car
elle ne me permet aucun mouvement brusque. Père lit
toutes les pensées. Il voit aussi que cette spontanéité
voulait manifester ma joie. En souriant, il me dit :
« D'un côté, tu n'es encore qu'une grande enfant. De
l'autre, tu es mûre et adulte. Tu as encore beaucoup à
faire si tu veux être initiée pour acquérir une parfaite
maîtrise de soi. »

Je réponds en riant : « Je me maîtrise très bien, Père,
quand je le veux ! »

« Je te crois volontiers, mais le veux-tu toujours ? »
demande-t-il en souriant.

« Père, c'est ennuyeux de toujours faire preuve de
maîtrise de soi », dis-je.

« C'est bien là le danger : tu trouves cela ennuyeux
et tu le penses vraiment. Réfléchis un peu. Si même
pour une seconde, tu n'imposes pas ta volonté à ton
lion favori et qu'à cet instant de faiblesse il t'attaque, tu es perdue. Notre nature inférieure est un
animal tout semblable au lion. Les deux doivent
être constamment et solidement tenus en laisse
pour que leurs énergies nous servent. Sois donc
prudente ! »

Nous prenons congé l'un de l'autre. Il me conduit à la
porte. Les deux Anciens m'attendent dans l'antichambre.
Oh ! que ces cérémonies m'agacent ! Pourquoi dois-je
marcher lentement et posément entre ces deux vieux
messieurs jusqu'à mon appartement comme si j'étais
aussi âgée qu'eux ? J'aimerais pouvoir courir aussi vite
que possible et retrouver Menu qui, très excitée, m'at-

tend impatiemment. Mais je dois marcher avec dignité, majestueusement afin que le col d'or posé sur mes épaules ne glisse pas. Enfin nous arrivons à ma porte et je prends congé des deux Anciens – dignement et avec majesté ! J'entre et reste au milieu de la pièce afin que Menu puisse m'admirer ainsi parée. Ma beauté la bouleverse, la majesté de mes mouvements la fait éclater en sanglots car, comme elle le dit, je ressemble tant à ma mère.

Je lui dis : « Comme tu es ignorante, Menu ! Je ne peux ressembler à personne et je n'aime pas que tu dises de telles sottises. Mon nez ou ma bouche peuvent ressembler au nez ou à la bouche de ma mère mais "moi" ? Vois-tu seulement mon "Moi" ? Tu ne vois que mon corps, la maison de mon Moi, mais tu ne *Me* vois pas vraiment. Alors comment pourrais-je ressembler à quelqu'un ? »

« Allons, allons, dit Menu, si je ne *te* vois pas, comment peux-*tu* être si belle ? Réponds-moi ! Si je ne peux pas *te* voir, ce qui est là devant moi et que je troue si beau n'est pas *toi* mais la maison de ton *Je*. Alors, *tu* n'es pas belle du tout. Arrête donc de te comporter si fièrement ! »

Et nous rions ensemble. Avec son simple bon sens, Menu peut me donner parfois des réponses si sages que j'ai honte de moi. Oui, elle avait découvert mon point faible, ma vanité. Avec une infinie tendresse, elle retire la collerette d'or, puis le diadème qu'elle pose dans le coffre, le gardien du Trésor Roo-Kha et deux porteurs attendant de pouvoir ranger ces ornements dans la chambre forte jusqu'aux prochaines festivités. Roo-Kha entre dans mon antichambre et se prosterne devant moi. Cet homme m'agace car je vois qu'il ne se prosterne pas par respect mais parce qu'il le *doit*. Son regard est à nouveau familier et impertinent mais j'essaie de me comporter aussi dignement et royalement qu'il m'est possible de le faire. Je reste enfin seule avec Menu.

Lorsque ma mère mourut, Menu devint ma nourrice. Elle a été et est toujours restée ma servante avec laquelle j'entretiens des relations de confiance beaucoup plus étroites qu'avec les dames de la Cour qui se sont chargées de mon éducation. Menu m'aime si tendrement que je peux toujours faire d'elle ce que je veux. Tout ce que je dis ou fais la ravit. Je n'ai jamais exprimé un désir qu'elle ne se soit empressée de satisfaire si cela était en son pouvoir. Elle avait toujours été près de moi et maintenant que j'allais être appelée à remplir des fonctions officielles aux côtés de mon père, elle avait peur que je l'éloigne. Mais je l'aimais et j'avais une confiance illimitée en cet être qui m'aimait si sincèrement, avec un désintéressement absolu.

Pendant mon enfance, je n'avais vu que rarement mon père. Il était et est le « grand Seigneur » du pays ; il était venu sur terre pour conduire les hommes sur leur chemin *terrestre* et les guider. Il consacrait sa vie à montrer aux fils des hommes comment gouverner un pays afin que tous ses habitants puissent se développer harmonieusement. Cette tâche l'accaparait tellement qu'il trouvait très peu de temps pour moi. Chaque jour, il me faisait une petite visite dans le jardin où, petite, je jouais avec les enfants des dames de la Cour. Il me prenait dans ses bras ou s'accroupissait près de moi, me regardait avec un amour infini, me bénissait puis repartait. Il me parlait comme à une adulte. Chez les fils des hommes, par contre, l'âge est si important, ils sont si liés à leur corps qu'ils s'y identifient et oublient qu'ils sont des esprits libres des contraintes du temps et de l'espace. Les fils des hommes croient réellement que l'on peut être « petit » ou « grand ». Mais les fils de Dieu conservent leur conscience spirituelle lorsqu'ils s'incarnent. Ils n'oublient jamais que seul le corps peut être « enfant » ou « adulte », l'esprit est et reste toujours le même. Il n'est ni grand ni petit, ni jeune ni vieux car l'esprit n'est pas du domaine du temps et de l'espace. C'est pourquoi la différence d'âge et la rareté de nos rencontres ne pouvaient nuire aux relations que j'entretenais avec mon père. Plus tard, il m'emmena quelquefois promener. Quand j'étais fatiguée, il me prenait dans ses bras et continuait à me parler des mystères de la nature qui me fascinaient tant. Un jour, je lui avais dit : « Père, je veux tout savoir comme toi ! »

Il m'avait répondu : « Lorsque tu seras initiée, tous les mystères du ciel et de la terre te seront révélés. » Je n'avais jamais oublié ces paroles et c'est avec impatience que j'attendais le temps de mon initiation.

Bien que vivant toujours au milieu d'étrangers, je ne me sentais jamais seule. Je savais que mon père me comprenait parfaitement et même si nous ne nous rencontrions pas souvent, nous restions unis par l'esprit. Je lui appartenais. C'est ainsi que j'étais également unie à ma mère. Et même si elle ne vivait plus dans un corps, je n'en étais pas moins indissolublement liée à elle. L'unité spirituelle dépend si peu de la proximité des corps ! Ma chère Menu est ici. Elle est presque toujours près de moi, elle ne me laisse guère une minute seule. Pourtant, *je* ne suis pas avec elle. Elle m'aime mais ne peut me comprendre. Elle ne peut penser et vivre d'une façon indépendante. Elle vit par moi et est totalement en mon pouvoir, même si je n'en profite pas. Car, comme me l'avait une fois enseigné mon père, je sais que l'on ne doit *jamais abuser de la puissance procédant de la supériorité de l'esprit* !

Pour l'instant, Menu est aussi heureuse que si *elle* avait été celle que mon père avait choisie pour épouse et présentée à la Cour, *celle* qui avait reçu et porté les ornements conférant les honneurs de succéder à la reine. Ah ! ma chère vieille Menu ! Il est donc naturel qu'elle me questionne au sujet du souhait que j'avais exprimé.

« L'initiation, évidemment », lui répondis-je.

Horrifiée, Menu s'écria : « Quoi ? L'initiation ? Tu ne veux quand même pas quitter la Cour, aller au Temple et te mêler aux néophytes ? Pourquoi n'as-tu pas demandé des bijoux précieux… ou que l'artiste Imhotep t'immortalise par une sculpture te représentant… ou n'importe quoi d'autre, mais pas l'initiation ! »

« Pourquoi t'effrayer ainsi ? La seule chose que je veuille est l'initiation. Rien d'autre. Essaie de comprendre : des bijoux, j'en ai. Comment pourrais-je me satisfaire de quelque chose qui n'est pas *en moi*, que *je ne suis pas*, mais que je pose sur mon corps et que je vois à peine ? Je possède maintenant les bijoux dont on parera mon corps lorsque je le quitterai et qu'on le mettra dans le tombeau afin que l'on sache que je suis de la race des fils de Dieu. Cela ne me rend pas plus heureuse qu'avant. Immortaliser aussi ma forme extérieure ? Pourquoi désirerais-je de telles choses ? Peu importe ce que diront les fils des hommes dans quelques millénaires au sujet des statues représentant mon corps. Ce qui m'intéresse ne peut être que ce qui est *identique avec moi*, pas ce qui est hors de moi. Ce ne peut être qu'une expérience qui, malgré mon corps terrestre, peut me rendre consciente des vérités suprêmes. Je veux l'initiation ! »

Menu est désespérée comme si j'avais appelé la mort : « Oh ! je sais bien qu'on ne peut discuter avec toi. Si tu t'es mis quelque chose en tête, cela doit se réaliser. Mais je sens que l'initiation va te mettre en grand danger ; ne souhaite pas cela, ne souhaite pas cela ! Et que dit le pharaon de ton idée ? »

« Il m'a autorisée à aller voir son frère Ptahhotep ; et maintenant, cesse de gémir, ne gâche pas cette journée ! »

LUI

Ce même soir, je quitte le palais, lourdement voilée. Menu m'accompagne. Nous longeons le long péristyle qui conduit du palais au Temple, vers le grand prêtre, le frère de mon père, le fils de Dieu : *Ptahhotep…*

Ptahhotep est à la tête de tous les autres prêtres. Comme il connaît et maîtrise tous les mystères des lois de la nature, il est également le patron des médecins et des architectes. Il est venu sur terre avec le devoir, la mission de conduire les fils des hommes sur leur chemin *spirituel* et les initier aux sciences. Il est au-dessus de Père car il ne s'est jamais identifié à son corps tandis que Père, ayant contracté un mariage, s'est par là davantage ancré dans la matière.

Sans un mot, nous allons vers le Temple. Menu sait que, si je suis plongée dans mes pensées, elle doit se taire…

Un néophyte nous attend et nous fait entrer dans le Temple. Menu reste dans l'antichambre. Encore une longue galerie de colonnes et nous arrivons dans une petite salle de réception où Ptahhotep me reçoit. Le néophyte se retire.

Il est là, le représentant de *Dieu*.

C'est la première fois que je *Le* vois de si près et ses yeux me subjuguent. Oh ces yeux ! Bleu foncé, si foncé qu'ils en paraissent presque noirs. Si foncé qu'ils semblent sans fond, d'une profondeur infinie comme la voûte céleste. Lorsque l'on regarde dans les yeux des fils des hommes, on en voit très bien le fond, on distingue leur âme, tout leur caractère. On voit des *yeux individuels*. Les yeux de Ptahhotep sont tellement différents : ils n'ont pas de fond, c'est le vide d'un ciel étoilé, il n'y a rien de personnel, d'individuel, ils ont la profondeur de l'éternité. Le monde entier, toute la création y sont inclus. Je me suis reconnue en eux et m'y sens bien car je sais qu'ils me connaissent et me *contiennent*. Je sais. Je suis en *Lui* et *Il* est en moi. Il m'aime comme soi-même parce que précisément je suis *Lui* ; *Lui* et moi formons une unité parfaite. *Il* est l'*amour* personnifié et je sens cet amour me pénétrer, m'enflammer.

Bouleversée jusqu'au plus profond de mon être, je tombe à genoux devant lui.

Ptahhotep me tend la main, me relève et dit : « Ma petite fille, *ne ploie jamais le genou devant une forme visible*. N'humilie pas en toi le divin que chaque être vivant porte en soi. C'est le même Dieu qui se manifeste à travers toi, à travers moi et à travers tout le monde créé. Dieu est le seul devant qui tu peux te prosterner. Relève-toi maintenant et dis-moi pourquoi tu es venue. »

« Père de mon âme, dis-je, je désire l'initiation. »

Ptahhotep demande : « Sais-tu ce qu'est l'initiation ? Ce que cela signifie pour toi ? Pourquoi la veux-tu ? »

« Je ne sais pas avec exactitude en quoi elle consiste, mais je veux être omnisciente. Je me sens emprisonnée dans mon corps ; il me semble aller en tâtant dans l'obscurité, victime de forces invisibles inconnues et que je ne peux donc contrôler. Je veux voir clair, je veux tout savoir comme toi et Père, comme les autres Initiés. »

Ptahhotep répond : « L'initiation signifie *devenir conscient*. Tu es présentement consciente à un degré qui correspond à la résistance de tes nerfs et de ton corps. Lorsque l'on devient conscient à un degré supérieur, on dirige automatiquement dans le corps des énergies plus élevées, plus fortes et plus pénétrantes : la résistance des nerfs et du corps doit donc aussi être augmentée. En conséquence, l'initiation c'est parvenir au degré suprême divin créateur de conscience tout en augmentant parallèlement la résistance nerveuse au point le plus élevé afin que, sans dommage, on puisse supporter cet état divin dans le corps. L'omniscience et l'omnipotence en découlent naturellement. »

« Je comprends, Père de mon âme, et cela répond exactement à mon aspiration profonde. »

Ptahhotep me regarde longuement sans un mot et je sens son regard qui me pénètre et m'étudie à fond. Enfin, il dit : « Tu recevras l'initiation, mais pas maintenant. Tu n'es pas encore assez mûre dans tous les domaines. Tu n'as pas encore appris à maîtriser *dans ton corps* l'énergie créatrice divine. Or si tu deviens consciente de cette force au niveau spirituel avant de la maîtriser dans sa manifestation physique, tu te mets en grand danger. »

« Quel danger, Père ? »

« Si tu parviens au niveau suprême de conscience et que tu maîtrises cette force, tu pourrais brûler ton système nerveux s'il t'arrivait de diriger cette énergie dans tes centres nerveux inférieurs. Et dans ce cas, ton niveau de conscience deviendrait immédiatement inférieur à ce qu'il est dans ta vie présente. Tu n'as encore aucune expérience de cette force. Le réveil de cette conscience doit se faire sur la première marche de l'échelle de la manifestation car tu ne diriges alors dans ton corps que l'énergie correspondant à ton degré de développement. La force de résistance des nerfs est en accord avec les énergies que tu y conduis. »

« Père de mon âme, que signifie : *diriger la force créatrice dans le corps* et vivre cette force dans le corps ?

Comment puis-je apprendre à connaître cette énergie dans sa manifestation physique, puis la maîtriser ? Si le début de l'initiation dépend de cela, il faut que je fasse cette expérience tout de suite afin de pouvoir me préparer pour un degré supérieur. »

La face de Ptahhotep, noble et divine, était jusque-là restée immobile comme du marbre, seuls ses yeux brillaient. Mais à ces mots, les traits calmes de son visage s'animent et il sourit. Ses yeux radient de lumière et de compréhension.

« Maintenant ? Tout de suite ? demande-t-il. Cela n'est pas si aisé, mon enfant. Car devenir conscient de la force divine créatrice au niveau inférieur de l'échelle de la manifestation veut dire : *faire l'expérience de l'amour physique*. Tu dois donc attendre que ton cœur s'éveille en présence de la vibration positive masculine d'un jeune homme qui te conviendra, qu'il s'enflamme et réveille en toi l'énergie négative féminine. C'est dans l'amour que tu dois faire l'expérience de cette force, et tu dois avoir fait cette expérience pour pouvoir ensuite maîtriser cette énergie. Autrement, elle reste pour toi une source constante de tentations et de danger de voir ton niveau de conscience sombrer réellement. »

« Père de mon âme, je ne tomberai jamais dans le piège de l'amour physique ! L'amour ne représente pas une tentation pour moi, je n'ai pas peur car pour moi il ne représente justement pas un danger ! Permets que je sois initiée ! »

Ptahhotep devient très sérieux : « Mon enfant, tu crois que l'amour n'est pas un danger pour toi parce que tu n'en connais pas la puissance. Être courageux devant un danger que *nous ne connaissons pas*, ce n'est pas être courageux ni fort. C'est de l'ignorance, de la faiblesse ! Ton manque d'expérience ne peut t'avertir de la tentation de l'amour, tu crois seulement être armée contre cette force-là. N'oublie pas que *l'amour est aussi la manifestation de la force divine créatrice, donc aussi puissante que Dieu lui-même ! Tu ne peux pas la détruire, tu ne peux que la transformer !* Mais tant que tu ne connais pas cette force, tu ne peux pas savoir comment la transformer. Rentre chez toi et attends que ta destinée te fasse vivre cette expérience. Lorsque tu auras connu et vécu l'amour dans sa réalité, quand tu auras compris *ce qu'est vraiment* cette force, reviens vers moi et je te donnerai l'initiation. »

À ces mots, je me jette à *Ses* pieds et, désespérée, dis : « Non. Non. Ne me renvoie pas loin de toi, ne me refuse pas l'initiation. Je résisterai à toutes les tentations de l'amour, je ne succomberai pas. Je t'en supplie, donne-moi l'initiation ! »

Ptahhotep sourit à nouveau et caresse mes cheveux. Je sens la force extraordinaire qui émane de sa main, comme un fort courant qui envahit ma tête.

« En vérité, dit-il, ce comportement ne m'est vraiment pas familier ! Crois-tu, mon enfant, que si j'ai décidé de ne pas te donner l'initiation, je vais changer d'avis parce que tu te jettes à mes pieds en essayant de me convaincre ? L'initiation exige une parfaite maîtrise de soi. Petite fille, tu en es encore bien loin. La confiance que tu as en toi n'est pas à la mesure de tes expériences. Amasse d'abord les expériences qui te sont nécessaires. Puis reviens ! »

Je vois qu'il n'a plus rien à me dire. Je me lève et prends congé : « Père de mon âme, je m'en vais. Mais tu ne vas pas m'abandonner, n'est-ce pas ? Puis-je revenir une autre fois ? »

Ptahhotep répond d'une voix empreinte d'un amour infini : « Je sais que depuis ton enfance, tu as été et tu es encore très seule. Il devait en être ainsi pour développer ton esprit d'indépendance. Mais tu n'es jamais seule, tu le sens bien. Tu es unie à nous par le lien éternel des lois suprêmes de l'affinité. Je suis toujours avec toi, même si tu ne le sais pas. Je savais avant toi que tu viendrais aujourd'hui me présenter cette requête et je sais aussi ce qu'il adviendra. *Mais il y a des lois auxquelles nous devons aussi obéir*. Tu es l'une des nôtres ! »

Je m'incline devant lui pour recevoir sa bénédiction et me retire.

Dans l'antichambre, Menu m'attend et me voyant arriver, me demande : « Alors ? Que t'a dit le fils de Dieu ? Raconte vite, je ne comprends pas pourquoi cela a été si long ! Tu m'entends ? Raconte ! Vas-tu recevoir l'initiation ? »

« Le fils de Dieu ne veut pas me la donner. Il dit que je manque d'expériences dans la vie terrestre. »

« Dieu soit loué ! dit Menu, rayonnante de joie. C'est exactement ce que je t'avais dit, l'initiation n'est pas pour toi. Je le savais ! »

« Oui, oui, Menu, tu sais toujours tout. Laisse-moi tranquille maintenant, il faut que je mette un peu d'ordre dans mes pensées. »

Sans un mot, nous rentrons au palais.

Pendant cette nuit et le jour qui suit, je ne peux penser à autre chose qu'au représentant de Dieu : Ptahhotep. De par mon origine, je savais appartenir aux fils de Dieu, mais cela avait été un « événement » de l'entendre dire qu'il était le gardien de mon âme. *Il* était aussi le représentant de Dieu sur terre et je pouvais parler avec *Lui* de mes pensées les plus secrètes aussi ouvertement qu'avec *Dieu*. Ses yeux m'avaient pénétrée si complètement, son regard avait illuminé les recoins les plus reculés de mon âme et j'en étais si heureuse. Qu'il est réconfortant de savoir appartenir à un être qui me comprend sans un mot, qui ne peut être fâché envers moi car il considère tout d'en haut, comme Dieu lui-même. Je n'ai pas besoin de lui expliquer ce que je veux dire ni pourquoi je fais ou désire quelque chose, comme mon éducation m'y a habituée. Ptahhotep comprend les motifs les plus secrets de mes pensées, de mes actes, même de ceux dont je ne suis moi-même pas encore consciente. Les mots sont superflus, je n'ai qu'à être devant lui. *Il me voit !* Son esprit m'est ouvert, je sens ce contact constant avec lui ; je l'avais senti même avant de l'avoir rencontré, une force extraordinaire me guidait. Maintenant, je sais que cette force émane de lui. Je sais qu'il me voit même si je ne suis pas près de lui. Et je sens aussi ses yeux posés sur moi, quoi que je fasse ou pense, rien ne lui échappe. Oui, il voit aussi que je ne suis pas contente qu'il m'ait refusé l'initiation ! Non ! Je ne vois pas vraiment pourquoi je devrais d'abord faire l'expérience de l'amour physique. Je ne serai jamais amoureuse. Les hommes ne m'intéressent que parce qu'ils me flattent en admirant ma beauté. C'est tout ce que j'attends d'eux. Et tous le font. Ma vanité est satisfaite puisqu'elle se manifeste seulement quand je suis en société. Dès que je suis seule, un unique désir m'anime tout entière : l'initiation ! Je ne peux ni ne veux attendre d'avoir fait ces expériences car je ne tomberai jamais amoureuse.

Ce même soir, je me rends à nouveau vers Ptahhotep, accompagnée de Menu désespérée. Elle reste dans l'antichambre et le néophyte me conduit, cette fois, au jardin où Ptahhotep est assis sous les palmiers. Je m'incline devant lui, il répond à mon salut, me regarde, me scrute – j'ai l'impression qu'il regarde *en* moi – et attend. Je suis là et ne dis rien. Pourquoi parler puisqu'il sait de toute manière ce que je veux. Il lit mes pensées. Il me laisse attendre.

Enfin, il se lève, pose ses mains sur mes épaules et dit : « Pourquoi es-tu venue ? »

« Père de mon âme, pourquoi le demandes-tu puisque tu le sais ? Je suis malheureuse que tu m'aies refusé l'initiation. Je n'ai pas d'autres vœux, pas d'autres pensées. Seulement l'initiation. Je t'en prie, donne-moi l'initiation. »

Ptahhotep caresse tendrement mes cheveux et dit gravement, presque tristement : « Hier, je t'ai déjà répondu.

Calme-toi, aie un peu de patience. Pense à ce que je t'ai expliqué au sujet des forces créatrices et vis comme les jeunes de ton âge. Occupe-toi de tes fleurs, de tes animaux, joue et distrais-toi avec d'autres jeunes gens, sois gaie et ne pense pas constamment à l'initiation. »

Très excitée, je lui réponds : « Père de mon âme, je ne peux penser qu'à l'initiation. Quoi que je fasse, tout me ramène à elle. Quand je regarde mes fleurs, quand j'observe mes tortues, la manière dont elles vont et viennent et mènent leur vie aussi sagement que si elles étaient dotées de raison, partout, je rencontre des mystères. Et je voudrais savoir, tout savoir, tout comprendre, je désire être initiée ! »

« Si les tortues étaient dotées de raison, dit Ptahhotep en souriant, elles ne mèneraient pas leur vie aussi sagement. Toi non plus, tu ne vas pas devenir sage parce que tu as de l'intelligence, même trop. Essaie donc, avec cette intelligence, de *comprendre* qu'il est prématuré pour toi de recevoir l'initiation. Reviens lorsque tu auras fait tes expériences terrestres. Alors je te donnerai l'initiation. »

Décidément, les choses n'étaient pas aussi faciles avec Ptahhotep qu'avec ma chère Menu. Ptahhotep est dur et mes forces ricochent sur lui comme des flèches sur une paroi de rochers. Je m'incline devant lui et sors. Mais une fois dehors, je réponds d'une façon presque méchante aux questions de Menu, fâchée que je suis que Ptahhotep ne me trouve pas assez mûre pour l'initiation, constatant avec rage mon impuissance contre le temps qui se dresse devant moi comme un mur impénétrable, invincible comme Ptahhotep.

La nuit ne m'apporte aucun repos. Le jour me voit déambuler dans ma chambre, malheureuse, comme les lions apprivoisés dans leur enclos ; le fait d'être dans un corps a obscurci ma conscience ; il me semble vivre constamment dans l'ombre. Je veux voir clair même si je suis emprisonnée dans un corps. Je veux savoir, je veux l'initiation! Pourquoi devrais-je attendre? Si l'amour me laisse indifférente maintenant, il me laissera indifférente lorsque je serai initiée, lorsque je serai omnisciente. Je sais déjà que l'amour physique est une nécessité de la nature pour continuer la race. Pourquoi le fait de n'en avoir pas fait l'expérience pourrait-il constituer un danger pour moi? J'ai mon intelligence et ma conscience qui sauront me garder de ce danger. Je ne vais pas tomber dans le piège de la nature, dans le piège de l'amour. Je saurai résister à cette tentation...

C'est ainsi que, toute la journée, mes pensées tournent en rond dans ma tête. Le soir, n'y tenant plus, je reprends mon voile et, accompagnée de Menu, je cours jusqu'au Temple. Je veux lui dire que je ne crains pas cette tentation, que je serai assez forte, qu'il peut me donner l'initiation sans souci.

Quelle folle j'étais, quelle aveugle! Comme s'il n'avait pas connu l'avenir! Comme s'il n'avait pas su que tout devait se passer ainsi! Mais *lui* aussi était soumis à la loi divine et devait patiemment me regarder courir à ma perte, assister à ma chute: il fallait que je touche le fond avant de pouvoir remonter la pente *à l'aide de mes propres forces*.

Il me reçoit de nouveau dans son petit salon. J'entre, m'incline et, avec assurance, lui dis: « Père de mon âme, je voulais me soumettre, mais je ne le peux. J'aspire tant au savoir que je suis revenue. Je ne vois pas pourquoi je devrais attendre puisque je suis certaine d'avoir la force de résister aux tentations de l'amour physique. Je suis très forte et sais très bien me contrôler. Je te prie de me donner l'initiation. »

Ptahhotep ferme les yeux, reste longtemps immobile. Impatiente, j'attends mais sans bouger de peur de *Le* déranger.

Enfin Ptahhotep ouvre les yeux, se lève, vient à moi. Il prend mes mains dans les siennes et dit: « Trois fois, tu as demandé l'initiation. Malgré mon refus. Trois fois. Il est une loi qui dit que lorsque quelqu'un de notre race demande trois fois l'initiation, nous ne pouvons la lui refuser. C'est le signe que cette initiation est nécessaire même si elle représente un grand danger pour lui. Je vais parler à ton père afin de décider avec lui d'un programme de préparation qui te laisse assez de temps pour remplir tes devoirs. En général, les néophytes habitent dans le Temple pendant cette période. Mais nous devons faire une exception puisque en ta qualité d'épouse du pharaon, tu ne peux négliger tes tâches officielles. Va en paix maintenant. »

J'aurais voulu me jeter à son cou pour le remercier de m'accepter mais je veux lui prouver que je peux me maîtriser. Je reste immobile, seuls mes yeux brillent de joie. Ptahhotep me regarde et dit en souriant : « Ce que tu as fait en pensée est considéré comme déjà fait, n'oublie jamais cela ! »

« Ô Père, si tu considères que je l'ai déjà fait, alors autant le faire vraiment ! » et je me jette dans ses bras en embrassant à gauche et à droite son noble visage. « Je te remercie ! Je te remercie ! C'est merveilleux ! Je vais être initiée ! »

« La maîtrise que tu as sur toi est vraiment extraordinaire ! » dit Ptahhotep.

« Seulement maintenant, Père, dis-je en riant, seulement maintenant. Après tout, tu n'es pas seulement le grand prêtre mais aussi mon oncle. C'est pourquoi je peux t'embrasser – non ? Mais lorsque je serai initiée, tu verras comme je saurai me comporter dignement et sérieusement ! »

« Oui, oui, je le sais », dit Ptahhotep en m'entourant tendrement de ses bras. Il caresse une fois encore mes cheveux et me conduit à la porte. Je prends congé.

C'est en dansant et en sautillant que je rentre au palais avec Menu. Je suis infiniment heureuse. Mais depuis qu'elle a appris la nouvelle, Menu pleure et gémit comme si je gisais sur mon lit de mort. Elle assombrit ma joie. Et lorsqu'elle recommence à me parler de ses pressentiments très sombres, je la rabroue : « J'en ai assez. Écoute, Menu. Tu sais qu'après mon seizième anniversaire lorsque je devins l'épouse du pharaon, on a voulu t'éloigner de moi. Tu sais que d'après les règles de la Cour, ce sont les dames de la noblesse qui devraient m'entourer. Après de longues et difficiles discussions avec le pharaon, j'ai obtenu que tu restes auprès de moi et que les dames de la Cour ne m'accompagnent que lorsque je sors en public, à la promenade et lors de cérémonies. Mais si tu te conduis de la sorte, je vais vraiment te renvoyer et faire venir ces dames. Il est vrai que la plupart sont terriblement ennuyeuses mais au moins, elles ne se mêlent pas de mes affaires privées. »

Menu, ma chère vieille Menu ! Mes paroles lui font si peur qu'elle en cesse immédiatement de pleurer. Elle s'assied par terre, près de mon lit, et me regarde sans un mot, mais avec tant d'amour, d'anxiété, de chagrin et de sollicitude tout à la fois que je ne peux m'empêcher de rire. Je l'embrasse et lui dit : « Calme-toi, Menu, je ne te renverrai jamais, je t'aime. Tu as été et tu es le seul être qui m'aime vraiment d'un cœur sincère. Tu resteras toujours avec moi. Sois tranquille, l'initiation ne me nuira pas, au contraire ! Ptah-hotep prendra soin de moi, il sera toujours avec moi ! »

Prenant congé pour la nuit, Menu dit encore : « J'espère que l'initiation ne te nuira pas, mais j'ai toujours peur lorsqu'on voit les grands éclairs et qu'on entend le tonnerre sortir des pyramides. J'espère que tu n'auras rien à faire avec cela. »

« Mais non, mais non, Menu. Va dormir. »

Pourtant, je pense encore à la remarque de Menu. Des éclairs et des tonnerres sortant des pyramides ? C'est vrai ! Depuis mon enfance, je savais que, parfois, des éclairs et des tonnerres provenaient de la pyramide. Ensuite, il pleuvait sur le pays. Mais ce phénomène était aussi naturel que la vie et je n'y avais jamais accordé la moindre attention. D'ailleurs maintenant que j'allais recevoir l'initiation au Temple, j'allais certainement connaître ce mystère aussi.

Puis, dans cette attente solennelle, je m'endormis.

LES FILS DE DIEU

Le lendemain, le pharaon me fait appeler. Je dois le rencontrer après ses audiences.

À l'heure indiquée, l'intendant vient me chercher pour me conduire vers mon père.

« Entre, mon enfant, je veux te faire part de ce que nous avons décidé avec Ptahhotep au sujet de ton initiation. »

« Est-il venu ? »

« Non », dit Père en me regardant, un peu amusé.

« Es-tu allé le voir ? »

« Non plus », répond-il en souriant.

« Père, il y a longtemps que je voulais te demander : comment peux-tu t'entretenir avec Ptahhotep lorsqu'il ne vient pas vers toi et que tu ne vas pas vers lui ? J'ai souvent remarqué que tu me disais certaines choses à son sujet qui laissaient supposer de longs entretiens. Pourtant, tu n'étais pas sorti du palais et il n'était pas venu te voir. Comment cela est-il possible ? »

Depuis mon enfance, Père était habitué à mes questions. Et avec sa patience habituelle, il me répond : « Tu as un miroir, n'est-ce pas ? Tu as déjà vu ta tête dans ce miroir ? »

« Oui, Père, je vois ma tête chaque jour quand Menu soigne mes cheveux. »

« Et qu'as-tu observé ? » demande Père.

« Que j'ai un crâne beaucoup plus allongé que celui des fils des hommes. Mais toi aussi, Ptahhotep, et la plupart de ceux qui appartiennent à notre race, les fils de Dieu, comme on nous appelle. Tous ont ce trait caractéristique qui se remarque même sous une coiffe ou des ornements. D'où cela vient-il ? Pourquoi notre tête est-elle différente de celle des fils des hommes ? »

« Écoute, mon enfant, afin que tu puisses comprendre beaucoup de choses ici sur terre. Mais il faut d'abord que tu saches un peu comment notre planète se développa.

« Comme tous les corps célestes dans l'univers, comme tout ce qui vit sur ces corps célestes, la terre est également soumise aux lois de changements constants. De la source originelle éternelle émanent des forces divines créatrices qui, en vagues sans cesse croissantes, pénètrent jusqu'au niveau de la matière, ce qui signifie que *la matière est formée de ces forces*. Ce processus atteint son paroxysme dans l'ultra-matière et, automatiquement, se renverse. Le processus de spiritualisation recommence et la matière redevient énergie. Mais cela prend une éternité. Ces changements ont lieu à intervalles réguliers mais si lentement qu'une vie humaine n'est pas assez longue pour les remarquer et les observer. Cependant, lorsqu'un tel changement – qui s'est préparé pendant des milliers d'années peut-être sans qu'on le remarque – est prêt à intervenir, il se manifeste alors assez soudainement. Nous vivons précisément une époque transitoire pendant laquelle les modifications se font perceptibles. Au nombre de celles-ci : il y a, sur la terre, plusieurs peuples au crâne rond qui sont guidés et gouvernés par des souverains qui, spirituellement, leur sont très supérieurs et dont le corps est différent. Ils sont d'une stature plus fine et ont un crâne allongé.

« Il y eut une fois sur terre une race tout à fait différente de celle des humains d'aujourd'hui. *Elle mani-*

festait complètement la loi de l'esprit et non celle de la matière comme c'est le cas pour les races humaines actuelles. Sa conscience s'était élevée au niveau divin et manifestait Dieu ici sur terre, sans jamais tomber au niveau du corps, de l'égoïsme. Dans sa pureté divine, cette race mérita vraiment le nom de *"Fils de Dieu"*.

« Toute la vie était fondée sur la spiritualité, l'amour, le désintéressement. Les appétits physiques, les désirs et les passions n'assombrissaient jamais l'esprit. Les membres de cette race supérieure connaissaient tous les mystères de la nature et également toutes leurs propres énergies qu'ils gardaient sous le contrôle de l'esprit ; ils avaient ainsi la faculté de soumettre la nature et d'en guider les forces. Leur savoir était illimité. Ils n'avaient pas à peiner durement pour gagner leur pain quotidien, et au lieu de le faire à la sueur de leur front, ils faisaient travailler les forces de la nature.

Ils connaissaient toutes les lois de la nature, les secrets de la matière aussi bien que ceux de leur propre être et la puissance de l'esprit. Ils savaient *comment une énergie se transforme en matière* et *comment la matière devient énergie.* Ils avaient construit des installations et des instruments avec lesquels ils pouvaient stocker, mettre en mouvement et utiliser selon les besoins non seulement toutes les forces de la nature mais encore leurs propres énergies spirituelles. Ils vivaient en paix, heureux et régnaient sur une grande surface de la terre.

« Mais, à cette époque, il y avait déjà d'autres êtres ressemblant aux fils de Dieu mais dotés d'un corps beaucoup plus matériel et d'un niveau de développement très inférieur. Obtus d'esprit, leur conscience s'était identifiée à leur corps. Ils vivaient dans les forêts vierges, se battaient, combattaient la nature et les animaux. C'étaient des hommes primitifs. *La race des fils des hommes que tu vois dans notre pays représente un croisement entre ces deux races.* Comme je te le disais, c'est la loi du mouvement et du changement qui règne dans l'univers. La terre se trouve maintenant dans une période de matérialisation. Cela signifie que l'énergie divine créatrice s'ancre de plus en plus profondément dans la matière et que, peu à peu, le pouvoir sur terre va tomber aux mains de races toujours plus matérielles. La race supérieure s'éteint petit à petit. Elle quitte la matière et se retire sur un plan spirituel. Elle laisse l'humanité toute seule pour un certain temps – comparé avec le temps terrestre, cela peut faire des milliers et des milliers d'années – afin que celle-ci puisse avancer et se développer de manière indépendante, sans gestion apparente, et de ses propres forces. C'est ainsi que les représentants de la race animale matérielle, primitive, doivent se multiplier selon la loi divine, devenir de plus en plus puissants jusqu'au moment où ils régneront sur terre. Mais avant de quitter cette planète, la race supérieure devait implanter ses forces spirituelles dans la race inférieure afin de lui permettre, après un long, très long processus – et selon les lois de l'hérédité – de *s'élever de nouveau au-dessus de la matière*. C'est ainsi que de nombreux fils de la race divine se sacrifièrent : ils engendrèrent des enfants avec les filles des hommes. Ce premier mélange et les croisements qui s'ensuivirent donnèrent naissance aux individus les plus divers et peu à peu à de nouvelles races. L'énergie divine des fils de Dieu et la grande force physique des filles des hommes formèrent une descendance très variée. D'un côté des géants physiques, d'un autre des géants spirituels. Il y eut aussi des titans physiques qui héritèrent de leur mère un cerveau primitif, sous-développé. La force créatrice de leur père se manifesta alors sur le plan matériel et ils devinrent des corps extraordinairement puissants. Ils utilisèrent leur force physique monstrueuse pour soumettre les plus faibles et leur nature animale en fit des tyrans craints de tous. Mais il y eut aussi des géants spirituels qui manifestèrent la force créatrice héritée par les centres les plus élevés du cerveau et non par le corps. Ceux-ci eurent pour mission de guider, pour un certain temps encore, la race primitive si proche de la matière ainsi que les races hybrides résultant des croisements dont je t'ai parlé. Ces guides spirituels leur enseignèrent la sagesse, les sciences et les arts, base d'une culture supérieure, et leur donnèrent l'exemple de l'amour divin universel, du désintéressement et de la grandeur spirituelle. C'est pourquoi aujourd'hui certains pays sont gouvernés dans le despotisme et la tyrannie alors que dans d'autres, la sagesse et l'amour dominent encore. Mais tout cela va disparaître peu à peu et l'humanité n'aura plus que l'histoire, les légendes ou les traditions pour parler des grands Initiés et faire connaître les sciences secrètes. Cependant, par la grâce de la loi de l'hérédité, il se peut que, même aux heures les plus sombres de la terre, un fils de Dieu renaisse dans un corps humain pour montrer à l'humanité comment sortir de l'obscurité et du malheur. »

« Père, notre pays est-il celui des fils de Dieu ? »

« Non, mon enfant. Le continent qui fut une fois la patrie des fils de Dieu a été complètement détruit. La descendance de la race divine diminua petit à petit, ses membres abandonnèrent leur enveloppe matérielle et ne se réincarnèrent plus. Il n'en resta plus enfin que quelques-uns en divers points de la terre pour passer les pouvoirs aux hommes qui devenaient toujours plus puissants. Les croisements entre les deux races donnèrent naissance à certains individus qui avaient hérité du savoir magique de leur père et de l'égoïsme animal physique de leur mère. Ils s'infiltrèrent dans le Temple où, grâce à leur savoir, ils reçurent l'initiation qu'hélas ils abaissèrent au niveau de la magie noire. Ils utilisèrent à des fins personnelles leurs énergies et les forces de la nature qu'ils avaient appris à dompter grâce aux installations et instruments du Temple. Les fils de Dieu qui séjournaient encore dans cette partie du monde savaient ce qui allait obligatoirement se passer : ces énergies détruisent sans pitié ceux qui les utilisent d'une manière satanique et égoïste au lieu de divine et désintéressée. Ils savaient que les magiciens noirs couraient à leur perte. Leur aveuglement cupide allait causer une destruction générale. C'est pourquoi les derniers fils de Dieu construisirent d'immenses bateaux, fermés et isolés de tous côtés, résistant aux énergies qui pénètrent et désintègrent la matière. En secret, ils y transportèrent quelques-uns de leurs instruments, firent monter leur famille et leurs animaux domestiques, fermèrent toutes les ouvertures et quittèrent cette partie de la terre qui allait inexorablement être détruite. Certains partirent vers le nord, d'autres vers l'est, quelques-uns vers le sud et certains arrivèrent ici à l'ouest.

« Les magiciens noirs perdirent bientôt le contrôle des instruments. Ils auraient dû conduire les forces divines cosmiques les plus élevées dans ces instruments et les y emmagasiner car la seule source de cette force sur terre est *l'être humain lui-même*. Mais plus ces hommes devenaient cupides et plus la qualité de la force du courant avec lequel ils chargeaient ces instruments s'altérait. Et un jour, après que les fils de Dieu se furent déjà assez éloignés, le malheur arriva : un magicien noir dirigea involontairement dans son propre corps l'énergie qui désintègre la matière – c'est-à-dire qu'il la transforma en une autre forme d'énergie. Mais une fois ce processus en marche, cette matière transformée en énergie agit comme une force destructrice et se propage partout jusqu'à ce qu'elle ait tout dématérialisé. C'est ainsi que tout ce continent fut détruit. Puis des énergies nouvelles résultant de ce même processus freinèrent puis arrêtèrent finalement ces forces de désintégration.

« Toute cette partie dématérialisée devint une énergie de radiation qui atteignit d'abord les limites de l'atmosphère terrestre pour revenir ensuite retransformée dans la forme originale de toute matière. Après encore bien des modifications, cette masse géante retomba sur terre sous forme de trombes d'eau, de boue et de sable qui semblaient ne vouloir jamais cesser.

« Cette brèche immense ouverte dans le corps de la terre laissa la voie libre aux océans. La terre ferme de l'autre hémisphère se crevassa sous l'effet de la catastrophe et les continents dérivèrent pour maintenir l'équilibre de la planète et occuper la position que nous leur connaissons maintenant. Une partie du continent perdu se trouve chez nous sous la forme d'un très grand désert et le danger de voir les vents emporter ces montagnes de sable et en recouvrir des terres fertiles et habitées reste menaçant.

« Dans leurs bateaux, les fils de Dieu avaient des instruments spéciaux qui permettaient aux vaisseaux de rester constamment à l'horizontale. Ils purent donc surmonter toutes les difficultés et débarquer sans danger. Dans les diverses parties de la terre où ils arrivèrent, ils donnèrent naissance à de nouvelles civilisations.

« Leur savoir, leur sagesse et leur amour les firent bien vite accepter par les indigènes. Ils devinrent des souverains et furent adorés comme des dieux ou des demi-dieux. Leur premier souci fut d'ériger les constructions nécessaires à leurs instruments secrets, pour les protéger du monde extérieur et isoler les énergies puissantes et pénétrantes stockées dans ces instruments. Ces édifices sont connus sous le nom de pyramides dans les différentes parties du monde où les fils de Dieu s'installèrent avec ce qu'ils avaient pu sauver de leur équipement. »

J'avais écouté avec grande attention le récit de ces événements bouleversants. Bien des choses jusqu'alors incomprises devenaient claires. Pourtant, une question qui m'avait coûté beaucoup d'heures de réflexion restait encore sans réponse : « Comment les fils de Dieu ont-ils apporté puis soulevé et placé où il le fallait ces énormes blocs de pierre ? »

« Rappelle-toi, mon enfant, que je t'ai dit que les fils de Dieu ne travaillaient pas avec leurs forces physiques mais qu'ils faisaient travailler les forces de la nature. Aujourd'hui encore, nous possédons quelques-uns de ces instruments avec lesquels nous pouvons *neutraliser ou augmenter la force de la gravitation terrestre,* selon le but recherché. C'est ainsi que nous pouvons faire perdre son poids à un objet lourd, ou inversement, l'augmenter encore. Même un enfant, avec ses petits doigts, pourrait déplacer et soulever un bloc de pierre ainsi libéré de son poids. Des bateaux ont donc pu être surchargés sans dommage de ces blocs car ceux-ci avaient été longuement irradiés auparavant pour leur enlever toute pesanteur. Toutes les constructions extraordinaires réparties dans le monde – et que la force humaine n'aurait jamais pu réaliser – ont été édifiées de cette manière par les fils de Dieu.

Partout où les fils de Dieu débarquèrent, ils donnèrent l'essor à une culture élevée. Partout où ils règnent aujourd'hui, ils guident les hommes avec un amour désintéressé et consentent le sacrifice de rester encore un peu sur terre pour enseigner et propager leurs forces spirituelles. Autrefois, le pharaon et le grand prêtre ne faisaient qu'une seule et même personne qui était le guide spirituel et temporel du peuple. Puis, avec la culture et les richesses, le pays devint plus important. Les fils de Dieu décidèrent de se partager les devoirs. L'un d'eux prit en main le gouvernement *temporel* du pays tandis que l'aîné, le chef de la race, devint le guide spirituel. Il en est toujours ainsi depuis. Le pharaon gouverne le pays. Le grand prêtre remplit ses devoirs dans le Temple. Il est le gardien de la connaissance dans tous les domaines. Et comme toute la connaissance jaillit d'une même source, il donne l'initiation dans les sciences, les arts et, dans le Temple, la grande initiation, dans *"l'Art sans Art de l'Esprit"*.

« Tu sais maintenant pourquoi les hommes du peuple ont une tête différente de celle des fils de Dieu qui composent aujourd'hui encore la famille régnante. Nous qui avons ce crâne allongé n'utilisons que peu notre intelligence car *nous pouvons faire l'expérience de la vérité, la vivre directement avec notre vue intérieure*. Notre front n'est pas très bombé car les centres cérébraux sièges de la faculté de penser sont juste assez développés pour percevoir les impressions extérieures et les vivre consciemment. Par contre, dans la partie postérieure du crâne, nous possédons des centres parfaitement développés. Ce sont les instruments physiques des manifestations spirituelles. Ces centres nous permettent d'élever notre conscience au niveau divin et nous confèrent toutes les qualités et facultés qui nous distinguent des fils des hommes. *Les hommes, dans leur conscience, vivent dans le temps et l'espace. Nous*, bien que nous ayons un corps terrestre, *jouissons d'une parfaite liberté spirituelle, libérés que nous sommes du temps et de l'espace*. Par la force de la conscience divine et à l'aide de ces centres, nous pouvons nous mouvoir librement dans le temps et l'espace. Cela veut dire qu'à souhait, nous pouvons aller dans le passé ou l'avenir. Dans cet état, nous pouvons vivre le passé ou l'avenir comme s'il s'agissait du présent.

« De la même manière, nous pouvons balayer les obstacles de l'espace et envoyer notre conscience où nous le voulons. Dans cet état, il n'y a pas d'"ici" ni de "là". Il n'y a que le *présent absolu* car le passé et l'avenir – ici et là – ne sont que des aspects divers, des projections diverses d'une seule et même réalité, de l'*ÊTRE* éternel et omniprésent : *Dieu !*

Tes veines sont parcourues par le sang des deux races. Tu as hérité des caractéristiques de la nôtre mais aussi de celles de la race hybride de ta mère. Malheureusement pour toi, tes centres supérieurs se sont éveillés beaucoup trop tôt, avant que tu n'aies pu faire tes expériences terrestres et vaincre ta nature à demi terrestre. Tu es malheureuse de te sentir prisonnière du temps et de l'espace, entre l'*Ici* et le *Là*. L'esprit s'éveille en toi et aspire à sa liberté divine. Trois fois, tu as demandé l'initiation. Tu vas donc la recevoir. Tu apprendras à utiliser consciemment tous les organes supérieurs qui ne sont pas encore pleinement actifs en toi. Tu auras aussi la faculté d'établir le contact avec tous ceux de ta race à n'importe quel moment, et d'échanger tes pensées avec eux.

« C'est de cette manière que je peux toujours trouver mon frère Ptahhotep et tous les autres fils de Dieu encore sur terre, m'entretenir avec eux, échanger nos idées dans une unité de conscience parfaite bien mieux que si nous le faisions sur un plan terrestre avec l'aide du larynx, de la langue et des oreilles. Nous nous cherchons, dans notre conscience, n'importe quand. Nous sentons immédiatement si l'autre est occupé, s'il se concentre sur quelque chose d'autre, et ne le dérangeons que s'il y a un message très important à passer. Autrement, nous nous retirons. Il t'est aisé de comprendre pourquoi seuls des êtres de parfait désintéressement peuvent posséder de telles facultés. Si les fils des hommes cupides et égoïstes en étaient capables, il en résulterait un tel chaos que tous les organes subtils en seraient détruits.

« En général, chaque soir, après avoir rempli nos devoirs de la journée, nous nous réunissons dans notre conscience et cette unité nous permet de *voir* nos pensées respectives. C'est ainsi que nous nous rencontrons instantanément, ce qui, dans le monde de trois dimensions, exigerait beaucoup de temps !

« Après avoir discuté de nos tâches dans ce monde, nous faisons passer notre conscience au niveau dimensionnel de l'omniconscience pour puiser de la source divine originelle une nouvelle énergie vitale. Dans cet état et dans l'*unité originelle divine*, nous sommes un et identiques avec toutes les créatures vivantes – avec le Tout – avec l'*ÊTRE* éternel, donc avec l'essence même de toute manifestation, avec toi aussi. Seulement les êtres qui vivent encore dans le monde de trois dimensions n'en sont pas conscients. Mais un jour, chaque être s'éveille de son long sommeil plein de forces vitales renouvelées, qu'il sache ou non que cette force émane de la source originelle divine.

Ainsi tu vas recevoir l'initiation. Tu t'engages sur une longue route. Tu devras parcourir ce chemin ici sur terre après que Ptahhotep et moi aurons quitté le monde tridimensionnel et que nous serons devenus des esprits évoluant dans la sphère de la terre. J'ai d'autres devoirs que Ptahhotep. Il sera donc le guide de ton âme et de ton esprit. Mais nous restons liés dans l'unité éternelle. Il eût été préférable pour toi d'avoir eu davantage de patience. *Mais tu es comme tu es et cela détermine ton destin et ton avenir*. Nous ne pouvons intervenir. La force émanant de l'unité t'accompagnera toujours et t'aidera dans les moments difficiles.

« Puisque auprès de moi tu dois remplacer la femme du pharaon, tu es dispensée d'habiter au Temple pendant la période de l'initiation comme les autres néophytes. Mais tu t'y rendras chaque matin pour y recevoir l'enseignement et les devoirs, tu feras les exercices en compagnie des autres néophytes et, le soir, tu rentreras au palais. Lors des cérémonies, fais en sorte d'être près de moi au moment opportun. Tu peux donc t'annoncer demain matin déjà auprès de Ptahhotep. »

Une question me reste encore sur la langue et Père me jette un regard interrogateur.

« Père, tu m'as dit que, pour propager leurs forces spirituelles, les fils de Dieu avaient pris femme chez les hommes. Les filles des fils de Dieu ne prirent-elles pas aussi pour mari des fils des hommes ? Pourquoi seuls les fils de Dieu ont-ils eu des enfants avec les filles des hommes – et non pas aussi les filles de Dieu avec les fils des hommes ? »

Père plonge son regard très profondément dans le mien : « Grave ma réponse dans ta mémoire et ne l'oublie jamais. Si tu comprends bien cette vérité, nous pouvons peut-être encore changer la direction de ton destin. Si, d'un verre de vin rouge, tu enlèves une goutte pour la mettre dans un verre de vin blanc, le vin rouge dans le verre reste aussi pur qu'avant. Par contre, le vin blanc n'est plus du vin blanc pur, il est déjà un mélange des deux. Et maintenant, si tu prends un peu de ce vin blanc, ce que tu verses est aussi un mélange des vins rouge et blanc. Comprends-tu, mon enfant ? »

« Oui, Père, je comprends. Cela signifie que le sang d'un fils de Dieu de pure race reste pur même s'il procrée des enfants avec une fille des hommes. Mais le sang d'une fille de Dieu de pure race deviendrait mélangé si elle épousait un fils des hommes. Et dès lors, elle serait un mélange tout comme le seraient ses enfants à venir. »

« Garde cette vérité vivante et consciente en toi à chaque instant de ta vie », me dit Père. Il se lève, je m'incline, il me bénit. Je sors, gardant dans mon cœur l'unité de l'esprit.

ANNÉES DE PRÉPARATION

Menu m'accompagne au Temple.

Combien de fois, pendant les nombreuses années à venir, vais-je parcourir cette colonnade qui mène du palais au Temple – ô combien de fois – jusqu'à ce que je sois devenue moi-même le chemin, que mes pieds m'y conduisent sans l'aide de mes yeux !

Pour la première fois, c'est en qualité de néophyte que je vais entrer dans le Temple. Parce que j'aimerais me dépêcher, je m'efforce de marcher lentement, solennellement. Je suis heureuse que mon initiation commence et je veux en goûter chaque instant. Je reste plongée en moi-même, toute pleine encore du récit que m'a fait hier mon père ; consciemment, je vais au-devant de mes devoirs de future Initiée...

À l'entrée, le même néophyte m'attend. Menu prend congé en m'embrassant et me serrant sur son cœur comme si nous n'allions plus jamais nous revoir. Elle se calme enfin puis s'incline devant moi comme elle croit devoir le faire. Je l'embrasse et je sens que, par le truchement de ses lèvres, c'est ma mère qui m'embrasse aussi.

Le néophyte m'accompagne jusque dans la petite chambre de réception de Ptahhotep. Combien de fois serai-je encore ainsi devant *Lui*, combien de fois encore ses yeux se poseront-ils sur moi, me pénétreront-ils avec calme, assurance et force !

Il commence : « Ma chère enfant, l'initiation signifie – comme je te l'ai déjà expliqué – devenir conscient
au niveau divin suprême. Cela exige un long entraînement du corps et de l'âme. Il faut préparer les nerfs à
supporter sans dommage, sans mourir, ces très hautes
vibrations.

« Devenir conscient à un niveau donné veut dire
diriger dans les nerfs la vibration correspondant à ce
niveau, puis par les nerfs dans le corps. Dès la naissance, donc dès que le *Soi* l'habite, le corps développe
une force de résistance qui est en harmonie avec le
degré moyen de conscience de l'esprit qui le fait vivre.
Le degré de conscience d'un être varie selon son âme
mais reste dans les limites d'une octave de vibrations.
Ces fluctuations ne doivent cependant pas dépasser
l'élasticité des nerfs. Cela peut conduire à des maladies plus ou moins sérieuses, voire à la mort. La
vibration de l'énergie vitale créatrice est mortelle pour
celui qui n'a pas atteint le niveau de conscience nécessaire à la supporter. Elle brûlerait les centres nerveux
et les nerfs. C'est pourquoi l'énergie vitale qui a son
siège dans la moelle épinière est transformée dans différents centres nerveux en une vibration réduite et
c'est seulement ce courant qui est conduit dans le
corps.

« C'est ainsi que la vibration de vie qui anime les animaux est inférieure à celle de l'homme primitif ; et
l'homme primitif, animal et égoïste, est animé par une
vibration de vie inférieure à celle d'un être spirituellement avancé. Si l'on transférait l'énergie vitale d'un
homme supérieur dans un animal – ou dans un
homme inférieur – il mourrait instantanément.

« La grande initiation signifie *vivre consciemment* et
conduire simultanément dans les nerfs et le corps la
vibration créatrice de l'*ÊTRE* éternel à chaque niveau de
développement et à sa fréquence originale sans transformation. Cela requiert une *force de résistance* qui

puisse la supporter et que l'on peut acquérir par un long entraînement du corps et de l'âme. C'est-à-dire que l'on doit préparer les nerfs lentement et avec prudence, apprendre à les réveiller et à les maîtriser. Ces exercices du corps et de l'âme te seront d'abord enseignés par le directeur de l'école des néophytes, Mentuptah. C'est Ima, le néophyte qui t'a accompagnée, qui t'aidera dans tes exercices de concentration. Lorsque tu auras passé toutes les épreuves chez Mentuptah et chez Ima, c'est moi qui poursuivrai personnellement l'enseignement et te donnerai l'initiation. Ima va te conduire maintenant à l'école et te montrer tout ce qui est nécessaire. Si tu désires me parler pendant cette période, tu peux demander à me voir n'importe quel soir. Que Dieu guide tes pas ! »

Ptahhotep me bénit, je m'incline et suis Ima jusqu'à l'école des néophytes.

Ima me conduit vers l'une des petites cellules construites dans les murs du Temple. Il me tend une tunique blanche et des sandales toutes simples, et m'informe que cette cellule m'appartient.

Quand je ressors après avoir troqué mes vêtements princiers pour ceux du Temple, je suis une néophyte comme Ima. Il me mène le long d'un péristyle vers le jardin du Temple. Ce jardin est magnifique – une pelouse verte carrée bordée de palmiers en fait une excellente place d'exercices. Nous continuons et j'aperçois au-delà du parc les néophytes qui travaillent près du jardin potager et du verger. Ils portent la même tenue que moi mais ils sont plus âgés.

Ima me présente à Mentuptah, le directeur de l'école. C'est un être au regard doux et aimant. Il m'explique mon travail de la journée. Les néophytes sont réunis en petits groupes qui sont sous la conduite générale de Mentuptah et à la tête de chacun d'eux se trouve un néophyte plus avancé, candidat à la prêtrise. Ima dirige le groupe qui m'est assigné. C'est un jeune homme grand, mince et fort. Son émanation pure m'a déjà frappée lorsqu'il m'avait conduite la première fois vers Ptahhotep. Il a passé la plupart de ses épreuves préparatoires et le temps de son initiation approche. Ima est candidat à la prêtrise. Son aspect extérieur ne donne plus l'impression d'un homme, mais d'un être androgyne qui plane au-dessus du sexe. Il est sans sexe, pareil à un archange. Il radie du feu de l'épée, son beau visage porte tous les signes de la plus haute intelligence et d'une faculté de concentration supérieure, au-dessus de ses sourcils, deux mamelons bien formés, signe de la sagesse. Sa bouche est bien dessinée, énergique, mais les commissures fines et douces révèlent l'amour qu'il a pour tout être vivant. Je l'aime depuis le premier instant, j'ai une confiance illimitée en lui comme en un frère très cher. Je suis heureuse que ce soit lui qui me prépare à mes examens.

Ima me présente aux autres néophytes. Tous ont choisi la prêtrise, mais seuls ceux qui auront réussi toutes les épreuves et reçu l'initiation deviendront prêtres et prêtresses. Beaucoup n'en auront jamais la maturité requise. S'ils le désirent, ils pourront alors rester toute leur vie au service du Temple, s'occupant des travaux agricoles et des animaux. Les néophytes qui réussissent leurs examens préparatoires se voient confier des travaux et des devoirs correspondant à leur avancement.

Le groupe d'Ima est composé de néophytes spirituellement très développés ; la plupart sont issus des fils de Dieu par leur père, tout comme moi. On les reconnaît de loin à leur crâne allongé. On me place au milieu d'eux et je me sens bien dans cette atmosphère pure.

Chaque matin, au lever du soleil, nous nous réunissons dans le jardin. Nous commençons par des exercices physiques qui sont étroitement liés à la concentration. Nous pratiquons diverses postures coordonnées avec des exercices de respiration et, à l'aide de ceux-ci, nous devons diriger notre conscience dans les différentes parties du corps. Un long entraînement doit nous permettre de rendre ainsi tout le corps parfaitement conscient, de mouvoir, maîtriser et contrôler ses parties les plus infimes ainsi que tous les organes internes. Cela doit faire de notre corps un instrument irréprochable.

Les exercices physiques terminés, nous allons ensemble dans la grande salle où nous recevons un enseignement pour l'âme. Ces exercices nous sont donnés par Mentuptah qui nous dicte des *images oniriques* que nous devons vivre aussi intensément que s'il s'agissait de la réalité. Ces images font inévitablement surgir en nous toutes sortes d'émotions que nous devons apprendre à maîtriser. Par ces exercices, Mentuptah nous fait pénétrer dans toutes les sphères des mondes inférieur et supérieur, des sept enfers et des sept paradis, et nous enseigne comment garder notre présence d'esprit en toute circonstance afin de pouvoir, dans les situations les plus difficiles, décider instantanément de ce que nous avons à faire.

Dès que nous maîtrisons parfaitement ce genre d'exercices, nous passons aux suivants : les états d'âme les plus divers doivent être vécus, cette fois sur simple commande et sans images oniriques, aussi intensément que si nous avions réellement *une raison* pour cela. Nous commençons ces exercices par un état négatif inférieur et l'élevons, pas à pas, jusqu'à un état positif supérieur. Par exemple : nous devons vivre l'état de la dépression la plus profonde, puis nous nous élevons lentement, progressivement à celui de l'indifférence, et toujours plus haut, jusqu'à ce que nous arrivions à la plus grande joie et enfin au sentiment de bonheur suprême.

Après un long entraînement, quand tout va bien, nous devons apprendre à modifier toujours plus rapidement ces émotions jusqu'à ce que nous puissions les vivre en nous-mêmes avec la virtuosité d'un musicien qui maîtrise son instrument en tirant à volonté tous les sons du bas en haut de la gamme. Le prochain pas consiste à vivre des états d'âme opposés, sans transition. Par exemple : de la plus profonde tristesse à la plus grande gaieté ; ou bien de la peur au courage héroïque, tout cela à la vitesse de l'éclair.

Ces exercices ne doivent se faire que sous la conduite de notre maître car ils sont très astreignants pour les nerfs. Il nous faut beaucoup de temps pour arriver à vivre les visions oniriques comme si elles étaient vraiment réelles. Il nous en faut encore bien davantage pour parvenir à jouer toute la gamme de nos émotions. Ce n'est que lorsque nous arrivons à garder des nerfs parfaitement calmes après les exercices et que ce calme serein se prolonge tout au long de la journée que nous avons l'autorisation de passer à l'échelon suivant qui consiste à faire l'expérience d'états d'âme opposés sans transition. Le but de ces exercices extrêmement difficiles est de nous empêcher d'être livrés aux événements extérieurs ou à nos humeurs afin que nous soyons en mesure de décider de nos états d'âme et, par conséquent, de garder notre équilibre psychique en toute circonstance.

L'homme croit qu'il lui faut toujours une raison pour être joyeux ou heureux. L'idée derrière les exercices avec les visions de rêve est de nous donner l'illusion d'une cause pour nous mettre dans un certain état d'âme. Donc avec les visions oniriques, nous maîtrisons les raisons *elles-mêmes*. Comme nous n'avons en fait pas de causes réelles, *nous devons les imaginer nous-mêmes*.

Puis vient le prochain pas : *vivre un état d'âme sans raison*, sans l'aide de visions oniriques qui créent précisément l'un ou l'autre de ces états.

Après un long entraînement et une fois que l'on maîtrise parfaitement ces exercices, on s'aperçoit que *l'on* avait seulement imaginé avoir une raison pour être « triste ou gai », « déprimé ou exubérant », etc. Ces exercices nous convainquent que les événements les plus divers n'ont *aucune incidence sur nous*. Nous découvrons que *chaque état de conscience provient de nous-mêmes et toujours de l'intérieur*. Devant un même événement, une personne rit, l'autre pleure et la troisième reste indifférente car *chacun projette vers l'extérieur son attitude intérieure* et *c'est cette attitude intérieure qui nous anime, pas l'événement extérieur*.

Le but ultime de ces exercices est de faire garder à l'élève un état d'âme d'un calme imperturbable et inébranlable dans toutes les situations et de n'en jamais sortir. Ces exercices nous enseignent aussi que *tout ce qui arrive sur terre est passager, pareil à une image onirique projetée dans le temps et l'espace. Il ne faut prendre cela au sérieux que dans la mesure où cela nous fait progresser*.

Mais que la route est longue pour y parvenir ! On doit constamment s'observer de la manière la plus stricte, on ne peut s'oublier un instant, il faut rester conscient, *éveillé*, analyser chaque sentiment, chaque pensée pour savoir de quelle couche du Soi ils proviennent. Et cela ne s'acquiert pas du jour au lendemain !

À côté de cette préparation psychique, nous nous entraînons à la concentration spirituelle. C'est Ima qui me l'enseigne. Après les exercices en commun, Ima m'emmène dans un coin tranquille du jardin et m'explique ce qu'est réellement la concentration : je ne peux me permettre de laisser courir mes pensées selon leur bon plaisir mais dois au contraire me donner l'ordre de *penser à un sujet qui m'est indiqué*. Je dois faire converger mes pensées vers un seul point, c'est-à-dire leur donner une direction *centripète* au lieu de *centrifuge*. Ima m'indique une phrase de concentration. Puis il me laisse seule après m'avoir demandé de l'informer dès que j'aurai réussi l'exercice.

La phrase est : « *Je manifeste toujours le divin* ».

Je m'assieds et commence à me concentrer sur cette phrase. Je répète en moi « Je manifeste toujours le divin » une fois, deux fois, dix fois, cent fois… je ne pense à rien d'autre « Je manifeste toujours le divin… je manifeste toujours le divin… je manifeste toujours le divin… »

Une heure plus tard, je rejoins Ima et lui dis : « Je ne peux pas me concentrer sur cette phrase. C'est impossible ! »

« Impossible ? demande-t-il. Pourquoi cela serait-il impossible ? »

« Comme tu me l'as dit, se concentrer signifie diriger toutes les forces, toutes les pensées vers un seul et unique point, grouper et garder fermement ensemble toutes les forces de l'intellect, de la conscience. Or, si je me concentre sur une *phrase*, je ne peux diriger les forces de mon intelligence sur *un point*. Une phrase est composée de plusieurs mots. Ces mots se suivent dans le temps et l'espace. Je ne peux donc pas *penser à tous ces mots en même temps* mais seulement *à l'un après l'autre* dans le temps et l'espace ! Et lorsque j'ai fini de penser à la phrase, je dois revenir à son début et y penser de nouveau jusqu'à la fin. Une concentration n'est pas possible. Ou bien je pense "en zigzag" de la fin au début :

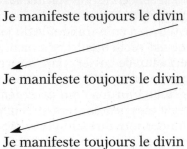

Je manifeste toujours le divin

Je manifeste toujours le divin

Je manifeste toujours le divin

« ou alors, si je me représente cette phrase sous la forme d'un cercle, je pense "en rond" :

« Mais cela n'est pas de la concentration ! »

Ima m'écoute avec attention et, plein de joie, me dit : « Tu as très bien compris l'exercice ! Tu as découvert qu'il n'est pas possible de se concentrer sur des *mots*. Avoir imaginé cette phrase en cercle représente une tentative correcte pour approcher la concentration. Mais même en serrant les mots les uns à la suite des autres, ils forment un cercle et tu ne peux les réunir en un point central. Tu as reconnu que les mots exercent une force de résistance contre ton pouvoir de concentration et c'est cette force que nous utilisons lorsque nous construisons un pont. On forme un arc avec les pierres – comme tu as construit un cercle avec les mots – mais le pont ne s'affaisse pas car les pierres exercent une pression les unes contre les autres et la matière ne cède pas à cette pression. C'est donc par la force de résistance que les pierres maintiennent le pont. Mais si ta concentration s'efforce de parvenir au centre, elle en est empêchée et rendue impossible par la résistance des mots. Il en est de même si tu te concentres sur un mot car il est également composé de plusieurs lettres que tu ne peux jamais réunir en un seul point. »

« Alors que dois-je faire ? »

« Dans le prochain exercice, essaie de te concentrer sur une seule lettre "O". » Et Ima me laisse à nouveau seule.

J'essaie. Je m'assieds sur l'herbe et me concentre sur le O... je dis en moi O, O, O, O, O et ne pense rien d'autre qu'à O, O, O, OOOOOO... et tout à coup, en moi, c'est la surprise... Je cours vers Ima et lui dis en riant : « J'ai déjà fini ! »

« Alors, me demande-t-il, qu'as-tu atteint ? »

« Le O est tout à coup devenu un tuyau. Un long tuyau en forme de O dans lequel je me suis enfoncée toujours plus loin. Ce n'est de nouveau pas une vraie concentration ! »

« Très bien, dit Ima, tu es déjà parvenue à la quatrième dimension. Reprends maintenant la phrase : "Je manifeste toujours le divin" et essaie une fois encore de te concentrer là-dessus. Comment vas-tu résoudre le problème maintenant ? »

« Que dois-je faire ? »

« Que vas-tu faire ? » insiste Ima.

J'y réfléchis un instant avant de dire : « Les mots sont le vêtement, la manifestation matérielle du sens. Si je veux parvenir au centre, je dois renoncer aux mots qui m'en empêchent et me concentrer exclusivement sur le *sens* de la phrase, sans mots, sans forme. N'en est-il pas ainsi ? »

Ima sourit : « Nous allons bien voir à quoi cela va te mener. Essaie une fois encore et reviens vers moi ! »

Je me concentre sur le sens de la phrase : « Je manifeste toujours le divin », seulement sur le sens...

Je retourne vers Ima qui termine à cet instant une conversation avec l'un des néophytes. Lorsqu'il m'aperçoit, il me lance un regard malicieux, comme s'il savait déjà ce qui s'était passé en moi : « Alors ? » demande-t-il.

« Ima ! C'est étrange ! Lorsque j'ai voulu me concentrer sur le sens de la phrase, je n'ai plus pu y penser. Tout le processus intérieur est passé de ma tête dans ma poitrine. Je ne pouvais plus *penser* au sens – mais je le ressentais, je le *vivais*. Au moment où je me concentre sur le sens de cette phrase sans mots, *je deviens moi-même le sens!* En conséquence, il faut changer: "Je manifeste toujours le divin" en une phrase beaucoup plus juste: "Je suis le divin qui se manifeste sans cesse." »

Ima me sourit pendant que je parle: « Très bien, tu t'es très bien concentrée. Tu as découvert que la concentration ne peut pas être un état durable, mais *une transition entre le monde projeté et l'état d'ÊTRE*. Lorsque tu concentres tes pensées sur quelque chose, tu ne peux t'arrêter à *cette activité de penser* car la concentration *te reconduit chez toi* et *tu deviens* ce quelque chose sur lequel tu te concentres. *Par la concentration, penser devient un état d'ÊTRE!* L'activité de penser cesse et le penseur devient identique à la chose pensée. *Penser* à quelque chose signifie projeter une pensée vers l'extérieur au moyen de l'intellect, comme dans un miroir, donc *sortir de soi*. Par la concentration, nous rappelons la projection – et *le sujet pensé* redevient identique au penseur, *à soi-même*. Les deux facteurs sont parfaitement réunis. *Ce qui a été créé retourne au créateur!* »

« Continue à t'exercer. Ce processus t'apparaîtra toujours plus clairement. Puisque tu aimes tant t'asseoir sous ce palmier, concentre-toi sur lui »… et Ima disparaît.

Je m'assieds et regarde le palmier. Aucune autre pensée ne me distrait de cet arbre. Les heures s'écoulent, le soir tombe. Je dois rentrer à la maison. Menu m'attend dehors. Nous nous dirigeons vers le palais.

Le lendemain, après les exercices en groupe, je me retrouve sous le palmier et je me concentre sur lui.

Lorsque j'avais commencé l'exercice, j'avais été assaillie par de nombreuses pensées étrangères au sujet de ma concentration, à ce que Menu m'avait raconté hier soir, un oiseau qui chantait dans les branches, un moustique qui bourdonnait à mes oreilles, l'impertinence du gardien du trésor Roo-Kha qui me mettait encore en colère. Mais je m'étais ressaisie et j'ai chassé maintenant de ma tête toutes les pensées qui ne doivent pas y être pour me concentrer exclusivement sur le palmier.

Cela va mieux. Les pensées ne peuvent plus m'atteindre ni vraiment me déranger. Auparavant, j'étais encore *dans le monde des pensées*, entre les pensées qui m'avaient ballottée de-ci de-là. Mais je ne me suis pas laissé emporter. Je reste fermement ici où je suis, près du palmier et m'enfonce imperceptiblement toujours plus profondément en moi où les pensées ne peuvent ni me suivre ni me déranger. Ici ou là, l'une ou l'autre paraît dans mon intellect tel un voyageur fatigué. Je la regarde passer, sans plus. Je ne m'occupe que du palmier… Je pense au palmier… le palmier emplit tout mon être…

Le temps passe, des jours, des semaines peut-être. Je n'en ai pas la moindre idée. Je ne remarque rien du monde extérieur car je suis tout entière concentrée sur le palmier. Puis, j'ai le sentiment étrange de ne plus voir l'arbre *de l'extérieur* mais *de l'intérieur*… Bien sûr, je vois avec mes yeux corporels la forme extérieure de l'arbre, mais je commence *à voir, à vivre, à ÊTRE* toujours mieux *l'essence intime du palmier*, le principe créateur qui l'anime.

Puis, je deviens consciente du fait que le palmier n'est plus à l'extérieur de moi, non, il n'a jamais été à l'extérieur, c'était une conception erronée de ma part – *le palmier est en moi et moi en lui* – *je suis le palmier !*

Je ne sais combien de temps je reste absorbée en moi-même. Je ne sais pas ce que signifie le *temps*. Dans cet état, l'idée du «là-bas» est inconnue. Mais une force me fait revenir à ma conscience personnelle et je remarque qu'Ima se tient devant moi. Mes yeux rencontrent son doux visage. Il prend place à côté de moi et attend patiemment que je retrouve mes sens. Il me regarde d'un air interrogateur.

J'essaie de parler mais en vain. La parole me semble tout à fait superflue.

Tout se remet enfin à fonctionner normalement en moi. Ma volonté m'obéit. Les nerfs du larynx mettent mes cordes vocales en mouvement et je peux émettre des sons.

« Ô Ima ! dis-je doucement et avec sérieux, surprise à l'ouïe de ma propre voix, *je suis devenue le palmier*, mieux encore, j'ai découvert que *j'avais toujours été le palmier* mais je n'en avais pas encore été consciente ! »

Ima approuve de sa tête d'ange et radiant de joie, me dit : « Tu fais de grands et merveilleux progrès. J'en suis si heureux ! Personne n'a fait de tels progrès en un temps si court. Si tu passes toutes les autres épreuves aussi rapidement, tu seras bientôt prête pour l'initiation ! »

Joyeusement, nous nous contemplons, sans un mot. En regardant Ima, je ressens plus fortement encore la pureté de son être et la puissance qui en émane. Où qu'il se trouve, l'air est purifié par sa présence.

Puis, il me tend la main. Nous nous levons. Je dois rentrer à la maison.

Je suis déjà au lit lorsque Menu s'assied par terre près de moi et me demande : « Que fais-tu maintenant au Temple ? »

« Nous faisons des exercices. »

« Quels exercices ? »

Avec beaucoup de sérieux, je réponds : « Le dernier exercice consistait à penser à un palmier jusqu'à ce que je découvre que j'étais moi-même ce palmier ! »

Effrayée, Menu demande avec insistance : « Qu'as-tu découvert ? Qu'est-ce que tu es ? »

« Le palmier. »

« Toi ? Un palmier ? » s'offusque Menu.

« Oui, Menu, le palmier. Laisse-moi tranquille, je veux dormir. »

Menu commence alors à rire, à se rouler par terre tant elle rit, les larmes coulent sur ses joues : « Hihihi, toi, un palmier ? Où est ton tronc ? Où sont tes feuilles ? Hihihi, tu n'es donc pas une jeune fille, quoi ? Hihihihi. »

Vexée, je me redresse sur mon lit et dis avec beaucoup de dignité :

« Sache que je ne suis pas une jeune fille mais la représentante de la reine, je suis l'épouse du pharaon, comprends-tu ? Et si tu te moques de mes exercices, je ne te raconterai plus rien ! »

Sans transition, Menu se met à pleurer, m'embrasse les mains et, au milieu des larmes, me dit : « Ne t'avais-je pas avertie que l'initiation était quelque chose de dangereux ? – On va encore t'ensorceler et à la fin, ils feront vraiment de toi un palmier. Tu parles déjà bizarrement. Fais attention, je t'en supplie, fais attention ! Il serait bon que le pharaon le sache ! » Puis, soucieuse, elle sort en essuyant ses larmes.

Je reste seule avec une sensation désagréable. Je sens bien que je n'aurais jamais dû parler à Menu de mes expériences les plus sacrées, les plus profondes.

Le lendemain, Ptahhotep me fait appeler. Je dois le rejoindre dans la soirée.

Je le retrouve dans le petit salon de réception. Son regard est aussi infini que la voûte céleste. « Avance, ma petite fille », dit-il gentiment.

Confiante, je m'approche de lui. Il me prend les mains et demande en souriant : « Sais-tu quel sera ton prochain exercice ? »

« Oui, Père, je le sais. »

« Alors ? »

« Me taire », dis-je en souriant aussi mais consciente de ma faute. Je le regarde en face car je sais qu'il ne me juge pas. Il hoche la tête. Nous nous comprenons. Je n'ai pas besoin de m'excuser. Il me connaît mieux que moi et sais très bien que ce n'est pas par méchanceté ou pour nuire que j'ai parlé à Menu de ces choses sacrées, à Menu qui n'a pas la maturité nécessaire – elle en est loin – pour comprendre des expériences spirituelles. Je plonge mon regard dans les yeux de Ptahhotep. Il me voit avec toutes mes imperfections mais il constate aussi ma ferme décision d'apprendre à me taire à l'avenir.

Il caresse mes cheveux, je m'incline et je sors.

Ah! Combien de fois devrai-je encore me présenter devant lui pour avouer que ma langue avait été plus rapide que ma raison, que je n'avais de nouveau pas su maîtriser la force qui pousse les hommes à se manifester, à s'exprimer, à communiquer!

Pourtant avec le temps, j'apprends à rester « *vigilante* » devant cette force. Le besoin de communication, pareil à mes lions favoris, doit être gardé sous un contrôle sévère et constant. Cette autosurveillance me donne une seconde nature : avant de parler, j'écoute en moi pour savoir s'il m'est permis ou non de m'exprimer. Peu à peu, j'apprends à n'ouvrir la bouche que si j'ai quelque chose à dire. Je reconnais deux êtres en moi : un « je » personnel qui aimerait bien bavarder sans contrôle, *simplement par besoin de communiquer et d'attirer l'attention sur ma personne* – et, à l'arrière-plan de ma conscience, le « Soi » supérieur qui retient ce « je » et lui commande *quand* il peut *dire* ou *faire quelque chose* et quand il doit *se taire* et *rester passif*. Mais voilà, il faut prêter attention aux ordres du Soi supérieur et lui obéir. Ce n'est pas suffisant d'entendre ses ordres – chacun peut en faire autant!

Pendant cette période, Ima continue à me faire faire des exercices de concentration.

Nous sommes dans mon coin favori du jardin du Temple. Ima m'explique : « Tu sais déjà par expérience ce qu'est la concentration. Mais si tu t'observes pendant ce temps, tu constates que, dans la concentration, tu passes par trois phases différentes : *intellectuelle, sensorielle et enfin spirituelle.*

« Toute concentration commence par la phase intellectuelle. Tu diriges tes pensées sur l'objet de ta concentration et tu *réfléchis* à ce sujet, à ce qu'il est. Tu travailles donc là avec ton intelligence puisque tu veux ordonner tes pensées avec clarté et que tu cherches une définition satisfaisante pour qualifier avec précision l'objet de ta concentration. Lorsque tu as trouvé cette définition, le travail de ton intelligence est terminé car tu *sais* ce qu'*est* l'objet en question. Tu n'as donc plus à y penser, car dès que l'on *sait* ce qu'*est* quelque chose, on n'y pense plus. *Penser est le pont entre l'ignorance et la connaissance.* Dès que nous savons tout – comme Dieu – nous n'employons plus notre faculté de penser. Dieu est omniscient, *Il est la connaissance même*, son savoir est aussi parfait que le cercle. À quoi devrait-il penser puisqu'il sait tout ? Seul celui qui doit encore *compléter* ses connaissances utilise sa faculté de penser. *Élargir son savoir se fait précisément par le processus de la pensée.*

« Sitôt que ta connaissance de l'objet de ta concentration est complète, tu passes du "penser" au "sentir", deuxième phase de la concentration. Ta conscience projette, de l'intérieur vers l'extérieur et par le système nerveux, toutes les caractéristiques du sujet de ta concentration sur les organes de tes sens. Tu les expérimentes, tu les vis donc au niveau des sentiments. Chaque goutte de ton sang sent et ressent ce qu'est l'objet de cette concentration !

Lorsque tu as complètement éprouvé en toi ce sujet tant au niveau intellectuel que sensitif, tu passes à la troisième phase, la concentration *spirituelle*. Cela signifie que ta conscience *s'identifie* à l'objet de ta concentration : *tu es devenue cet objet !* Nous nommons cela un *état d'ÊTRE*. Dans cet état, tu n'as plus à penser à cet objet, ni à le ressentir car tu es devenue cet objet ; toutes tes pensées, tous tes sentiments, toutes tes paroles et tous tes actes *sont des manifestations de cet objet*.

« Tu en as fait l'expérience avec le palmier. Toutefois, comme tu n'avais pas encore de pratique, tu n'as pas pu observer en toi ces trois phases ni les éprouver consciemment. Prenons un autre exemple. Tu vas d'abord réfléchir à ce qu'est l'eau. Tu penses que l'eau est un liquide composé de deux gaz ; tu peux mesurer sa température, tu sais que l'eau gèle au-dessous de 0° ; tu peux observer toutes les couleurs de cette eau, etc. jusqu'à ce que ton intelligence ait tout saisi de l'eau. *C'est la concentration intellectuelle*.

« Ensuite, tu entres dans l'eau. Tu *sens* ce qu'est l'eau. Par sensation directe, tu éprouves que l'eau est liquide, qu'elle baigne tout ton corps. Tu en sens la température, tu n'as donc plus besoin de la mesurer puisque tu sens si elle est froide ou chaude. Tu peux barboter dans l'eau, faire des vagues petites ou grosses. Tu fais ainsi l'expérience de toutes les caractéristiques de l'eau au niveau des sensations. *C'est de la concentration sensorielle*.

« Tout à coup, tu cesses de te sentir séparée de l'eau. Tu te fonds maintenant en elle, tu n'as plus un corps humain, tu es devenue eau. Tu n'as donc plus besoin de *penser* aux caractéristiques de l'eau, ni de *sentir* ce qu'est l'eau puisque, maintenant, tu *es* l'eau. La concentration parfaite consiste à *devenir identique avec le sujet de la concentration* ! Les autres phases de la concentration présentent *un état de séparation*. Seul *l'état d'ÊTRE* représente l'unité parfaite résultant d'une compréhension totale et d'une connaissance absolue *venant de l'intérieur*. Ton corps ne devient évidemment pas eau, mais *dans ta conscience*, tu fais l'expérience complète de cet élément, tu le vis.

« Observe les gens autour de toi. Certains parlent constamment d'amour et de bonté, leur sourire est doux mais suffisant. Ils ne manquent jamais une occasion de faire remarquer combien ils sont "bons et aimants". Mais cela est tout extérieur ! Ils portent le masque de l'amour. Et quand on passe aux actes, c'est leur égoïsme qui éclate au jour car ils *sont* l'égoïsme.

« Un autre, par contre, ne parle jamais de bonté, ne pense même pas à être bon. Pourtant, tout ce qu'il dit, pense et fait procède de la bonté car *il est la bonté*! On n'a pas à penser ni à sentir ce que l'on *est*, précisément parce qu'on l'*est*; on n'en parle pas, mais tout ce que l'on pense, dit et fait est une manifestation de ce que l'on est: la manifestation de son propre *Soi*!

« Alors, voici maintenant l'exercice le plus difficile: concentre-toi *sur toi-même*! D'abord, *réfléchis* à ce que tu es, puis *sens* ce que tu es et, enfin, *sois ce que tu es*!

« Afin de devenir consciente ici sur terre, tu es tombée au niveau de ton intellect et de tes sentiments. Tu ne fais donc que *penser* à ce que tu es et *sentir* ce que tu es, mais jamais à *être ce que tu es*! – Observe les gens autour de toi, tu verras qu'*ils ne sont pas ce qu'ils sont en réalité* mais qu'ils s'identifient toujours avec des pensées, des sentiments et des rôles qu'ils jouent ici-bas. Ils sont sortis d'eux-mêmes, ils sont des faux-semblants. Dans les yeux de très jeunes enfants, tu pourras encore reconnaître l'étincelle, *la lumière du Soi*. Mais avec l'éveil de sa raison, l'enfant commence à s'identifier avec sa personne extérieure et s'éloigne toujours plus de son être réel divin. La personne reste ainsi un masque au travers duquel regarde le *Soi* véritable – *le grand invisible*. La personne ne doit pas être davantage qu'un instrument pour manifester le *Soi*. Les hommes se sont tellement attachés à leur masque qu'ils ne peuvent plus s'en défaire. Le *Soi* est le souverain, le roi, la personne en est le serviteur. Mais les fils des hommes s'éloignent toujours davantage de leur *Soi* et, descendant les marches du trône, s'identifient avec leur masque, avec leur personne; ils intervertissent les rôles et font un roi du serviteur. Ils condamnent le *Soi* à l'exil en le refoulant dans l'*inconscient*. L'intellect est responsable de cette scission, mais c'est également lui qui, grâce aux exercices adéquats de concentration et aux efforts pour *devenir conscient*, nous aide à sortir de cet état de scission pour retrouver notre *Soi* véritable.

«Jusqu'à maintenant, ta concentration s'est satisfaite d'objets divers. Désormais, ta seule et unique tâche est de te concentrer *sur toi-même* et de réaliser, par ton propre *Soi*, les trois phases de concentration pour parvenir à *l'état d'ÊTRE*. Tu dois atteindre l'état qui ne peut être décrit qu'à la première personne: *"Je suis celui que je suis."* Attention: il n'est pas suffisant de *penser* à ce que tu es, ni de *sentir* ce que tu es, mais tu dois *être ce que tu es dans ton être réel*! Voilà ton exercice de concentration jusqu'à l'initiation!»

C'est ainsi que commence cette longue étape de ma vie que je dois consacrer à ces deux tâches: être mon *Soi* véritable et savoir me taire.

L'ARBRE DE LA CONNAISSANCE
DU BIEN ET DU MAL

J'arrive enfin à pouvoir me contrôler : je sais assez bien me taire. Un soir, je parais de nouveau devant Ptahhotep et Il demande : « Qu'as-tu appris dans ton combat pour garder le silence ? N'as-tu appris *que* l'art de te taire ? »

« Non, Père de mon âme, cela m'a été impossible. Mon combat s'est étendu aussi bien au *silence* qu'à la *parole*. Au fur et à mesure que je maîtrisais la discipline du silence, je contrôlais parallèlement la parole. *Car se taire signifie ne pas parler, et parler ne pas se taire.* Je ne pouvais donc pas séparer ces deux choses. J'ai découvert que, pareils à la médaille qui a deux faces qui pourtant forment une unité, les jumeaux silence et parole sont les deux côtés d'une unité. »

« Très juste », dit Ptahhotep en se levant et en me conduisant devant l'une des grandes pierres blanches qui composent les parois de la pièce. Montrant la surface polie de la dalle, il demande :

« Que vois-tu sur cette surface blanche ? »

« Rien. »

« Que pourrais-je y dessiner ? »

« Tout. »

« Donc, dit Ptahhotep, ce *Rien* contient en soi le *Tout*. Dans cet état, les deux forment une unité parfaite. Dans cette unité, il n'est possible de *reconnaître* quelque chose que si ce quelque chose se sépare de cette unité et s'en distingue. Regarde : sur cette surface, je dessine maintenant une feuille de trèfle en vert. Cette feuille de trèfle se trouvait déjà sur cette dalle mais tu n'avais pas pu la reconnaître car *la forme positive de la feuille et la nature négative du fond reposaient l'un dans l'autre*. Ils étaient parfaitement identiques. La forme de la feuille du trèfle n'était pas encore séparée du *Tout* contenu dans ce *Rien*. Par le fait d'apparaître en vert sur le mur, cette feuille s'est séparée du *Tout* et est devenue *reconnaissable*.

« Réfléchis maintenant à un point important : puisque la feuille est apparue en *vert* sur cette surface blanche, cela signifie que sa forme dans sa couleur complémentaire, donc en *rouge* dans ce cas, est restée dans le *Tout* comme une image invisible négative. *Quelle que soit la chose que tu voies, elle n'est reconnaissable que parce qu'elle s'est séparée de sa moitié complémentaire et que cette dernière est restée dans l'invisible, dans le non-manifesté !*

« Tu ne peux acquérir la *connaissance* que par la *comparaison* de deux côtés séparés l'un de l'autre, le positif et le négatif. Aussi longtemps que ces deux côtés sont fondus l'un dans l'autre, tu ne peux rien percevoir, rien reconnaître.

« Observe le monde extérieur ! Il n'est reconnaissable que parce qu'il s'est séparé de l'unité où le Rien et le Tout reposent encore l'un dans l'autre, donc dans l'unité absolue que nous nommons Dieu. Ce n'est pas parce que le positif apparaît séparé du négatif que nous pouvons les *comparer*, que nous pouvons reconnaître la création. *Il n'y a pas de perception possible à moins que l'unité se scinde en deux moitiés, l'une manifestée et l'autre, son reflet et sa moitié complémentaire, non manifestée – de sorte que toutes deux deviennent reconnaissables par la comparaison.* Suis-moi maintenant. » Ptahhotep m'emmène dans une autre pièce. Il pose une figurine sur une grande table, devant une paroi blanche, puis derrière la statuette, il place à gauche et à droite une petite lampe de manière à ce que la figurine jette une ombre à gauche et à droite. Ptahhotep prend maintenant une feuille de papier transparent rouge qu'il tient devant la lampe droite. À ma grande surprise, l'ombre de la figurine devient rouge à droite mais *verte* à gauche.

« Comment est-ce possible, Père de mon âme ? »

« Réfléchis un peu et tu trouveras la réponse toute seule », répond Ptahhotep.

Je reste muette un moment et me concentre jusqu'à ce que j'éprouve et sente en moi la solution. Alors j'explique : « La statuette retient la couleur rouge de la lumière devenue rouge et ne laisse apparaître sur la paroi que la couleur complémentaire. Cela explique l'ombre *verte* de l'autre côté. Par contre, la statuette retient *toute la lumière* de l'autre lampe et l'ombre de ce côté de la paroi semble être devenue rouge. »

« Tout à fait juste, dit Ptahhotep. Tu vois que ces deux couleurs ne peuvent pas exister l'une sans l'autre, pas plus que ne le peuvent le *silence* et la *parole*. Quoi que tu rendes visible dans le monde extérieur, l'opposé complémentaire reste dans le monde non manifesté. Lorsque tu parles, c'est le silence, le côté négatif complémentaire de la parole, qui est dans le non-manifesté. Et quand tu te tais, c'est la parole, le côté complémentaire positif du silence qui reste dans le non-manifesté. Lorsqu'une montagne se forme, son image négative doit se former aussi : une vallée. Comment imaginer une montagne sans vallée et une vallée sans montagne ? *Rien ne peut être manifesté et reconnaissable sans que son contraire – sa moitié complémentaire opposée – soit simultanément présente dans le non-manifesté. Lorsque quelque chose de positif se manifeste, c'est le négatif qui reste non manifesté et inversement, lorsque quelque chose de négatif se manifeste, c'est le positif qui reste dans le non-manifesté. Dès que l'un paraît, sa partie complémentaire doit obligatoirement être présente même si ce n'est qu'à l'état non manifesté. Ils sont liés l'un à l'autre pour toute l'éternité.*

« La séparation n'est donc qu'apparente car les deux moitiés complémentaires, même si elles sont séparées et sont sorties de *l'unité absolue du Tout, ne peuvent s'éloigner l'une de l'autre ni s'abandonner.* L'*unité* divine et indivisible se manifeste donc toujours et partout, car cette séparation apparente agit continuellement sous la forme de *la force d'attraction partout présente entre le positif et le négatif.* Le positif comme le négatif aspirent à retrouver leur état originel, l'*unité* divine. Si quelque chose paraît dans le monde manifesté, ce quelque chose ne peut jamais s'éloigner définitivement de l'unité ; tôt ou tard, s'unissant à nouveau à sa moitié complémentaire, il la retrouvera. La force qui anime tout ce qui existe et qui pousse chaque forme créée à retourner dans l'unité est ce que nous appelons *Dieu*.

« La création – le monde visible – est pareille à un arbre : à droite, il porte des fruits positifs et bons, à gauche des fruits négatifs et mauvais. Mais les deux côtés appartiennent au même tronc et procèdent tous deux de la même unité.

« *Le bien et le mal sont le résultat de cette séparation d'avec l'unité qui n'est ni bonne ni mauvaise mais divine. Seule cette séparation a rendu la connaissance possible. Conséquemment, le monde visible doit se composer du bien et du mal sinon il ne serait pas reconnaissable, il serait inexistant.*

« La création entière représente l'arbre de la connaissance du bien et du mal. Le créateur, *Dieu*, n'est pas une moitié séparée de l'unité car *Dieu est l'unité.* Il est au-dessus de tout ce qui est créé et a jailli de l'unité. *Il* repose en *Lui-même* dans une unité parfaite. *Il* est le *Rien* dont le *Tout* surgit et se manifeste, mais en *Lui*, le *Rien* et le *Tout* composent l'unité divine absolue !

« La création n'est toujours qu'une moitié du tout, celle qui s'est séparée de l'unité et qui, par comparaison, est devenue reconnaissable alors que son autre moitié complémentaire est restée non manifestée. C'est pourquoi, tu ne peux jamais trouver *Dieu*, le créateur, dans le monde créé car *Dieu n'a pas de moitié complémentaire avec laquelle on pourrait Le comparer*. Il est tout à fait impossible de *Le* comparer à quoi que ce soit. En conséquence, il n'existe aucune possibilité de *Le* reconnaître – *tu ne peux donc qu'ÊTRE DIEU* !

« Écoute bien, mon enfant : il n'y a qu'*un seul ÊTRE éternel, un seul Dieu*. Ce seul et unique *ÊTRE*, ce seul et unique *Dieu* vit en tout ce qui vit. *Dieu* est l'unité indivisible. *Il* est partout présent. *Il* remplit l'univers entier. Et tout cet univers vit parce que *Dieu l'anime de son ÊTRE propre et éternel* ! *Dieu* est donc comme un arbre de vie qui donne son essence au monde créé et visible, cette partie qui s'est séparée de sa moitié complémentaire, et l'anime : c'est l'arbre de la connaissance du bien et du mal. L'arbre de la connaissance, le monde créé, ne vit que parce que l'arbre de vie – *Dieu* – instille sa propre *vie* dans les veines de l'arbre et *vit en lui* !

« Le monde matériel est pareil à un arbre mort : l'arbre de la connaissance du bien et du mal et le Dieu qui y habite est l'arbre de vie qui vit dans tout ce qui est créé. *Dieu* est un. Ce Dieu seul et unique est le *Soi*, l'être le plus profond de toute créature. Dieu est omniprésent et comme deux choses ne peuvent être en même temps au même endroit, et que rien ne peut refouler Dieu dans une place quelconque de l'univers, ce ne peut donc être que ce *Dieu* seul et unique qui se manifeste comme le *Soi* en tout et partout. *Dieu* est l'*unité* indivisible. Toutes les créatures vivantes, toutes les plantes, les animaux, l'homme même sont des fruits sur l'arbre de la connaissance du bien et du mal qui peuvent vivre grâce au fluide vital de l'arbre de vie qui court dans leurs veines, *parce que l'arbre de vie vit en eux*. En moi aussi, ma petite fille ! Ton corps est également un fruit sur l'arbre de la mort, sur l'arbre de la connaissance du bien et du mal et n'a pas de vie propre. L'arbre de vie vit en toi aussi car ton *Soi* est un rameau du grand arbre de vie de *Dieu*, et tu ne vis que parce que *Dieu*, ton *Soi* vit en toi et maintient la vie dans ton corps, dans ta personne.

« Tu es un être reconnaissable parce que tu es née dans un corps. Ta conscience s'est séparée du *Rien-Tout*, de *Dieu*, de ton *Soi* véritable. De l'état originel divin et paradisiaque, dans lequel toutes les possibilités de manifestation, donc toutes les plantes, tous les animaux et l'homme lui-même reposent encore, de *l'unité absolue* tu es tombée dans le monde de la diversité, de la différenciation. Tu es devenue une manifestation, une forme créée. En conséquence, tout ce que tu es ici sur le plan terrestre n'est que la moitié manifestée de l'unité, composée de bien et de mal. Et comme ta conscience s'est déplacée dans ton corps, tu t'es éveillée dans ce corps, c'est-à-dire que ta conscience s'est identifiée avec ton corps.

« "Manger" de quelque chose signifie "devenir identique". Car tu vas être composée de ce que tu manges, *tu vas devenir cela*. Parce que ta conscience s'est identifiée au corps, tu as, symboliquement exprimé, mangé des fruits de l'arbre de la connaissance du bien et du mal, devenant ainsi un sujet du royaume de la mort.

« Écoute attentivement : ton corps est la conséquence et le résultat de la séparation, il n'est que la partie visible de ton Soi véritable. L'autre moitié est restée dans la partie non manifestée, *inconsciente*, de ton être. Si tu réunis ces deux moitiés complémentaires, tu peux retrouver *l'unité* divine ! Il est absolument impossible de vivre physiquement cette *unité*, de rendre ta moitié invisible et inconsciente *également* visible, de la matérialiser et de réunir les deux. Car *une* conscience ne peut animer *deux* corps ; si tu voulais vivre *dans ton corps* l'essence de ta moitié complémentaire, ce serait la mort. C'est parce qu'il s'est séparé de sa moitié complémentaire que le corps est devenu visible et reconnaissable. Or, une réunion des deux moitiés impliquerait obligatoirement la destruction du corps. *Tu peux pourtant vivre dans ce corps l'unité divine avec ta moitié complémentaire : dans un état de conscience !* Tu peux élargir ta conscience jusqu'à ce que tu rendes conscient tout ton inconscient, que tu vives consciemment en toi ta moitié non manifestée et invisible et que tu réalises ainsi l'unité divine *dans ta conscience*. Pendant que ton corps séjourne dans le monde créé et visible, tu peux te fondre à nouveau dans ton *Soi* véritable dont tu t'es séparée, éprouver la félicité suprême, vivre *Dieu, être Dieu*.

« Tout ce qui a été créé aspire à la réunion. Chaque être vivant cherche sa moitié complémentaire pour s'y unir à nouveau. Les formes positives masculines cherchent les formes négatives féminines et inversement. Cette aspiration, ce désir ardent des forces positives et négatives forme même la structure de base de la matière, en d'autres termes : *la matière n'existerait pas sans cette aspiration*. Car ce désir, cette aspiration à la réunion, *à être Dieu*, crée la force d'attraction entre les forces positives et négatives, et le monde entier est construit sur ce désir de retrouver l'état divin originel. La source de toutes les forces dans le monde manifesté est cette aspiration elle-même. La nature l'utilise en la projetant dans le corps sous la forme de la force sexuelle.

« Tant qu'une créature cherche son autre moitié à l'extérieur, dans le monde visible et créé, elle ne trouvera jamais l'unité car *sa moitié complémentaire n'est pas séparée d'elle, dehors, dans le monde manifesté, mais bien en elle, dans sa partie non manifestée, dans l'inconscient*. Aucune créature ne pourrait exister si elle n'avait son autre moitié dans le monde non manifesté. Prends ton exemple, ma fille : le contraire de tout ce que tu es dans la partie consciente et que tu manifestes, est compris dans ta partie inconsciente mais qui, néanmoins t'appartient, que *tu es* également. Tu ne peux trouver ta moitié complémentaire en dehors, dans un homme de chair et de sang par exemple, mais seulement dans la partie inconsciente de ton Soi. Lorsque, dans ta conscience, tu réunis les deux moitiés de ton Soi, tu retrouves l'état du *Rien-Tout*, tu es à nouveau identique à *Dieu* !

« Une fois cette réunion réalisée dans ta conscience, l'aspiration ardente et éternelle qui anime ton être manifesté est apaisée car elle a trouvé sa moitié complémentaire et s'est fondue avec elle en une unité parfaite. Le désir sexuel de ton corps cesse une fois pour toutes. Tu es complète en toi. Ici, pendant cette existence terrestre, tu fais alors l'expérience de l'état divin, tu le vis : immortalité, félicité, tout est accompli ! Et comme chaque créature est animée par un seul et unique *ÊTRE*, tu deviendras, dès que tu t'éveilleras dans ton Soi véritable, identique *au Soi véritable de chaque créature vivante*. Tu parviendras à l'unité avec *Dieu* et en même temps à l'unité avec l'univers entier. Tu élèveras ta conscience au-dessus du corps, au-dessus de ton être personnel et tu vivras *l'état de conscience cosmique qui inclut tout*. Tu te sentiras le "je" de chaque créature, de tout l'univers, de *Dieu*. Cela signifie que *tu mangeras à nouveau des fruits de l'arbre de vie* !

« Tu auras ainsi quitté le monde des effets pour celui des causes, le monde du passager pour celui de l'éternité, le monde créé pour le monde créateur et le royaume de la mort pour le royaume de la vie, ta résurrection dans l'*ÊTRE* éternel sera accomplie. C'est cela l'initiation ! »

Ptahhotep se tait. Dans la profondeur insondable de ses yeux célestes, je reconnais cette unité divine. Le bonheur infini, le calme et la paix qui émanent de ses yeux inondent mon âme. Je vois dans son regard l'accomplissement de la vérité.

Il me bénit et je sors.

LES DOUZE PAIRES
DE QUALITÉS JUMELLES

Le lendemain, je parais à nouveau devant Ptah-hotep.

« Le temps est venu pour toi, me dit-il, d'étudier les douze paires de qualités jumelles. C'est là ton prochain exercice. Les épreuves de l'initiation portent également sur ce sujet. Donc sois très attentive et imprègne-toi de ce que je vais te dire :

« Comme "se taire" et "parler" sont les deux moitiés complémentaires de la même force, il existe douze paires de vertus que tu dois apprendre à maîtriser. Désormais, tu ne passeras que la matinée au Temple. Tu rentreras ensuite au palais et tu saisiras toutes les occasions pour vivre en société : il est en effet infiniment plus simple de maîtriser ces choses au Temple que dans le monde. Ici, tu n'es en contact qu'avec d'autres néophytes qui, comme toi, cherchent l'unité divine, ou encore avec des prêtres et des prêtresses qui vivent déjà dans cette unité. Par contre, dans le monde, tu seras exposée à toutes sortes de tentations. Tu y rencontreras des personnes esclaves de leur corps et qui essaieront de t'influencer. Le danger de succomber est beaucoup plus grand. Si tu réussis à maîtriser toutes ces caractéristiques dans le monde, tu réussiras aussi les examens de l'initiation.

« Ces douze paires sont :

se taire — parler
réceptivité — résistance aux influences
obéir — régner
humilité — confiance en soi
rapidité de l'éclair — pondération
tout accepter — savoir discerner
prudence — courage
ne rien posséder — disposer de tout
n'être attaché à rien — fidélité, loyauté
se faire remarquer — passer inaperçu
mépris de la mort — respect de la vie
indifférence — amour

« La terre est à une époque pendant laquelle des hommes égoïstes et dominés par leur corps s'emparent peu à peu du pouvoir. Tu sais déjà que là où se manifestent des forces négatives, des forces positives doivent également être présentes mais seulement dans le non-manifesté. Pendant cette sombre période de la terre, les fils de Dieu qui manifestent les lois divines du désintéressement vont peu à peu quitter le plan terrestre pour se retirer au niveau spirituel, dans le non-manifesté. Mais ils continueront d'agir dans l'inconscient des hommes car *ils représenteront précisément l'inconscient de l'humanité* et se manifesteront dans l'âme mûrissante des hommes en y faisant naître le désir de se libérer, de se délivrer.

« Sur terre, la mégalomanie et la soif de puissance de certains individus conjuguées avec le mécontentement croissant des peuples réduits à l'esclavage donneront lieu à des luttes toujours plus âpres durant des milliers d'années. Et des millénaires de luttes et de combats, pendant lesquels règnent l'avarice, la vanité, l'envie, le désir de vengeance, la haine et tant d'autres caractéristiques animales efface-raient de la surface de la terre tout ce qui est beau, bon et authentique si la providence divine n'avait pas prévu qu'un groupe d'êtres humains liés par l'esprit travaillera, sous la conduite des fils de Dieu agissant depuis le niveau spirituel, à sauver de l'oubli notre *savoir* secret et à le propager. La terre – comme chaque planète – est guidée par une énergie spirituelle élevée qui se manifeste au travers des fils de Dieu d'une manière adaptée aux hommes. Cette force se manifeste en outre par un groupe de personnes initiées qui, sur le chemin du développement, sont devenues les pairs des fils de Dieu. Tous travaillent à la grande cause : arracher la terre à l'obscurité, à la domination des forces matérielles et infernales – à l'isolement – et à la délivrer. Chaque Initié prend part à ce travail et cela sera donc aussi ta mission.

« Afin de devenir un membre utile à cette cause, on doit parfaitement maîtriser toute la gamme de ces vertus opposées. C'est pourquoi tu devras passer des examens dans ces domaines.

« Les maîtriser signifie que tu utilises ces qualités au *moment* et à l'*endroit opportuns*. La même qualité utilisée au bon endroit et au bon moment est *divine*, elle est *satanique* si elle est utilisée au mauvais endroit et au mauvais moment. *Car Dieu ne crée que le Bon, le Beau et le Vrai. Il n'y a pas de mauvaises caractéristiques ni de mauvaises forces. Il n'y a que des caractéristiques et des forces mal utilisées !*

« Tu sais déjà ce que signifie "se taire" et "parler" avec discernement. "Se taire" est une qualité divine. C'est une bénédiction lorsqu'on l'utilise *où* et *quand* il est bon de se taire. Par contre, si l'on se tait où et quand on devrait parler, par exemple lorsqu'on pourrait, par un mot, sauver quelqu'un d'un grand danger, ce "silence" devient satanique.

« Lorsqu'on parle au mauvais endroit à un mauvais moment, la faculté divine de "parler" devient un "bavardage" satanique.

« Une moitié de la seconde paire de caractéristiques, la réceptivité, est divine lorsqu'on s'ouvre à tout ce qui est supérieur – au Beau, au Bon et au Vrai : à *Dieu*, à *Le* laisser agir en soi, à *Le* recevoir en soi. Elle devient désastreuse et satanique lorsqu'elle se transforme en un caractère faible incapable de résister aux influences.

« L'autre face, la résistance aux influences, représente la faculté de s'opposer d'une manière inébranlable aux influences de basses souches. Si cette résistance s'oppose aux énergies supérieures, la faculté divine de cette "résistance aux influences" devient "isolement satanique".

« Tout membre qui travaille à la grande œuvre doit une obéissance absolue à la volonté divine. La volonté de Dieu peut se manifester directement au travers de toi-même, mais aussi au travers d'autres personnes. Tu reconnais la volonté divine lorsque après avoir examiné à fond tout ce qui est exigé de toi, tu es certaine que cela correspond à *ta conviction la plus profonde*. Dieu nous parle par le truchement de notre profonde conviction et nous lui devons une obéissance absolue. Obéir à quelqu'un contre notre conviction, par lâcheté, crainte, éventuellement pour "être gentil" ou pour des avantages matériels, donc pour des motifs bas et personnels, équivaut à être "servile", ce qui est satanique.

« "Régner" veut dire donner de sa propre force de volonté aux êtres ignorants et faibles. L'amour universel doit conduire au bien-être général en mobilisant toutes les forces actives du peuple mais sans violer son droit à l'autodétermination. Or celui qui, sans amour, impose sa volonté à autrui et viole son droit à l'autodétermination fait de la qualité divine de "régner" une "tyrannie" satanique.

« Nous devons nous tenir avec "humilité" devant le *Soi* suprême qui nous anime, devant le divin en nous. Tu dois être consciente du fait que toutes les qualités belles, bonnes et authentiques *LUI* appartiennent, que la personne est un instrument de manifestation, un appareil de projection du divin, mais que ce n'est qu'une enveloppe vide. Tu dois reconnaître en toi la divinité qui se manifeste partout dans l'univers, l'*ÊTRE* éternel, et te soumettre humblement à cette divinité. Par contre, tu ne dois jamais te soumettre aux puissances terrestres ou infernales ni ployer le genou devant des formes matérielles. Cela signifierait faire de l'humilité divine une "auto-humiliation" lâche et satanique par laquelle tu blesserais la divinité de l'*ÊTRE* éternel qui t'anime.

« Si tu veux bien servir le grand plan de rédemption de la terre, tu ne dois jamais oublier que tu ne vis ni ne travailles avec tes propres forces. Toute énergie vient de Dieu et toutes les forces que tu manifestes te viennent de ton Soi supérieur, de *Dieu*. Souviens-toi toujours que ta personne est un semblant. Ton être véritable, l'unique réalité éternelle en toi, est *Dieu* ! La confiance en soi est la confiance en Dieu qui habite dans ton cœur, mais pas dans ton semblant, ta personne. *La "confiance en soi" divine est indispensable à toute activité créatrice* et représente une relation intérieure avec *Dieu*. Mais lorsqu'une personne s'imagine que toutes ses qualités et ses forces lui appartiennent – et non à *Dieu* – la confiance en soi divine devient de la "présomption" satanique.

« Un collaborateur dans ce grand travail doit pouvoir prendre des décisions avec une rapidité foudroyante. Tu dois apprendre à choisir sans hésitation la meilleure des possibilités offertes. Des situations peuvent se présenter dans lesquelles un instant de retard peut signifier la perte irréparable d'une occasion unique. Si tu peux agir très rapidement dans un état de parfaite concentration et avec une présence d'esprit qui plane au-dessus de tout concept du temps, la rapidité foudroyante de ta décision est divine. Mais lorsqu'on agit hâtivement sans réflexion ni présence d'esprit et que l'on perde la concentration, cette "rapidité foudroyante" divine devient de la "précipitation" satanique.

« C'est pourquoi tu dois apprendre la "pondération" divine. Avant d'agir tu dois pouvoir contrôler ta nature et, avec beaucoup de patience, laisser mûrir en toi la décision. Pour reconnaître la volonté de *Dieu*, il est souvent nécessaire de t'accorder du temps pour parvenir à l'exacte décision. Mais lorsque cette réflexion dure trop longtemps et qu'elle n'apporte aucune solution, la "pondération" divine devient une "irrésolution" satanique.

« Un ouvrier utile au plan divin doit apprendre à tout accepter ce que le destin lui apporte. Ce ne sont pas les circonstances extérieures qui déterminent ta valeur mais le degré auquel tu manifestes *Dieu*. Les dégradations et les humiliations de ce monde ne peuvent réduire ni détruire tes valeurs intérieures. Mais ni les louanges ni la gloire ne peuvent les améliorer non plus. C'est pourquoi tu ne dois pas te laisser affecter par la manière dont les ignorants te traitent. Tu restes ce que tu es, que l'on t'humilie ou te glorifie. Apprends à être contente en toute circonstance, à accepter imperturbablement les critiques comme les éloges. Si ton travail au plan divin exige que tu vives dans la pauvreté ou que tu occupes au contraire une position importante et disposes d'une grande fortune, tu dois *accepter l'un comme l'autre et les considérer comme des moyens pour servir la grande cause*. Ni l'un ni l'autre ne doit pouvoir changer ton attitude intérieure. "Tout accepter" est ainsi divin. Toutefois, tu dois pouvoir décider – mais sans que cela t'affecte – quand *tu dois te défendre en ta qualité de représentante de la règle divine* contre des insultes et des humiliations, et, dans la même mesure, quand tu dois te *soustraire* modestement aux louanges. Le "tout accepter" ne doit jamais dégénérer en une "indifférence" apathique ou en un "manque de caractère" lâche.

« Choisis toujours le meilleur, ne te contente jamais de ce qui est inférieur. Tu dois savoir discerner "le beau du laid", "le bon du mauvais", "le vrai du faux" – *le divin* du satanique. On est inutile au plan divin si l'on ne peut faire preuve d'un pouvoir de discernement parfait.

« Mais si tu veux être utile, tu dois pouvoir "combattre" de toutes tes forces. Avec l'épée de la vérité, tu dois lutter contre l'ombre de l'erreur pour aider à assurer la victoire du divin sur terre. Mais "l'empressement au combat" noble et courageux ne doit pas dégénérer en une "humeur querelleuse" constante et stupide.

« N'oublie pas que, même si tu dois souvent combattre courageusement, tu le fais avec des armes spirituelles afin d'apporter la paix à la terre. Tu dois lutter pour réunir ce qui a été séparé, déchiré, et pour rétablir la paix entre combattants. Ton amour de la paix ne doit jamais devenir une attitude négative de "ne pas vouloir combattre" par lâcheté ou par confort.

« Si tu veux être un membre utile à la rédemption de la terre, tu dois apprendre la "prudence" mais en même temps aussi à décider quand et où cette qualité divine peut être appliquée. La "prudence" peut te sauver, et beaucoup d'autres encore, de grands dangers, du mal et de sacrifices inutiles. Mais le manque de confiance en soi et la peur de se risquer à faire quelque chose font de cette "prudence" divine une "faiblesse" satanique.

« Ton "courage" doit être inébranlable. Tu ne dois craindre aucun danger. Tu dois faire face avec courage à toutes les difficultés et répondre de même à toute attaque dirigée contre le divin lorsque la cause l'exige. Mais ce "courage" divin ne doit pas dégénérer en un "risque audacieux et casse-cou".

« Un collaborateur au grand plan divin doit apprendre ce que signifie "ne rien posséder". Que ta mission exige de toi la plus profonde pauvreté ou la plus grande fortune, sois toujours consciente du fait que *rien ne t'appartient jamais, que tout appartient à Dieu, mais que de ce tout, tu reçois ce qui t'est nécessaire pour remplir ta mission*. Pareille au canal qui reste indifférent à la quantité d'eau qui passe en lui puisque l'eau ne lui appartient pas, tu dois considérer tout ce que le destin te donne comme venant de *Dieu* et bon à transmettre. Ne te fais aucun souci au sujet de tes moyens d'existence. Tu reçois exactement ce dont tu as besoin. Et même si tu es extrêmement riche, tu dois te souvenir *dans ta conscience* que tu ne possèdes rien. Mais cette attitude positive divine ne doit jamais dégénérer en une attitude de "ne pas t'occuper des choses matérielles et de les mépriser". *Tu ne peux jamais demander de ton prochain qu'il t'entretienne sans que tu travailles !*

« La matière est également une manifestation divine. Donc tu dois attribuer à la matière une valeur divine ; tu dois pouvoir régner sur elle et en disposer. Tu dois maîtriser l'art de te procurer les choses matérielles dont tu as besoin pour accomplir ta tâche terrestre. Sois pleinement consciente du fait que tant que tu séjournes sur cette terre, tu dois traiter *avec* la matière, non pas *sans* la matière ou *contre* la matière. Il est nécessaire que tu puisses l'acquérir et la garder, que tu la maîtrises et l'utilises correctement. Sinon, tu es à la merci des puissances terrestres, sous leur contrôle, et tu ne peux remplir ta mission librement, de manière indépendante. Mais fais attention à ce que cette qualité divine qui te permet de maîtriser la matière ne devienne jamais une soif de possessions égoïste et satanique.

« En ta qualité d'ouvrière à cette grande cause, tu ne dois t'attacher à personne. Sache reconnaître en chacun ce qu'il a de divin, de terrestre, de démoniaque. N'aime pas la personne, mais *en elle, aime le divin,* tolère le terrestre et évite le démoniaque. Si ta mission l'exige, tu dois pouvoir, sans hésitation aucune, quitter l'être qui t'est le plus cher car tu dois toujours te rappeler que ce qui est digne d'amour en lui *est Dieu et non pas la personne*. La personne n'est qu'un instrument de manifestation de *Dieu*. Tu peux trouver et aimer les mêmes manifestations en d'autres personnes. Aime Dieu en chaque être et tu ne seras attachée à personne. Mais que cela ne devienne pas de "l'insensibilité", de "l'indifférence" envers ton prochain.

« Pourtant, tu dois rester fidèle à la vie et à la mort à ceux en qui tu as reconnu la manifestation divine. Tu aimes tes maîtres et les participants à la cause divine parce que *en eux, tu as reconnu Dieu*. Tu es fidèle à *Dieu* à travers eux car tu n'aimes leur personne qu'en leur qualité d'instrument divin. Ainsi, le respect et la loyauté que tu montres envers tes maîtres et tes collaborateurs ne deviendront jamais de l'adoration, ni un "culte de la personne".

« Si tu veux être utile à la grande cause, tu dois posséder l'art de maîtriser ta propre personne et d'en jouer en public comme d'un instrument obéissant. Tu dois être capable, devant un groupe de personnes, de faire valoir tes talents et tes facultés grâce à tes forces spirituelles, de les amener à leur apogée, de manière à ce que, par tout ton corps, tu manifestes ton esprit élevé, que ce soit par la manière dont tu te tiens, par les mouvements de tes mains, par l'expression de tes yeux, par tes paroles persuasives afin de rassembler ce groupe sous ton influence et de l'élever avec toi à un échelon spirituel supérieur. Tu dois donc pouvoir paraître en public sans honte ni complexe pour montrer ton esprit au moyen de ta personnalité. Mais cette qualité ne doit pas réveiller en toi le diable de la vanité, ni devenir de la suffisance en utilisant les dons reçus de Dieu pour fanfaronner. Si le public te fait fête et t'applaudit, garde toujours présent dans ta conscience que ces gens ne sont pas conquis par ta personne, qui n'est qu'une enveloppe vide, mais par *Dieu* qui S'est manifesté au travers de ton enveloppe terrestre.

« Si, en t'exerçant à l'art de "te montrer" tu ne succombes pas à la vanité, cela ne te dérangera donc aucunement de devoir passer inaperçue en accomplissant d'autres tâches. Dans ce cas, tu ne dois pas faire étalage de tes qualités mais rester anonyme et disparaître dans la foule. Mais ce modeste "rester dans l'ombre" ne doit pas devenir une sous-estimation de soi ni une autodestruction. Ta dignité humaine doit rester présente en ton cœur.

« Afin d'être un participant valable au plan divin, tu dois pouvoir prouver ton mépris de la mort. Tu dois avoir la conviction inébranlable que la *mort* n'existe pas. Lorsque ton corps est usé, ton Soi s'en débarrasse. Le *Soi* est une branche de l'arbre de vie, la *Vie* elle-même, et la *vie* est immortelle. Si, dans ta conscience, tu t'es identifiée à la *vie*, tu sauras faire face à la mort – si ta mission te met en danger mortel – sans crainte et avec le dédain le plus parfait devant elle. Mais que ce "mépris de la mort" ne devienne jamais une sous-estimation de la vie, "un mépris de la vie".

« Tu dois estimer la *vie* par-dessus tout. La *vie*, c'est *Dieu*. Dans tout ce qui vit, c'est l'ÊTRE éternel qui se manifeste. Tu ne dois jamais t'exposer au danger sans raison. Apprécie la *Vie* dans ton corps, vis avec joie. Mais que cette joie de vivre ne devienne pas un but en soi et dégénère en "sensualité".

« Puis vient l'épreuve la plus difficile, celle de "l'amour" et de "l'amour cruel" : de "l'indifférence". Cette dernière paire de caractéristiques jumelles représente déjà sur terre une unité inséparable. Chaque fois que tu manifestes une moitié, l'autre se manifeste automatiquement.

« Tu dois renoncer pleinement à ton point de vue personnel, à tes inclinations et à tes sentiments personnels : pouvoir aimer *comme Dieu aime, tout aimer, sans distinction ni discrimination* ! Aimer dans l'unité de l'ÊTRE éternel. Pareille au soleil qui brille – qui aime – avec une parfaite indifférence sur le beau comme sur le laid, sur le bon comme sur le mauvais, sur le vrai comme sur le faux, tu dois aimer sans distinction : le beau et le laid, le bon et le mauvais, le vrai et le faux. L'amour divin suprême est *l'amour parfaitement impartial* ! Que quelqu'un soit beau ou laid, bon ou mauvais, vrai ou faux, doit t'être complètement indifférent. Tu dois tous les aimer du même amour. Tu dois apprendre que la beauté n'existe pas sans la laideur. Tu dois apprendre que la bonté n'existe pas sans le mal. Tu dois apprendre qu'il ne peut y avoir le vrai sans le faux. C'est pourquoi tu dois tout aimer. Tu dois reconnaître que le beau et le laid, le bon et le mauvais, le vrai et le faux ne sont que des images complémentaires de l'*Ineffable* que, pour pouvoir l'exprimer, nous nommons "Dieu".

« Si tu radies de cet amour parfaitement impartial et complet vers chaque être vivant, cet amour n'a alors plus rien de commun avec les inclinations personnelles. Tu considères chaque chose du point de vue du tout. Si l'intérêt général diffère de certains intérêts personnels, tu défends sans hésitation l'intérêt général sans considération pour les intérêts individuels. Mais ce manque de considération doit toujours procéder de l'amour universel divin et non d'une antipathie personnelle.

« Mais tu dois aussi manifester ton amour impersonnel, cruellement impartial pour ton prochain lorsque, par exemple, son âme ne peut être sauvée qu'au prix de son bien-être terrestre, même si cet être t'est personnellement très proche. Tu dois éventuellement être le spectateur indifférent devant les dangers que courent les êtres qui te sont les plus chers et, s'ils ne réagissent pas aux mesures ordinaires, tu n'as pas le droit d'intervenir par ta force spirituelle, l'hypnose ou des moyens magiques, si le salut de leur âme dépend de cette expérience. Mieux vaut, pour un homme, être ruiné matériellement ou physiquement, voire mourir, que perdre son âme. En toute circonstance, tu dois tout tenter pour sauver son âme. Pareille à *Dieu* qui ne se mêle jamais des affaires des hommes mais leur laisse le libre arbitre, tu dois laisser ton prochain agir à sa guise et ne jamais le forcer à faire quoi que ce soit. Ta serviabilité doit considérer le salut de son âme, non son bien-être matériel et physique. Mais cet amour divin ne doit pas s'endurcir et devenir de "l'insensibilité" et tu ne dois jamais *refuser* d'aider par antipathie personnelle celui que tu peux sauver par des moyens de ce monde.

« Ce sont là les épreuves les plus difficiles car tu dois te défaire de tous tes sentiments personnels et agir comme s'ils n'existaient pas. Or ce n'est qu'après avoir parfaitement maîtrisé les onze paires précédentes de qualités jumelles que tu pourras reconnaître la voix de Dieu avec une telle clarté et une telle certitude que, même dans les cas les plus difficiles, tu sauras ce que *tu dois* ou *ne dois pas faire* par amour divin.

« À ce moment, tu ne pourras plus te tromper car tu seras *l'amour lui-même*! Et l'amour ne peut agir que par amour. Tu n'as rien d'autre à faire que de radier ton *Soi*, qu'à être ton *Soi* et tout *l'univers* pourra puiser dans ta *chaleur*, dans ta *lumière* et dans tes *forces*. Tu seras alors devenue divine, ta conscience sera devenue identique à *Dieu*! Tu seras sortie du royaume de l'arbre de la connaissance du bien et du mal, donc de l'arbre de la mort où tout semble être séparation, et retournée au royaume de l'arbre de vie, au royaume de l'unité divine. Tu mangeras de nouveau des fruits de l'arbre de vie et tu donneras de ces fruits à ceux qui te suivront afin que tous puissent revenir dans l'unité de la *vie* impérissable et immortelle, dans l'*ÊTRE* éternel – en *Dieu*. »

Ô toi, représentant de Dieu ! Jamais je n'oublierai tes paroles ! Elles sont si profondément gravées dans mon âme que je me suis identifiée au sens de ces mots. Ils ont passé dans mon sang, dans ma moelle. Cet enseignement a fait de moi un être différent.

Mais je dois maintenant m'appliquer à *réaliser* tout cela.

LES LIONS

Le lendemain, c'est un grand jour de fête.

Comme d'habitude, Menu m'habille, je chausse des sandales dorées puis je pénètre dans ma chambre de réception où m'attendent les dames de la Cour, Roo-Kha, le chancelier, et les deux porteurs de bijoux. Roo-Kha s'avance cérémonieusement vers les deux porteurs et ouvre le coffre. La première dame de la Cour qui fut ma gouvernante principale en sort le magnifique col d'or, vient solennellement à moi et le pose sur mes épaules. Tout aussi solennellement, elle fixe le diadème à tête de serpent sur ma coiffe, puis les bracelets, enfin les anneaux aux chevilles. Je suis là, debout, immobile comme une statue, digne. Je me comporte de manière irréprochable, pourtant j'aimerais mieux tirer violemment la barbe de Roo-Kha qui me regarde avec impertinence. Ce n'est un pas mauvais homme. Il a, lui aussi, un peu du sang des fils de Dieu qui court dans ses veines. Il est très intelligent et rusé, il peut aussi lire dans le cœur et les pensées d'autrui mais n'utilise *pas trop* ce don. Lorsqu'il s'incline devant moi, il ne le fait pas avec le respect d'un chancelier pour la reine, mais comme un homme devant ma beauté féminine : il me regarde encore avec convoitise. L'impudent ! Pourtant, il sait que je peux clairement lire ses pensées et connaître ses sentiments. Mais je pense aux paroles de Ptahhotep : « Chaque être est animé du désir de retrouver l'unité divine. Le masculin cherche le féminin, le féminin le masculin. C'est l'attraction entre les deux formes de manifestation des forces créatrices... » et je comprends Roo-Kha. Cette force est active en lui aussi et ce n'est pas sa faute s'il me trouve à son goût. C'est là la cause de son impertinence. Sans cette force, il ne me regarderait même pas. Au fond de moi-même, je ne suis pas fâchée qu'il admire ma beauté...

La cérémonie de l'habillement terminée, les dames de la Cour et Roo-Kha m'accompagnent chez le pharaon. Ah ! que mon père est beau dans sa tunique de fête ! Un dieu incarné ! Nous allons vers les chars qui nous attendent devant le palais. Un édifice doit être inauguré et remis à qui de droit.

Père et moi montons dans le chariot d'or tiré par les lions et Père prend les rênes des mains du serviteur.

Lorsque j'étais petite, Père m'emmenait déjà avec lui sur son char. Je devais me tenir debout à côté de lui et il m'expliquait comment, par des mouvements élastiques du corps, compenser les cahots du char. Je devais garder mon corps tout à fait décontracté afin de pouvoir suivre sans problème les mouvements du véhicule. Lorsque les secousses se faisaient trop saccadées, je me tenais sur la pointe des pieds et gardais mes pieds, mes genoux et tout le corps souples pour automatiquement faire les mouvements compensatoires.

Ces promenades en chariot me plaisaient beaucoup. Au début, nous nous amusions de ma maladresse. Père faisait aller les lions d'abord tranquillement puis au trot. Quand ils se mettaient à courir, je me trouvais tellement ballottée que j'avais peur. Au lieu de garder mon corps souple, je me crispais et m'accrochais aux mains, à la tunique et à la ceinture de Père qui riait de bon cœur. Avec une patience infinie, il m'expliquait et répétait encore et encore comment m'y prendre. Enfin, je parvins à exécuter les mouvements corrects et, sans plus m'aggriper à Père ni au chariot, je sus me tenir droite et tranquille sur la pointe des pieds.

Que c'était merveilleux de pouvoir enfin me tenir aussi bien que Père, sûre et apparemment immobile dans le chariot qui filait à toute allure. Nous avons souvent fait des courses lointaines. Quel sentiment extraordinaire que d'être emportée par des lions au galop ! Ceux-ci, d'ailleurs, étaient heureux de l'aubaine qui leur était offerte de courir sans retenue et, comme Père et moi, ils riaient de bonheur. Ces courses rendirent mon corps aussi musclé et souple que si j'avais quotidiennement pratiqué la lutte. Le plus petit muscle était mis à contribution et devait répondre et réagir correctement aux mouvements du chariot. C'était une danse constante qui, cependant, restait invisible : c'était le sol qui dansait sous nos pieds, pas nous.

Lorsque j'eus atteint ma quinzième année, Père m'avait appris à conduire les lions. Quel sentiment prodigieux de tenir en mon pouvoir ces animaux énormes et magnifiques ! Ils étaient d'une telle sensibilité qu'ils réagissaient à la moindre expression de ma volonté sans même que j'aie à la traduire par un mouvement des rênes. Mais, pas une fois, Père ne me laissa partir seule avec les lions, même pas avec mon favori qui m'aimait tellement qu'il était jaloux ! En effet, les lions sont très indépendants et seul un Initié peut les maîtriser parfaitement. J'espère que, lorsque je serai une Initiée, je pourrai les conduire seule !

Pour l'instant, nous nous rendons à une fête officielle. Père conduit les lions calmement et je suis à ses côtés en ma qualité d'épouse. Je suis fière de Père. Il est encore jeune, fort et d'une beauté frappante. Son corps et son visage dénotent, particulièrement en ce moment pendant lequel il contrôle les animaux, une force de volonté et une faculté de concentration extraordinaires. Debout sur les pointes des pieds, il absorbe de son corps tous les cahots du chariot et semble parfaitement immobile, comme s'il était le dieu soleil.

Nous arrivons à destination et la cérémonie ennuyeuse commence. Je n'apprécie guère ces fêtes officielles. C'est toujours la même chose. Une foule immense, des soldats qui défilent, la noblesse et, pendant un temps qui me paraît interminable, je dois rester assise immobile et regarder jusqu'à ce que tout soit terminé. Puis, je dois encore m'entretenir aimablement avec les dignitaires et détecter tant de pensées hypocrites et stupides derrière des expressions qui se veulent flatteuses et soumises. C'est encore heureux que, parmi tous ces faux courtisans qui ne cherchent qu'à satisfaire leur soif de pouvoir et leur vanité, on trouve encore quelques collaborateurs loyaux de mon père et de Ptahhotep. Il y a là, par exemple, un officier dont l'émanation est si belle qu'on dirait de la vapeur d'or. Doucement, je demande à Père : « Qui est-ce ? »

Il murmure : « Il se nomme Thiss-Tha. Il est officier depuis peu de temps mais il a de telles qualités, comme tu peux le constater à sa radiation, que je veux en faire un commandant. »

Ces cérémonies sont toujours les mêmes. La seule différence est le lieu où nous sommes assis : la terrasse du palais, la grande tribune, le parvis du Temple. Une fois, c'est un édifice qui est inauguré, une autre fois, c'est une expédition marchande qui revient de pays voisins et dont on fête la réussite. Nous prenons également part à la fête des moissons et à toutes sortes de célébrations du Temple… que je n'aime pas du tout principalement à cause de l'ignorance de la masse qui n'a aucune idée de la signification de ces cérémonies et qui, au lieu d'adorer Dieu dans les formes diverses de Sa manifestation qui sont représentées par des images symboliques, adore les symboles eux-mêmes.

Enfin, la fête est finie et nous pouvons rentrer à la maison et être de nouveau nous-mêmes.

Ah non! Je n'aimerais pas être pharaon! Les affaires du pays ne m'intéressent absolument pas. Selon la loi, je suis l'héritière du trône. Mais Père n'en parle pas ni ne me prépare au rôle de pharaon. Je sais que Père et Ptahhotep peuvent s'élever au-dessus du temps. Ils peuvent voir et vivre le *passé* et l'*avenir* comme si c'était le *présent*. Cette faculté commence à s'éveiller en moi, j'aperçois déjà quelques bribes du futur. Mais, lorsque je veux voir mon *propre* avenir, un épais brouillard obscurcit ma vision. Père connaît mon avenir et comme il ne me traite pas en corégente, je suppose que je ne serai jamais pharaon. C'est un pressentiment que j'ai depuis longtemps déjà. Étrangement, je ne vois également aucune image du futur dans laquelle je serais une prêtresse du Temple. Je ne vois que du brouillard…

Je suis toujours heureuse de me retrouver au Temple après ce genre de festivités. Là, je me sens bien dans cette atmosphère pure et spirituelle.

EXERCICES DE TÉLÉPATHIE

Un jour, Ptahhotep me convoque pour le même soir. Lorsque je me présente devant lui, il me dit : « Jusqu'à maintenant, tu as bien maîtrisé les épreuves préparatoires et tu peux essayer de te mettre consciemment en contact spirituel avec quelqu'un. Ces exercices réussissent mieux après le coucher du soleil car les rayons solaires ont une action stimulante sur les centres nerveux et les glandes qui sont au service de *la manifestation corporelle de l'esprit* et attachent la conscience à la matière. Les rayons du soleil contrarient les manifestations spirituelles. Une fois couché, le soleil cesse d'agir, la conscience peut se libérer de l'influence de certains centres nerveux et s'élever vers l'esprit. Les êtres vivants vont dormir. "Dormir" signifie : la conscience se retire du corps pour entrer dans le domaine de l'esprit. Et comme la plupart des hommes n'ont encore pu en atteindre *consciemment* les niveaux inférieurs, ils perdent conscience – ils s'endorment. Avec la pratique, on peut développer la résistance des nerfs de manière à rester conscient jusqu'au plan inférieur. Ainsi, les centres nerveux et cérébraux qui sont au repos pendant la journée s'animent et peuvent absorber et transmettre les vibrations de l'esprit, du *Soi*. C'est ainsi que tu peux établir un contact à distance, un contact télépathique. Un débutant commence de préférence après le coucher du soleil pour ne pas en subir l'influence. Plus tard, il peut établir un contact télépathique à n'importe quel moment.

« Comme dans les exercices de concentration, l'attention doit être tout entière fixée sur une seule pensée. Concentre-toi complètement sur la personne avec laquelle tu veux entrer en contact ; tu peux t'aider de ta force d'imagination : les yeux fermés, tu l'imagines devant toi, tu la vois en toi, sa silhouette, son visage, ses yeux, tu imagines *être elle* et qu'*elle est toi* jusqu'à ce que tu aies le sentiment que ses mains sont les tiennes, que ton corps est le sien, jusqu'à ce que tu t'identifies parfaitement avec elle. Lorsque tu as atteint cet état, pense d'une manière claire et concentrée au message que tu veux transmettre. Penses-y en étant conscient du fait que *tu* es la personne concernée *qui pense en toi cette pensée*.

« Cet exercice se divise en trois phases : d'abord, tu t'exerces *en présence de la personne* avec laquelle tu veux établir un contact, cette dernière *se réglant sur toi*.

« Plus tard, tu feras cet exercice *à distance* à un moment convenu, *chacune de vous sachant qu'elle se concentre sur l'autre*.

« Finalement, tu établiras un contact à distance *sans que l'autre en ait été avertie*. Ces trois phases forment la partie positive de l'exercice télépathique : c'est toi qui veux transmettre quelque chose. La moitié négative de l'exercice consiste à *pouvoir recevoir et comprendre une communication télépathique*. Cette moitié se divise également en trois phases : d'abord, tu te mets en état de réceptivité et de "vide" *en présence de la personne* de laquelle tu veux recevoir un message ; puis, *seule à un moment convenu*, tu sais donc *quand* et *qui* va se concentrer sur toi, et enfin, tu devras pouvoir recevoir tous les messages télépathiques *sans savoir quand et qui se concentre sur toi*.

« Avec le temps, tu développeras si bien cette faculté que tu réagiras instantanément *à chaque message télé-*

pathique émis par n'importe qui n'importe quand. Quelle que soit ton occupation, tu sentiras quand quelqu'un se concentre sur toi et tu entendras sa voix en toi. À un degré encore supérieur de la transmission télépathique, tu ne feras pas qu'*entendre* la voix, mais tu *verras* l'image de la personne avec laquelle tu seras en relation. Sa silhouette, son visage et plus particulièrement ses yeux surgiront en toi, pareils à un fantôme, à une vision onirique. Lorsque tu seras parvenue à cet échelon, les chaînes de la matière – ton corps – ne te paraîtront plus aussi lourdes car l'isolation sera sensiblement réduite. Tu pourras jouir de la liberté de l'esprit dans ton corps déjà.

« C'est donc la nuit que tu peux établir le plus facilement une relation télépathique. Les pensées occupent moins la conscience, l'homme est moins isolé, il est passif et ta radiation télépathique a plus de chances d'atteindre ses centres nerveux. Mais ces centres nerveux, chez la plupart, sont si endormis, si peu développés qu'une action très intense est nécessaire avant qu'ils ne réagissent. Pendant leur sommeil, tu peux arriver à faire passer ton message : ils rêvent de toi et reçoivent ta communication sous la forme d'un rêve. L'exercice te dévoilera toutes les lois de la télépathie. Tu remarqueras tout de suite si quelqu'un est occupé et tu apprendras aussi à t'isoler si tu te concentres déjà sur quelque chose. Seuls les débutants se dérangent !

« Chaque soir, tu feras ces exercices sous ma gouverne. Passons maintenant à la pratique. Assieds-toi en face de moi, ferme les yeux et essaie de me transmettre une pensée. »

Je m'assieds en face de Ptahhotep et me concentre sur *Lui*. J'imagine être Ptahhotep et j'acquiers la sensation que mes mains, mes pieds et mon corps sont ses mains, ses pieds et son corps. Puis, je me concentre sur cette pensée : « Moi, Ptahhotep, vais me lever et caresser les cheveux de cette petite créature – moi.» Car une force étonnante émane des mains de Ptahhotep et je suis toujours heureuse lorsqu'il pose sa main sur ma tête.

L'instant d'après, Ptahhotep se lève, pose sa main sur ma tête et caresse mes cheveux. J'avais réussi à bien me concentrer, même si Ptahhotep pouvait toujours lire mes pensées sans l'aide d'un contact télépathique.

«Bien, me dit-il en souriant, je n'ai pas lu ta pensée seulement parce que je le peux de toute manière mais parce que tu t'es bien concentrée. Ton lion aurait aussi senti ce que tu voulais.»

«Mon lion, Père de mon âme? Je le crois volontiers. Mais un être humain?»

«Patience, mon enfant. Avec le temps, tu réussiras. Essayons maintenant l'inverse: je vais te transmettre une pensée. Fais le vide en toi et sois réceptive.»

Ptahhotep s'assied et je fais ce qu'il me dit. Tout de suite après, *j'entends en moi sa voix comme si elle provenait de mon cœur*: «Dès que tu auras acquis assez de maîtrise dans le domaine des douze vertus jumelles, il sera temps que je te dévoile les derniers secrets avant l'initiation.»

J'ouvre les yeux et, pleine de joie, je demande: «Suis-je donc prête pour l'initiation?»

Ptahhotep sourit: «Puisque tu as entendu mon message, tu es prête pour la recevoir. Tu dois encore parfaire ta maîtrise de soi.»

Je me lève, me jette à son cou et applique des baisers sonores sur ses joues. Ptahhotep m'embrasse et, en riant, me dit: «Alors, c'est ainsi que tu sais te contrôler? Tu n'as pas pu résister à l'effet de l'unité spirituelle. Tu as vécu l'union de notre esprit, les sources d'énergie ont abreuvé ton corps, et maintenant, ton corps veut prendre part à la joie de l'unité. Mais n'oublie pas: ce qui est divin au niveau de l'esprit parce que cela *corres-*

pond aux lois de l'esprit devient satanique au niveau de la matière parce que cela correspond aux lois de la matière. L'unité dans l'esprit est possible, l'unité dans le corps ne l'est pas ; deux corps ne peuvent être au même endroit. La nostalgie de l'unité paradisiaque qui anime les hommes les conduit à s'unir par le corps et les fait glisser vers la sexualité. La nature se sert de ce désir et l'utilise pour assurer la procréation. La grande déception est que la sexualité ne peut créer l'unité. Ce qui est impossible le reste et tous les êtres vivants, en plus de se sentir fatigués et vidés de leur énergie, sont tristes après les relations sexuelles. Car *l'âme demeure insatisfaite*, le désir ardent de retrouver l'unité paradisiaque reste tout aussi tenace et la nature exploite cette soif inassouvie pour assurer la descendance. Il est très souhaitable pour toi que tu ne laisses pas ce désir vers l'unité *envahir ton corps de manière incontrôlée*. Je suis bien armé pour résister à ta beauté envoûtante mais il existe des hommes plus jeunes et moins expérimentés qui ne pourraient te résister si tu leur sautais au cou ! Mais là, mon conseil est vain, ajoute Ptahhotep, les expériences te manquent. Et c'est précisément à ce manque d'expérience que je dois cette véhémente déclaration d'amour ! »

« Père de mon âme, dis-je, tu ne m'en veux pas, n'est-ce pas ? »

Ptahhotep sourit : « Non, mon petit enfant, je ne t'en veux pas. Tant que c'est moi que tu embrasses, tout est encore en ordre. Mais avec les autres hommes, sois très prudente. Plus tu t'élèves spirituellement et plus ton émanation devient irrésistible. Tu n'as pas besoin d'être si près d'une personne pour faire agir ta force d'attraction. Sois donc très prudente de ne pas causer la perte des hommes ! »

« Père, es-tu d'avis que je ne suis pas assez spirituelle ? Tu constates que je fais bien mes exercices. Et Mentuptah est très content de moi. Je peux contrôler mon corps et mes centres nerveux à un degré élevé déjà. J'ai réussi tous les examens préparatoires ! »

« Oui, répond Ptahhotep, spirituellement, tu es éveillée et tu es maîtresse de ton corps. Mais en même temps, tu manques de prudence dans le domaine physique. Tu ne verrouilles pas cette porte, pas parce que tu ne le peux pas mais parce que tu ne le veux pas toujours. Tu ne protèges pas assez ton corps contre la haute fréquence des vibrations spirituelles et cela représente un danger constant pour tes centres nerveux. Lorsque ton énergie spirituelle entre dans ton corps, tu conduis cette haute fréquence, sans la transformer, dans tes centres nerveux inférieurs et cela risque de brûler et détruire tes centres nerveux supérieurs les plus fins. Cela serait dommage pour ces instruments subtils. Tu as assez de maîtrise de soi *si tu le veux*. Mais souvent, tu lâches les rênes par pur enthousiasme. Tu ne *veux* parfois *pas* faire preuve de maîtrise de soi. Sois vigilante, ma chère enfant, sois toujours très vigilante ! »

Ô Ptahhotep, cher grand maître ! Tu voyais déjà ce qui, inexorablement, devait arriver. Pourtant, tu essayas encore de me sauver ! Mais le meilleur conseil ne peut transformer l'ignorance en expérience. Mon équilibre intérieur n'était pas stable, ma maîtrise de soi laissait à désirer et seules des expériences pénibles allaient m'enseigner à rétablir cet équilibre.

L'AVENIR

Une longue période de ma vie s'ouvre devant moi. J'examine chacune de mes pensées, chacune de mes paroles, chacun de mes actes. Je réfléchis et observe pour savoir si j'exprime vraiment le divin au bon endroit et au moment opportun, jamais le satanique. Cet état de vigilance et de constante observation de soi me fait découvrir à quel point je suis encore indisciplinée, spontanée, sensuelle, en un mot : combien je suis encore personnelle. Combien de temps me faudra-t-il encore pour parvenir enfin à ne plus me laisser emporter par mes passions, à ne plus m'identifier avec mes impressions extérieures, mais à toujours rester maîtresse de toutes mes énergies physiques, psychiques et spirituelles ?

Pendant ce temps de préparation à l'initiation, je ne me rends au Temple que le matin. Après les exercices physiques et psychiques, je rentre au palais. L'après-midi, je prends part à la vie publique et officielle. Des excursions en bateau et en chariot alternent avec des voyages et des visites d'installations, de lotissements, d'établissements divers. Tout cela m'ennuie terriblement. Ce n'est pas que je n'aime pas être en société, non ! J'aime bien être en contact avec des gens mais seulement avec ceux qui me sont proches et qui ont quelque chose à dire. Or, les humains sont si différents de nous qui sommes issus des fils de Dieu. Nous avons aussi du sang humain, bien sûr, nous ne sommes plus une race pure, mais nous vivons encore consciemment dans l'esprit et ne sommes pas si matériels que les fils des hommes. On dirait qu'ils ont complètement oublié que, en leur Soi, ils sont des esprits libres et que leur corps n'est qu'un instrument de manifestation. Mais ils s'y identifient si bien qu'*ils vivent dans l'illusion de n'être que leur corps*. Lorsque ce dernier désire de la nourriture, ils croient que c'est *eux* qui veulent manger, que c'est *eux* qui ont faim. Au lieu de prendre la nourriture sous le contrôle de l'esprit, ils agissent comme si c'était *eux* qui mangeaient et non pas comme s'*ils étaient les spectateurs de leur corps*. Ils mangent aussi voracement que les animaux. Je les ai souvent observés pendant leurs repas et, maintes fois, j'ai dû détourner la tête pour ne plus être témoin de ce comportement quasi animal. Je laisse aussi manger mon corps de bon appétit, je donne des forces pures à mon estomac, à mes organes digestifs, et je savoure les mets afin que mon corps puisse absorber toutes les énergies précieuses des aliments, mais comment pourrais-je m'identifier à tout cela ? Mon Soi ne peut pas avoir faim, car le Soi n'est pas matière mais règne sur elle. Ma conscience reçoit bien évidemment le message du corps par lequel il l'informe qu'il a besoin de nourriture, et je le perçois comme un sentiment de faim. Mais le « JE » en moi ne boit ni ne mange. Comment pourrais-je oublier un seul instant que ces fonctions ne sont nécessaires qu'à la santé de mon corps ? La seule chose dont mon Je doit s'occuper est *de contrôler et d'observer* ce que le corps absorbe et de veiller à ce que les dents et la langue fassent bien leur travail.

Je ne comprendrai jamais l'homme qui, après avoir mangé comme une bête, dit : « Cela *m*'a plu ! » Cela a plu à « *Lui* » ? Ne sait-il donc pas que cela a plu à son palais ? Ah ces pauvres hommes, ils sont esclaves de leurs désirs physiques… nous ne nous comprenons pas. Mais Père et Ptahhotep prétendent que notre devoir est de rester parmi eux pour réveiller en eux des besoins plus élevés. Pourtant, Père sait que nombreux sont les dignitaires de la Cour qui ne songent qu'à obtenir des positions et des rétributions supérieures, à acquérir rapidement la fortune afin d'assouvir leur soif de puissance. Ils chassent également les animaux sauvages et emploient leur raison à tuer des bêtes innocentes. Et ils en sont encore fiers ! Ils devraient avoir honte ! Ces gens-là sont bien pires que les animaux. Les animaux ne tuent que pour manger ! Les hommes tuent par passion, parce que tuer – la guerre et la chasse – leur procure le plaisir. Mais Père dit que l'humanité est encore sous-développée et que l'on ne doit pas la juger selon nos critères. Une autre chose encore : ils attachent une importance incroyable à leur arbre généalogique. Si l'un a un ancêtre de plus que les autres issu des fils de Dieu, il ne manque pas une occasion de le mentionner et de mépriser celui qui en a moins. C'est pourquoi ils accordent une telle attention à la famille dont est issu une jeune fille et un jeune homme qui désirent se marier. Ridicule ! Comme s'ils ne savaient pas que la vie sur terre n'est qu'un voyage entre la naissance et la mort du corps et que le Soi est le même en chaque créature vivante ; seul le corps a une « origine » dans ce sens. Mais seul le degré de conscience détermine le niveau de l'homme. Il arrive souvent qu'un homme comptant parmi ses ancêtres plusieurs fils de Dieu soit inférieur à un autre qui en a moins.

Lorsque je me trouve au milieu de ces gens, il me semble évoluer parmi des morts qui ne seraient vivants que parce qu'ils peuvent se mouvoir, parler, manger, boire et qu'ils sont animés par les forces naturelles. Mais où reste donc l'esprit conscient qui – dans le corps comme dans l'univers – maîtrise et dirige ? Ils ne savent même pas qu'ils ont la faculté de conduire ces forces créatrices. Ils sont si aveugles qu'ils ne perçoivent que *la forme extérieure* ; ils ignorent qu'il m'est possible de voir leurs pensées, leurs sentiments, toute leur âme, donc leur *être intérieur*. Ils me mentent ouvertement puisque, ne pouvant lire mes pensées, ils ne me croient pas capable de connaître les leurs ni de savoir que leurs discours sont bien différents de leurs pensées. Ils sont inconscients du fait que le mensonge représente un isolement, que, dans leur émanation, il crée une ombre foncée, comme de la fumée qui est laide à voir et qui sent mauvais. Mes lions détectent immédiatement la mauvaise odeur des menteurs et si l'un d'eux approche, ils froncent leur nez, se lèvent, lui jettent un regard méprisant et s'éloignent majestueusement. Mais moi, je ne peux faire de même, je dois rester polie comme si je ne voyais ni ne *sentais* leur hypocrisie !

Je préfère beaucoup rester seule avec Père. Il a fait construire pour nous une petite maison ravissante, tout au bord de la mer, dans un jardin ombragé. Chaque fois que ses devoirs le lui permettent, nous nous y rendons en bateau par le Nil, accompagnés d'un minimum de serviteurs. Là, nous jouissons pleinement de la tranquillité, de la mer infinie, du plaisir serein d'être ensemble.

Avec une adoration tout enfantine, Père et moi aimons la mer, la grande mère de la terre. Dans la petite maison, nous sommes heureux et la mer fait étroitement partie de notre vie. Ici, dans cette unité, nous éprouvons la liberté parfaite, l'immortalité, l'éternité…

Nous ne manquons pas une occasion d'être tout près de la mer. Nous nous promenons sur la grève, cherchons des coquillages. Souvent, nous partons au large dans un petit bateau et nous ramons. Il est aussi merveilleux de contempler cette mer par beau temps, calme, si immobile, comme un vrai miroir que pendant l'orage lorsque ses vagues agitent notre bateau qui danse, une fois en haut, une fois en bas, tout comme une balançoire. Nous nous déshabillons, sautons et nageons dans les flots si agréablement frais.

Après le bain, après avoir ramé, nous restons long-temps encore sur la plage et je peux questionner Père.

« Père, comment se fait-il que les hommes soient si peu réceptifs aux vérités spirituelles ? – Qu'adviendra-t-il de la terre quand – comme me l'a expliqué Ptah-hotep – le pouvoir passera aux mains des fils des hommes ? La soif de puissance et l'avidité de ces possédés auront des conséquences effrayantes. Je pressens déjà l'avenir, les exercices que je pratique au Temple développent ma vision intérieure et ma clair-voyance s'améliore de jour en jour mais je ne vois pas encore aussi clairement que Ptahhotep et que toi. »

Père regarde longuement devant lui, vers la mer, puis dit enfin : « Oui, il y aura pour la terre une période très sombre qui durera plusieurs milliers d'années. Comme tu le sais, les fils de Dieu de pure race ont quitté ce niveau terrestre depuis longtemps déjà. Leurs fils issus du mélange des deux races, mais qui ont encore la possibilité de porter en eux la manifestation divine par-faite, disparaissent également petit à petit.

« Afin de propager les qualités supérieures par le tru-chement de l'hérédité même après que les fils de Dieu de race pure eurent quitté la terre, leurs fils, qui avaient hérité des facultés paternelles et reçu l'initiation, prirent des filles des hommes pour épouses. Cela se répéta au cours des générations jusqu'à ce que ces croisements aient pénétré tous les niveaux dans les deux races.

« Mais aussi longtemps que les vagues de l'énergie créatrice déferlent vers une matérialisation toujours plus poussée, c'est l'élément terrestre qui joue le rôle prépondérant dans l'hérédité. Cela explique pourquoi il y a de moins en moins de descendants des fils de Dieu sur terre, avec leur crâne allongé et leurs capacités de manifester les qualités supérieures. Cependant, confor-mément aux lois de l'hérédité, ce croisement constant donne à un fils de Dieu de pure race la possibilité de se réincarner n'importe quand, même aux heures les plus sombres de la planète. Le temps approche où seuls des hommes au crâne rond occuperont les positions clés partout dans le monde, même ici en Égypte. Ils ne posséderont pas la vision spirituelle et la sagesse de la dynastie actuelle et, au lieu de gouverner leur peuple avec un amour désintéressé, ils ne régneront qu'avec l'intellect et seront possédés par une soif de pouvoir aveugle et grossière, un égoïsme sans bornes.

« Du croisement constant entre les fils de Dieu et les filles des hommes, une race hybride est née qui passe à sa descendance les particularités des deux races. De nombreux individus ont du sang humain mais ont gardé la forme allongée du crâne et hérité de toutes les facultés spirituelles et magiques de leurs ancêtres paternels. Mais les lois de l'hérédité veulent que même au sein d'une seule famille, il y ait de plus en plus de variétés d'individus mais de moins en moins d'héritiers des caractéristiques divines. Aujourd'hui déjà, on rencontre, dans une même famille de plusieurs frères, l'un qui est encore parfaitement spirituel divin, le deuxième déjà physique humain et le troisième éventuellement un mélange des deux. Et il y aura toujours davantage d'individus aux caractéristiques inférieures aux dépens des plus nobles. Il n'est donc pas étonnant de constater la haine farouche que portent à leurs frères dotés de facultés spirituelles divines ceux qui se sont déjà identifiés à leur corps, haine qui conduit souvent à des fins tragiques.

« Cependant, ces croisements et ces mélanges permettront au savoir des initiés d'imprégner toujours plus profondément la masse. Il y aura toujours davantage de variétés et de différences jusqu'au moment où *chaque être humain* aura en lui la possibilité de parvenir au degré suprême de développement, à l'initiation. Le profond fossé, apparemment infranchissable, qui existe entre les membres initiés et omniscients de la famille régnante et la masse humaine ignorante et sous-développée se comblera parfaitement grâce aux croisements qui se répéteront au cours des millénaires. Tous, gouverneurs et gouvernés, seront des êtres humains égaux. *Dans leur forme pure et originelle*, les fils de Dieu et les hommes primitifs disparaîtront peu à peu et seront remplacés par des individus de niveaux de développement les plus divers : chez les uns, c'est le sang de leurs ancêtres divins qui se manifestera ; chez les autres, les caractéristiques inférieures et primitives.

« C'est ainsi que, chacun affichant les aspects des deux côtés, les deux races se confondront et ne pourront plus se distinguer par les traits extérieurs mais bien par leur caractère et leurs facultés. Le crâne des individus avancés aura exactement la même forme que celui des autres mais ceux-ci émergeront de la masse : ils seront de grands savants, artistes, philosophes ou mystiques. Les crânes allongés comme les crânes simiesques disparaîtront complètement. Dans la race hybride, le cerveau et les centres nerveux qui servent à la manifestation des facultés spirituelles supérieures et magiques resteront à l'état latent pendant bien des millénaires. Conséquemment, la tête aura une forme ronde. Par contre, ceux qui développeront intensément les centres du cerveau qui servent à l'intellect donneront aux générations futures de la race hybride un front haut et bombé.

« Ces croisements se multipliant de plus en plus, les vagues d'énergie spirituelle émanant de la race supérieure atteindront toujours davantage d'humains jusqu'au plus primitif de ses représentants, et cela leur permettra d'acquérir peu à peu la connaissance. Parallèlement, le pouvoir passera également aux mains d'individus de niveaux toujours plus bas. Dans leur ignorance, ils s'empresseront naturellement de détruire les grandes cultures divines que les fils de Dieu avaient fondées et développées en divers endroits du globe. Seules quelques ruines des merveilleux édifices et monuments d'aujourd'hui témoigneront du savoir, de la sagesse, de la bonté et de la beauté qui avaient une fois régné sur terre. Le temps aidant, ce n'est plus que par des contes et des légendes que les hommes entendront parler de l'omniscience et de l'omnipotence des grands "magiciens blancs" et des "initiés". Mais, *toujours ignorants, suffisants et arrogants, ils considéreront ces légendes comme des contes fabuleux.*

« Ce processus constant d'hybridation a créé une sorte d'échelle de développement sur laquelle l'homme primitif peut également s'élever. Car *les hommes primitifs ne sont rien d'autre que des esprits purs tombés au niveau inférieur de la matière, qui y ont perdu leur conscience divine et qui ne sont plus conscients de leur origine élevée.* Pour leur donner la possibilité de redevenir conscients à l'échelon spirituel suprême, les fils de Dieu consentirent le lourd sacrifice de prendre les filles des hommes pour épouse. Mais par ces mariages, ils se sont eux-mêmes ancrés dans la matière et doivent coopérer à la parfaite spiritualisation de la terre, en passant par tous les stades de ce développement en qualité d'*assistants* : certains en réincarnations humaines, d'autres à l'état purement spirituel.

« Le niveau de la classe dirigeante baissera régulièrement. Le pouvoir passera d'un peuple à l'autre. La terre sera agitée par des guerres sans fin. L'ignorance, la pauvreté et la misère en seront les conséquences.

« Les derniers initiés refuseront de livrer à ces hommes les instruments et les équipements avec lesquels ils maîtrisent les forces de la nature et disposent des énergies énormes qui agissent en secret. Ils détruiront toutes leurs installations avant de quitter le plan terrestre pour des millénaires. L'un des derniers initiés déjà issu d'un autre peuple que le nôtre mais qui grandira *ici* et recevra l'initiation sauvera l'un de ces instruments et le sortira d'Égypte. Pendant un certain temps, les prêtres de ce peuple réussiront à garder le secret. Mais lorsque ce dernier initié quittera la terre, il devra détruire cet instrument. Il devra le faire afin que les hommes, par passion et soif de pouvoir, ne se détruisent eux-mêmes et, par réaction en chaîne, des continents entiers. Le désastre qui avait une fois fait disparaître la patrie des fils de Dieu d'alors ne doit plus jamais se reproduire. Une fois que tous ces appareils hautement développés auront été anéantis et que la connaissance aura été perdue, les hommes devront travailler le sol à l'aide de leur propre force physique ; de leurs mains, ils devront casser les pierres comme les primitifs. Ils devront aussi supporter la tyrannie de leurs semblables issus pourtant de la même race qu'eux. Toutefois, comme ce qui se manifeste sur terre est animé par des forces prenant leur source dans l'unité inséparable, et aspire à l'équilibre, cette tyrannie des dirigeants égoïstes va éveiller la conscience de la masse, la souffrance et la douleur vont attirer son attention sur des vérités plus spirituelles.

« Apparemment, les guides spirituels de la terre doivent laisser l'humanité chercher et trouver par elle-même les vérités divines en elle et dans la nature, d'une manière librement consentie et indépendante ; sinon, elle ne peut s'élever jusqu'à l'échelon ultime. Une mère laisse également faire seul à son enfant ses premiers pas pour qu'il devienne indépendant mais elle reste vigilante à une certaine distance, prête à le remettre sur ses pieds s'il venait à tomber. Les guides spirituels de la terre sont prêts à intervenir, si cela s'avère nécessaire, pour aider les hommes à surmonter de trop grandes difficultés. Ils travaillent, dirigent et conduisent l'humanité depuis le plan spirituel : chaque fois qu'au lieu de la connaissance, la superstition et l'erreur triomphent sur terre, que l'obscurité est si profonde qu'elle menace de dépasser les limites possibles, il se trouve un fils de Dieu qui se sacrifie pour descendre sur terre, s'incarner dans un corps humain et apporter à l'humanité réconfort et lumière divine.

« Par le croisement entre les races divine et humaine, les caractéristiques divines héréditaires se propageront. Ainsi, un fils de Dieu pourra toujours recevoir, grâce à une femme pure, un corps muni de tous les organes qui lui seront nécessaires pour se manifester pleinement. Pendant de nombreux millénaires, chaque époque de l'évolution de la terre verra des fils de Dieu s'incarner pour enseigner aux humains les lois de l'esprit, de l'amour et du désintéressement ainsi que pour remplir les tâches les plus diverses. Même lorsque le pouvoir aura passé aux mains des hommes, il se trouvera encore quelques pays gouvernés avec sagesse et justice par des fils de Dieu qui donneront naissance à une nouvelle culture avancée sur terre, ou au moins dans certains endroits de la terre. D'autres seront savants, artistes ou mystiques ; ils apporteront à l'humanité l'*art suprême*, la musique, la littérature. Ils donneront au monde des idées nouvelles, permettront des découvertes qui orienteront le développement humain vers une autre direction. La plupart de ces fils de Dieu mèneront une existence solitaire, ils seront souvent très pauvres et isolés car bien peu d'hommes les comprendront. Leur lumière spirituelle se répandra toujours plus loin et le nom de ces géants de l'esprit restera longtemps connu. Leurs œuvres seront étudiées dans les hautes écoles des fils des hommes.

« Il y aura aussi des fils de Dieu qui travailleront *dans l'ombre*. Ils se retireront dans les montagnes ou dans des endroits d'accès difficile d'où, sans être dérangés dans leur solitude, ils émettront dans l'atmosphère de la terre des énergies étonnamment élevées. Ceux qui, parmi les hommes, se seront assez développés pour recevoir ces ondes d'énergie *établiront automatiquement des liens spirituels avec ces fils de Dieu et travailleront avec eux*. Souvent ils n'en seront même pas conscients, ils agiront simplement par *"conviction intérieure"* sans savoir que cette "conviction intérieure" reflète précisément la force divine dirigée et transmise par les fils de Dieu. C'est ainsi que quelques hommes très avancés recevront, transmettront et proclameront l'enseignement apporté de temps en temps par les fils de Dieu. Les masses ne comprendront pas immédiatement ces vérités supérieures ; mais comme elles en pressentiront l'amour et la force, elles y *croiront* néanmoins. C'est ainsi que, de l'enseignement divin des fils de Dieu, naissent les *religions*.

« Les fils de Dieu apportèrent et apporteront toujours *les mêmes vérités* dans les différentes parties de la planète, mais les hommes *les interpréteront diversement selon les caractéristiques de leur race et leur degré d'évolution* avant de les transmettre à leurs descendants. C'est ainsi que *les mêmes vérités* donneront naissance à *des religions bien distinctes les unes des autres*. Un seul et même fils de Dieu pourra se réincarner à des époques et en des lieux différents pour annoncer aux hommes les vérités suprêmes. Et de *ces mêmes vérités* issues d'*un même esprit*, les hommes feront *des religions différentes dans des endroits différents* de la terre. Et ces différences nées de l'ignorance humaine conduiront les peuples à la guerre, à s'entre-tuer, à s'envoyer mutuellement en "enfer" au nom de Dieu.

« Le degré d'évolution variera beaucoup d'un peuple à l'autre, ce qui déterminera la manière dont les fils de Dieu réincarnés seront traités. Dans certains pays où les gens seront réceptifs aux vérités divines, les fils de Dieu seront reconnus, écoutés, honorés.

« Mais les ondes d'énergie continueront à se propager dans la matière et à la pénétrer. Certains fils de Dieu s'incarneront donc aussi pendant les périodes les plus obscures de la terre sur laquelle régneront le matérialisme, la haine, l'envie, la crainte et la terreur. Pendant ces époques dénuées de toute empreinte divine, les fils de Dieu seront malmenés. Des ignorants possédés par la passion du pouvoir les soumettront à la torture et les tueront. Mais ils accepteront le sacrifice car c'est par lui que se libère la plus grande force magique. L'esprit s'éveillera peu à peu en l'homme et chassera les ténèbres de son âme. Ainsi, le visage de la terre se modifiera complètement.

« Les vagues de l'énergie créatrice ayant touché aux confins de la matière, elles parcourront le chemin inverse et l'ascension s'amorcera. Les hommes auront de plus en plus l'occasion de travailler avec les fils de Dieu au salut de la terre et ils manifesteront une spiritualité toujours grandissante. Ensuite, les individus qui, *un jour, avaient été membres de la race divine* mais avaient échoué aux examens de l'initiation, ou étaient décédés pendant l'initiation ou encore étaient *tombés* plus tard après l'initiation, se réincarneront en grand nombre. Ils redeviendront conscients du savoir qu'ils avaient possédé et pendant que, dans certains endroits de la terre, les hommes s'entre-tueront encore, un groupe toujours croissant d'individus pouvant s'élever au niveau des forces émises par les fils de Dieu préparera la nouvelle vie spirituelle. Même les êtres issus des races inférieures graviront peu à peu l'échelle de l'évolution. C'est avec leur raison d'abord qu'ils comprendront qu'ils sont capables de faire mieux et que, sans tuerie ni tyrannie, ils peuvent vivre plus heureux. Plus l'homme évolue et plus le matérialisme perd de son influence. La passion des conquêtes du pouvoir s'éteindra et les hommes, au lieu d'employer leurs forces à se détruire, les utiliseront pour maîtriser les forces de la nature. Ils découvriront petit à petit qu'il est possible de gagner son pain sans exécuter des travaux physiques épuisants ni abreuver la terre de leur sueur mais qu'en activant les centres nerveux supérieurs, on peut disposer à sa guise des forces de la nature. La terre sera bientôt à nouveau sous la domination d'ondes d'énergie supérieure. Ceux qui s'étaient jusque-là contentés de *comprendre* les vérités divines avec leur raison pourront les éprouver, les vivre en eux, les *réaliser*. Ce sera de nouveau l'époque des grandes civilisations.

« Tant que l'homme s'identifie à la matière – à la terre – sa conscience est liée, identique à la terre : *il est terre*. Aussi, quand son corps s'use et meurt, il meurt également, c'est-à-dire que la conscience de l'homme cesse et retombe à l'état latent. C'est ce que les hommes appellent *la mort*.

« Chez l'homme dont l'esprit est réveillé et qui, pendant sa vie terrestre s'est consciemment élevé au-dessus de la matière, le processus est inversé : naître dans un corps signifie pour lui *la mort* alors que la mort du corps signifie le réveil : la résurrection, la vie !

« Lorsque les hommes ne s'identifient pas avec leur corps, symboliquement exprimé : lorsqu'ils ne mangent plus des fruits de l'arbre de la connaissance du bien et du mal, *ne manifestant ainsi que la moitié droite de l'arbre de la connaissance* et laissent la moitié gauche à l'état non manifesté, *ils vivront en eux-mêmes et comme des enfants de la terre, dans un état paradisiaque*. C'est à ce degré d'évolution que l'humanité doit parvenir.

« Mais la lutte sera longue. Pourtant, les forces spirituelles pénétreront peu à peu les cœurs les plus endurcis et dans des milliers d'années, cette planète redeviendra la Terre promise. Puis enfin, dans un lointain avenir, le salut de la terre sera acquis ! »

Père se tait, regardant toujours la mer comme s'il y lisait l'avenir.

« Père, dis-moi : Ptahhotep et toi, prendrez-vous aussi part à cette grande œuvre ? Vous réincarnerez-vous pendant ces prochains millénaires pour accomplir une mission ? Et moi, Père ? Qu'adviendra-t-il de moi ? Je vois souvent l'avenir d'autrui très clairement. Mais sitôt que je cherche à connaître mon destin, tout se brouille devant mes yeux, un rideau tombe que je ne peux soulever. »

Cette question amène une expression étrange sur le visage de Père. Il pose son bras sur mes épaules et m'attire à lui : « Je reviendrai plusieurs fois encore sur terre car, par mon mariage avec ta mère, je suis descendu dans la matière plus bas que notre esprit le veut. Ptahhotep, par contre, qui ne s'est jamais départi de sa spiritualité, qui ne s'est jamais identifié avec son corps et qui, à la fin de cette incarnation, aura accompli sa mission présente, ne reviendra pas avant dix mille ans. Avec plusieurs autres fils de Dieu, il présidera au développement de la terre depuis le plan spirituel d'où il agira sur l'atmosphère terrestre. De nombreux individus très avancés seront en contact avec lui et coopéreront au salut de la planète. Ils devront accomplir seuls et d'une manière parfaitement indépendante les tâches que Ptahhotep leur attribuera. Dès qu'une mission aura été menée à bien, ils en recevront une nouvelle, toujours plus difficile. Le temps passant, les hommes auront acquis la maturité nécessaire pour obtenir l'initiation. Plus comme aujourd'hui dans les pyramides, mais dans le monde extérieur où les tâches à accomplir deviendront leurs épreuves initiatiques. Ils évolueront ainsi et deviendront les collaborateurs égaux des fils de Dieu. Les fils de Dieu qui sont "tombés", qui ont sombré dans la matière, qui ont brûlé leurs centres nerveux et cérébraux en y ayant conduit, sans les transformer, des vibrations hautement spirituelles et pénétrantes et qui en sont morts, travailleront également avec Ptahhotep. Seules les expériences qu'ils récolteront lors de plusieurs incarnations leur permettront de retrouver leur niveau originel de divinité. C'est dans la souffrance et la douleur qu'ils devront réveiller leurs centres nerveux et cérébraux supérieurs dans un corps d'un niveau inférieur et il leur faudra beaucoup de persévérance, de patience et d'efforts pour être à nouveau capables de manifester des facultés spirituelles et magiques. Ils ne se sentiront jamais vraiment à l'aise parmi les hommes car leur manière de penser restera différente. Ils ne comprendront ni ne pourront vraiment s'adapter à la vie terrestre. L'univers des humains leur restera étranger, ils y seront incompris, solitaires et regardés comme des êtres bizarres. Comme je l'ai déjà dit, la plupart d'entre eux auront pour mission d'enseigner les sciences, l'art et la littérature et d'apporter des idées nouvelles. Ceux qui les comprendront les honoreront ; les autres, envieux et jaloux, les haïront car ils seront bien contraints d'en reconnaître la supériorité. Ces souffrances, ces chagrins serviront à réveiller de leur rêve matériel les fils – et les filles – de Dieu qui avaient sombré ; ils retrouveront le contact perdu avec leurs frères et pourront ainsi réacquérir leur *conscience cosmique*. Ils seront alors prêts à coopérer consciemment au plan divin et à proclamer sur terre les vérités divines. »

Je questionne encore : « Tu as dit que les fils de Dieu allaient peu à peu complètement disparaître de la terre et que les hommes prendraient le pouvoir bien que leur niveau spirituel soit très bas et que, par conséquent, ils ne soient encore conscients que de leur corps. Comment ces individus pourront-ils maîtriser les lions ? Ces animaux magnifiques sont si sensibles que maintenant déjà, ils ne peuvent tolérer la présence des fils des hommes égoïstes. À leur niveau animal, ils sont une manifestation de la plus haute énergie, l'énergie solaire ; ils sont en harmonie avec les vibrations solaires, l'honnêteté, le courage et l'amour. Leurs nerfs sont si fins qu'ils ne supportent aucune radiation inférieure. Ils sentent immédiatement si quelqu'un les approche avec amour, peur ou même avec le désir de les dominer. C'est pourquoi ils détestent les fils des hommes si égoïstes et avides de pouvoir. Comment les lions pourront-ils être au service des hommes ? C'est une chose que je ne peux imaginer, Père ? »

« Ton imagination a raison de ne pas te montrer comment les lions pourront servir les hommes car ceux-ci ne sauront pas gagner l'amitié de ces magnifiques animaux. Les hommes égoïstes et ignorants useront de belles paroles pour duper autrui et se mentiront souvent, mais ils ne pourront jamais tromper les lions. Les animaux ne se préoccupent pas de l'apparence mais ne voient que la vérité parce qu'*ils sont eux-mêmes vrais*. Les lions cesseront d'être des animaux domestiques, deviendront complètement sauvages et se retireront dans des endroits déserts, loin des hommes. »

« Mais alors, Père, qui tirera les chariots des hommes ? Les bœufs et les ânes sont si lents ! »

Père sourit : « Il existe, dans certains pays, un très bel animal, parent du zèbre et de l'âne, qui est déjà au service de l'humanité. Les temps sont proches où, ici aussi, cet animal remplacera le lion. Rappelle-toi que notre gouvernement signifie la paix. C'est avec sagesse et amour que nous maintenons l'ordre et la prospérité dans tout le royaume. C'est pourquoi les hommes n'ont présentement aucune raison de se battre. Mais à la fin de mon règne, un dirigeant d'une autre famille viendra et fondera une nouvelle dynastie. Dans ses veines court déjà beaucoup de sang humain. Il ne se contentera pas de gouverner avec sagesse mais il conquerra des pays voisins. Puis viendra le temps où le pouvoir de notre pays ne procédera plus de la connaissance et du désintéressement mais de la force physique brutale et grossière. Le beau, le bon et l'authentique seront relégués à l'arrière-plan. C'est alors que l'animal ressemblant au zèbre jouera un rôle important dans la vie des hommes. C'est un animal obéissant et, même s'il n'est pas aussi fort que le lion, il a un avantage sur lui : il ira à la guerre avec les hommes, ce que ne ferait aucun autre animal sans s'affoler et devenir dangereux.

« Au cours des millénaires, les fils des hommes feront de tels progrès qu'ils découvriront un jour comment faire avancer leurs chars sans l'aide des animaux. Tous les mystères de la création étaient connus de la race supérieure des fils de Dieu. Ils savaient comment libérer leurs véhicules de la force d'attraction terrestre et les conduire par *le pouvoir de la pensée*. Ils ont laissé de nombreux dessins et représentations de ces véhicules capables de voler puisque libérés de leur poids. Quelques fils de Dieu ont pu préserver et sauver ces esquisses faites sur des feuilles de palmier imprégnées et, avec la destruction de leur patrie, les transporter dans une autre partie du monde. Quelques initiés assurent leur garde aujourd'hui encore et le feront pour les quelque six mille ans à venir. D'ici là, les hommes auront développé des méthodes très différentes pour faire avancer leurs véhicules sur terre et dans les airs. Mais pas par le pouvoir de la pensée et c'est pourquoi ces méthodes ne seront pas aussi sûres que celle des fils de Dieu. Néanmoins, les hommes découvriront plus tard tous les secrets des fils de Dieu, les mystères suprêmes de la vie aussi. Le cycle du développement sera alors achevé. »

« Père, parle-moi de mon avenir. »

À nouveau, Père me regarde étrangement, tristement. Il m'attire plus près de lui encore et, d'une voix dont la tristesse est à peine voilée, il me dit : « Ma chère enfant, j'ai également parlé de ton avenir mais tu ne l'as pas reconnu. Cela, comme d'ailleurs le fait que tu ne peux voir ton avenir que dans un épais brouillard, prouve bien que le *Soi du monde* – Dieu – a de bonnes raisons de ne pas te le révéler. Comment pourrais-je aller contre sa volonté ? Contente-toi de savoir qu'il est préférable que tu ne connaisses pas ton destin. Si tu le connaissais, tu ne pourrais remplir correctement tes tâches et tes devoirs d'aujourd'hui. Je peux te dire une chose : nous vivrons ensemble tous ces événements pourtant sans être physiquement réunis. Nous devons nous réincarner de temps en temps, mais pas à la même époque, ni au même endroit. Le temps viendra aussi pour toi de vivre et travailler sur terre pendant que je serai actif dans le monde spirituel et influerai sur l'atmosphère terrestre avec Ptahhotep et beaucoup d'autres fils de Dieu. Pourtant, dans tes rêves, nous nous rencontrerons souvent... Mais tout cela n'est pas si important puisque, quoi qu'il t'arrive, tu es en unité avec le Soi supérieur et éternellement liée à nous... »

Je jette mes bras autour de son cou et, heureuse, lui dis : « Oui, Père, je vous appartiens et vous ne m'abandonnerez jamais ! »

« Nous ne t'abandonnerons jamais », répète Père gravement et solennellement.

Lorsque le soir descend, je m'assieds sur la terrasse avec Père et nous admirons l'extraordinaire coucher du soleil. Alors que l'astre plonge toujours plus bas vers l'ouest, Père me montre le grand estuaire du fleuve et dit : « Dans bien bien longtemps, là où tu vois rouler les vagues de l'océan, ce sera la terre ferme couverte de villes animées. Le Nil charrie beaucoup de terre qu'il dépose sur la plage qui gagne ainsi du terrain. Il y a des milliers d'années, il n'y avait que de l'eau là où nous sommes assis. Et dans des milliers d'années, là où tu vois cette barque, ce sera la terre ferme. Ce ne sont pas seulement les catastrophes qui changent la face de la terre mais aussi le lent travail de l'eau. »

Pendant qu'il parle, le soleil baisse à l'horizon. Toutes les couleurs de l'arc-en-ciel illuminent le ciel, le transformant sans cesse. Puis, le soleil disparaît complètement et c'est l'obscurité soudaine et profonde. Pareilles à de gros diamants, les étoiles scintillent.

Nous restons encore longtemps sur la terrasse et je raconte à Père que maintenant, je peux établir des contacts télépathiques. Père veut me mettre à l'épreuve pour savoir si je peux vraiment contrôler mes centres cérébraux supérieurs. Il essaie donc de me communiquer une pensée en s'identifiant à moi en esprit. Lorsque je répète à haute voix son message muet, nous nous en réjouissons. Puis j'essaie d'établir un contact avec Ptah-hotep, ce que je ne peux encore faire qu'après le coucher du soleil. Je me concentre sur *Lui* maintenant, sa silhouette, son noble visage et plus particulièrement ses yeux surgissent en moi. J'entends alors son message qui, comme un écho, résonne en moi. J'entends distinctement sa voix si familière et aimée comme si elle était ma propre voix intérieure.

Son image pâlit et je comprends qu'Il s'isole ; Il se concentre sur quelque chose d'autre.

J'ai maintenant envie d'entrer en contact avec Ima. Je me concentre sur lui et déjà son image paraît à ma conscience. Je le vois, je vois son visage d'ange qui me sourit et qui, sans un mot, me fait savoir qu'il me comprend et qu'il se réjouit de mes progrès. Cher Ima ! Son amour fraternel et son aide m'accompagnent sans cesse.

De très bonne heure, le matin nous retrouve sur la terrasse car le lever du soleil est peut-être plus beau encore que son coucher. Il fait nuit, le ciel est bleu foncé, presque noir. Puis, tout à coup, sans transition, le bord supérieur du globe solaire apparaît et, avec lui, une couleur extraordinaire de pourpre embrase la voûte céleste. Un jeu étonnant de couleurs se déroule au-dessus de nous. Le ciel nous montre les nuances des couleurs les plus diverses, depuis le rouge feu jusqu'au bleu profond. La force élémentaire de ce spectacle fait vibrer mon âme et un sentiment de bonheur indicible emplit mon corps d'une nouvelle énergie vitale.

Combien de fois ai-je admiré le lever du soleil depuis la terrasse de la petite maison ! Le ravissement et la joie se gravent profondément en moi. Cette joie est d'autant plus grande qu'ici Père m'appartient. Ici, il n'est pas le pharaon, il est mon père, mon meilleur ami, mon compagnon de jeux.

BO-GHAR ET LE BÂTON DE VIE

Après un orage qui a duré plusieurs jours, le vent se calme enfin un peu. La mer est encore agitée mais Père et moi décidons de partir dans notre bateau à rames pour nous laisser ensuite balancer au gré des vagues.

Soudain, j'aperçois quelque chose qui s'agite dans ces vagues, qui apparaît, qui disparaît.

« Père, regarde, qu'est-ce que cela ? »

Père suit ma main du regard : « Ramons jusque là-bas », crie-t-il, ce que nous faisons rapidement. Nous reconnaissons ce qui devrait être l'épave d'un voilier : quelques planches cassées reliées encore entre elles, un mât duquel pendent des lambeaux de voile. Puis, il me semble apercevoir une silhouette qui s'y accroche.

« Regarde, un enfant », crie encore Père. Et nous ramons de toutes nos forces pendant un moment qui nous semble une éternité. Enfin, nous voici près de l'épave : un jeune garçon maigre d'une douzaine d'années se cramponne aux planches. Il est à moitié mort, ses jambes pendent mollement dans l'eau. Son corps se fait balancer par la mer. Son regard est vide de toute expression. Seules ses mains s'agrippent désespérément et maintiennent sa tête hors de l'eau.

Nous tentons d'approcher mais les vagues nous rendent cette manœuvre particulièrement difficile. Père peut enfin saisir une planche de l'épave et nous tirer à elle. Je peux alors délier les doigts de l'enfant apparemment inconscient et finalement nous réussissons à le hisser à notre bord. Nous rentrons tout aussitôt à la maison.

Nos serviteurs qui avaient suivi la scène viennent à notre rencontre avec plusieurs bateaux. Père porte l'enfant à l'intérieur de la maison, puis les serviteurs doivent le tenir par les pieds, la tête en bas. Père comprime l'abdomen et les côtes fortement et rythmiquement afin d'en faire sortir l'eau que l'enfant avait absorbée. Puis il fait coucher le garçon sur son propre lit et sortir les serviteurs.

C'est alors que se passe quelque chose d'étrange: Père sort d'une cassette que j'ai toujours vue dans ses appartements et qui l'accompagnait où qu'il se rende, une baguette qui ressemble à une croix dont l'extrémité supérieure forme un cercle. Il saisit le bâton par cette bague, le tient fermement dans sa main et, au-dessus du corps de l'enfant, décrit des lignes dans toutes les directions. Je constate que Père se concentre fortement et exclusivement sur le garçon: il tient le bâton un moment au sommet du crâne, puis le fait descendre au-dessus du visage jusqu'au cœur où il s'arrête. Puis, du cœur, il décrit des lignes au-dessus du thorax jusqu'aux organes sexuels. Ensuite, en répétant ces mêmes mouvements, il passe sur les bras jusqu'aux mains et enfin sur les jambes jusqu'aux pieds.

À peine Père a-t-il posé le bâton sur le crâne de l'enfant que celui-ci respire déjà. Quand Père décrit les lignes, la respiration se fait plus régulière et le corps tressaille. L'enfant reprend peu à peu conscience et lorsque Père termine le traitement, il ouvre les yeux, s'assied immédiatement et, complètement remis, se jette aux pieds de Père, les lui embrasse et y pose son front, pleurant et sanglotant amèrement. Père le relève, le prend sur ses genoux et le console tendrement.

Le garçonnet parle une langue que je ne comprends que par l'esprit. Mes exercices télépathiques m'ont déjà permis de si bien développer mes organes des sens que je peux saisir *le sens* de son récit sans vraiment en comprendre les mots. L'enfant raconte que son père, commerçant dans un lointain pays, avait voulu venir en Égypte pour y vendre ses marchandises. Il avait emmené sa femme et son fils pour leur faire visiter le pays. Après quelques semaines de mer, l'orage avait éclaté. Un combat terrible s'était engagé contre les éléments déchaînés. Le voilier avait été détruit. Sa mère et quelques marins avaient tout de suite péri dans la tempête. Son père et quelques autres avaient résisté un peu avant d'être engloutis par les vagues. Quant à lui, il s'était cramponné à ce qu'il avait trouvé et c'est tout ce dont il pouvait se souvenir.

L'enfant termine son récit dans les larmes mais se calme peu à peu. Je vois dans son émanation spirituelle le vide qu'ont laissé cette peur terrible et le désespoir. « Père, dis-je, cet enfant n'a plus personne sur terre. Permets que je le garde avec moi et que je le fasse éduquer. Menu lui enseignera la langue et la manière de se comporter. Ensuite, il pourra suivre l'enseignement du Temple. Tu vois que son âme est pure et son intelligence très vive. Je l'emmènerai au Temple afin qu'il puisse développer ses facultés. Nous verrons alors comment il évolue et de quoi il est capable. Peut-être deviendra-t-il prêtre. Permets qu'il reste près de moi. »

« Très bien, dit Père, tu peux le garder. Votre destin vous a liés l'un à l'autre depuis bien longtemps déjà et continuera à le faire. C'est pourquoi *tu* le vis et le trouvas la première. Selon les lois secrètes du destin, il t'appartient. »

Pendant que nous parlons, l'enfant nous observe et, comme s'il nous avait compris, il se jette à mes genoux et manifeste sa gratitude et sa confiance.

Prenant l'enfant par la main, je le conduis vers un serviteur chargé de l'habiller et de le restaurer. Il mange de si bon appétit qu'on ne remarque même pas son épuisement. Il est seulement fatigué et s'endort immédiatement sur le lit qui a été préparé dans un coin de ma chambre.

Père et moi restons encore sur la terrasse. L'océan se calme enfin et nous assistons émerveillés au jeu des couleurs du coucher du soleil.

« Père, de quelle énergie ce bâton est-il donc chargé ? D'où vient-elle et comment ? Son effet sur l'enfant fut quasi magique. Il était à moitié mort et, après ton traitement avec le bâton, il se trouva rempli d'une nouvelle vie. »

Père se tait un moment puis répond : « Le petit fut vraiment rempli de nouvelles forces vitales. Le mystère de ce bâton fait partie des secrets de l'initiation. Nous devons le taire car ce bâton n'est pas seulement dispensateur de vie, mais peut également tuer et, si le secret tombait aux mains d'ignorants cupides, ils s'empresseraient de l'utiliser à des fins viles. Tu vas bientôt recevoir l'initiation et tu maîtrises déjà l'art de te taire. C'est pourquoi tu as pu assister au traitement que j'ai fait subir à l'enfant avec ce bâton. Ptahhotep t'expliquera en détail son mystère et, après l'initiation, t'enseignera à t'en servir. Demain, nous rentrons au palais et tu t'annonceras à lui. Tu as accompli de grands progrès dans la maîtrise de soi. Ton initiation est proche. Encore les derniers enseignements, puis tu la recevras. »

Profondément bouleversée, je me tais : mon initiation est pour bientôt. Les longues années de préparation vont enfin se terminer et je serai admise dans le sanctuaire secret du Temple. Initiée !

En silence, nous admirons le glorieux coucher du soleil.

Les jours heureux et libres passent trop vite et nous voici de retour au palais. Je conduis l'enfant – ce pauvre oiselet sans nid – dans mes appartements et raconte à

Menu ce qui s'est passé. Le cœur aimant et généreux de Menu s'ouvre tout grand à cet enfant qu'elle considère déjà comme le sien. Pointant son index sur lui-même, il dit: «Bo-Ghar», et il rit de bonheur lorsqu'on l'appelle ainsi. Il est un être très fin. Son corps est svelte, plein de vie, élastique, souple et fort. Il comprend tout très vite et apprend du premier coup les mots et les expressions de notre langue.

Ce soir, je dois m'annoncer à Ptahhotep. Je parcours avec Menu ce chemin qui m'est devenu si familier et je pense que maintenant Ima n'a plus besoin de m'attendre à la porte du Temple pour me conduire. Je connais – même mes pieds connaissent le chemin qui me mène à Ptahhotep. Mais, près de la porte, la magnifique silhouette d'Ima surgit de l'ombre. Sa radiation si pure pénètre toute l'atmosphère autour de lui. Je jette un regard furtif sur son corps si beau pour analyser si je ressens une attirance physique à son égard. Mais non! – Jamais, je ne pourrais l'aimer physiquement! Entre nous, il existe un amour si profond que *je me sens en parfaite unité avec lui comme s'il était moi et moi lui*. Comment pourrait-on s'aimer et se désirer *soi-même*? Ima est issu de la race des fils de Dieu, son crâne a la forme allongée. Il est pur, noble, comme un ange, la spiritualité en personne. Pas plus que moi, il ne pourrait m'aimer physiquement!

Joyeuse, je m'exclame: «Comment savais-tu que j'allais venir? Ptahhotep t'aurait-il envoyé à ma rencontre?»

Ima sourit: «Ne t'es-tu donc pas encore habituée au fait qu'une personne spirituellement éveillée n'a pas besoin de recevoir un message extérieur pour savoir ce que fait et où se trouve une autre personne qui lui est liée par l'esprit? Je me suis concentré sur toi pour savoir si je devais préparer tes prochains exercices et je t'ai trouvée sur le chemin du Temple. Ptahhotep t'attend. Entre donc. Demain, nous travaillons ensemble.»

Ima s'en va et j'entre chez Ptahhotep.

Les longues périodes d'observation, d'analyse et de maîtrise de soi grâce auxquelles j'ai appris à dominer tous les aspects des douze vertus jumelles m'ont également enseigné à ne pas conduire ma joie dans mon corps. Au lieu de sauter au cou de Ptahhotep et de l'embrasser, je radie tout mon amour et ma joie par les centres qui supportent ma conscience – principalement par les yeux.

Je m'incline profondément devant *Lui*.

Il comprend et constate la maîtrise parfaitement consciente que j'ai maintenant sur mes déclarations d'amour, donc sur les forces qui agissent en moi. Je comprends et vois qu'*Il* comprend et voit… et nous sommes unis par l'esprit. Oh! Cette unité est un bonheur mille fois plus grand qu'une étreinte physique! Je suis parfaitement heureuse dans cette unité et j'attends qu'*Il* me fasse savoir ce qu'Il a à me dire. Ses yeux pleins de joie et d'amour se posent sur moi un moment. Son regard me pénètre tout entière. Puis il dit: « Le moment est venu pour toi de connaître le mystère du bâton et de nos autres instruments. Ton père savait que tu étais mûre pour cela. C'est pourquoi il a saisi l'occasion de t'en montrer l'un des nombreux usages, celui qui dispense la vie. Viens dorénavant chaque soir afin que je puisse te faire les dernières révélations. »

Très tôt le lendemain matin, je me rends au Temple et nous sommes tous heureux de nous retrouver. J'aime tous les néophytes ainsi que le maître de l'école, un être noble et aimant qui ne se permet aucun mouvement inutile pas plus qu'à nous-mêmes d'ailleurs. Sa méthode pour acquérir le contrôle du corps est excellente. Par ces exercices, j'ai déjà appris à transmettre la force créatrice correspondant à mon degré de développement – la force de ma conscience – dans mes membres et divers organes. Ces exercices ont rendu mon corps si conscient, si animé que je peux en sentir les minimes parties aussi distinctement que l'intérieur de ma bouche, seule portion qui m'était connue autrefois. J'avais appris à non seulement sentir mes organes mais à les régir consciemment. Par exemple, je maîtrise mon activité cardiaque. Je dois simplement me concentrer sur la partie de mon corps qui est le siège de l'énergie qui me force à inspirer. Car lorsque nous avons complètement expiré l'air et que nous n'inspirons plus, quelque chose nous force à le faire d'une manière si impérative que nous *devons* inspirer. Trouver *ce qui nous contraint* à inspirer est plus difficile que trouver *ce qui ne nous y force pas*. Ce n'est pas le nez, celui-ci ne *respire* pas, il n'est que l'ouverture permettant d'inspirer l'air. Ce ne sont pas les poumons non plus. On sent bien que ces organes ne sont que des instruments de la respiration. On découvre enfin qu'une force a son siège dans la région du cœur et que, de là, elle régit toute notre respiration. Ainsi, lorsque je me concentre sur ce point, je peux accélérer ou ralentir mon activité cardiaque avec l'aide de ma force d'imagination. Je peux donc maîtriser l'activité de mon cœur. Petit à petit, j'en suis arrivée à soumettre tous mes organes à ma volonté. C'est merveilleux de pouvoir maîtriser si bien le corps. Mentuptah est très satisfait et me sourit lorsqu'il m'aperçoit parmi les néophytes.

Après les exercices en groupe, je demande à Ima : « Ima, tu m'as promis un nouvel exercice de concentration. »

« Écoute bien, dit Ima. Jusqu'à maintenant, tu as exécuté tes exercices de concentration en respirant lentement et régulièrement, c'est-à-dire que c'est *toi* qui as inspiré et *toi* qui as expiré. Dès maintenant, tu vas procéder différemment. Car aussi longtemps que *tu* inspires et expires, tu restes identifiée à ton corps. La vérité est donc que *ce n'est pas toi qui respires, mais ton corps*. Ton corps vit parce que le *Soi* supérieur l'anime de son souffle. Tous, nous ne vivons que parce que notre être physique inspire le souffle *divin*. Tu sais que Dieu est le *Soi* en toi. C'est ainsi que ton corps inspire ton *Soi – toi –* et que c'est cela qui lui donne vie. Aussi longtemps que tu croiras que *c'est toi qui respires, tu resteras, dans ta conscience, identifiée à ton corps et non pas à ton Soi. Si, dans ta conscience, tu parviens à sentir que c'est ton corps qui t'inspire et te redonne la liberté à l'expiration,* tu vas alors vivre une grande transformation : de ta personne – du corps animé – *tu deviens toi-même.*

« Exerce-toi donc ainsi : Ce n'est pas *toi* qui inspires et expires, mais *tu te laisses inspirer et expirer par ton corps.* À chaque respiration, tu dois sentir qu'à l'inspiration *tu* remplis ton corps de force vitale, que ton corps *t'*inspire, et qu'à l'expiration *tu te* retires du corps et qu'en *toi* tu restes séparée de ton corps jusqu'à la prochaine inspiration. Si tu y réussis, cela te donnera une idée de ce qui se passe à la mort du corps puisque, à cet instant, tu t'en retireras, celui-ci t'expirant pour la dernière fois. Exerce-toi et fais-moi part de tes expériences. »

Ima se prépare à partir. Je le retiens un moment pour lui raconter comment, avec Père, nous avons trouvé et sauvé le petit Bo-Ghar.

« Ima, lui dis-je, je désire amener l'enfant au Temple afin qu'il y reçoive l'enseignement. Veux-tu bien t'en occuper afin de déterminer ses dons ? »

« Volontiers. Je vais en parler au directeur de l'école des néophytes qui l'acceptera certainement. Il pourra habiter et suivre un enseignement au Temple avec les autres enfants. »

« Non, Ima, je désire garder l'enfant près de moi. Il a en lui un amour et une pureté infinis. Je l'amènerai chaque jour au Temple et le soir, il rentrera avec moi. Je viendrai avec lui demain. »

Le lendemain, Bo-Ghar m'accompagne au Temple. Il ne sait pas où je le conduis car il ne peut encore comprendre ce qu'on lui dit mais il me suit avec une confiance absolue et son visage est radieux. Il est heureux de pouvoir venir avec moi et Menu. Dès le premier instant où j'ai aperçu Bo-Ghar dans les vagues, je l'ai aimé. Il tient beaucoup à moi et il n'est pleinement heureux que lorsqu'il peut s'asseoir à mes pieds.

Arrivés au Temple, je le conduis vers l'école des néophytes où des enfants très doués reçoivent un enseignement. Bo-Ghar ne veut pas quitter ma main. Je comprends qu'il craint de se voir abandonné là. Je l'embrasse et lui explique qu'il ne doit pas avoir peur, que le soir, je reviendrai le chercher pour rentrer au palais. Il ne comprend pas mes paroles, me regarde avec ses yeux agrandis par la crainte. Mais comme il voit que je ne prends pas congé de lui, il se calme un peu et reste là.

Lorsque, le soir venu, je viens le chercher, je constate que Bo-Ghar s'est pris d'amitié pour les autres enfants. Il est précisément occupé à leur raconter quelque chose avec force gestes des mains et des pieds. Tous l'écoutent avec grand intérêt comme s'ils le comprenaient. Bo-Ghar m'aperçoit et se jette à mon cou, ses yeux brillent de joie. Je suis heureuse de constater qu'il se sent déjà chez lui.

Désormais, nous sommes trois à prendre le chemin du Temple chaque matin : moi, Menu et Bo-Ghar. Les semaines et les mois passent. Bo-Ghar apprend notre langue avec une facilité déconcertante et déjà, il peut s'exprimer correctement.

Le matin, il prend part aux exercices corporels sous la direction de Mentuptah. Son corps est étonnamment animé, la conductivité de ses nerfs, remarquable. Il exécute les exercices très consciemment et avec beaucoup de concentration, révélant une maîtrise innée de son corps. Ima l'aime beaucoup et lui consacre autant de temps que faire se peut. L'enfant solitaire qui a perdu tous ses proches aime Ima de tout son cœur, comme un grand frère. Chaque parole aimable le rend heureux et reconnaissant. Les maîtres de l'école du Temple ont décelé que Bo-Ghar n'avait pas de dons marqués pour les sciences mais pour le dessin et le modelage. C'est ainsi qu'Imhotep, le grand artiste, prend Bo-Ghar dans son atelier. C'est son plus jeune apprenti à qui il prédit un grand avenir.

Chaque soir, Bo-Ghar m'attend à la porte du Temple et, sur le chemin du retour, me raconte ce qu'il a appris, ce qu'il a vécu avec les autres enfants. Si Menu n'avait pas autant aimé Bo-Ghar, elle pourrait se vexer car, autrefois, Menu n'avait pas le droit de parler en route afin de ne pas déranger le cours de mes pensées alors que maintenant, l'enfant ne cessait de discourir. Mais elle trouve tout naturel que je permette à l'enfant ce qui lui avait été défendu.

DE L'ENSEIGNEMENT DE PTAHHOTEP

Les sept octaves de vibrations
L'Arche d'Alliance

Me voici devant Ptahhotep écoutant ses paroles avec respect : « Aujourd'hui, je vais t'expliquer les principes créateurs de l'effet merveilleux du bâton de vie. Ceux-ci ne sont d'ailleurs que de simples lois de la nature. Dieu est partout présent et l'émanation de son omniprésence se manifeste dans le monde visible et matériel sous la forme de *lois de la nature*. En conséquence, en dehors de celles-ci, rien ne peut arriver. Mais elles diffèrent d'un niveau de développement à l'autre. Les lois en vigueur dans le monde spirituel ne sont pas les mêmes que celles du monde mental qui, à leur tour, diffèrent de celles du monde matériel. Toutefois, dans le monde matériel, nous trouvons encore des lois qui varient selon les proportions d'une même matière. Par exemple, une loi naturelle veut que le niveau de l'eau calme soit toujours horizontal. Cette loi n'est pourtant valable que dans un certain ordre de grandeur. Car une goutte d'eau dans le calice d'une fleur est ronde, et un être infiniment petit qui vivrait dans ce monde miniature constaterait que la forme de l'eau est sphérique. Pourquoi ? Parce que la relation entre la tension de la surface de l'eau et la force qui contraint l'eau à rester à l'horizontale est tout à fait différente dans une goutte d'eau, donc une petite quantité, de celle qui régit une grande surface d'eau. Néanmoins, ce sont les mêmes lois.

« Les gens ne connaissent que peu les forces agissant dans la nature, seulement celles que la vie de tous les jours leur a appris à discerner. Ils s'y sont habitués et les nomment : lois de la nature. Ils s'imaginent connaître *ces forces dans leur essence* simplement parce qu'ils leur ont donné un nom. Ils acceptent ces lois et leurs effets comme une évidence. S'ils sont témoins d'un phénomène inconnu, ils crient au miracle ou à la magie. Ils ne savent pas que ces énergies sont également des forces de la nature pareilles à celles auxquelles ils sont habitués et qu'ils croient connaître ! Les fils des hommes ne savent pas pourquoi une plante sort d'une graine, un être vivant d'une cellule fécondée. Ils ne savent pas ce que "fécondation" veut dire ni pourquoi la cellule se divise après la fécondation, ni pourquoi cette division se répète pour multiplier les cellules, processus qui ne s'arrête pas à la naissance mais qui continue jusqu'à ce que, de la cellule première, un individu pleinement développé soit formé, jusqu'à ce que la croissance, cette réaction en chaîne, *se freine d'elle-même* permettant au déclin de s'amorcer petit à petit. Tout cela faisant partie de la vie quotidienne, les hommes ne s'en étonnent même plus. Qu'une plante sorte d'une graine, qu'un enfant naisse ou qu'un homme meure, que le vent soufflant des quatre points cardinaux ait des effets distincts, ou tant d'autres expériences de la vie de tous les jours, ces phénomènes sont tout aussi "miraculeux" que l'effet et le secret de ce bâton de vie, que les autres miracles ou "sortilèges" des initiés.

« Mais avant que tu puisses vraiment comprendre les forces avec lesquelles travaillent les initiés et qui sont les mêmes que celles qui animent le bâton, tu dois encore apprendre un certain nombre de choses.

« Lorsque nous avons parlé de l'arbre de la connaissance du bien et du mal, tu as appris que tout ce qui a pris une forme matérielle n'est visible et perceptible que parce qu'il est sorti de l'unité parfaite, de l'équilibre parfait. Depuis cette séparation, tout aspire à retrouver cette unité, cet équilibre. "Équilibre" signifie le repos parfait, *l'immobilité*. Par contre, *"être devenu quelque chose"* – donc la création visible et tangible – veut dire : sortir de cet équilibre puis aspirer à le retrouver, ce qui équivaut à une agitation constante, à un *mouvement* perpétuel. Si ce mouvement continuel cessait un seul instant, la création entière se transformerait d'un seul coup en une énergie spirituelle, c'est-à-dire qu'elle serait matériellement détruite. Toutes les énergies, toutes les forces dans l'univers sont des mouvements qui, partant d'un point – leur propre point central – radient, s'étendent et se propagent en vagues circulaires, se traduisent par une pulsation, par des vibrations. Ces manifestations ne cessent que si ces forces sorties de l'équilibre retournent à l'état originel, dans l'unité divine. L'état originel est donc cet état dans lequel cesse toute manifestation matérielle. Dans son essence la plus profonde, la matière est aussi un mouvement et lorsque ce mouvement cesse, la matière cesse d'exister. Tant que le monde matériel de trois dimensions existera, il sera régi par sa loi immuable de l'agitation et du mouvement.

« Le fait que la force créatrice se manifeste à *tous les niveaux* des innombrables possibilités signifie qu'il existe une quantité incalculable de vibrations, de longueurs d'ondes, de formes d'ondes, de fréquences différentes correspondant à ces niveaux. Mais tant que nous sommes dans un corps aux moyens limités, nous ne pouvons en percevoir qu'une partie avec nos organes des sens. Qu'une forme de vibration nous apparaisse comme une "énergie" immatérielle ou comme une "matière" dépend de l'idée, de l'impression que nous avons d'une chose qui n'est autre que "mouvement", "vibration", "fréquence". Plus les vibrations sont courtes et moins nous les ressentons comme une matière. Aux vibrations qui sont transmises à notre conscience par nos organes des sens, nous donnons des noms qui correspondent à nos sensations : matière, son, électricité, chaleur, goût, odeur, lumière ; aux énergies et radiations supérieures et immatérielles que nous ne pouvons recevoir que par nos centres cérébraux et nerveux : ondes de pensées, ondes d'idées ; puis toujours plus haut, aux rayons et fréquences pénétrant plus profondément jusqu'*aux fréquences suprêmes pénétrant tout de la force créatrice divine : la vie elle-même* ! Nous ne pouvons appréhender ces fréquences que comme état de conscience.

« C'est ainsi que l'univers est animé par une variété infinie et inimaginable de vibrations, de l'onde la plus courte à la plus longue. Toutes les formes de la création, depuis les corps célestes jusqu'aux êtres unicellulaires, sont les résultats des différentes formes de ces radiations. Que nous le sachions ou non, nous vivons en leur milieu. J'irai même plus loin : *ce sont ces radiations et ces énergies qui nous ont formés et édifiés* et qui sont constamment actives dans notre corps, notre âme et dans tout notre être. L'univers entier se compose de ces diverses vibrations. Nous appelons *Dieu* la source de ces vibrations créatrices.

« Dieu est au-dessus de tout ce qui est manifesté, Il repose en Lui-même dans un équilibre absolu sans temps ni espace. Mais Ses rayons pénètrent les formes matérielles pour les animer et leur donner vie. Dieu étant omniprésent et remplissant tout l'univers, tout ce qui est dans l'univers est pénétré par Dieu. Rien ne peut exister qui ne soit en Dieu ou pénétré par Dieu puisqu'Il est omniprésent et que rien ne peut Le déplacer, Le déloger de Sa propre présence. C'est ainsi que chaque point offre à Dieu la possibilité de Se manifester et tout ce qui existe dans notre monde perceptible porte en lui ce point comme son *centre*. C'est de ce point que prit naissance la première manifestation, Sa création, la chute hors de l'équilibre.

« C'est cet aspect de Dieu qui crée le monde matériel et lui donne vie en le pénétrant, donc *la vie* elle-même en nous, en tout être vivant et que nous nommons *"le Soi supérieur"*. Toutes les autres expressions telles que *Dieu, créateur, Soi universel ou Soi supérieur ou encore le principe créateur,* désignent une seule et unique *divinité* sous ses aspects différents.

« Les énergies proches du centre sont encore hautement spirituelles, leurs fréquences sont élevées. Plus elles s'en éloignent en vagues circulaires, plus elles deviennent matérielles jusqu'au moment où ces énergies se transforment petit à petit en matière. C'est ainsi que la force émise freine sa course car une fois parvenue à la limite ultime de la manifestation, au point le plus éloigné du centre, elle devient une écorce, une croûte dure et matérielle. C'est pourquoi l'image – le "nom" – de Dieu qui se manifeste dans le monde visible est un cercle, le cercle intérieur des forces supérieures, entouré d'une écorce dense et matérielle.

« Exprimé en lettres, ce symbole est OM.

« Toutes les créatures, des soleils jusqu'aux êtres unicellulaires, sont formées selon ce principe. Observe une coupe de notre terre : au centre, les forces puissantes en sont encore au stade d'évolution du cercle de feu. Puis viennent les régions gazeuses, les couches de matières fondues, puis liquides, le tout étant enfin entouré par une croûte solide matérielle. Mais j'attire également ton attention sur le fait que du centre, une force opposée – la force centripète – travaille en même temps, attirant à elle toutes les manifestations matérielles. Et si la matière dure n'opposait par une *résistance* correspondante, toutes les formes manifestées disparaîtraient en leur propre centre, notre terre et tous ses êtres vivants aussi. C'est la résistance de la matière qui l'en empêche et c'est là la seule raison qui permette une création et une vie sur l'écorce matérielle terrestre. Souviens-toi de cette résistance de la matière car nous aurons encore à en parler.

« Voici encore un exemple pour illustrer la structure interne des formes matérielles : la coupe de la colonne vertébrale de tous les vertébrés témoigne du même ordre intérieur : la substance extrêmement subtile de la moelle épinière supportant la force vitale créatrice est entourée et protégée par une écorce dure, les os de la colonne. Quel que soit l'os que tu coupes, dans le crâne, les vertèbres ou les jambes, tu trouveras la même coupe transversale.

« Coupe une plante et tu retrouves la même image. Tu as certainement déjà vu un arbre abattu. La structure interne du tronc est la même : autour du point central, des cercles d'énergie vitale nourris par la substance fine du cœur de l'arbre. L'anneau qui s'ajoute chaque année reflète la radiation cyclique de la vie dans l'arbre qui se répète chaque printemps. Ici aussi, l'écorce entoure et protège le tronc.

« *La croissance commence toujours au centre, de l'intérieur vers l'extérieur, la source la plus profonde de toutes les énergies et manifestations est Dieu.*

« Cet aspect de Dieu qui se vêt de matière, qui des formes créées fait des êtres vivants et que nous nommons le *Soi* supérieur *(Logos)*, est ce qui nous attire vers notre centre puisque nous nous sommes aussi séparés de l'unité divine, de l'état paradisiaque. Il est le fiancé céleste que chaque âme humaine aspire ardemment à retrouver. Il ne faut jamais confondre ce *Soi divin* et authentique avec le "je" personnel qui, lui, est dénué d'existence réelle, qui n'est qu'un semblant.

« Derrière chaque forme de manifestation, que ce soit un soleil, une planète, un être humain, un animal, une plante ou une matière, nous trouvons la même source de vie, le même Dieu, le même *Soi* divin. Bien que ce même Dieu soit présent partout et en chaque créature, les formes de la manifestation sont extrêmement variées car *Dieu se révèle à tous les échelons* où une manifestation est possible, et les formes créées apparaissant à tous ces niveaux ne peuvent manifester de Dieu que ce que, *selon leur degré de développement, elles peuvent consciemment éprouver, vivre et supporter de la force créatrice divine.* Car : *éprouver, vivre consciemment* une force signifie *être* cette force et, en même temps, *la radier dans toutes les directions, donc également dans son propre corps.* Par conséquent, le corps doit posséder *la force de résistance* correspondante sinon les radiations du *Soi* le brûlent et le détruisent.

« C'est pourquoi le corps des diverses manifestations n'est pas composé de la même manière : au contraire, leur matière offre des degrés de résistance correspondant au niveau de conscience sur lequel chaque forme est manifestée. Sache que c'est *la composition chimique de la matière qui détermine les vibrations qu'un corps peut supporter.* Lorsqu'un corps est soumis à une radiation supérieure à sa force de résistance, c'est tout le système nerveux qui en souffre. Cela peut conduire à une profonde dépression nerveuse, voire à une maladie mentale. Si le nombre des vibrations de cette force dépasse l'étendue d'une octave, cela devient mortel. C'est pourquoi, lorsque nous voulons élargir la conscience d'un homme jusqu'à ce qu'il puisse absorber et supporter la force divine à un degré élevé, nous devons premièrement préparer son corps en *le soumettant, entre autres, à un processus chimique*, afin que la différence de vibrations n'excède jamais une octave. Sinon, il mourrait.

« Dans le monde matériel, il existe quatre échelons de manifestations que, selon leur apparence et leur degré de conscience, nous appelons : les minéraux, les végétaux, les animaux, les hommes. Comparée à l'homme, la matière ne nous paraît pas "consciente" ; pourtant, les cristaux prouvent qu'il existe en elle aussi une certaine conscience. Chaque niveau de manifestation est caractérisé par son propre degré de conscience, toujours une octave plus haut. Seul l'homme a la possibilité de manifester plusieurs niveaux, jusqu'à la *conscience de Soi* divine. Si nous nous en tenons aux intervalles – octaves – par lesquels nous classons les degrés d'évolution, nous constatons que la catégorie "homme" occupe *quatre barreaux* sur la grande échelle de l'évolution qui conduit de la terre au ciel et qu'en outre chaque échelon correspond à une octave de la gamme des vibrations. Les hommes connaissent d'ailleurs ces quatre degrés et les nomment : l'homme, caractéristique le mental – le génie, caractéristique l'intuition – le prophète, caractéristiques la sagesse et l'amour universel – et à l'échelon suprême, l'homme-dieu dont les caractéristiques sont l'omniscience et l'omnipotence.

« Dans le monde matériel, il existe donc *quatre manifestations* qui, ensemble, manifestent *sept octaves de vibrations*.

« Chaque créature émet les vibrations dont elle est composée, c'est-à-dire celles qu'elle supporte *consciemment*. Les *minéraux* qui se trouvent au niveau inférieur de la conscience ne se manifestent que par la contraction, le refroidissement, le durcissement.

« La *plante* se manifeste déjà à deux échelons : au niveau matériel et à celui de la force végétale qui la fait vivre. Une plante manifeste inconsciemment les vibrations matérielles : elle porte son corps comme

340

une robe ; mais son niveau de conscience est celui de la force végétative qui donne vie à la matière. La force manifestée à ce niveau présente trois aspects caractéristiques et elle est reconnaissable où qu'elle apparaisse : la *recherche* de la nourriture, la *prise* de la nourriture et l'*assimilation* ou digestion.

« L'*animal* manifeste trois forces : matérielle, végétative, animale. Il possède un corps, il cherche sa nourriture, la mange et la digère. Et il est conscient au niveau animal : il a une âme, des instincts, des besoins, des sentiments, des sympathies, des antipathies et des désirs. L'animal est conscient sur le troisième échelon du développement, une seule marche en dessous de l'homme.

« L'*homme moyen* est donc une octave plus haut : il est conscient sur le plan mental, il possède un intellect et la faculté de penser. Mais il manifeste également les trois autres degrés : le niveau matériel, il a un corps – le niveau végétatif, il cherche sa nourriture, la mange et la digère – le niveau animal, il a une âme et une vie sentimentale, des instincts, des sympathies, des antipathies, des désirs. Mais sa caractéristique principale reste le mental : l'homme pense consciemment.

« L'homme fait ensuite un grand pas pour atteindre le prochain échelon : il élève sa conscience au-dessus du monde des *effets* pour atteindre celui des *causes*. Il puise dans la source divine du plan causal et manifeste cette force qui, dans sa conscience, se traduit par l'intuition. Grâce à son intellect et à son esprit, il peut exprimer ses expériences spirituelles et les transmettre à son prochain. Son intuition peut également se refléter dans d'autres arts : sans dimension dans la musique, comme compositeur ; dans les deux dimensions par les lignes et les couleurs, comme peintre ; dans les trois dimensions par les formes plastiques comme sculpteur ou danseur. L'homme créateur est le *génie*. Il manifeste les cinq octaves de vibrations des forces matérielles, végétatives, animales, mentales et causales.

« Le degré de conscience de la prochaine octave de vibrations est celui que les hommes nomment *prophète*. Il manifeste toutes les forces des niveaux mentionnés jusqu'ici et il est aussi conscient à l'échelon supérieur, celui de la sagesse divine et de l'amour universel. Il ne faut jamais confondre cet amour universel qui correspond au sixième degré et qui est une force purement spirituelle avec "l'amour" du troisième degré animal, qui, lui, est l'expression des instincts animaux. Ce dernier type d'amour est une vibration transformée pour travailler au niveau inférieur – le troisième – et dont la source est l'instinct de conservation de l'espèce. Cet "amour" se caractérise par le désir de possession et ne recherche que le corps. Il force l'homme à se rapprocher de l'être aimé, à l'embrasser, à le serrer contre lui, en un mot : à le posséder. Celui qui se soumet à ce genre d'amour vit encore dans sa conscience à l'état de division, de séparation, il cherche sa moitié complémentaire physique pour trouver une satisfaction. Cet amour veut toujours *prendre, avoir, posséder*. L'amour du sixième degré de manifestation, l'amour des prophètes, ne procède pas de la séparation mais de l'état originel de l'*unité* divine. C'est pourquoi cet amour est universel, il *donne* toujours, ne prend jamais, n'a besoin d'aucun complément, d'aucune manifestation physique, il radie et illumine depuis la conscience de *l'unité divine absolue*. Les hommes à ce niveau de conscience ne désirent pas posséder qui que ce soit, ils se sentent un avec le Tout infini.

« La manifestation suprême de Dieu, la septième, est l'homme devenu *parfaitement conscient* : *l'homme-dieu*. Toutes les autres formes de *manifestations ne sont que des vibrations transformées, une partie de*

Dieu seulement. *L'homme-dieu est celui qui, par une conscience parfaite, manifeste pleinement Dieu – son propre* Soi *divin – dans toute sa perfection, celui qui éprouve, vit en lui et radie les forces créatrices divines dans leurs vibrations et fréquences originelles et non transformées.*

« Seul l'homme a la possibilité de maîtriser et radier toutes les sept octaves de vibrations car il possède, dans son système nerveux, les centres correspondant à ces sept octaves de la force créatrice transformée et non transformée ; pourtant, il ne peut radier les vibrations qu'aux niveaux *sur lesquels il est devenu conscient* ; tant qu'il n'est pas conscient sur un certain niveau, les centres nerveux correspondants restent à l'état latent. L'homme moyen radie donc les vibrations s'étendant jusqu'au *quatrième échelon*, le génie jusqu'au *cinquième*, le prophète jusqu'au *sixième* et seul l'homme-dieu est capable de radier consciemment les énergies de toutes les sept octaves et, selon sa volonté, de radier la force créatrice divine à son état originel, ou de la transformer, de la modifier pour la transmettre en fréquences inférieures.

« Le bâton que tu as vu chez ton père est composé d'une matière, une espèce de laiton, qui a la particularité de pouvoir transmettre la radiation correspondant *à chaque niveau*. Il est conçu de manière à transmettre les vibrations à leur état premier, donc inchangées, ou alors diminuées ou amplifiées, selon le désir de celui qui l'utilise.

« Ce bâton peut aussi bien être une bénédiction qu'une malédiction. Cela dépend de celui qui l'utilise. Un initié est capable de radier avec ce bâton toutes les forces de la création, de la plus élevée : divine, à la plus basse : ultra-matérielle, tout à son gré car il possède toutes ces forces en lui et peut les transmettre consciemment au moyen du bâton de vie. Par ses organes des sens, l'homme ne peut appréhender qu'une partie de la gamme immense de ces vibrations. Ce qui vibre en dessus et en dessous ne peut être perçu, vécu que comme état d'âme. C'est ainsi que, par exemple, il éprouve et vit en lui les fréquences divines suprêmes sous la forme de l'amour universel. Par contre, les fréquences les plus basses, celles de *l'ultra-matière* qui sont encore inférieures à celles que nos yeux et nos nerfs sensoriels perçoivent comme matière, qui restent donc imperceptibles à nos organes des sens, sont vécues par l'homme dans son âme sous la forme de la haine. L'initié emploiera toujours correctement ce bâton de vie et radiera toujours la force nécessaire à faire le bien, donc une bénédiction. Quant aux vibrations *ultra-matérielles*, il les utilisera, si nécessaire, pour créer un mur de protection invisible et impénétrable. L'initié peut, à l'aide du bâton, maîtriser, amplifier ou neutraliser toutes les forces de la nature.

« Tous les êtres vivants possèdent ces forces mais seulement à un degré correspondant à leur développement. Ils les utilisent mais n'en sont pas conscients. As-tu déjà rencontré un homme qui se demande, par exemple comment il peut lever ses bras ou ses pieds ? Ou bien comment, même pour un instant très court, il peut s'éloigner de la terre en sautant ? Lève un bras et observe ce que tu fais. N'est-il pas vrai que tu contractes tes muscles et qu'ils soulèvent ton bras ? La contraction de tes muscles te permet d'exécuter tous les mouvements de ton corps. Mais qu'est-ce qui contracte tes muscles, ma fille ? Réfléchis ! »

« Ma volonté, Père. »

« Juste, ta volonté. Mais si je te demande maintenant ce qu'est la volonté, que me répondras-tu ? »

« Père, je me suis souvent observée quand je *voulais* quelque chose. Mais je n'ai pu que constater que, quand je *veux* quelque chose, j'émets une force et lui donne une direction. Pour reprendre ton exemple, si je veux lever mon bras de sa position pendante et décontractée – il pend parce que la terre l'attire à elle – cette énergie coule dans mon bras par ma volonté, force mes muscles à se contracter et à lever mon bras. »

« Tout à fait juste, dit Ptahhotep. Par le fait même que ta force de volonté a afflué dans ton bras et tes muscles, *tu as vaincu*, dans ton bras, *la force de l'attraction terrestre*, cette énorme force de la nature. Il en est de même lorsque tu sautes en l'air ! Pour un très court instant puisque ta force de volonté est, pour ce court moment, plus forte que celle de l'attraction terrestre. Le temps consomme ta force de volonté transformée en énergie physique. Le temps !

« Et l'espace ? Tu as utilisé ta force pour lever ton bras, ton corps, *en hauteur*, pour l'*éloigner* de la terre, donc le mouvoir dans *l'espace*. Tu constates donc que ta force est employée par deux facteurs importants : *le temps et l'espace*. Si tu pouvais amplifier ta force de volonté et l'emmagasiner dans ton corps, tu pourrais donc vaincre plus longtemps la force de l'attraction terrestre et te tenir à une plus grande distance de la terre. Tu pourrais flotter dans les airs ! Mais tu ne le peux pas car tu n'es pas encore devenue consciente sur le plan divin. L'initié qui, lui, est conscient à cet échelon divin peut puiser directement dans cette source éternelle d'énergie sans la transformer et, s'il le désire, flotter dans les airs aussi longtemps qu'il oppose sa force de volonté à la force de l'attraction terrestre.

« L'initié connaît toutes les vibrations et possède des organes consciemment développés pour utiliser ces forces. Tu connais, par exemple, la force de la pensée grâce à laquelle nous pouvons communiquer télépathiquement. Nous contrôlons cette force également par un organe supérieur de notre cerveau. Les fils des hommes ne savent même pas qu'ils possèdent de tels organes. L'initié est capable de radier la force la plus élevée entre toutes, l'énergie divine créatrice. Cette force est l'énergie et la radiation de la *vie* elle-même, de l'ÊTRE éternel. C'est elle qui anime et maintient tout l'univers. Faire usage consciemment de cette force est l'apanage du seul *homme-dieu*, unique créature dont la conscience est identique à Dieu et qui radie cette énergie depuis sa conscience divine, de son omniconscience cosmique. Aucun autre être vivant ne pourrait supporter *consciemment* cette force.

« Chaque force a sa matérialisation sur terre et c'est pourquoi nous trouvons que toutes les énergies et vibrations correspondent à une matière dont la force de résistance est capable de les supporter et de les transmettre, même mieux : de les emmagasiner pour ensuite les radier pendant un certain temps. Le nom que l'on donne à cette matière importe peu. Le corps des créatures vivantes et des formes de manifestation correspondant aux divers niveaux de conscience est composé et construit de cette matière. Or cela n'est pas seulement vrai pour la matière correspondant à leur propre niveau de conscience mais aussi pour la matière qui conduit les vibrations en dessous du niveau concerné. Les plantes, par exemple, possèdent la force de résistance nécessaire à supporter les vibrations de la force de vie végétative et également celles de la matière puisqu'elles ont un corps matériel. Les nerfs et le corps des animaux portent en eux la force animale correspondant au niveau animal et, en même temps, les vibrations de l'octave inférieure, du niveau végétatif plus encore les fréquences du plan matériel une octave plus bas encore.

« Les nerfs de l'homme moyen, par exemple, ont assez de résistance pour supporter les vibrations du niveau mental ainsi que les fréquences transformées d'une octave à chaque plan inférieur : animal, végétatif et matériel. Avec les énergies mentales, il *pense* et il est conscient à ce niveau ; avec les énergies animales, il *sent* et fait l'expérience en lui de toutes les émotions ; les courants de force végétative animent son corps et, enfin, son corps est composé de forces matérielles. Il en va de même en gravissant les échelons jusqu'à l'homme-dieu qui emploie consciemment tous ses centres nerveux et cérébraux et peut, sans les transformer, conduire dans ses centres nerveux ou dans son corps les vibrations suprêmes de la vie dont le siège est dans la moelle épinière. La matière de son corps possède la force de résistance nécessaire pour supporter les vibrations de la force divine suprême et, bien évidemment, celles transformées des six autres échelons de la manifestation.

« *Ce n'est donc qu'en apparence seulement que la matière des corps humains aux différents stades du développement semble être la même. En réalité, ils sont composés de différents éléments chimiques dont la résistance correspond toujours au degré d'évolution de l'esprit qui les habite.*

« Si le corps de l'homme-dieu peut supporter les plus hautes fréquences comme celles, transformées, des octaves inférieures, cela veut dire qu'il doit donc obligatoirement exister une matière dont la force de résistance est capable de supporter et de transmettre la force créatrice divine ainsi que toutes les autres fréquences transformées des octaves inférieures, et cela *sans être dématérialisée.* Dans leur patrie, les fils de Dieu inventèrent une matière, une espèce de laiton, avec laquelle ils construisirent des appareils pour emmagasiner les fréquences créatrices suprêmes dans leur manifestation originelle ou transformée, et pour les radier amplifiées ou diminuées. Ces instruments sont conçus de manière à pouvoir garder intacte la force créatrice dans sa forme pure. En conséquence, ils restent actifs pendant longtemps, pareils à une source de force divine, pareils à la *vie* elle-même. Comme le plus perfectionné de ces appareils portant et radiant la force créatrice représente un trait d'union parfait entre les fréquences divines et matérielles, entre *Dieu* et la *terre*, nous appelons ce porteur de force extraordinairement puissant, chargé de la fréquence du *Soi* divin : *l'arche d'alliance*.

« Tu comprends maintenant pourquoi nous gardons ces appareils si secrets. L'homme-dieu qui a pleinement développé ses facultés supérieures peut impunément l'utiliser car l'arche d'alliance contient et radie la même force que lui, cette force qu'il *est*. Un homme d'un degré inférieur mourrait sur-le-champ comme frappé par la foudre s'il ne faisait que la toucher. Les fréquences divines brûleraient instantanément ses nerfs, il subirait un choc, une attaque. *Il en va de même lorsque cette énergie se libère de son isolation dans la moelle épinière et attaque les nerfs.* L'homme, l'animal et même la plante meurent immédiatement. Les hommes nomment cette mort une "attaque" ; ils sentent qu'une force inconnue a frappé la personne comme la foudre. Cette force est le courant de vie qui, normalement, est bien isolé dans la moelle épinière, ou dans le canal central des plantes, et n'afflue dans le corps que correctement transformé. Ce n'est qu'en cas de maladie que cette force rompt son isolation et cause l'"attaque".

« C'est pourquoi les non-initiés ne peuvent approcher ces appareils. Mieux encore. Comme ces derniers radient des énergies pénétrant tout, nous devons les garder cachés derrière d'épaisses parois de rocher qui offrent la meilleure isolation. Car l'énergie de vie tue si elle pénètre une matière qui n'oppose pas la résistance correspondante. La matière est dématérialisée, désintégrée.

« L'arche d'alliance ainsi que d'autres instruments encore sont donc composés d'une matière qui, sans se dématérialiser, peut être chargée de l'énergie créatrice divine. L'arche d'alliance radie la force créatrice non transformée, et *selon le dosage, dispense la vie ou la mort.* Cette force a le même caractère de vibrations que la force de volonté de l'homme qui peut tout vaincre, y compris la force d'attraction terrestre, même si ce n'est que pour un court instant. L'arche d'alliance radie cette force mille fois amplifiée. Ainsi, pareils à la terre qui agit sur la matière par sa force d'attraction et attire tout à elle, nous pouvons contrecarrer cette force d'attraction dans chaque matière, sans exception, donc vaincre et supprimer son poids pour une période plus ou moins longue. Mais si cela s'avère nécessaire, nous pouvons aussi agir *avec* cette force d'attraction et, à volonté, augmenter un poids par les rayons ultra-matériels ! Ainsi, même les grosses pierres perdent leur poids pendant le temps nécessaire à construire les édifices les plus importants avec une facilité déroutante. Ou alors, leur poids est augmenté de telle manière que ces pierres s'enfoncent dans le sol. Par exemple, lorsque nous voulons faire un puits, nous ne creusons pas la terre mais nous choisissons un rocher de grosseur adéquate, nous amplifions son poids et le laissons s'enfoncer dans le sol jusqu'à la profondeur désirée.

« Avec l'aide de l'arche d'alliance, cette énorme source de force, nous pouvons transformer des énergies immatérielles, comme les rayons lumineux par exemple, en matière ou, inversement, désintégrer la matière et la convertir en énergies qui resteront actives presque à tout jamais.

« Observe cette lampe. Le soleil émet, depuis des milliards d'années, des rayons dont certains deviennent, *dans notre atmosphère, des rayons lumineux par la transformation des énergies*. Dans cette lampe, la matière en se désintégrant, en se dématérialisant, crée des énergies qui, dans l'air, sont converties en rayons lumineux.

« Dans cette lampe précisément, ce processus pourrait se prolonger indéfiniment et ainsi donner de la lumière pour toujours. Cependant, dans l'histoire de la terre, il est écrit que nous devons quitter cette planète pour des milliers d'années et anéantir tout notre équipement. Si tel n'était pas le cas, l'ignorance des fils des hommes causerait à nouveau une destruction inimaginable.

« Les générations futures ne comprendront que peu ou pas ce qui restera de notre culture. Par exemple, comment nous avons pu rendre si parfaitement lisse la surface des pierres les plus dures qu'entre deux d'entre elles, il n'y a même pas la place pour un cheveu ; comment nos "esclaves" ont pu atteindre une telle précision à l'aide de leurs seules mains. Les fils des hommes réduisant les leurs à l'esclavage, ils estimeront que nous faisions de même. Pendant des milliers d'années, il ne leur viendra pas à l'idée que nous avons tout simplement dématérialisé la partie superflue de la pierre et que, de cette manière, nous avons pu, sans le moindre effort physique, obtenir exactement ce que nous voulions des pierres et des rocs les plus durs.

« Nous réglons nos appareils sur la profondeur et la largeur désirées et tout ce qui n'entre pas dans ces mesures est désintégré. Cela est très simple dès que l'on connaît la nature réelle des diverses énergies dont la matière fait également partie. Mais ce savoir n'est une bénédiction que s'il reste entre les mains d'un initié qui sait aussi que *l'amour signifie la vie, et la haine la mort.* Seuls les initiés du degré supérieur peuvent être architectes. Car il est évident que, pour faire construire quoi que ce soit par des esclaves, point n'est besoin d'être initié ! Nous ne travaillons pas avec des esclaves mais avec les forces de la nature.

« Grâce à ces appareils, nous pouvons créer toutes les formes de manifestation de l'énergie créatrice. La manifestation ne dépend que de la durée et de la distance de laquelle nous faisons travailler cette énergie créatrice. Les fils des hommes trouvent normal de venir au Temple avec leurs maladies pour que nous les guérissions. *La maladie signifie que les vibrations du corps ne sont plus harmonieuses.* Nous restaurons la vibration de la partie "malade" du corps et l'individu recouvre la santé. Chaque organe possède sa vibration particulière. Cela veut dire que chaque organe est ce qu'il est parce qu'il vibre à une certaine fréquence et que cette vibration agit constamment en lui et le maintient. Dès que cette vibration se modifie, l'organe devient malade.

« Nous pouvons également contrôler le temps sur la terre, faire un ciel bleu et pur ou, si nécessaire, créer des nuages et de la pluie. Les fils des hommes voient des éclairs, entendent le tonnerre sortir de la grande pyramide et s'en réjouissent car ils savent que cela va leur apporter la bénédiction de la pluie. Ils vivent dans l'assurance que le Temple s'occupe de tout : de leur santé, de la pluie, de leur confort et de leur bien-être spirituel. »

« Père de mon âme, comment charge-t-on cette arche d'alliance d'énergie créatrice ? »

Ptahhotep me scrute de son regard perçant et dit : « Je vois que tu sais déjà comment nous la chargeons. Je te l'ai dit : il n'existe sur terre qu'*une seule* source capable de radier cette force. C'est l'homme-dieu. Il est du devoir du grand prêtre de charger l'arche d'alliance de la force créatrice divine. Il parvient à ce résultat en conduisant directement sa propre énergie dans l'arche d'alliance ou, à l'aide du bâton de vie, en convertissant en force divine créatrice *un courant d'énergie absolu-*

ment positive radiant de sa main à une fréquence inférieure pour la conduire dans l'arche d'alliance. Car, dans sa vie quotidienne, même l'homme-dieu ne radie la force créatrice que transformée. Ce n'est que lorsque toutes ses forces spirituelles sont concentrées et que, dans sa conscience, il est identique à Dieu, qu'il émet l'énergie divine dans sa vibration première. Il doit donc être dans *un état de conscience cosmique absolue* s'il veut radier de cette force créatrice. Si les fils des hommes non initiés le voyaient dans cet état, ils en auraient peur car l'homme-dieu radie d'une lumière surnaturelle insupportable au regard humain. Si un non initié touchait un initié se trouvant dans cet état d'ÊTRE divin, il en mourrait instantanément, comme s'il touchait l'arche d'alliance.

« Ainsi, lorsqu'un initié émet ses rayons de vie dans le but de guérir, il doit se concentrer afin que sa radiation puisse être supportée sans dommage ; c'est à l'aide du bâton qu'il amplifie jusqu'à la puissance créatrice la force qu'il conduit dans les centres nerveux appropriés. Le bâton est non seulement conçu pour transmettre ces radiations mais aussi pour les transformer à volonté afin de pouvoir les donner amplifiées ou diminuées. L'initié n'a donc pas à se mettre dans un état d'ÊTRE divin pour conduire la radiation suprême dans l'arche d'alliance. Il se met dans un état de concentration inférieure et dirige, dans l'arche d'alliance avec l'aide du bâton, la force correspondant à cet échelon en l'amplifiant jusqu'au niveau de l'énergie créatrice. Chargée de cette manière, l'arche d'alliance peut, pour une longue période, radier cette énergie – la plus haute et la plus puissante qui soit – comme la source de toutes les autres forces sur terre.

« L'initié peut, à l'aide du bâton, créer et transmettre les fréquences les plus diverses car cette baguette est une arche d'alliance miniature, hormis le fait qu'elle ne peut emmagasiner l'énergie créatrice. Avec ce bâton, un fils des hommes pourrait donc aussi transformer ses énergies inférieures de plusieurs octaves en force créatrice s'il pouvait les radier d'une manière *pure, positive*, donc *parfaitement désintéressée*. En effet, le bâton radie toujours exactement de la même force que l'homme lui a transmise. Si un homme primitif et égoïste détenait un tel instrument, il conduirait les vibrations négatives de son propre égoïsme – éventuellement encore amplifiées – et causerait des maladies, des épidémies, des tremblements de terre, des catastrophes plus graves encore comme le firent autrefois les magiciens noirs dans la patrie de la race divine.

« Comprends-tu pourquoi les initiés gardent si secrètes leurs connaissances et les protègent des non-initiés ? »

« Je comprends, Père de mon âme. Je vois aussi clairement maintenant comment Père procéda pour redonner vie au garçon qui était déjà à moitié mort. Dans un état d'intense concentration, Père a transmis à l'enfant ses propres forces encore amplifiées. L'effet fut quasi miraculeux. L'enfant fut rempli de force vitale et son épuisement s'évanouit comme par enchantement. Mais, Père de mon âme, que va-t-il se passer lorsque les fils des hommes prendront le pouvoir ? Détruirez-vous aussi cette baguette magique ? Comme Père me l'a dit, les initiés devront faire disparaître tous leurs instruments ! Dommage pour les humains qu'ils ne puissent profiter des bienfaits de ces énergies ! »

« Mon enfant, dit Ptahhotep, *chaque être vit dans des conditions parfaitement adaptées à son évolution* ! Si nous dévoilions le mystère du bâton aux fils des hommes, ils l'utiliseraient immédiatement à des fins destructrices, pour autrui comme pour eux-mêmes. Les fils des hommes ne sont pas mûrs pour recevoir cette connaissance, ils en sont encore bien loin. Le

Le Pharaon devant Amon (Musée du Caire)

Le pharaon présente l'offrande de feu et d'eau au « roi des dieux »,
Amon, tenant le bâton de vie.

bâton que nous utilisons aujourd'hui sera sauvé par le dernier initié à connaître ce secret ; il le conduira hors d'Égypte. Il n'aura pas la possibilité de construire des pyramides mais concevra une protection aussi isolante que possible. Il chargera cette arche d'énergie beaucoup moins puissante et la fera porter, pendant de longues pérégrinations, à l'aide de manches de bois. Lorsque l'initié verra venir sa mort, il détruira le bâton de vie. L'arche émettra encore pendant un certain temps l'énergie dont elle avait été chargée. Les non-initiés la porteront encore dans de nombreux pays, jusqu'au moment où ils comprendront qu'elle a perdu tout son pouvoir. Ils en détruiront alors les derniers vestiges.

« C'est par la tradition que l'humanité entendra parler de la "baguette magique" et de "l'arche d'alliance". Mais elle considérera tout cela comme des fables. Pourtant, elle se souviendra quand même qu'il y avait eu, un jour, une "Arche d'Alliance" habitée par la force du Dieu vivant, et une "baguette magique" ou, comme nous la nommons, le bâton de vie, à l'aide desquels des initiés, des "magiciens" faisaient des miracles. Ces traditions ancestrales permettront aux hommes de reconnaître ou de pressentir que ce "bâton" représente la *puissance* dominant toutes les forces de la nature.

« Beaucoup plus tard, lorsqu'ils voudront la symboliser, ils tiendront à la main un bâton, un sceptre, comme insigne de cette puissance. Mais ce bâton, ce sceptre, ne sera plus qu'*un symbole vide. La force et la puissance réelles du bâton* ne seront plus connues. Puis, des milliers d'années plus tard, un descendant de la race des fils de Dieu se réincarnera ; il découvrira ces vérités pour ceux de son temps et reconstruira une "baguette magique" authentique. Jusque-là, il y aura une espèce d'étranges individus qui se nommeront "magiciens" et qui prétendront exécuter des tours à l'aide de leur "baguette magique". *Ils imiteront donc ce qui, une fois, avait été réel.* Ils tiendront une baguette à la main et, décrivant des mouvements, feront croire qu'ils en tirent des forces magiques. Ils utiliseront également des "formules magiques" qui imiteront les nôtres. Mais l'humanité ne connaîtra la puissance extraordinaire de la parole que lorsque, dans des siècles et des siècles, des membres déchus de la race divine, vivant *ici* aujourd'hui, se réincarneront et *se souviendront dans leur inconscient* de vérités qui, d'ici là, seront devenues de très vieux récits dans les annales de l'histoire.

« Ils pourront prouver la véracité de leurs souvenirs. Le temps viendra où les fils des hommes découvriront et auront accès au savoir suprême. Pour la masse ignorante, la connaissance reste un mystère incompréhensible. Elle devient une malédiction lorsque ces vérités tombent aux mains de non-initiés. Mais c'est précisément la voie des humains, pleine des souffrances et des douleurs qu'ils s'infligent. Petit à petit, ils apprendront qu'on ne peut jouer impunément avec les forces divines mais qu'on doit les utiliser avec sérieux, avec dignité et avec respect. Car, *pour la bénédiction de l'humanité, Dieu donne tout, même Lui-même. Mais, par leur ignorance, les hommes font de tout une malédiction !* »

« Père de mon âme, tu as dit que les pyramides furent construites en rocs épais afin d'isoler les appareils capables d'émettre des fréquences pénétrant tout. Comment alors pouvez-vous conduire ces radiations vers l'extérieur ? »

« Dans les parois épaisses des pyramides, des canaux, des tunnels ont été prévus par lesquels les forces de l'arche d'alliance et celles des appareils complémentaires émettant d'autres énergies sont dirigées vers l'extérieur. C'est également par ces canaux que nous contrôlons le temps. Les énergies positives et négatives qui courent dans ces canaux construits dans des directions différentes donnent naissance à des formations nuageuses qui engendrent la pluie désirée. Les éclairs sont l'égalisation de ces tensions et s'accompagnent de grands bruits. C'est pourquoi on entend le tonnerre sortir de la pyramide. D'autres pyramides ont été construites pour répondre aux besoins d'installations différentes. »

« Que va-t-il advenir des pyramides lorsque les fils des hommes régneront sur ce pays aussi et que l'arche d'alliance et tous les autres instruments auront été détruits ? Resteront-elles vides ? Qu'adviendra-t-il du grand prêtre, des autres prêtres et des initiés ? »

« Les pyramides, à l'exception de la plus grande qui abrite actuellement l'arche d'alliance et dans laquelle l'initiation est donnée, ne resteront pas vides. Lorsque tous les instruments émettant l'énergie divine créatrice auront été éloignés, les derniers pharaons initiés se feront enterrer dans l'une d'elles. Puisque l'énergie ne sera plus consommée, leur corps tout imprégné de cette force divine créatrice émettra la force suprême tout à fait comme l'arche d'alliance et agira dans ce pays comme une puissante source secrète le protégeant des mauvaises influences. La radiation de ces corps sacrés et si bien préservés aidera notre pays à maintenir son pouvoir pendant des milliers d'années encore. Mais, peu à peu, la plupart de ces tombeaux seront pillés et détruits par des ignorants. »

« Et qu'adviendra-t-il de la grande pyramide ? »

Ptahhotep regarde dans le lointain comme s'il pouvait y découvrir quelque chose puis, posant sur moi son regard céleste, me dit : « Lorsque le temps sera venu de détruire tous les instruments secrets, pour les prêtres et les initiés servant encore dans le Temple de prendre leur bâton de pèlerin, le grand prêtre et son assistant fermeront de l'intérieur les portes de pierre de la grande pyramide de telle manière qu'aucun fils des hommes ne puisse en trouver l'entrée. Puis, après avoir accompli les derniers rites, ils désintégreront leur propre corps comme on dématérialise les offrandes sur l'autel du Temple, ce que tu as vu si souvent. Un éclair, une petite fumée blanche qui disparaît rapidement. Il ne reste pas la moindre cendre. C'est ainsi que la grande pyramide restera fermée aux hommes pendant plusieurs milliers d'années. Les initiations ne cesseront pas pour autant. Les âmes mûres continueront d'y être initiées. Plus physiquement comme aujourd'hui mais sur un niveau plus élevé et spirituel. Ces êtres vivront leur initiation sous la forme d'un rêve, d'une vision. »

Ptahhotep se tait et nous nous regardons longtemps encore. Je comprends tout ce qu'il ne veut exprimer... Mais j'ai encore une question à lui poser : « Père de mon âme, pourquoi les pyramides sont-elles toutes construites sur la même forme ? Pourquoi ont-elles cette forme plutôt que celle d'un cube comme tous les autres édifices ? »

Ptahhotep sourit : « Elles n'ont pas la forme d'un cube ? Mais les pyramides sont construites sur *la forme du cube* ! Je t'expliquerai cela la prochaine fois. Pour aujourd'hui, c'est assez. »

Je comprends que Ptahhotep a terminé son enseignement pour ce jour. Pourtant, je reste encore car j'aimerais qu'il me révèle le mode d'emploi du bâton de vie et de l'arche d'alliance. Il me regarde en souriant et dit : « Le temps viendra pour toi de connaître le mode de construction de l'arche d'alliance et du bâton de vie : après l'initiation. Mais l'emploi en est réservé à ceux qui, *par leurs propres efforts*, ont atteint le septième degré après l'initiation. Ces secrets ne doivent pas tomber dans des mains dangereuses. Sois patiente. Le temps n'existe que dans la pensée. Pourtant, il en faut pour que tout parvienne à maturité. »

Il me bénit et je m'en vais.

LA FORME DES PYRAMIDES

Me revoici devant Ptahhotep dans son laboratoire.

« Je t'ai déjà expliqué, dit-il, que toute manifestation du monde visible est animée par la force originelle qui veut que tout aspire à retourner à l'unité et qui se traduit par la force d'attraction entre les deux moitiés complémentaires positive et négative. Tu es là devant moi parce que la force de l'attraction terrestre garde ton corps ici. Sans elle et comme tout ce qui n'est pas solidement enraciné, tu serais tombée dans l'espace depuis longtemps déjà et même le corps énorme de la terre se serait disloqué. La force qui maintient la terre et toute la matière qui se trouve dans son atmosphère *n'appartient pas à la terre elle-même mais, de son centre, agit sur la planète*. Si la matière n'opposait aucune résistance et cédait à cette force, l'immense masse de la terre avec tout ce qui vit à sa surface disparaîtrait en son centre. Mais où ? Réfléchis un peu !

« Approche, mon enfant, je vais te le montrer : si je pose divers objets sur cette table, qu'à chacun j'attache un fil, que, réunissant ces fils, je les fais passer par le trou percé au milieu de la table, et que, depuis dessous la table, je tire ces fils, tous les objets vont être attirés vers le centre et disparaître à condition qu'ils soient plus petits que le trou. Et où disparaissent-ils ? Ils vont vers le point d'où la force agit, n'est-ce pas ? Mais d'où provient la force du centre de la terre, cette force qui attire tout en elle ? Peux-tu me répondre, mon enfant ? »

Pendant un instant, je réfléchis puis réponds : « La terre est reconnaissable. Si tout ce qui est visible ne l'est que parce qu'il s'est séparé du "Rien-Tout", que cette séparation n'est qu'apparente puisque la moitié complémentaire est restée dans le non-manifesté, la terre doit donc aussi y avoir la sienne ; la force qui attire la terre et tous ses êtres vers le centre doit être ce désir de réunion entre la terre et sa moitié complémentaire restée dans le Rien comme reflet négatif. La force d'attraction terrestre attire donc toute la terre dans le Rien qui est au-delà du temps et de l'espace pour parvenir à cette réunion. Et si la terre cédait, elle disparaîtrait dans le centre, dans le Rien. Cela signifierait alors le retour à l'unité paradisiaque, à Dieu, à la félicité ! Et pourquoi cela ne peut-il être, Père ? »

« Mon enfant, *l'obstacle est la résistance de la matière* ! Aucune création n'est possible sans *résistance* ! C'est la force de résistance de la matière qui empêche la terre et toute la création de disparaître, d'être détruite. Toute chose qui apparaît dans le monde visible est tombée d'un point de l'univers qui est alors devenu son propre centre. La chute en a fait de la matière. Et maintenant, elle ne peut retourner à l'unité divine car sa propre résistance l'en empêche. Un retour à l'unité divine, paradisiaque, à Dieu, n'est possible que *par la spiritualisation de la matière, que lorsque la matière se transforme en esprit*. Sans aide spirituelle, la matière ne pourrait jamais devenir esprit par elle-même. C'est pourquoi un aspect de Dieu descend dans la matière, prend l'apparence et les propriétés de cette matière, l'anime en sa qualité du *Soi* afin de permettre la spiritualisation, le salut.

« L'effet que ce Soi vêtu de matière exerce constamment au cours des temps depuis le centre de toute chose créée sur la structure la plus intime de la matière a conduit au développement de toutes les formes existant à chaque échelon de l'échelle de l'évolution. C'est ainsi que chaque créature fut créée, du protozoaire à la manifestation la plus élevée.

« Sur terre, la créature la plus élevée est l'être humain. Sa mission est de parfaire la spiritualisation de la matière, travail auquel tout être vivant participe dans la mesure de son développement. *Chaque être humain qui, de l'état d'identification avec son corps, se transforme, s'éveille en son esprit et, dans sa conscience, s'identifie enfin au Soi divin, celui-ci a accompli sa mission !* Il a spiritualisé un morceau de la terre. Il a fait progresser la terre d'un pas vers sa rédemption. C'est alors qu'il peut coopérer au salut des autres.

« Maintenant, tu sais pourquoi tu peux te tenir debout devant moi. Parce que le *Soi* de la terre, qui est en même temps *le nôtre, aime* la terre et tous ses êtres vivants, les attire en lui, dans l'unité divine, pareil à l'époux qui veut s'unir à son épouse. Cette volonté, cette aspiration à la fusion, caractéristique de toute expression d'amour, se traduit en tout, donc aussi dans notre corps, par le poids !

« Cette force que nous appelons poids agit partout dans la nature et, lorsque nous construisons, nous devons compter et travailler *avec* elle, jamais *contre* elle. Lorsque nous la prenons en considération, elle nous aide à préserver nos édifices pour une longue période. Si nous voulions construire sans respecter les lois de ces forces, tout s'effondrerait bien vite. Il te suffit de comprendre que les résultantes des forces de la forme des pyramides sont les plus favorables pour résister aux attaques du temps et des forces de la nature.

« Les pyramides – la grande en particulier – sont construites d'après diverses lois mathématiques et astronomiques afin de servir également d'horloge et de calendrier. Tu apprendras ces lois une autre fois. En outre, le fait que les surfaces latérales s'élèvent de leur base à un angle de 51° permet aux pyramides de refléter les rayons du soleil et de les projeter loin dans la mer et le désert. Elles font ainsi également office de phares. Toutes les lois sur lesquelles elles ont été construites ainsi que l'histoire de ceux qui les ont édifiées sont tracées sur les plaques de céramique les recouvrant. Et lorsque les fils des hommes en auront déchiffré l'écriture, ils connaîtront toutes ces vérités, les lois mathématiques et astronomiques, les mystères des pyramides et toute notre science. Mais au cours des heures sombres de la terre, ces écrits disparaîtront et les fils des hommes devront découvrir toutes ces vérités par eux-mêmes.

« Mais, toi, tu dois apprendre la loi du monde de trois dimensions *qui est basée sur la loi de l'esprit et ne pourrait exister sans elle.*

« Comme la source de toute sagesse, de toute manifestation est l'*ÊTRE éternel*, Dieu, que Dieu reste dans le non-manifesté au-delà du temps et de l'espace et que ce ne sont que ses manifestations qui apparaissent dans le monde de trois dimensions, nous devons commencer par Dieu si nous voulons comprendre correctement ces lois. Mais en parlant de Dieu, nous nous heurtons toujours à la même difficulté : Dieu est au-dessus du monde visible et chaque créature ne peut appréhender Dieu que dans la mesure de ses propres moyens, de sa faculté de LE manifester et de LE réaliser. C'est-à-dire : jusqu'à quel degré elle peut *être Dieu* ! Dieu vit en tout et tout vit en Dieu. Pourtant, seul celui qui est devenu Dieu, ou qui n'a jamais quitté Dieu, peut LE comprendre dans son essence parfaite. *Dieu ne peut être compris que par Dieu !*

« Le fait que même l'homme le plus primitif a sa propre conception de Dieu prouve que *la conscience de Soi divine* est en lui, même si ce n'est qu'à un degré moindre et de manière obscure. Mais, devenir conscient en Dieu, comprendre Dieu entièrement et être Dieu signifie devenir pleinement un avec son propre *Soi* divin, le Dieu en Soi. C'est facile à dire mais très difficile à réaliser ! Car, par le fait même que l'homme est sorti de son état de *conscience de Soi* divine, il ne peut *imaginer Dieu que selon sa propre conception toute personnelle*. Comment peut-il savoir ce qu'est la *divinité* réelle et vivante dans sa perfection alors que sa faculté d'imagination ne correspond qu'à un degré personnel séparé et isolé de l'unité ? Comment le fini peut-il saisir l'infini, le temporel l'éternel, le mortel l'immortel, comment le faux-semblant peut-il comprendre l'*ÊTRE* éternel, authentique, Dieu, Le vivre, Le réaliser en soi et devenir identique avec Lui ?

« Et pourtant, l'homme doit *L*'atteindre ! L'éternel désir, la nostalgie inassouvie, l'aide et le propulse dans la direction de son *Soi* divin. Son intellect – le don de Dieu le plus grand mais aussi le plus dangereux – jette un pont sur l'abîme apparemment infranchissable entre le personnel-mortel et l'impersonnel-immortel. C'est l'intellect qui a fait succomber l'homme à la tentation de séparer sa conscience de l'unité mais c'est également lui qui lui donne la possibilité de *retourner à cette unité avec une conscience de soi complète*. Son intellect lui permet de *comprendre* les vérités et quand il les a comprises, il va chercher, tenter et essayer jusqu'à ce qu'un jour enfin il trouve le chemin unique vers la réalisation de son Soi.

« Réaliser veut dire : être quelque chose. Car tant que l'on pense à, ou parle de quelque chose, on n'est pas cette chose. Tu peux penser à un chat ou à un lion. Mais cela ne signifie pas pour autant que tu les réalises : que tu es devenue un chat ou un lion. Tu peux réfléchir à *toi-même* sans être *toi-même*, sans être ton *Soi* divin et créateur ! Penser à quelque chose, c'est en être séparé. Même si tu n'émets qu'une seule pensée, toi, le penseur, n'es relié à l'objet de ta pensée, le pensé, que par l'action de penser, mais tu n'es pas *identique* à lui. Tu n'es pas encore ce qui est dans ton intellect. En fait, l'intellect t'appartient, c'est un instrument merveilleux, un miroir dans lequel tu peux tout projeter et reconnaître. Mais ton intellect n'est pas toi! Il est extérieur à ton *Soi*. Par conséquent, *ce que tu peux faire à l'aide de ton intellect* n'est pas toi-même, ce n'est pas une réalisation.

« Quand un homme cherche Dieu hors de lui-même, il va souvent, même constamment, "penser" à Dieu, "prier" Dieu, "aimer" Dieu de tout son être. Mais tout cela ne le rend pas identique à Dieu. Car en cherchant à l'extérieur, l'homme ne trouve jamais Dieu!

« Le créateur en l'homme est son propre *Soi* dont la dernière manifestation, la plus éloignée de son centre, est le petit "je", la petite conscience personnelle. Le "je" personnel en lui est l'image de Dieu reflétée par la matière, dans le corps. Aussi, lorsque l'homme veut rétablir son identité avec Dieu, il doit suivre *le même chemin* avec sa conscience: *partant de son "je" personnel, il doit faire pénétrer sa conscience toujours plus profondément en lui-même, se tourner vers son Soi authentique, vers son Créateur, jusqu'à ce qu'il se reconnaisse consciemment en Lui*. Cela signifie que, dans cet état, ce n'est pas la créature, la personne, qui se reconnaît puisqu'elle n'a pas d'existence réelle et qu'en sa qualité de simple apparence elle ne peut avoir de conscience ni de connaissance de soi, mais c'est bien *le Créateur qui se reconnaît lui-même dans la créature, dans la personne*. C'est là *le seul moyen* de faire cesser la séparation, quand la conscience retrouve l'unité, quand le "penser à soi" cesse pour devenir "être soi-même", la connaissance de soi. Dans cet état, le connaisseur, le connu et la connaissance ne forment plus qu'un seul et unique sujet: le Soi, le Créateur se reconnaît en lui-même!

« C'est ainsi seulement que l'homme peut faire l'expérience de Dieu, vivre Dieu. C'est la *résurrection*!

Dans cet état, il reconnaît que son propre *Soi* l'a créé et le crée constamment, donc que son *Soi* est son propre créateur, que *ce même et unique Soi est le Créateur de l'univers tout entier*. Dans sa reconnaissance de soi divine, dans sa conscience de soi, il fait en même temps l'expérience de *la conscience du Tout* créatrice et cosmique. Et en *se reconnaissant*, il parvient à *la connaissance du tout : l'omniscience*!

« Cet état divin dans lequel *le Créateur se reconnaît lui-même* peut également s'exprimer par des nombres :

« *Dieu reposant en lui-même est un en trois et trois en un.*

« *Un* et *trois* représentent une unité pas encore séparée.

« Dans le domaine de la géométrie, la forme du triangle équilatéral symbolise l'image de Dieu dans laquelle le connaisseur, le connu et la connaissance sont un : *un en trois et trois en un.*

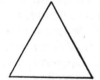

« Chaque forme est la manifestation de la force qui l'a causée ; conséquemment, chaque forme est l'image de la force créatrice qui l'a construite et qui l'habite. Le divin dans son état originel *reposant en soi-même* se manifeste toujours dans la forme du triangle. Celui-ci porte en soi l'harmonie parfaite, l'équilibre parfait car la distance qui sépare ses trois sommets est égale. Par contre, lorsque l'aspect de *Dieu reposant en soi-même* sort de l'état qui est au-delà du temps, de l'espace et des dimensions pour entrer dans celui de trois dimensions et devenir ainsi *un aspect créateur de Dieu*, il se manifeste toujours dans le nombre quatre. Tant que les nombres *un* et *trois* forment une unité dans la *divinité*, ils restent *trois* en *un* et *un* en *trois*. Mais lorsqu'ils émergent de l'état d'unité divine, *ils se séparent* et, de "*un en trois*" deviennent "*un et trois*", ce qui donne *quatre*. Le triangle équilatéral contient, caché en soi, *quatre* triangles équilatéraux.

« Cette loi recèle le secret du nombre clé du monde de trois dimensions, le nombre *sept*.

« Essaie d'imaginer comment la première énergie de manifestation est sortie d'un état sans dimension pour entrer dans celui des trois dimensions. Ferme les yeux et je vais projeter cette vérité dans ta conscience. »

Je fais ce que Ptahhotep m'ordonne et tourne mon attention vers l'intérieur. Tout à coup, je vois un *point* et j'entends la voix de Ptahhotep : « Pour qu'une force puisse quitter un état sans dimension et se manifester, elle a besoin *d'un point de départ* : ● Le point est sans dimension, il n'est pas encore sorti de l'unité mais il est nécessaire à la manifestation. Le point étant composé d'un seul facteur, il porte en soi le nombre de l'unité, le nombre *un*.

« Lorsque la force dont la manifestation première fut le point surgit de l'état sans dimension et agit pendant un certain temps, le point va se mouvoir et devenir une *ligne* : _____ . »

Je vois en moi comment le point devient peu à peu une ligne et Ptahhotep poursuit : « La première dimension, la longueur, est ainsi née. En soi, la ligne est infinie et, en sa qualité de première manifestation, elle est aussi représentée par le nombre *un*. Mais, dans le monde des manifestations où tout a un commencement et une fin, la ligne comprend trois facteurs : le point de départ, le point final et la distance entre les deux. La ligne porte donc en elle le nombre *trois*, le nombre clé du monde à une dimension.

« Tu as dû remarquer qu'il n'existe aucune possibilité de manifester ni de trouver le nombre *deux* dans une *unité*. Car, après la première manifestation du point qui ne porte en lui qu'*un* seul facteur, on trouve immédiatement après trois éléments, *sans passer par le nombre deux*. Dès que du point émerge une ligne, si courte soit-elle, elle nous donne le nombre *trois*. La ligne *à l'infini* est et demeure le nombre *un* ; mais si elle a un commencement et une fin, elle porte automatiquement en elle le nombre *trois*.

« *Une scission de l'unité* est nécessaire pour donner naissance au nombre *deux*. Le nombre *deux* ne peut naître que de la juxtaposition de deux unités. Mais comme rien n'existe en dehors d'elle, *l'unité doit projeter hors d'elle un reflet* dont le résultat est une scission, une séparation qui signifie sa mort. C'est pourquoi on parle d'un dédoublement de l'âme, de la personnalité. Dans toutes les langues, on trouve le nombre *deux* pour exprimer cet état.

« Voyons maintenant comment la deuxième dimension naît de la première. La ligne est composée d'une série de points. À supposer que l'énergie créatrice agisse dans chacun de ces points avec la même force et pendant la même durée, tous ces points vont sortir d'eux-mêmes pour entrer dans la deuxième dimension. Une ligne naît de chacun de ces points et la totalité de ces lignes forme une surface : un carré.

« La deuxième dimension, la largeur, est ainsi née.

« Le carré est *quatre* en *un* et *un* en *quatre*, donc cinq éléments : les quatre lignes *manifestées* : ligne de départ, ligne terminale, lignes latérales droite et gauche et le cinquième facteur : la surface *non manifestée* comprise entre ces lignes. Le nombre clé du monde de deux dimensions est le nombre *cinq*.

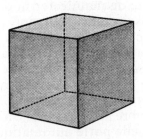

« Mais les forces créatrices continuent d'agir. Une surface est aussi composée de points et si la même force agit depuis chacun de ces points pendant une même période, ces points émergent dans la troisième dimension et le cube *naît* de la surface.

« La troisième dimension, la hauteur, est ainsi née.

« Le cube est *six* en *un* et *un* en *six*. Il est donc composé de sept éléments : les six surfaces *manifestées* et le septième *non manifesté* : le volume. Le nombre clé du monde de trois dimensions est le nombre *sept*.

« Comme tu le constates, le cube représente la forme de base de la matière. Les différents cristaux suivent cette loi et tu trouves en eux la forme même du cube – comme dans le sel par exemple – ou les éléments de base du cube sous divers aspects et variations. En étudiant les caractéristiques du cube, tu vas également comprendre les lois des variantes.

« Partant d'un sommet du cube, essaie de trouver un plan dans lequel toutes les dimensions du cube sont manifestées. Si tu ne fais que le trancher, tu n'obtiens qu'une surface, que deux dimensions. Pour obtenir un plan comprenant les trois dimensions, nous devons couper le cube obliquement depuis l'un de ses sommets vers les deux autres qui lui sont opposés. Ainsi, un coin du cube est sectionné.

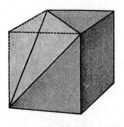 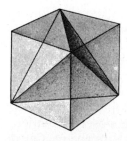

« Si nous continuons de cette manière, nous coupons les quatre coins du cube et, de ce cube, il restera une forme totalement différente : le tétraèdre composé de quatre triangles équilatéraux.

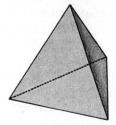 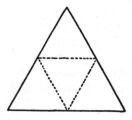

« Tu vois que le cube recèle une forme qui dépend de lois tout à fait autres que celles qui régissent le cube puisqu'elle n'est pas composée de carrés mais bien de triangles. Si nous mettons à plat ces quatre triangles, nous obtenons un seul triangle équilatéral, la représentation symbolique de Dieu.

« Pareil au triangle équilatéral qui forme son manteau, le tétraèdre est l'incarnation de l'harmonie et de l'équilibre. Comme chacun de ses sommets est à égale distance de l'autre, il n'y a aucune tension en lui, mais un état de repos équilibré. Par contre, les sommets du cube comme celui du carré sont à des distances différentes les uns des autres, ce qui signifie qu'il existe dans l'un comme dans l'autre un état de tension qui subsistera toujours. La matière du monde de trois dimensions s'édifie sur la forme du cube, mais elle cache en elle celle du tétraèdre construit sur l'équilibre divin. La matière ne peut exister sans le contenu divin.

« Le monde de trois dimensions tout entier est édifié selon cette même loi, que la forme concernée soit composée de matière "inanimée" ou non, c'est-à-dire un être vivant. Car qu'il s'agisse d'un minéral, d'une plante, d'un animal ou d'un être humain, tous ont un corps soumis aux lois du monde de trois dimensions. Mais dans ce corps se trouve, caché et invisible, le *Soi* supérieur et divin, la vie, l'*ÊTRE* éternel. Seul l'être humain est capable de manifester son *Soi* supérieur, donc Dieu, par ses pensées, ses paroles et ses actes s'il n'identifie pas sa conscience avec son corps mais bien avec le contenu spirituel de celui-ci, avec son *Soi*. Tant que l'homme s'identifie avec son corps matériel, il est comme un *cube opaque* qui ne révèle que les caractéristiques de la matière, gardant le divin-créateur à l'état latent, dans le non-manifesté, ne laissant pas soupçonner qu'il est habité par le tétraèdre si différent de lui, par le Soi divin !

Mais celui qui n'utilise son corps, ses pensées, ses paroles et ses actes que pour manifester le divin-créateur, qui laisse donc les caractéristiques de son existence corporelle – sa personne – dans le non-manifesté, celui-ci est un *cube taillé* dont les coins sont retournés vers l'extérieur, dont le contenu est visible et qui, de cette manière, montre ses triangles intérieurs qui sont les triangles équilatéraux du tétraèdre divin.

« La forme carrée matérielle ne représente pour lui que la base solide dans le monde de trois dimensions sur laquelle il laisse reposer son poids.

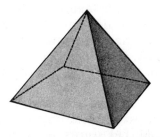

« Or, la forme du cube taillé et retourné est la *pyramide*. La *pyramide est donc la forme symbolique de l'homme-dieu* qui révèle sa nature divine et désintéressée et réalise pleinement Dieu sur terre. Le salut de la terre, la spiritualisation de la matière s'accomplit dans la personne de l'*homme-dieu*. Le *Soi* divin, le créateur, est majestueusement assis sur son trône et règne sur la matière, sur le corps.

« Par contre, la représentation symbolique de l'homme matériel qui n'emploie son intellect qu'au service de son être physique est formée par la croix que composent les surfaces du cube. C'est sur cette croix, ou sur le T, qu'est crucifié le *Soi* divin caché.

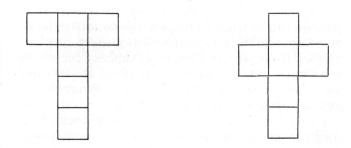

« Dans ces êtres, le divin se voit privé de son autorité, il ne peut pas se manifester, il doit se soumettre
aux lois du monde matériel ; il est crucifié sur les
deux grandes branches du monde de trois dimensions – sur l'espace et le temps – et il meurt sur cette
croix de la matière. Mais sa mort n'est pas définitive !
Car même dans une conscience qui a sombré au
niveau le plus bas, le *Soi* divin-créateur ressuscitera
et sauvera celui qui souffre. Dans son ignorance,
l'homme matériel crucifie son *Soi* supérieur, Dieu en
lui, et se prépare ainsi toutes sortes de tortures et
de tourments ; il devient le criminel crucifié au côté
du divin crucifié. Les souffrances le réveillent, sa
conscience supérieure s'éveille et, dans la résurrection de son *Soi* divin, il vit son propre *salut* car il se
reconnaît en *Lui* !

« Les membres de la race divine qui durent fuir aux
quatre coins du monde emmenèrent ces symboles et
en expliquèrent les vérités cachées à l'humanité. Partout sur la terre, on trouve ces mêmes images dans la
pierre, le métal ou dans la terre cuite. On croira que
cela représente une personne crucifiée. Bien peu
seront ceux qui reconnaîtront le symbole du principe
créateur divin crucifié sur les deux branches du temps
et de l'espace.

« Les pyramides resteront là pendant des millénaires encore proclamant aux fils des hommes les
vérités suprêmes qui y sont représentées. Ceux qui
ont des yeux et des oreilles sauront les trouver et les
reconnaître même s'ils ne peuvent en saisir pleinement toutes les lois mathématiques et astronomiques. Quelques hommes très avancés y réussiront
néanmoins. Mais pour l'être primitif et tant qu'il
n'aura pas résolu sa propre énigme, la pyramide restera un mystère éternel, tel le sphinx.

« Mais retournons au cube. Il y a un moment, tu as
coupé le cube en partant de l'un de ses sommets pour

obtenir un plan comprenant toutes les trois dimensions. De cette manière, tu as pu couper *quatre* coins du cube. Mais, partant des autres sommets, tu pourrais procéder encore à quatre coupes et tu constaterais que le cube ne recèle pas seulement *un* tétraèdre, mais deux inclus l'un dans l'autre, chacun étant la réplique exacte de l'autre. Ces deux tétraèdres représentent la loi la plus intime du monde visible : la relation inséparable entre les deux moitiés complémentaires, la positive et la négative, qui, l'une dans l'autre, forment un équilibre parfait et qui, comme *esprits créateurs, sont assises à la droite et à la gauche de la divinité.* Dans la création, elles règnent comme deux lois opposées : la loi de l'esprit et la loi de la matière.

« *L'esprit est la vie, la matière est la résistance.*

« *La loi de l'esprit est le rayonnement, le don, le désintéressement.*

« *La loi de la matière est la contraction, le refroidissement, le durcissement.*

« Seul l'être humain a la faculté d'*incarner consciemment* ces deux lois. Il est le trait d'union entre les mondes spirituel et matériel. Il peut vivre en même temps sous les lois des deux mondes. Ses pensées, ses paroles et ses actes peuvent rayonner le désintéressement et l'amour universel, il donne. Pourtant, son corps appartient au monde matériel et vit selon ses lois. *Toute loi agissant à sa propre place et au moment opportun est divine. Le contraire est satanique.*

« Aucune création ne serait possible sans la résistance de la matière. Dans la divinité non manifestée, toutes les forces créatrices reposent encore dans l'unité, dans une harmonie et un équilibre parfaits, elles ne représentent *qu'un potentiel, que des possibilités de forces.* La création commence lorsqu'une force se sépare de l'unité et s'oppose au créateur en qualité de résistance. Le premier-né de Dieu est l'esprit de résistance que le *Père* projette hors de Lui pour qu'il agisse au cours des temps comme pôle négatif et opposé à *Lui*, qu'il supporte les fréquences de la création et y résiste afin que la création soit rendue possible. Grâce à ses propriétés de contraction, de durcissement et de refroidissement, cet esprit de résistance, pôle opposé de l'aspect de Dieu qui se manifeste, est la cause originelle de la matière. Cet esprit agit comme la loi de la matière.

« Prends une pierre dans ta main : la force qui en fait une pierre et la maintient comme telle est la loi de la résistance qui refroidit, contracte et durcit tout. Tant que cette loi se manifeste *dans* la matière et *comme* matière, elle est à sa place, donc divine. Mais la matière morte devient matière animée lorsque l'esprit divin, le *Soi*, s'habille de matière et devient chair. Le Soi, la *vie*, pénètre la matière morte et, de la loi de la matière, naît un esprit vivant : le reflet du *Soi* divin. Ce reflet, qui n'a pu devenir esprit vivant que parce que Dieu en sa qualité du *Soi* de toute créature a insufflé sa propre vie dans la matière, est *Satan. Satan est donc la loi de la matière devenue vivante par l'esprit divin. Comme la loi de la matière,* Satan reste mort en elle jusqu'à ce que l'esprit divin le fasse vivre par sa propre vie.

« Lorsque sa conscience s'identifie avec la loi de la matière, que sa pensée, ses paroles et ses actes ne servent pas la loi divine mais celle de la matière, *l'homme fait vivre Satan* : l'homme devient satanique. Sans l'homme, Satan ne pourrait exister car sans le *Soi* de l'homme, Satan n'est qu'une force inconsciente, une loi nécessaire de la nature. Satan ne peut devenir vivant que dans la conscience de celui qui manifeste dans l'esprit la loi de la matière, de la chair, qui identifie sa conscience avec sa personne, avec sa nature inférieure, avec les désirs de son corps, avec ses instincts de procréation et de conservation, qui manifeste la force contractante et durcissante de la matière comme *caractéristiques spirituelles* telles que l'avarice, l'envie, la vanité, la dureté de cœur et de l'âme, l'égoïsme. Aucune créature n'a jamais rencontré Satan *en personne* car, sans l'homme, *Satan ne peut exister*. Sans l'homme, Satan reste la loi de la matière. Ce n'est que dans un homme que l'on peut rencontrer Satan vivant ; ce n'est que dans le regard d'un homme que l'on peut reconnaître Satan dans *l'expression* de ce regard.

« Lorsque à la mort d'un tel être, le Soi se retire du corps, Satan redevenu loi de la matière reste dans le cadavre. Il était devenu Satan par la force vitalisante du *Soi dans la conscience*. Mais la conscience de celui qui s'était identifié avec la loi de la matière et par là était devenu satanique lui-même, *meurt avec Satan et reste inconscient après la mort*. Satan le prend comme esclave, l'attire à lui dans la matière morte, l'obscurité, l'inconscience.

« Par contre, la conscience de l'homme qui s'est identifié avec la loi de l'esprit divin et l'a servie, reste éveillée et alerte après la mort du corps et, libérée des chaînes de l'isolation de la matière, elle se fond dans la lumière *éternelle*, en Dieu.

« Les deux tétraèdres mêlés l'un dans l'autre montrent les deux pôles de la création dans un état d'équilibre parfait. Toute la création, dans le monde de l'agitation et du mouvement, repose sur cet équilibre divin. Il est la loi la plus profonde de toute forme, donc aussi celle de la cristallisation de la matière. Comme tu as pu le constater, la forme originelle de la matière, le cube, est construite autour du tétraèdre divin. Les triangles qui forment le tétraèdre sont identiques aux surfaces reliant les sommets du cube. L'homme a aussi en lui un plan de contact avec son *Soi* divin. C'est précisément pour cela qu'il ne peut trouver sa nature divine qu'en lui-même, jamais à l'extérieur.

« Conformément à la loi divine, l'homme qui se tourne vers l'extérieur va se voir emprisonné derrière des barreaux toujours plus épais jusqu'à ce qu'après bien des souffrances et des tourments il trouve enfin le *divin*. Voyons maintenant les différentes variantes de cristaux qui se forment sur le cube.

« Prends six formes géométriques ayant la forme d'un toit dont la surface de base correspond à celle du cube ; pose ces six formes sur chacun des carrés du cube de manière à ce que leurs côtés *différents* soient adjacents.

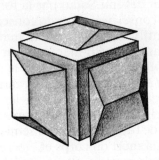

« Tu obtiens ainsi une forme géométrique nommée dodécaèdre et composée de *douze pentagones* égaux. Ce dodécaèdre porte en lui d'autres lois du long cheminement de la conscience. Voyons maintenant com-

ment se présente la dernière forme possible de cristal
de cette série : c'est un icosaèdre composé de *vingt*

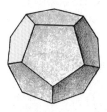
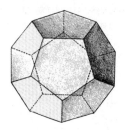

triangles équilatéraux. Partant du tétraèdre, *quatre*
formes régulières de cristaux d'égales surfaces peuvent se développer : le tétraèdre, le cube, le dodécaèdre et l'icosaèdre.

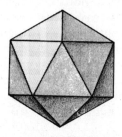

« Ce n'est que sur les triangles, les carrés et les pentagones que peuvent se développer des formes régulières de cristaux. Du triangle : le tétraèdre, l'octaèdre
et l'icosaèdre. Du carré : le cube seulement. Du penta-
gone : le dodécaèdre.

« Tu connais toutes ces formes géométriques à l'exception de l'octaèdre. Tu construis un octaèdre en
tirant trois lignes de même longueur, chacune dans
l'une des trois dimensions – donc en longueur, en largeur et en hauteur – et à un angle de 45°, de manière

à ce que le milieu de chaque ligne soit identique. Si tu relies les extrémités des trois lignes, tu obtiens les huit triangles qui forment l'octaèdre. L'octaèdre est donc composé de deux pyramides superposées dont la base est commune à toutes deux, l'une étant renversée.

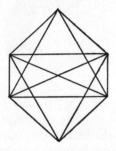 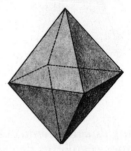

« Fais très attention maintenant : si nous posons des coupes à égale distance en passant par chaque plan des trois dimensions, nous obtenons d'innombrables octaèdres. Pourtant, ces octaèdres *ne remplissent pas l'espace* : il reste partout entre les octaèdres – exactement comme à l'intérieur du cube – des tétraèdres qui sont en dehors des surfaces tridimensionnelles. Tu peux diviser l'espace en autant d'octaèdres possibles, infiniment grands ou infiniment petits, tu trouveras toujours les tétraèdres en dehors du plan des trois dimensions.

« L'espace tridimensionnel repose donc *en chacun de ses points* sur le tétraèdre divin représentant l'harmonie et l'équilibre absolus.

« C'est ainsi que toute la création manifestée s'appuie en chacun de ses points sur la *divinité* qui est au-delà de toute manifestation et qui repose en elle-même, non manifestée. *Dieu est omniprésent !*

« Mais revenons aux formes géométriques mêlées les unes dans les autres ou superposées : tétraèdre, cube, dodécaèdre et icosaèdre. Je veux attirer ton attention sur d'autres lois et relations.

« Si nous prenons la moitié du nombre des faces de chaque forme géométrique considérée – tétraèdre, cube, dodécaèdre et icosaèdre – nous obtenons les nombres 2, 3, 6 et 10. Si nous les multiplions entre eux, nous arrivons à 360, le nombre de degrés du cercle.

« Et si nous additionnons ces nombres, nous obtenons 21, le nombre de toutes les jonctions possibles entre les sept facteurs du nombre clé du monde de trois dimensions, le *sept* ! »

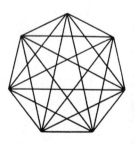

Ptahhotep se tait. Je reste là devant Lui, muette, étourdie.

« Tu peux aller, mon enfant, c'est assez pour aujour-d'hui. La prochaine fois, nous parlerons des quatre faces de la pyramide. Elles contiennent d'autres vérités encore qui te seront d'une grande utilité si tu veux parvenir à une parfaite connaissance de soi. »

Je m'incline et je sors.

4. Je regardai, et voici, il vint du septentrion un vent impétueux, une grosse nuée et une gerbe de feu qui répandait de tous côtés une lumière éclatante au centre de laquelle brillait comme de l'airain poli, sortant du milieu du feu.

5. Au centre encore apparaissaient quatre animaux dont l'aspect avait une ressemblance humaine.

6. *Chacun d'eux avait quatre faces*, et chacun avait quatre ailes.

10. Quant à la forme de leurs faces, ils avaient tous une face d'homme, *tous quatre* une face de lion à droite, tous quatre une face de bœuf à gauche, et tous quatre une face d'aigle.

12. Chacun marchait droit devant soi ; ils allaient où l'esprit les poussait à aller, et *ils ne se tournaient point* dans leur marche.

14. Les êtres vivants couraient et revenaient comme la foudre.

15. Je regardais ces animaux ; et voici il y avait une roue sur la terre, près des animaux, devant leurs quatre faces.

16. À leur aspect et à leur structure, ces roues semblaient être en chrysolithe, et toutes les quatre avaient la même forme ; leur aspect et leur structure étaient tels que chaque roue paraissait être au milieu d'une autre roue.

17. En cheminant, *elles allaient de leurs quatre côtés, et elles ne se tournaient point* dans leur marche.

18. Elles avaient une circonférence et une hauteur effrayantes, et à leur circonférence, les quatre roues étaient remplies d'yeux tout autour.

20. Ils allaient où l'esprit les poussait à aller ; et les roues s'élevaient avec eux, car l'esprit des animaux était dans les roues.

22. *Au-dessus des têtes des animaux*, il y avait comme un ciel de cristal resplendissant qui s'étendait sur leurs têtes dans le haut.

26. Au-dessus du ciel qui était sur leurs têtes, il y avait quelque chose de semblable à une pierre de saphir, en forme de trône ; et sur cette forme de trône apparaissait comme une figure d'homme placée dessus.

27. Je vis encore comme de l'airain poli, comme du feu, au-dedans duquel était cet homme.

28. Tel l'aspect de l'arc qui est dans la nue en un jour de pluie, ainsi était l'aspect de cette lumière éclatante qui l'entourait : c'était une image de la gloire de l'Éternel. À cette vue, je tombai sur ma face.

LES QUATRE VISAGES DE DIEU

Me revoici devant Ptahhotep.

« Aujourd'hui, tu vas apprendre ce que sont les quatre visages de Dieu. Les reconnaître *en toi* va beaucoup, beaucoup t'aider. Les quatre visages de Dieu apparaissent en tout ce qui fut créé. Toute la création, *toi aussi*, est édifiée sur SES quatre visages.

« La vie dans le monde visible, des soleils énormes des divers systèmes jusqu'aux êtres unicellulaires, n'est rien d'autre qu'une rotation *autour* et *dans* les quatre visages de Dieu.

« Tu sais pourquoi nous représentons par le triangle équilatéral la divinité dans son état originel de repos *en elle-même*. Dieu, dans ses trois aspects, est *un en trois* et *trois en un*. Mais *cet état*, comme le triangle équilatéral, porte *en Soi* la potentialité du nombre *quatre*. Quand les trois aspects du nombre originel *un* se séparent, lorsqu'ils passent du non-manifesté au manifesté, le *"un en trois"* devient *"un et trois"*. Ainsi naît le nombre *quatre*.

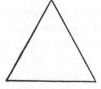

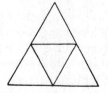

« Regarde le triangle équilatéral : tu vois en lui une *unité* seulement qui compte trois côtés, trois aspects. Pourtant, il contient le nombre *quatre* caché et non manifesté puisqu'il a la possibilité de se diviser en quatre triangles :

« Lorsque le triangle passe du non-manifesté dans *le monde de trois dimensions*, dans la manifestation, il devient un tétraèdre.

« Comme tu l'as déjà vu, le tétraèdre reste encore caché et non manifesté dans le cube, la forme originelle de la première manifestation matérielle.

« Les quatre triangles qui forment les côtés du tétraèdre sont *les surfaces de contact* du divin avec le matériel car ils sont identiques aux surfaces intérieures des coins coupés du cube.

« *Si nous tournons vers l'extérieur* les triangles du tétraèdre à l'aide des coins du cube, manifestant ainsi les triangles du tétraèdre, nous obtenons la forme de la pyramide dont les quatre côtés sont en même temps *les quatre triangles du tétraèdre tournés vers l'extérieur et manifestés* et les coins tronqués du cube tournés vers l'extérieur.

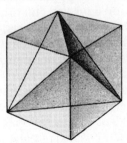

« Les quatre côtés de la pyramide symbolisent les quatre visages de Dieu qui portent également en chacun d'eux les trois aspects de la source originelle, de *la divinité reposant en elle-même*, au-dessus de toute manifestation. La pyramide montre une réalité vivante, la loi dans laquelle Dieu se manifeste toujours et partout dans le monde matériel et, conséquemment, vit en tout ce qui fut créé.

« De tous les points de l'univers, Dieu se manifeste quadruplement. Il rayonne de manière différente vers les quatre directions du ciel. Ces courants de force provenant d'une même origine et pourtant si différents procèdent tous de l'unité paradisiaque. Nous pouvons imaginer cela comme quatre grands fleuves prenant leur source au centre du paradis, là où se trouvent l'arbre de vie et l'arbre de la connaissance du bien et du mal, et coulant vers le monde extérieur, dans quatre directions.

« Tu trouveras cette quadruple manifestation dans tout ce qui fut créé. Ces quatre caractéristiques ressortent de la manière la plus frappante dans les courants de l'air, les vents. L'homme le plus primitif sait que les vents soufflant des différentes directions ont des effets tout à fait opposés.

« Le vent du nord est sec, froid, il calme et raidit. Dans certaines contrées, même l'eau devient dure comme pierre.

« Le vent du sud amène la chaleur, il est vitalisant, stimulant.

« Le vent d'est est frais, rafraîchissant, revigorant.

« Le vent d'ouest entraîne la chaleur et l'humidité qui tombe sous forme de pluie dans beaucoup d'endroits. Il fatigue, il endort.

« Tu connais tout cela, chaque enfant remarque les différences de ces quatre vents principaux. Mais t'es-tu déjà demandé comment il est possible que, venant *du même endroit* de la terre, *du même point*, les vents puissent avoir des effets exactement opposés selon la direction dans laquelle ils soufflent ? – Par exemple : si, ici où nous sommes, où l'air est si agréablement tiède, un vent se lève et souffle en direction du sud, ce vent arrivera bien évidemment du *nord* dans les pays situés plus au sud que le nôtre, il leur apportera de la fraîcheur, un peu de froid et aura un effet calmant sur les êtres. Par contre, si un vent se lève ici, donc du même endroit, mais souffle vers le nord, ce vent venant du *sud* apportera aux contrées nordiques un réchauffement, une chaleur qui stimulera les organes sexuels et augmentera la force de reproduction chez les êtres vivants. Comment est-ce possible que, partant d'un même point, un vent est froid et calmant d'un côté, chaud et stimulant d'un autre, apporte la pluie ici et la sécheresse là ? Cela ne dépend que *de la direction* dans laquelle souffle le vent.

« C'est précisément la loi de l'espace que nous nommons *les quatre visages de Dieu*.

« Le premier visage – la face nord – est de *feu* ; il est dispensateur de vie ; c'est pourquoi le vent du sud amène la chaleur et incite les êtres vivants à procréer.

« Le deuxième, le visage de l'ouest, est d'*air* ; frais, il favorise le mouvement ; c'est pourquoi le vent d'est est revigorant, rafraîchissant.

« Le troisième visage de Dieu, la face est, est *humide*, mouillé, tiède. Tout est lourd, inerte ; c'est pourquoi le vent d'ouest apporte la chaleur, l'humidité, les précipitations et endort les êtres vivants. Leur conscience s'enferme dans le corps.

« Et enfin, le quatrième visage, la face sud, est froid. Il a un effet contractant, matérialisant, cristallisant ; c'est pourquoi le vent du nord apporte le froid et calme les nerfs.

« La manifestation première, et la plus importante des quatre visages de Dieu, est celle de *feu* car les effets des autres visages en dépendent. Le genre de feu détermine s'il va faire chaud, doux, frais ou froid. C'est ainsi que *le visage de feu de Dieu est le père des autres*. C'est de sa radiation que naissent les autres états spécifiques : le chaud et le sec produisent l'état gazeux de l'*air* ; le frais et l'humide, l'état liquide de l'*eau* ; le froid, l'état dur de la *terre*.

« Cette loi agit partout sur la terre, en chaque arbre, en chaque plante. Dans chaque maison, par exemple, la face sud d'où viennent les courants du visage nord de Dieu est chaude et c'est là que les plantes prospèrent le mieux ; la face nord est froide, la face est, sèche et la face ouest, humide. Lorsque, de la pyramide, nous faisons tomber la pluie, elle atteint tous les édifices par l'ouest.

« Ce quadruple esprit n'est pas limité aux vents majeurs ; il est présent en tout ce qui fut créé. Observe le tronc d'un arbre : le côté nord, qui reçoit le rayonnement du visage sud froid de Dieu, est toujours recouvert de mousse. T'es-tu jamais demandé pourquoi l'être humain n'a qu'un visage vers l'avant ? Dans la direction de notre visage, nous sommes de feu, nous donnons, tandis que vers l'arrière, c'est l'opposé, nous sommes froids, nous prenons. Nos membres vont vers l'avant. Et nous ne pouvons radier notre force de volonté que dans la direction de notre visage. Et pourquoi tous les animaux se couchent-ils ainsi, les nids et les fourmilières sont-ils orientés de cette façon ? L'animal ne raisonne pas, il ne sait pas pourquoi, mais il sent instinctivement que du nord lui arrivent des radiations calmantes, du sud des radiations vitalisantes dispensatrices de vie, donc excitantes, et qu'il est préférable pour la circulation du courant de vie d'orienter son habitat et de dormir dans la direction nord-sud.

« Voilà pourquoi l'homme qui cherche le contact avec Dieu par la prière se tourne vers le nord ou l'est, mais *jamais* vers le sud ou l'ouest ! Au nord et à l'est, il trouve des énergies qui le conduisent à la spiritualisation. Au sud et à l'ouest, il trouve la stimulation qui garde sa conscience près de ses instincts sexuels.

« Sache que les effets de la quadruple radiation de Dieu se manifestent de manière parfaitement identique dans tout l'univers. Chaque point dans l'univers, donc également chaque point sur terre, reçoit et émet toujours la même radiation d'une même direction. *Les quatre visages de Dieu ne peuvent jamais tourner ni changer de direction. Ils restent immuables dans leur direction première.*

« Partout où les membres de la race divine arrivèrent, ils enseignèrent cette vérité profonde aux fils des hommes, de manières diverses selon les particularités du peuple où ils se trouvaient. Ici, où la race humaine comprend plutôt les formes géométriques et saisit la vérité par l'intelligence, nous exprimons la vérité des quatre visages de Dieu par la forme de la pyramide. Mais d'autres peuples sont plus enclins à percevoir les vérités divines comme des expériences spirituelles. Ceux de notre race qui se trouvèrent auprès de ces peuples créèrent d'immenses statues de pierre pour représenter la *divinité* sous la forme d'un homme assis en triangle et dont la tête présente un visage dans chacune des quatre directions.

« Ces deux représentations expliquent une même loi : lorsque le divin-créateur sort du non-manifesté au-delà du temps et de l'espace pour entrer dans le monde tridimensionnel et devient matière, il se manifeste dans le nombre *quatre tout en conservant ses trois aspects*. La forme de la pyramide le montre clairement puisque sur la base du carré, chacun de ses *quatre* côtés forme un *triangle*, les trois aspects de Dieu. La pyramide manifeste donc *quatre* fois *trois* : le nombre *douze*. Et cela nous amène à une autre vérité.

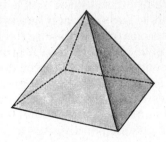

Les quatre visages de Brahma (Angkor-Thom Bayon, Inde)

« Comme la représentation symbolique le montre dans la forme de la pyramide, chacun des quatre visages de Dieu porte en soi les trois aspects divins. Cela donne *une manifestation multipliée par douze*, présente et agissant en tout et en chaque point de l'univers, dans l'être unicellulaire qui vit sur les planètes comme dans les planètes elles-mêmes, les systèmes solaires et autres de l'univers tout entier, comme des petits cercles dans de plus grands, et des cercles plus grands dans des cercles plus grands encore et ainsi de suite jusqu'à l'infini. Donc si tu connais l'un de ces cercles, tu comprends non seulement la structure de tout l'univers mais encore celle de chaque être vivant. *Car tout l'univers visible est basé sur cette manifestation divine multipliée par douze.*

« Avant d'aller plus loin, il faut que tu sois conscient du fait que *tout ce que nous, êtres humains, percevons de notre point de vue personnel, donc de l'extérieur, à l'aide de nos organes des sens est exactement opposé, renversé, à ce qui est à l'état divin.* Si tu regardes quelque chose de l'extérieur, d'en haut ou d'en bas, de devant ou de derrière, de droite ou de gauche, cela se retourne, s'inverse et devient un contraire parfait si tu ne *vois* plus cette chose mais la *deviens* toi-même. Quand tu *regardes* quelque chose, tu as *une relation de dualité* avec cette chose. L'observateur et la chose regardée forment deux pôles. Mais quand tu *es* quelque chose, tu es dans *un état monistique, dans l'unité divine.* Prenons l'exemple de la lettre "E". Dans quelle direction va cette lettre ? »

« De gauche à droite, Père. »

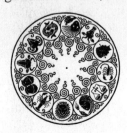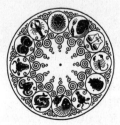

« Bien. Maintenant, dessine cette lettre sur ta poitrine pour *être toi-même* cette lettre "E". Tu es donc dans un état d'unité, dans un état d'ÊTRE avec cette lettre. Dans quelle direction va-t-elle maintenant ? »

« De droite à gauche, Père », dis-je.

« Donc exactement dans la direction opposée. Viens, je vais te montrer autre chose encore. » Ptahhotep m'emmène sous deux grandes plaques circulaires qui, suspendues au plafond, servent de lampes. Sur chacune d'elles, douze images identiques, mais en direction et séquence opposées. Sur une plaque, les images ont la tête vers l'intérieur, vers le centre ; sur l'autre, les mêmes images ont la tête vers l'extérieur, vers la périphérie. Et la séquence de droite à gauche sur l'une est exactement renversée sur l'autre.

Ptahhotep me conduit vers le premier cercle et demande :

« Quand vois-tu les images de ce cercle correctement, têtes en haut ? »

« Toujours et de n'importe quel côté, Père. »

Ptahhotep m'emmène vers le second cercle et demande : « Comment vois-tu ces images ? »

« Toutes ont la tête vers le bas, contrairement au premier cercle, et leur séquence est renversée. »

« Essaie maintenant de trouver un endroit d'où tu puisses également voir ces images dans la position et dans la séquence correctes. »

Je considère ces figures et, comme je *veux* les voir « justes », la tête vers le haut, je m'avance involontairement sous le cercle, très exactement *au centre* du cercle... et tout à coup toutes les figures se renversent ! Maintenant, elles ont toutes la tête en haut et se suivent dans la séquence correcte. Je tourne sur moi-même en restant dans le centre... toutes les figures sont justes. Mais au moment où je m'éloigne d'un seul pas du centre, toutes se retrouvent renversées ! Je retourne dans le centre et fais l'expérience en moi, parfaitement consciente et émue, de *l'état d'ÊTRE*... je comprends ce que cela signifie... j'en suis profondément bouleversée.

Ptahhotep sourit à mon saisissement : « Comprends-tu maintenant pourquoi le *personnel* est toujours le contraire du *divin* ? Comprends-tu pourquoi l'écriture humaine va de gauche à droite et *la divine de droite à gauche* ? »

« Oui, Père de mon âme, je comprends », dis-je en bégayant d'excitation.

Ptahhotep prend ma main dans la sienne – la force extraordinaire qui s'en émane me calme tout aussitôt – et me conduit devant un grand tableau noir sur lequel je vois différentes formes géométriques.

« C'est de l'univers, de la direction des différentes constellations qui nous entourent comme une roue, que la terre reçoit la radiation et la force multipliée par douze des quatre faces de Dieu. Nous nommons cette roue formée de constellations : le zodiaque. C'est aux radiations du zodiaque que la terre doit son existence. Ces vibrations se rencontrèrent à un point précis de l'univers, causant une interférence dans les ondes d'énergie et une condensation, une matérialisation. Et peu à peu, la terre en naquit. Comme le soleil joua un grand rôle dans ce processus, la terre grandit dans le champ de son énergie et devint son satellite. Elle reçoit son énergie vitale du soleil mais est constamment soumise aux radiations du zodiaque et de ses sœurs, les autres planètes de notre système solaire. *Comme tous les corps célestes, la terre représente la matérialisation de toutes ces radiations diverses ; c'est pourquoi on y trouve à chaque échelon de la création une forme de matérialisation qui manifeste principalement l'énergie de la grande roue cosmique qui lui correspond.* Il existe donc sur notre terre des radiations matérialisées de chacune des constellations du zodiaque de chaque planète, dans toutes les formations rocheuses, dans les métaux, dans les plantes, les animaux et les êtres humains. Le nom de chacun des signes du zodiaque désigne la force terrestre qui représente la matérialisation du signe zodiacal concerné. Si, par exemple, tu vois un lion, tu sais qu'il est, à l'échelon animal, la radiation matérialisée du signe zodiacal que nous appelons "Lion". Mais il existe également des métaux, des plantes et des hommes qui sont composés de la même énergie, ils le sont alors au niveau du métal, du végétal et de l'homme.

« Comme le nom de chaque signe zodiacal *est* en même temps le nom de la forme créée par la radiation matérialisée de chaque signe, ce nom est bien évidemment le meilleur pour exprimer parfaitement et *en un mot* le caractère de la radiation de ce signe.

« Les quatre faces de Dieu dans la voûte céleste et *dans l'état d'ÊTRE divin* – donc les quatre points cardinaux – sont :

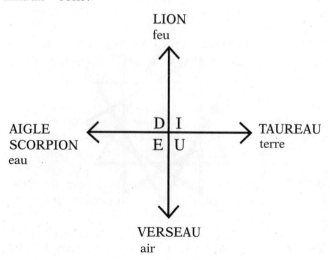

LION
feu

AIGLE
SCORPION
eau

D I
E U

TAUREAU
terre

VERSEAU
air

« Chaque visage de Dieu, chaque point cardinal de la voûte céleste contient en soi les trois aspects de la *divinité* non manifestée et c'est ainsi que naquirent les quatre fois trois manifestations, *les douze signes zodiacaux* :

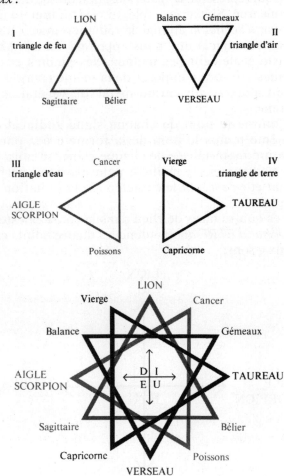

Les quatre visages de Dieu dans l'état d'ÊTRE divin.

« Les trois aspects de *feu* du premier visage de Dieu, le premier groupe, se manifestent dans les trois constellations nommées Bélier, *Lion* et Sagittaire.

« Le *Lion* est la première manifestation de Dieu et par conséquent *le grand Père de tout le zodiaque*. C'est pourquoi les trois manifestations du premier visage de Dieu ont un caractère *paternel*, dispensateur de vie.

« Le *Bélier* radie le feu de la jeunesse, la force procréatrice du jeune père qui pénètre le cœur de la nature, éveille une vie nouvelle et la met en mouvement. Le *Bélier* est la force du *printemps* qui agit d'une manière aussi fougueuse et irréfléchie que le bélier.

« Le *Lion* est le feu de l'homme digne et respectable, arrivé à une parfaite maturité, du père, qui rayonne sa force créatrice, son amour et sa chaleur sur tous ses enfants tout en les laissant se développer sous sa gouverne. Le *Lion* est la force de l'*été*.

« Le Centaure ou *Sagittaire* est un être qui a surmonté sa nature animale, vaincu ses désirs physiques et qui dirige sa conscience vers un but élevé. Sa radiation est le feu de l'esprit, du père mûri et sage qui, par sa spiritualité, ses pensées positives et ses bons conseils aide ses enfants devenus grands. Le Centaure ou *Sagittaire* est le feu spirituel de la pensée, la force de l'âge, l'*hiver*.

« Les trois aspects du deuxième groupe, le visage *terrestre matériel* de Dieu sont : le *Taureau*, la Vierge et le Capricorne. Toutes les trois manifestations de ce visage révèlent un caractère maternel.

« L'animal taureau est, au printemps, dans une verte prairie et toute la nature est parée comme une fiancée le jour de son mariage, prête à recevoir toute la force créatrice de son jeune époux. La radiation du signe zodiacal *"Taureau"* permet à la terre de *recevoir* l'énergie du feu de la vie, et de l'y laisser *prendre racine* donnant ainsi à la semence divine la possibilité de s'incarner dans un corps matériel. La radiation Taureau permet au *Soi* divin, au principe créateur *Logos de devenir chair*. Le Taureau éveille l'aspect féminin de la matière, la *fiancée*, et son pouvoir de conception, sa disponibilité à être fécondée. Le *Taureau* représente l'aspect de la future mère qui attend l'acte de fécondation.

« La *Vierge* est la reine immaculée du ciel, la mère divine de la nature, jamais touchée par un mâle, pourtant enceinte de myriades d'êtres qui naissent de son corps divin. L'énergie de la constellation de la *Vierge* est la fertilité de la nature. C'est pourquoi on la représente sous la forme d'une femme portant à la main un épi à cinq grains. Dans le monde mystique, la *Vierge* est l'âme humaine lavée de toute impureté et qui a reçu la semence divine de l'esprit de Dieu. Elle attend l'enfant divin dans lequel seront fondus en une parfaite unité les deux principes *divin et matériel*. La *Vierge* représente l'aspect maternel de la grossesse, de l'attente de l'enfant, de la maternité prochaine.

« Le troisième aspect du visage de terre de Dieu est le *Capricorne*. Le bouquetin vit dans les régions les plus matérielles, les plus dures de la terre, au milieu des rochers. La force *centripète* de la loi de la matière veille à ce que celle-ci atteigne son maximum de dureté et se *cristallise*. Dans le cristal, la matière triomphe de son caractère originel d'opacité en devenant complètement transparente ; la matière laisse paraître les formes géométriques premières de la force créatrice. Un enfant représente également la forme condensée et cristallisée de l'énergie divine créatrice de la vie. C'est précisément par la loi de la matière, par *la force de concentration* centripète et comprimante que s'accomplit dans l'âme de l'homme la réalisation du *Soi* divin, que naît l'enfant divin : *la conscience de soi*. Tant que l'homme s'identifie à ses instincts physiques, il est comme une écurie habitée par des animaux.

« C'est dans cette étable et parmi les différents animaux que doit naître l'*enfant divin* : *la conscience de soi divine*. Cela peut se faire grâce à l'énergie concentrante du *Capricorne*. La concentration est le seul chemin qui ramène l'homme à l'unité, au paradis perdu. C'est pourquoi la naissance de l'enfant divin est célébrée alors que le soleil se trouve dans la constellation du *Capricorne*. La radiation de ce foyer d'énergie aide le *divin* à se manifester et à se réaliser pleinement *dans et par la matière*, dans le corps. Le *Capricorne* est l'aspect maternel de l'enfantement.

« Les trois aspects du troisième groupe, le visage d'air de Dieu sont : les Gémeaux, la Balance et le *Verseau*. L'état gazeux résultant de ces trois radiations donne le mouvement. C'est pourquoi ces trois constellations favorisent la manifestation des forces qui exigent le mouvement, une mobilité libre et entière. Elles sont de nature *spirituelle*.

« Les *Gémeaux* portent en eux les deux moitiés de l'arbre de la connaissance *du bien et du mal*. Sa radiation agit dans deux directions : elle force à regarder à droite et à gauche pour amasser la connaissance. Pareille aux branches d'un arbre, cette énergie agit dans différentes directions. Les hommes s'en vont chercher le savoir en suivant les voies les plus diverses. Ils veulent multiplier leurs expériences, tout voir, tout entendre, tout apprendre. La force radiée par les *Gémeaux* se traduit par le besoin d'apprendre.

« La radiation de la *Balance* contraint à l'équilibre. Les expériences faites sont pesées et évaluées. Ce qui a de la valeur est conservé, le reste rejeté. L'effet de la *Balance* donne l'harmonie, développe la faculté de discernement et ramène l'équilibre entre les forces divergentes des *Gémeaux*. La constellation de la *Balance* radie la loi de l'équilibre et de la justice dans le monde de trois dimensions. Elle est la manifestation de la connaissance qui crée la loi.

« Le *Verseau* radie la connaissance qui a été amassée dans les *Gémeaux*, évaluée dans la *Balance* et, estimée valable, traduite en lois. L'énergie radiée par cette constellation ne tolère aucun obstacle et ne connaît aucune limite. Le *Verseau* donne et passe ses trésors aux autres, verse inlassablement l'eau-de-vie dont les vagues pénètrent les mondes les plus reculés. Ces ondes sont les fréquences élevées et vitalisantes de l'esprit. Le *Verseau* est la manifestation de l'esprit libéré de toute frontière.

« Les trois aspects du quatrième groupe, le visage d'eau de Dieu, sont : le Cancer, l'*Aigle (Scorpion)* et les Poissons. Les trois manifestations de cette face de Dieu ont un caractère *psychique* qui s'exprime dans et par les sentiments.

« Le signe du *Cancer* représente la "petite" eau des nids de crabes où ceux-ci s'enfouissent. Après avoir attrapé sa proie à l'extérieur, le crabe se retire dans son nid pour la digérer. La conscience qui s'était tournée vers l'extérieur pour trouver la nourriture spirituelle se retire en elle-même, digère et transforme sa proie, les impressions amassées, en expériences clarifiées et organisées. La force radiée par le *Cancer* se manifeste par la conscience introspective du chercheur qui s'analyse.

« La constellation *Scorpion-Aigle* est le tournant important où le ver rampant devient un aigle volant très haut, libéré, un être éveillé dans la conscience du *Soi* divin. Le ver – Scorpion – doit se sacrifier pour pouvoir devenir Aigle. C'est pourquoi cette constellation a un double nom : à son état non racheté, elle se nomme *Scorpion*, pareille à l'animal qui doit se tuer avec son dard. À son état de rédemption, elle s'appelle *Aigle* et symbolise l'âme libre qui, tel le faucon divin *Horus*, vole librement très haut au-dessus de tout ce qui est matériel. La radiation de cette constellation se révèle comme la force motrice, comme le feu de la vie qui se manifeste ici sous la forme de l'eau – par les fluides du corps. Cette énergie donne à l'esprit la possibilité de se vêtir de matière afin de renaître dans un nouveau corps. Cette énergie est le serpent originel de la tentation qui attire l'esprit dans la matière et cause sa chute hors de l'unité paradisiaque. Mais, lorsque cette force est transformée et, qu'au lieu d'agir dans la matière elle le fait purement dans l'esprit, les désirs sexuels deviennent la force ascensionnelle qui reconduit la conscience déchue vers l'unité paradisiaque. *Sans cette force, aucune conscience sortie de l'unité ne peut retourner à Dieu !* L'eau de cette constellation est comme un marécage dans lequel agissent des forces cachées à l'état de fermentation et au-dessus duquel dansent, sans vraiment brûler, les feux follets.

« Les *Poissons* vivent dans l'océan infini. Même si parfois ils viennent à la surface, ils plongent tout aussitôt pour disparaître dans les profondeurs incommensurables de l'océan. La nature authentique de l'homme est pareille à l'océan : la conscience est à la surface mais la partie la plus grande et la plus profonde reste dans l'inconscient où l'on trouve les raisons et les racines de ses pensées, de ses paroles et de ses actes. Par contre, l'homme libéré qui a une parfaite connaissance de Soi, dont la conscience a reconnu et réalisé son *Soi* divin, n'a plus de sub- ni de sur-conscient, donc pas d'inconscient. Pleinement conscient, il nage dans les profondeurs de l'océan illimité de la *Toute-Conscience* divine. Ce qui, pour l'homme non encore racheté, signifiait l'inconscient, est devenu son foyer, son élément dont il est entièrement conscient. Les deux manifestations du sexe, le masculin et le féminin, jouissent avec bonheur d'une parfaite harmonie dans l'océan, comme deux poissons dans l'eau. La force agissante de la constellation des *Poissons* est la rédemption, la dissolution du personnel dans l'impersonnel, dans les profondeurs du *Soi* illimité, dans l'*unité* divine et indivisible, *ÊTRE tout et un*. Le grand travail de rédemption est accompli par cette radiation, la spiritualisation de la matière est achevée.

« Tu constates que les trois aspects de chaque triangle sont liés ; partant du plan matériel, ils progressent vers la spiritualisation.

« Mais la relation n'existe pas seulement entre les trois aspects de chacun des visages de Dieu ; les quatre triangles sont en rapport si étroit les uns avec les autres que leur centre est identique. Ils forment ainsi le cercle zodiacal de douze manifestations dans lequel les divers aspects des quatre triangles constituent une série profondément cohérente d'étapes dans le développement, le progrès. Il y a une troisième relation encore entre les différentes constellations : *celle qui existe entre deux constellations opposées qui sont la moitié complémentaire l'une de l'autre.*

« Penchons-nous d'abord sur la relation existant entre les étapes du développement.

« La série commence naturellement par la constellation du *Bélier* puisque le commencement de toute expression de la vie – du début du printemps aussi – se trouve dans le Bélier. Souviens-toi qu'il existe deux commencements du printemps, l'un *absolu*, l'autre *relatif. Chaque manifestation – donc la terre et toutes ses créatures aussi – porte en soi le commencement absolu du printemps : celui-ci est tout à fait indépendant du monde extérieur. Le commencement relatif du printemps dépend de la position des étoiles à un moment donné. Mais les différents mouvements de la terre en font un point qui ne reste pas stable puisqu'il change constamment de position.* Nous y reviendrons plus en détail.

« La séquence des constellations du zodiaque est : *Bélier, Taureau, Gémeaux, Cancer, Lion, Vierge, Balance, Scorpion-Aigle, Centaure-Sagittaire, Capricorne, Verseau, Poissons.*

« Tout ce qui se condense sur le plan matériel et prend une apparence matérielle parcourt pendant sa vie toute la roue du zodiaque. La vie de l'homme forme une grande période qui se divise en plus petites – enfance, jeunesse, maturité, vieillesse – qui, à leur tour, se décomposent en encore plus petites, en années, en saisons, en mois, en semaines et enfin en jours.

« Chaque période, que ce soit un jour, une année ou toute une vie, parcourt le cercle entier du zodiaque. La naissance correspond au *Bélier* et l'homme passe par toutes les constellations ; il atteint sa maturité dans le *Lion* et meurt dans le signe des *Poissons*, disparaissant ainsi du plan matériel. Il en est de même pour le jour : nous sortons du sommeil pour paraître dans ce monde. Le jour se développe et atteint sa maturité à midi où il culmine, puis décline et, après diverses transformations, le soir arrive et nous mettons notre corps au repos ; le sommeil nous prend, nous retirons notre conscience dans le *Soi* et nous nous endormons, comme nous le faisons à la fin de notre vie lorsque nous quittons définitivement notre corps. Chaque période a un commencement, un développement, une culmination puis un déclin jusqu'à la dissolution.

« Les caractères principaux des différents signes zodiacaux sont les suivants :

« Le *Bélier* veille à ce que quelque chose *apparaisse* dans ce monde, naisse. Cela est vrai même si l'heure de la naissance ne se situe pas dans ce signe ! Car chaque naissance porte en soi, *indépendamment du monde extérieur, donc des constellations*, l'énergie du commencement que nous nommons *Bélier* aussi bien à l'extérieur dans la voûte céleste qu'à l'intérieur de chaque être. C'est la constellation *absolue* du *Bélier* dans chaque expression de la manifestation. Il en est de même pour toutes les constellations, pour toutes les manifestations et tous les aspects des quatre faces de Dieu. Il y a une manifestation intérieure *absolue* et une extérieure, *relative*.

« L'être vivant doit ensuite s'enraciner dans un nouvel environnement. Il le fait à l'aide du *Taureau*. Le nouvel être prend la nourriture et l'assimile. Une relation matérielle est ainsi établie avec ce monde et l'approvisionnement de son corps est assuré.

« La force des *Gémeaux* pousse cet être à amasser des expériences et ses pas le mènent dans toutes sortes de directions, comme les branches de l'arbre. Il acquiert ainsi un savoir très étendu.

« Dans le *Cancer*, il rentre chez lui et digère ses expériences spirituelles. Son noyau intérieur commence à prendre forme.

« L'énergie de feu et dispensatrice de vie du *Lion* en fait un être mûr et digne. Il s'épanouit, développe ses pouvoirs et ses facultés et remplit son devoir terrestre en donnant naissance à une nouvelle génération et en devenant père de famille.

« La *Vierge* apporte la récolte et l'homme engrange les fruits de son labeur. Dans le tréfonds de son âme, l'enfant divin se développe : l'*amour* universel.

« La *Balance* pèse ses actes, passant les positifs à son crédit et les négatifs à son débit. Son attention se tourne aussi bien vers le matériel que vers le spirituel qu'il harmonise en lui en un équilibre parfait. Il réalise ainsi la *loi* intérieure divine supérieure à tout ce qui est relatif.

« Avec le *Scorpion*, il parvient au tournant de son existence : il doit spiritualiser la forme divine créatrice qui s'était exprimée jusque-là dans ses désirs et la mettre au service de la communauté. Cela veut dire qu'il doit triompher de lui-même. Il vit, il éprouve en lui la mort mystique de sa personne, puis la résurrection et l'immortalité dans l'esprit. Dès lors, il cesse de servir le matérialisme : très haut au-dessus de la terre, dans une liberté spirituelle parfaite, il vole tel un *Aigle*, tel le faucon *Horus*.

« Par la force du *Sagittaire*, il devient un grand maître comme le centaure lui-même, un être qui s'est élevé au-dessus du niveau animal et qui n'utilise son corps que pour atteindre plus rapidement le grand but qu'il voit déjà avec précision. Ses pensées, tels des éclairs, illuminent les épais nuages de l'obscurité et de l'ignorance. Il fait profiter la nouvelle génération de ses expériences.

« Dans le *Capricorne*, l'enfant divin, l'amour universel, naît dans son cœur. Il devient identique au *Soi* divin et conscient en soi. L'homme qui rend visible l'enfant divin né dans son cœur devient aussi pur que le cristal. L'*amour* universel s'exprime dans ses paroles et ses actes.

« Dans le *Verseau*, l'homme distribue tous ses trésors. Il est devenu l'enfant divin rayonnant, planant au-dessus de la sexualité.

« Radiant soi-même, il est la source de la plus haute énergie spirituelle divine. Le processus de la transformation, de la dématérialisation commence.

« Dans les *Poissons*, l'homme fait l'expérience de la réunification avec sa moitié complémentaire cachée. Cela signifie alors la désintégration de la matière. Il rentre chez lui, dans sa patrie céleste, dans l'*unité universelle*, en Dieu. Sa conscience glisse dans *la conscience cosmique*, il quitte son corps terminant ainsi sa vie terrestre.

« C'est là la voie de l'homme, même s'il n'a pas encore atteint les niveaux supérieurs de la conscience. Les degrés du développement peuvent être différents mais la sphère du développement reste la même.

« Les constellations opposées se complètent ainsi :

« L'énorme force impulsive du *Bélier* se trouve modérée par la *Balance*, par la loi qui maîtrise l'énergie sauvage et aveugle du Bélier et la guide dans la bonne direction.

« La force de la fiancée attendant d'être fécondée, constellation du *Taureau*, complète et satisfait les instincts du *Scorpion*.

« La force maternelle du *Cancer* qui se retire dans sa maison complète la radiation cristallisante, qui donne naissance, du *Capricorne*. L'enfant nouveau-né appartient au foyer.

« La radiation paternelle du *Lion* trouve son complément dans la force de l'enfant du *Verseau*. Le père soutient, protège et éduque l'enfant.

« Dans la constellation des *Gémeaux*, le jeune avide d'apprendre reçoit l'enseignement dont il est assoiffé par le Centaure, le *Sagittaire*.

« Quant à la *Vierge* céleste qui porte l'enfant divin en son sein sacré, elle reçoit sa nourriture du monde mystique des *Poissons*.

« Tu connais maintenant les radiations des quatre faces de Dieu dans les différents effets des constellations. Mais afin de bien comprendre la vie de l'univers et celle des myriades d'êtres vivants, dont la tienne, tu dois savoir que le cercle des manifestations avec ses douze foyers d'énergie affecte tous les points de l'univers et ne dépend pas des constellations. Et comme les quatre visages de Dieu ne peuvent jamais se tourner, chaque constellation émet diverses radiations d'énergie dans les différentes directions célestes. La radiation est donc déterminée par la *direction* immuable à jamais des quatre visages.

« Prenons comme exemple la constellation du *Lion*. Vers la terre, elle émet la radiation caractéristique pour le *Lion* ; mais, vers les corps célestes qui se trouvent dans la direction opposée, elle émet la radiation du *Verseau* ; vers l'ouest, celle de l'*Aigle* ; vers l'est, celle du *Taureau* ; vers le nord-nord-ouest, celle de la *Vierge* ; vers l'ouest-nord-ouest, celle de la *Balance* ; etc. Dans chaque direction, une autre radiation !

« Tu comprends maintenant que ces radiations ne dépendent *pas de l'endroit*, donc *pas du groupe d'étoiles* mais exclusivement *de la direction* d'où elles viennent. Exactement comme le vent : ses influences sont à jamais déterminées par la direction dans laquelle il souffle, et non par l'endroit.

« Note encore un fait très important : comme toute chose matérielle se manifeste *depuis son propre centre* et comme les quatre faces de Dieu radient de chaque point d'une manière absolument égale et immuable, chaque chose, que ce soit un soleil, une planète, une plante, un animal, un protozoaire ou un être humain, se trouve toujours au centre de *deux* roues : au centre de *la grande roue cosmique* et, puisque ce centre est identique au centre de la chose ou de l'individu concerné, au centre de son être non manifesté : de sa propre *roue intérieure*.

« Chacun *reçoit* les radiations de la grande roue cosmique de l'extérieur alors que celles de sa propre roue sont *données* de l'intérieur.

« Nous sommes identiques à la position de la terre qui est tombée de l'ÊTRE divin. La terre n'a pas une position centrale dans l'univers, elle n'est qu'un satellite du soleil qui tourne autour de ce dernier et autour de son axe propre. C'est pourquoi nous voyons tout à l'envers dans l'univers, le contraire de la réalité objective, de l'état d'ÊTRE divin. Depuis la terre, il semble que c'est la voûte céleste, avec ses systèmes solaires, ses étoiles et ses planètes, qui tourne autour de nous alors que c'est exactement l'opposé qui se passe : c'est la terre qui suit son cours déterminé autour du soleil et tout notre système solaire suit une plus grande orbite autour d'un soleil cosmique et celui-ci avec tout son système autour de systèmes toujours plus grands, jusqu'à l'infini.

« L'existence des corps célestes et des systèmes cosmiques n'est rien d'autre que le mouvement du développement dans les roues des quatre faces de Dieu, dans le *zodiaque*. Souviens-toi de ce que je vais te dire : *chaque forme créée, où qu'elle se trouve dans l'univers, porte en elle la grande roue cosmique et sa propre petite roue, qu'elle soit un être unicellulaire, une plante, un animal, un homme ou un corps céleste.* Cela doit te paraître évident si tu as compris que *chaque point de l'univers radie la même manifestation multipliée par douze des quatre faces de Dieu, sans que jamais celles-ci puissent changer leur position.*

« Les émissions d'énergie que nous recevons de la grande roue cosmique nous parviennent de l'extérieur, c'est pourquoi nous voyons ce cercle à l'envers, le reflet exact de l'état d'ÊTRE divin.

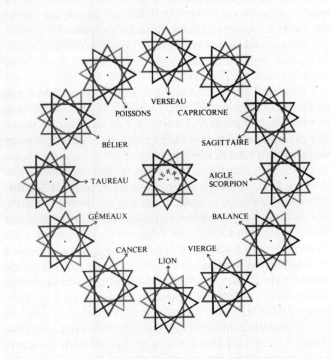

La position de la terre dans les quatre faces de Dieu
qui jamais ne peuvent tourner.

« Comme, vue de la terre, la voûte céleste est en mouvement perpétuel, la composition des radiations qui nous parviennent de l'univers, des innombrables étoiles – qui se meuvent aussi pour elles-mêmes dans la grande roue cosmique – change également. Chaque forme créée, l'être humain par conséquent aussi, possède *une structure individuelle de forces* composée des mêmes énergies créatrices émanant des étoiles dans l'univers.

« Au moment de la naissance, la structure des forces dans la petite roue zodiacale de l'individu est identique à celle des forces dans la grande roue zodiacale cosmique. Sache donc qu'*une créature vivante ne peut naître qu'au moment où les structures d'énergies dans la roue cosmique et dans la petite roue individuelle concordent parfaitement* !

« Jusqu'à la fin de sa vie, l'homme est soumis à de nouvelles impressions et influences. Avec les expériences qu'il glane au cours de son existence, sa constellation intérieure change sensiblement. Certaines forces se développent, d'autres sont refoulées ; cela dépend de ses réactions devant ses actes et ses expériences. *La constellation intérieure de l'homme au moment de sa mort est gravée dans son âme et celle-ci ne peut se réincarner avant que la voûte céleste, dans son mouvement, ne présente cette même constellation.* Cela explique pourquoi certains êtres se réincarnent après un temps relativement court alors que d'autres doivent attendre éventuellement des milliers d'années, jusqu'à ce que la voûte céleste offre la même constellation que celle de leur âme.

« Toutes les créatures qui naissent à chaque instant de l'éternité dans le monde de trois dimensions ont terminé leur vie précédente sous la même constellation que celle de leur naissance dans la présente incarnation. *La constellation de la mort dans une incarnation et la constellation de la naissance dans la suivante sont absolument identiques. Par contre, la constellation de la naissance et celle de la mort dans une même vie ne sont jamais identiques car les expériences ont changé, transformé la créature en question.* Mais chaque créature – *y compris l'homme* – porte en elle et durant toute sa vie l'empreinte de la constellation de l'instant de sa naissance car cette constellation contient sa roue individuelle dans laquelle le développement et les changements successifs de caractère sont déjà présents mais cachés. Ainsi, si tu veux connaître la constellation intérieure des énergies qui ont créé un être vivant et qui agissent dans son âme, dans son corps, dans tout son être, *par conséquent dans son destin*, tu dois calculer la position, la constellation des étoiles au moment de sa naissance.

« Mais, à cause du mouvement perpétuel de la voûte céleste, il y a bien vite décalage entre la roue cosmique et la roue individuelle. Identiques au moment de la naissance, les centres d'énergie émanant de la roue cosmique, les constellations, les étoiles fixes et les planètes, et les centres de force cachés agissant dans la roue individuelle s'éloignent les uns des autres. Plus tard, ceux-ci peuvent à nouveau se rapprocher. C'est pourquoi il existe parfois dans la vie des périodes favorables, stimulantes et harmonieuses et d'autres fois des périodes de tensions, de difficultés. Il en résulte que les individus eux-mêmes révèlent une fois des caractéristiques positives et harmonieuses et une autre fois discordantes et négatives. Et comme le destin d'un individu est le reflet de son caractère et la conséquence de ses actes, sa vie prendra tantôt une bonne, tantôt une mauvaise tournure.

« Toutes les formes de vie sont soumises à ces forces, *une seule créature a la possibilité et la faculté de dominer les énergies et les forces agissant dans l'univers, en lui et dans son destin, et de les guider à sa guise : l'être humain. Mais seulement lorsqu'il en est devenu conscient, qu'il les a reconnues en lui-même et en a triomphé !*

410

D'après une illustration tibétaine

« Des petits cercles dans des cercles toujours
plus grands jusqu'à l'infini… »

« Or, tant que l'homme n'a pas reconnu ces forces en lui, il est à leur merci comme toutes les autres formes de vie inconscientes en contact direct avec les énergies créatrices et aveuglément conduites par elles. Seul celui qui est parvenu à la connaissance de soi peut élever sa conscience au-dessus de ces forces et, au lieu de leur être soumis, les maîtriser ou les transformer en lui pour les transmettre sous une forme tout à fait différente. Lorsqu'un homme est capable de transformer en lui ces énergies, il peut aussi modifier celles qui agissent dans son destin, devenant ainsi le maître de sa vie, de son karma.

« Tu comprends mieux maintenant pourquoi il est si important et absolument nécessaire de reconnaître en toi, et d'apprendre à maîtriser la radiation multipliée par douze des quatre visages de Dieu. Quand tu réaliseras vraiment que *seul ton corps et ce qui est matériel en toi est composé de ces forces, mais que ton Soi divin est au-dessus de ces énergies et a la faculté de les maîtriser*, tu retrouveras le pouvoir de dominer ces énormes forces créatrices, pouvoir que tu as perdu quand tu t'es incarnée dans la matière. Tu pourras libérer ton *Soi* crucifié sur les deux grandes branches du monde de trois dimensions, le *temps* et l'*espace*, refoulé dans l'inconscient et soumis aux lois de la mort. Tu pourras le réveiller de sa mort apparente et le rétablir sur son trône. Ce mystère de la vie est symbolisé par la croix sur laquelle est crucifiée la forme divine du second aspect de Dieu, le principe créateur qui se vêt de matière et qui, au cours des temps, consent au sacrifice suprême de prendre sur lui les propriétés du monde matériel pour l'animer et accomplir la grande œuvre : manifester pleinement l'esprit par la matière et ainsi la spiritualiser. »

LES ÉPOQUES DU MONDE

Je suis devant *Lui*. *Il* commence: «La terre et ses habitants ne sont pas encore conscients des énergies qu'ils reçoivent du cosmos et qui les maintiennent. Par conséquent, ils ne peuvent les maîtriser ni les transformer à leur guise. La terre reçoit les radiations du cosmos, elle baigne et nage constamment dans ces ondes d'énergie. Tout ce qui se passe sur cette planète est une réaction, une résonance directe de ces vibrations.

« *Le soleil augmente et renforce considérablement les vibrations de la constellation dans laquelle il se trouve et avec laquelle, pendant ce temps, il radie son énergie sur la terre.* C'est à ce phénomène qu'est liée l'origine des quatre saisons.

« Les mouvements de la terre nous donnent l'impression que non seulement la voûte céleste tourne autour de nous mais qu'elle exécute encore d'autres déplacements. L'un des mouvements les plus importants de la terre est celui de son axe qui dessine un cône. L'une des extrémités de l'axe reste pratiquement au même endroit alors que l'autre décrit un cercle. Ce mouvement cause le déplacement continuel du point vernal dans la roue cosmique, vers l'arrière vu depuis la terre.

« La période nécessaire à l'axe terrestre pour accomplir un mouvement conique – commençant au point vernal du cercle zodiacal et, après avoir fait tout le tour,

413

revenant au même point – correspond à 25 920 années terrestres. Nous nommons cela une année cosmique. En divisant ce nombre par douze, nous obtenons un mois cosmique de 2 160 années terrestres qui représente la période nécessaire au point vernal pour parcourir tout un signe zodiacal.

« Les vibrations du cosmos ont de tels effets sur la terre qu'ils influencent l'histoire mondiale ; les idées directrices de la religion, des sciences et des arts sont causées par la radiation de la constellation dans laquelle se trouve le point vernal pendant un mois cosmique. Les esprits incarnés sur terre – l'humanité – doivent toujours accepter et s'adapter à une nouvelle époque en réalisant les idées propres à cette période.

« Une nation est un groupe d'esprits, l'incarnation de certaines concentrations d'énergie. Chaque époque amène sur terre un groupe d'esprits différent, une autre race qui, lorsqu'elle a accompli sa tâche – réalisé les idées nouvelles et fait fleurir une nouvelle culture en l'espace d'un mois cosmique – disparaît de la terre pour poursuivre son développement sur d'autres planètes. Mais, dans chaque race, on trouve toujours des individus qui ne peuvent réussir les examens dans le temps imparti. Ceux-ci restent en arrière, et péniblement, doivent continuer leur évolution sur terre. C'est pourquoi une nation décline brusquement après avoir été au faîte de la civilisation. Les ancêtres hautement cultivés et civilisés sont suivis par des descendants dégénérés et faibles de caractère. C'est ainsi qu'un peuple une fois respecté et estimé se voit peu à peu méprisé et dépourvu de toute puissance. Ses descendants sont le rebut d'une nation qui, ayant atteint le degré suprême du développement terrestre, s'est spiritualisée et a quitté la terre.

« Le monde matériel a été formé grâce aux interférences qui se sont manifestées dans les radiations divines créatrices qui traversent l'espace. Ces interférences causèrent des condensations, des matérialisations. Si les corps célestes recevaient les vibrations pures et originelles de l'énergie créatrice divine, cela signifierait la désintégration immédiate de tout ce qui est matériel. Les étoiles fixes – les soleils – sont les grands transformateurs qui convertissent les rayons créateurs pour tous les corps célestes et les transmettent dans une tension, dans des fréquences que la terre peut supporter. Les rayons transformés nous arrivent des étoiles fixes qui forment les constellations du zodiaque. Ainsi, lorsque nous voulons représenter la radiation d'énergie divine suprême, nous choisissons la forme symbolique de la constellation dont l'influence sur la terre est la plus forte et qui est toujours celle "qui fait l'époque", celle dans laquelle le point vernal se trouve en ce temps-là.

« Nous vivons maintenant à une époque dans laquelle le point vernal se trouve au commencement de la constellation du *Taureau*. Dieu *(Ptah)* se révèle donc à nous par la radiation de cette constellation et c'est pourquoi la *divinité* se manifestant dans l'atmosphère terrestre est représentée sous la forme du Taureau, le taureau divin *Apis*. La constellation complémentaire est le *Scorpion-Aigle* représentée soit par le tentateur, le serpent rampant sur terre, soit par l'oiseau divin *Horus*. Tu sais que tant que cette énergie reste liée à la terre et s'exprime au niveau inférieur où l'esprit est attaché à la matière, elle est le serpent qui séduit l'homme pour l'attirer vers d'autres incarnations. Par contre, lorsque cette force est spiritualisée, elle aide l'homme à connaître dans son corps déjà le degré spirituel suprême. *Le serpent dressé* est le signe de l'initiation, il est le maître de l'arbre de la connaissance et du savoir. L'initié est un *aigle* volant très haut qui a spiritualisé le serpent – ses désirs et ses besoins instinctifs – et qui le manifeste par son intellect comme une force spirituelle. L'initié est aussi l'instrument complémentaire de la *divinité* qui se manifeste par le signe zodiacal du *Taureau*. Cela explique pourquoi les taureaux sont des "animaux sacrés" sur toute la terre pendant cette époque.

« Tu comprends maintenant pourquoi les initiés changent la représentation de Dieu selon la constellation dans laquelle tombe le point vernal. Mais au-delà de tous ces symboles, de toutes ces formes, il y a toujours la cause première non manifestée : *la divinité reposant en elle-même*.

« La constellation du *Taureau* appartient à la triple manifestation dans laquelle la face de Dieu agit de manière *terrestre et matérielle*, concentrante et durcissante. Cela veut dire que ce sont principalement les forces qui construisent la matière et agissent dans la matière qui sont maintenant les plus accessibles aux habitants de la terre et les plus faciles à utiliser. Notre tâche consiste à triompher de *la matière* par *la matière*, c'est-à-dire *par les énergies qui forment la nature de la matière*. Nous utilisons les fréquences de la matière, ces forces cachées extraordinairement puissantes qui sont *l'esprit de la matière*, pour vaincre la matière elle-même : nous chargeons la matière de l'arche d'alliance avec toute l'octave de ces énergies et maîtrisons ainsi les lois de la matière, donc les forces constructives et destructives, matérialisantes et dématérialisantes, y compris le poids que nous pouvons supprimer ou augmenter.

« Le temps viendra où toutes nos vérités s'épanouiront. Puis, à la suite de changements et de mouvements ininterrompus, la terre quittera petit à petit les régions du cosmos où travaillent les énergies spécifiques à notre époque. Peu à peu, certaines de ces forces vont diminuer puis cesser et seront remplacées par d'autres. L'effet conjugué des énergies agissant sur terre va changer. Cela veut également dire que les individus qui naîtront seront différents. L'humanité se transformera peu à peu. Elle ne comprendra plus nos vérités ; les symboles et les paroles par lesquels nous exprimons les mystères des lois de la création perdront de leur sens pour n'être plus que des coquilles vides, ceci pendant des milliers d'années. L'humanité aura d'autres choses à apprendre et d'autres épreuves à subir.

« Tu sais déjà ce qui va se passer lorsque le dernier grand prêtre aura initié le dernier candidat digne de recevoir notre savoir. Il lui remettra l'arche d'alliance et un bâton de vie ; puis il s'enfermera avec son assistant dans la grande pyramide dont il bloquera l'entrée de l'intérieur avec le roc correspondant exactement à l'ouverture. Ils dématérialiseront tous nos appareils et instruments, puis eux-mêmes afin de préserver nos secrets de mains indignes. Pendant ce temps, le dernier initié né d'une nation dont la tâche sera de créer et réaliser la nouvelle époque sauvera l'arche d'alliance et son bâton de vie en les emportant hors du pays. Il proclamera à son peuple les idées de la nouvelle époque dont le point vernal se trouvera dans la constellation du *Bélier*, qui avec son signe complémentaire, la *Balance*, exerceront leur plus forte influence en ce temps-là.

« Viens, ma petite fille, je vais poser ma main sur ta tête et tu percevras des visions d'avenir. »

Ptahhotep me conduit vers un lit sur lequel les néophytes s'exercent sous sa conduite à mouvoir librement leur conscience dans le temps, c'est-à-dire se livrer consciemment à des investigations du passé et de l'avenir, pour les vivre comme des instants présents.

Ptahhotep me dit de m'étendre et à peine a-t-il posé sa main sur mon front que je ressens le bourdonnement et le picotement familiers dans la tête. Bien vite, des images apparaissent qui, dans le langage symbolique des rêves, me montrent le *sens* des événements d'un avenir lointain.

Je vois la salle de réception d'un pharaon, une salle inconnue tout comme l'est le pharaon qui n'est pas un

Le faucon Horus avec le pharaon (Musée du Caire)

L'initié manifeste le Soi supérieur par sa personne et, dans son esprit, il est aussi libre que le faucon divin Horus.

initié comme mon père mais dont la radiation trahit un niveau inférieur ; et je vois deux silhouettes magnifiques et dignes devant lui. Deux frères, des hommes très beaux et nobles de traits. À leurs radiations, je reconnais que l'un est un initié alors que l'autre est un parleur habile et très intelligent. L'initié se tait, son frère tente, par ses paroles, de convaincre le pharaon de laisser partir leur peuple qui, esclave, travaille au service du souverain. Les deux frères désirent le conduire hors du pays. Le pharaon au cœur dur refuse, il exige des miracles. Alors le frère qui parle lance aux pieds du pharaon le bâton qu'il tient à la main. Il se transforme en serpent et se met à ramper. Le pharaon fait appeler ses magiciens pour donner la réplique aux deux hommes. Ils lancent aussi leurs bâtons qui se transforment également en serpents. Mais le reptile du jeune homme avale tous ceux des magiciens.

J'interprète la vision : le bâton représente l'intellect qui est une aide considérable. Mais lorsque celui-ci ne sert que des intérêts matériels, il devient un serpent rampant sur terre, incitant l'homme à l'égoïsme, c'est la ruse. Les deux hommes nobles combattent pour leur peuple. Ils sont tout à fait désintéressés et dans leurs mains, la ruse devient la sagesse qui réduit à néant tous les arguments égoïstes des magiciens serviles.

La vision change : le sort s'acharne davantage encore sur les Égyptiens toujours plus impies et égoïstes. Pourtant le pharaon persiste à refuser la liberté au peuple esclave. C'est alors que s'abat la plaie la plus terrible : une nuit, tous les premiers-nés – chez le pharaon aussi bien que dans le peuple et chez les animaux – seront tués par les anges de Dieu. Seuls ceux *qui auront mangé de la chair de l'agneau et, avec son sang, écrit leur nom sur la porte seront épargnés par les anges.*

Que signifie ce symbole ? Dans la prochaine époque, les constellations du *Bélier* et de son complément la *Balance* seront dominantes. Mais pendant la période où ces énergies ne règnent pas encore pleinement, le *Bélier* n'est alors qu'un *enfant de bélier*, comme un *agneau*. Autour d'un initié, un peuple se rassemble qui, dans son sang, a les énergies correspondant aux radiations du *Bélier*. Ils sont les précurseurs de la nouvelle époque, c'est le «peuple élu» qui proclamera les anciennes vérités sous une nouvelle forme.

Ceux qui ont accompli leur tâche pendant l'époque précédente doivent partir. Les anges de Dieu viennent les rechercher.

Puis une autre vision encore : l'initié si puissant conduit son peuple hors d'Égypte. Et comme le *Bélier* est un signe de *feu*, il flotte devant l'initié comme un nuage de feu pour lui montrer le chemin. Il éloigne le peuple de l'obscurité spirituelle qui marque l'Égypte à la fin de cette époque. Mais le pharaon regrette d'avoir libéré ce peuple, son cœur s'endurcit à nouveau, il se précipite à sa poursuite avec son armée. Pour défendre son peuple, l'initié utilise son bâton de vie. Contre le pharaon et sa troupe, il dirige les fréquences de l'ultra-matière qui augmentent considérablement la force de l'attraction terrestre. Aussitôt, le pharaon, son armée, ses chars et les animaux qui les accompagnent deviennent si lourds qu'ils s'enfoncent irrémédiablement dans la terre ; et comme cela se passe au bord de la mer, les vagues ont vite fait de les engloutir.

Je reste perplexe ! Ce n'est pas l'effet du bâton de vie qui me surprend mais les animaux. J'ai vu, parmi les troupes du pharaon, des animaux étranges qui tiraient des chars et d'autres qui étaient montés par des soldats. Un animal qui tient du zèbre, plus grand, et de diverses couleurs, bruns, blancs, gris et même noirs. Je n'ai jamais vu de tels animaux ! Seraient-ils les quadrupèdes dont Père m'avait parlé une fois ? Ils sont magnifiques !

Mais les images changent: l'initié est « dans le désert » avec son peuple ; c'est la période toujours difficile entre deux époques car il n'existe pas de ligne définie pour les séparer, elles coulent l'une dans l'autre et se mélangent pour un temps. Il en résulte une période transitoire au cours de laquelle deux constellations, celle de l'ancienne époque et celle de la nouvelle, agissent l'une contre l'autre, même si ce n'est que d'une manière affaiblie. Les idées acquises ne satisfont plus la nouvelle génération et les anciens ne parviennent plus à s'adapter et à assimiler les idées nouvelles. La plus grande partie du peuple s'entête à garder des conceptions sclérosées, donc les idées de la constellation du *Taureau* qui n'agit cependant plus avec la fougue du taureau adulte ; il est affaibli, il n'est plus qu'un petit taureau : un *veau*. Dans le langage symbolique des rêves, l'esprit est toujours représenté par l'*or*. Et dans ma vision, je vois que le peuple de l'initié *danse autour du veau d'or et l'adore*.

Pendant ce temps, l'initié est « sur la montagne » et parle « face à face avec Dieu ». Il est à l'état de conscience suprême, identique à Dieu. Il est le récipient de la volonté divine. Il doit proclamer à son peuple les idées nouvelles sous la forme de deux symboles religieux : l'agneau du sacrifice, symbole de la constellation du *Bélier*, et les deux tables de la loi avec les dix commandements, symbole de la constellation complémentaire, la *Balance*.

L'agneau du sacrifice est le *Soi* divin qui, dans la matière, se fait crucifier sur les deux grandes branches du monde de trois dimensions, le *temps* et l'*espace*, et qui donne sa vie pour spiritualiser la terre et la sauver.

Les deux tables de la loi qui, dans notre Temple, sont placées sur la tête du faucon sacré *Horus*, symbole du *Soi* divin, du principe créateur traversant l'espace, représentent la structure intérieure du *Soi* qui se révèle dans l'âme sous la forme de lois morales.

Ces vérités divines resteront pendant plus de deux mille ans les idées conductrices, les symboles religieux.

Quand l'initié apporte les tables de la loi et constate que son peuple adore le veau d'or, il brise les deux tables avec rage et demande à Dieu de punir le peuple désobéissant. Alors tombent du ciel des petits serpents venimeux – symboles de la tentation, du serpent du désir et des instincts physiques de la constellation du *Scorpion* – qui mordent tous ceux qui ont adoré le *veau* d'or. La souffrance est grande et l'initié prend pitié de son peuple. Au milieu du camp, il dresse deux grandes poutres en forme de T et y place un serpent de cuivre, *la tête en haut*. C'est la représentation symbolique de l'arbre de la connaissance et du savoir, l'arbre du serpent. Le serpent – dirigé non plus vers le bas mais vers le haut – n'est plus le tentateur qui piège les hommes dans le corps, il devient le symbole de la sagesse suprême qui reconduit l'homme vers l'unité, vers Dieu. Tous les malades qui posent leur regard sur ce serpent de cuivre recouvrent immédiatement la santé.

Je comprends : les hommes qui ne peuvent ou ne veulent s'adapter aux idées d'une nouvelle époque deviennent psychiquement malades. Ils n'ont plus leur place parmi leurs semblables et ont de graves conflits spirituels qui ne peuvent se guérir que si l'homme est conduit en son propre centre, là où se dresse l'arbre du serpent. Dès qu'il regarde l'arbre – *sans manger de ses fruits* – il reconnaît les vérités divines sans les exploiter à son profit et il guérit : la sagesse et l'omni-science désintéressée guérissent toutes les maladies de l'âme.

L'avenir continue à se révéler : le grand initié conduit son peuple jusqu'au seuil de la nouvelle époque – *jusqu'à la terre promise*. Puis il gravit une montagne d'où il ne reviendra pas. Son corps ne fut jamais retrouvé. Je sais, moi, qu'il s'est dématérialisé comme les derniers grands prêtres l'ont fait dans la pyramide avec tous leurs instruments.

Le peuple élu dont la tâche est de réaliser les idées de la nouvelle époque continue ses pérégrinations gardant jalousement la sagesse et l'enseignement secrets de son maître. Mais l'arche d'alliance perd peu à peu de sa force magique ; et il n'y a plus d'initié pour la recharger avec son bâton de vie...

Un mois cosmique passe et l'axe de la terre s'est déplacé d'un douzième sur sa trajectoire conique. Le point vernal glisse lentement vers la constellation des *Poissons*. C'est une nouvelle ère d'agitation. Les hommes ne trouvent plus la vérité dans les idées usées et conventionnelles. Ils sont pareils à un troupeau de moutons sans berger. C'est dans cette période transitoire qu'un avatar – *un fils de Dieu* – va naître pour devenir le maître de cette nouvelle époque afin d'accomplir la mission suprême, le plus grand mystère de la création : faire séjourner *Dieu incarné* sur la terre.

Ce *fils de Dieu* est le reflet terrestre de l'agneau du sacrifice. Car, comme le *Soi cosmique* divin se sacrifie en prenant sur soi le fardeau de la matière du monde tridimensionnel et en endurant l'éternelle crucifixion sur les deux branches du *temps* et de l'*espace*, ce *fils de Dieu* qui, dans son corps humain manifeste pleinement le *Soi* divin, doit supporter la vengeance de l'esprit de la matière et accepter la mort que des ignorants lui infligent.

Celui qui, dans sa conscience, s'identifie au corps, vit dans les ténèbres et ressemble à une étable habitée par divers animaux, les désirs et besoins instinctifs physiques. Mais une nuit, dans cette étable et dans cette obscurité, l'enfant divin naît : *la conscience de Soi*. Deux sortes d'êtres reconnaissent l'enfant divin et se prosternent devant lui : les simples, illettrés et ignorants, qui ne connaissent *pas encore* le doute que sème l'intellect et qui vivent à l'unisson avec la nature, comme les bergers par exemple ; et ceux qui savent, les initiés qui ont déjà parcouru tout le long chemin, toute l'échelle de l'intellect, triomphé de ses ruses et considèrent les choses de l'intérieur comme les Sages de l'*Orient* !

Les symboles religieux de la nouvelle époque sont les *Poissons* et la *Vierge*, les deux constellations complémentaires. Le *fils de Dieu* choisit ses aides parmi les *pêcheurs*. Il paie l'impôt qu'il doit à la terre avec une pièce de monnaie qu'il prend dans la bouche d'un « poisson ». C'est de ces deux constellations complémentaires qu'il puise l'enseignement qu'il transmet à l'humanité. Mais ceux qui l'écoutent sont de niveaux de développement très divers. À ceux qui sont déjà conscients dans l'esprit, qui ont donc atteint le cinquième degré, le plan spirituel – les cinq mille personnes – il donne tout son enseignement, les *deux* poissons et les *cinq* pains, les cinq grains de céréales qui se trouvent sur l'épi de la *Vierge* dans sa représentation symbolique.

Mais ces « cinq mille personnes » qui pourtant sont déjà éveillées dans l'esprit ne peuvent assimiler complètement ses idées les plus hautes, toute une époque n'y suffit pas ! De la nourriture qu'il a distribuée, il reste encore *douze* paniers pleins. Cela signifie que l'humanité doit apprendre à connaître les mystères du Soi dans la manifestation de chacun des douze signes zodiacaux. Et pour comprendre ces vérités et les réaliser complètement, l'humanité a besoin de douze périodes, donc une année cosmique, plus de vingt-cinq mille années terrestres !

À ceux qui ne peuvent élever leur conscience que jusqu'au quatrième niveau – les quatre mille – le *fils de Dieu* ne transmet pas toutes les vérités des deux signes zodiacaux, il ne leur distribue « qu'un peu » de poisson et cinq pains. Ils ne peuvent même pas manger ce « peu » de son enseignement et il reste encore *sept* paniers pleins. Les hommes tournés vers la matière doivent d'abord apprendre les mystères des *sept niveaux*. Ce n'est qu'ensuite qu'ils seront mûrs pour recevoir les vérités cosmiques du *Soi*.

La constellation des *Poissons* appartient au triangle d'eau. Aussi, pendant cette époque, l'humanité doit-elle passer des épreuves par l'*eau* : vaincre l'*eau* par l'*eau*. Et devant mes yeux étonnés, je vois une machine avec laquelle les hommes mettent à leur service l'énergie de l'eau transformée en vapeur. Et je vois des bateaux aussi grands que des villes qui traversent l'océan à grande vitesse. Ils sont également actionnés par la force de l'eau, la vapeur. L'humanité réussit ses examens : elle vainc l'*eau* par l'*eau*.

Dans la science médicale également, l'eau domine et devient agent thérapeutique. Partout, je vois des installations balnéaires, des lieux de cure, des traitements divers par l'eau, bains de mer, de boue, bains chauds et froids, compresses et autres méthodes curatives par l'eau. Les hommes ont reconnu les bienfaits de la rosée et marchent pieds nus dans l'herbe mouillée.

Vers la fin de cette époque, lorsque le point vernal s'approche déjà du signe voisin, le *Verseau*, les hommes font des découvertes techniques basées sur l'énergie des ondes. C'est déjà l'effet précurseur du *Verseau*, l'époque des conquêtes techniques. La radiation de la constellation du *Verseau* qui ne connaît aucune frontière et balaie tous les obstacles sur sa route, se révèle dans les idées et les concepts sociaux de l'humanité. Vers la fin de l'âge des *Poissons*, ces énergies nouvelles causent d'importantes révolutions là où les gens réagissent le plus intensément à ces vibrations. Je vois des milliers d'êtres de la classe dirigeante emprisonnés alors qu'un esprit possédant les caractéristiques de l'époque qui s'annonce décapite d'innombrables personnes de la classe supérieure ou les élimine d'une autre façon.

Une vision du temps où les énergies du Verseau sont les plus fortes me montre que le grand maître de cette époque fera tomber les frontières entre les trois religions principales. Par sa propre personne, il prouvera que le noyau de toutes les religions se compose d'une seule et unique vérité – le Dieu seul et unique. La limite entre la religion et la science s'effacera aussi car les hommes découvriront que tout, y compris la matière, est un mouvement ondulatoire, qu'entre les manifestations de l'esprit et celles de la matière, il n'existe que des différences de fréquences mais que *tout* dans son essence est la manifestation de la source originelle et unique de toutes les énergies : Dieu. *Tout* est *onde* comme le montre la représentation symbolique de la constellation du *Verseau* : un être supraterrestre versant l'eau de sa cruche.

Les courants spirituels sur terre attestent ce phénomène. La science découvre la « théorie ondulatoire » et je vois quantité d'inventions basées sur cette théorie. Je vois des images de personnes, de paysages et d'objets réalisés grâce aux ondes lumineuses. Je vois des appareils qui émettent des ondes ; elles pénètrent la matière et en révèlent la densité. Il existe des ondes qui montrent les éléments dont sont composées les planètes et les étoiles, des ondes électriques, des ondes du son, de la lumière et des odeurs. La science médicale a cessé de traiter par l'eau qu'elle a remplacée par les *ondes*. Toutes sortes d'ondes sont utilisées pour guérir, des infrarouges aux ultraviolettes, des ondes courtes, des ondes et des fréquences toujours plus courtes, toujours plus pénétrantes...

La constellation du *Verseau* appartient à la face d'*air* de Dieu. L'humanité vainc l'*air* par l'*air*, c'est-à-dire avec des énergies provenant de la matière transformée à l'état gazeux. Je constate que les hommes ont passé de la machine à vapeur à la machine actionnée par le gaz. Et mes yeux étonnés voient d'immenses saute-relles construites par l'homme voler très haut et dans l'estomac desquelles nombre de personnes ont pris place ! Ces machines sont actionnées par le gaz : l'*air* maîtrise l'*air*...

Par le signe complémentaire du *Verseau*, le *Lion*, les hommes reconnaissent la plus forte manifestation de Dieu sur terre : le soleil – le grand *RA* – est à nouveau considéré comme la source première de toute manifestation d'énergie terrestre. Les hommes sont redevenus des adorateurs du soleil, mais pas au sens religieux du terme. L'influence du *Lion* se révèle encore à un autre niveau : l'effet du *Verseau* abolit toutes les frontières. Mais l'illimité sans point central condensateur signifie maladies mentales, mort spirituelle. L'absence de limites du *Verseau* créerait dans les masses inconscientes une maladie mentale générale, l'anarchie et un chaos destructeur. Cependant, par le signe complémentaire du *Lion*, l'esprit de domination se concentre en certaines personnes qui deviennent des dictateurs et guident les masses.

Pendant cette époque également, l'humanité développe les communications avec les autres planètes. Les barrières et l'isolement de la terre dans le cosmos disparaissent comme s'abolissent aussi les frontières entre les pays. Toute l'humanité est gouvernée d'un point central. « Une étable, un berger. »

Les roues continuent inlassablement de tourner et la terre se trouve au seuil d'une nouvelle époque, dans le champ d'influence de la constellation du *Capricorne* et de son complément, le *Cancer*.

L'attention des hommes se reporte sur la terre. Ils se rendent compte que, bien que leur savoir soit étendu, ils ne savent que très peu de choses au sujet de leur mère à tous, la terre-mère. Leur tâche pour cette époque est donc de vaincre la *terre* par la *terre* puisque la constellation du *Capricorne* appartient au visage terrestre de Dieu. Ils construisent une machine sur le même principe que notre arche d'alliance et avec elle, ils maîtrisent le poids de la matière, c'est-à-dire qu'ils peuvent supprimer les effets de l'attraction terrestre par des énergies opposées ou les augmenter par une radiation ultra-matérielle. Les voies de communication sont percées directement dans la masse terrestre, dans la profondeur des montagnes en une ligne droite et directe au lieu de suivre un long cheminement autour de la terre. Cette machine émet une énergie qui désintègre tout ce qui se trouve devant elle et lui permet d'avancer sans problèmes. À l'arrière, elle émet des énergies qui solidifient, durcissent la matière rendant à la terre sa condition première. Les hommes ont vaincu la matière par la matière, par l'énergie de l'ultra-matière. Cela signifie qu'ils peuvent pénétrer dans les profondeurs de la terre et mettre au service de l'humanité les forces et les énergies énormes qui bouillonnent à l'intérieur, les volcans compris.

Le signe complémentaire du *Capricorne*, le *Cancer*, a une influence marquée sur la vie spirituelle des hommes. Le grand maître de cette époque dévoile à l'humanité le mystère des sources d'énergie inépuisables et cachées dans l'âme humaine et qui donne à celui qui en a trouvé la clé des facultés que les ignorants nomment « surnaturelles ». Je vois sur toute la terre des écoles publiques où les jeunes enfants apprennent déjà à maîtriser leurs facultés supérieures comme chez nous seuls les candidats à la prêtrise ont le droit de le faire. La connaissance s'étend en cercles toujours plus grands.

Tout à coup, les images s'évanouissent et je reviens à moi. Je suis sur le lit, étourdie par ce que je viens d'éprouver à la vue de ces visions du futur. Ptahhotep est devant moi et lorsque j'ai repris tous mes sens, il m'aide à me lever. « Comme tu le constates, mon enfant, les habitants de la terre reçoivent l'initiation par petits groupes qui deviennent toujours plus grands, agissant les uns sur les autres. Un homme peut recevoir personnellement l'initiation dans le cadre *d'une seule vie. Une nation* peut également recevoir l'initiation à la condition qu'elle s'élève jusqu'à l'échelon supérieur du développement et remplisse sa tâche sur terre. Puis la *terre* entière parvient à l'initiation en parcourant le cercle des quatre visages de Dieu et en faisant l'expérience pas à pas de tous les stades de l'initiation par un développement systématique pour parvenir enfin à sa pleine spiritualisation, à se libérer de la matière. Mais cela va durer des temps et des temps qu'on ne peut exprimer en mesures terrestres. La terre devra parcourir d'innombrables fois encore le cercle zodiacal. De ce chemin infiniment long, je ne t'ai fait voir qu'une minuscule partie. L'histoire de l'humanité sur terre n'est pas l'effet du hasard. Il importe pour toi de savoir que chaque pas du développement se fait selon la providence divine, selon un plan divin. Un homme peut parcourir ce chemin si long en une seule vie s'il concentre sans réserve toute sa volonté vers ce but. » Ptahhotep me bénit et, prenant congé, me dit : « Reviens demain, j'ai quelque chose de très important à te communiquer. »

DERNIÈRES PRÉPARATIONS

Le lendemain, le temps me semble bien long jusqu'au moment où enfin je peux m'annoncer chez Ptahhotep. J'ai atteint une telle maîtrise de moi que même si quelque chose me touche profondément, je garde fermement en main les rênes de mes émotions. Parfaitement consciente, j'observe les effets qu'ont sur mes centres nerveux les événements extérieurs et je refuse simplement à mes nerfs le droit de s'agiter si tel est mon bon vouloir. À l'instant où la réaction naturelle s'amorce, je dresse ma conscience entre ce phénomène et mes centres nerveux et j'exige de mon système nerveux un calme absolu. Mais maintenant que Ptahhotep m'a dit qu'il avait quelque chose d'important à me communiquer, mon cœur bat plus vite chaque fois que j'y pense.

Le soir tombe enfin. Je cours jusqu'au Temple, puis très calme, je pénètre dans la salle de réception. Ptahhotep me reçoit comme à l'accoutumée. Son visage noble rayonne d'une sérénité indicible et il ne m'est pas possible d'y déchiffrer quoi que ce soit de spécial.

« Ma petite fille, tu es maintenant capable de maîtriser les facultés de l'esprit et les forces naturelles de ton corps que tu as rendues conscientes. Désormais, il ne dépendra que de toi, de ta volonté, de donner libre cours à une force ou non. Dans ton esprit, dans ton âme et dans ton corps, tu n'es plus l'esclave de la nature. Toutefois, je dois attirer ton attention sur le fait que la possibilité d'en redevenir captive n'est pas exclue. Si *tu le veux consciemment*, rien ni personne ne peut t'empêcher de préserver cette liberté spirituelle ou, au contraire, de retomber sous l'autorité des énergies émanant de ton propre *Soi*. La volonté divine – donc la loi – veut que chaque esprit jouisse d'un libre arbitre complet. Personne n'a le droit de violer cette liberté. Il est donc nécessaire que tu restes sur tes gardes et que tu exerces un contrôle constant sur toi-même.

« Tu es mûre pour recevoir l'initiation. Souviens-toi que l'omniscience et l'omnipotence que te confère l'initiation comprennent une grande part de responsabilité. Il est donc temps pour toi de déterminer définitivement si tu es prête à recevoir l'initiation et accepter l'énorme responsabilité que cela comporte.

« Reste trois jours chez toi dans un silence absolu. Si tu es fermement décidée, tu viendras au quatrième jour, celui de la nouvelle lune. Ton père t'accompagnera pour que tu puisses te préparer à recevoir les ultimes instructions. »

J'aimerais Lui dire que je suis déjà décidée et je sais qu'Il connaît ma détermination. Mais les règles doivent être respectées. Je m'incline profondément devant Ptahhotep et je sors.

J'emploie les trois jours suivants à prendre congé de tout ce qui m'attache encore personnellement. Je sais que lorsque, initiée, je reviendrai du Temple, je serai un être transformé.

Je vais encore une fois dans le jardin où, enfant, je me promenais entre les fleurs avec ma mère. Je cherche toutes ces places de prédilection où j'ai joué et où, plus tard, j'ai rêvé à la vie. Partout, je m'arrête un instant pour prendre congé de chaque fleur, de chaque arbre et, en même temps, de la petite fille, de la personne qui fut autrefois si heureuse ici. Je rends ensuite visite aux poissons rouges qui nagent dans le grand bassin et que j'ai nourris depuis le moment où je sus à peine marcher. Ma mère douce, mince et vêtue de blanc me tenait par la main pour me garder de tomber dans l'eau.

Aujourd'hui encore, je sens son être éthérique fin et blanc autour de moi. Nous restons profondément attachées l'une à l'autre et je sais que, selon les lois de la réincarnation, elle m'aidera à franchir le seuil entre ce monde et l'au-delà comme elle m'a aidée à passer la porte entre l'au-delà et ce monde.

Puis, je me rends auprès des lions pour prendre congé d'eux. Tant que je ne suis pas initiée, je ne peux pénétrer dans leur enclos qu'en présence de leur gardien et c'est la dernière fois aujourd'hui qu'il doit m'accompagner puisque l'initiation me donnera le pouvoir sur tous les animaux et que je n'aurai alors plus besoin de sa protection.

Seuls les lions de la famille régnante sont gardés ici. Il y a le magnifique lion de mon père qui, durant les audiences, est assis près de lui en signe de son pouvoir surhumain. Puis, les lions qui tirent notre attelage et, enfin, mes deux jeunes lions : Shu-Ghaar et Shima. Ils sont les enfants du lion de mon père dont ils ont hérité l'intelligence et la sensibilité extrêmes. Ce sont deux exemplaires magnifiques de leur race. Ils m'aiment comme si j'étais une lionne. Shu-Ghaar, tout spécialement, est si amoureux qu'il devient jaloux et irrité si je caresse aussi Shima. Je dois prendre garde que sa passion ne tourne en une crise violente de jalousie qui pourrait être fort dangereuse ! Dès que j'entre, Shu-Ghaar accourt et met sa tête puissante sous mon bras pour mendier des caresses sur les oreilles, le cou et la crinière. Et comme toujours, il désire me lécher le visage. Pour ne pas blesser sa susceptibilité, je dois faire preuve de beaucoup de diplomatie pour me soustraire à cette marque d'amour. Je lui tends de la viande chaude et saignante et, pendant qu'il la dévore, j'en profite pour caresser Shima et lui donner aussi sa part de viande.

Au soir du troisième et dernier jour, avant le coucher du soleil, l'attelage des lions nous emmène, Père et moi, vers le Temple. Comme Ptahhotep me l'a ordonné, je ne dois pas parler. Mais même sans cela, nous ne parlerions pas car nous nous comprenons sans l'aide des mots. La vérité est tel un être invisible qui ne peut être vu que par le port de vêtements. Si ceux-ci sont nombreux et larges, nous n'avons de lui qu'une image floue et incomplète. Moins il est habillé, plus les vêtements sont minces et plus l'image se précise pour nous. Or même si le vêtement révèle ses formes, il n'en reste pas moins *couvert, voilé*, et nous ne voyons *que le vêtement, jamais l'être invisible lui-même*.

Il en est ainsi de la vérité ! Moins nous employons de mots pour exprimer une vérité, c'est-à-dire la *recouvrons* pour la rendre visible, et mieux nous pouvons la reconnaître. Mais c'est précisément parce que nous exprimons une vérité par des paroles, nous l'habillons de mots, que nous nous empêchons en même temps d'appréhender cette vérité, de la voir nue et dans son essence réelle. Pour celui qui ne peut lire dans l'esprit d'un autre, les mots restent son seul moyen de se faire comprendre et de comprendre autrui ; cela ne permet pas de voir ce que l'autre pense ni ce qu'il veut dire, mais seulement de comprendre des mots à ce sujet. Père et moi nous devinons complètement. Alors pourquoi voiler de paroles nos pensées et notre âme ? Nous sommes simplement *là* l'un pour l'autre et nous jouissons de l'unité de *l'existence* !

Les lions avancent à grande vitesse... nous gardons le silence... nous savons tous deux ce que signifient ces derniers jours.

De bonne heure le matin de ce grand jour, je prends congé de Menu et de Bo-Ghar. Menu est désespérée, on la dirait à mon enterrement. Elle a de terribles et néfastes pressentiments. Je ne peux la consoler. Le petit Bo-Ghar qui n'a aucune idée de ce qui se passe pleure amèrement lui aussi parce qu'il voit que je m'en vais et que Menu pleure. Lorsque je me penche pour l'embrasser, il se jette à genoux, entoure mes jambes et, sérieusement, solennellement, me dit du fond de son cœur :

« Reine, ô ma très chère Reine, n'oublie jamais le serment que je te fais maintenant. Si un danger te menace où et quand que ce soit, je te sauverai ! Même si, pour cela, je dois venir de l'autre bout du monde ! Ne l'oublie pas. Dieu m'est témoin, je te sauverai ! »

Cher petit Bo-Ghar ! Il veut me sauver ! Mais de quoi veut-il me sauver ? Si Ptahhotep me juge mûre et digne de recevoir l'initiation, quel danger pourrait encore me guetter ? Et pourquoi ajoute-t-il qu'il viendrait de *l'autre bout du monde* pour me sauver ? Il habite près de moi, comment pourrait-il partir si loin ? Mais je ne peux m'attarder plus longuement sur le sens de ses paroles. Il est temps de partir. Je les embrasse tous deux et me rends dans l'appartement de Père.

Il m'accueille avec sérieux et tristesse et je vois à ses yeux qu'il est profondément absorbé en lui-même. Voit-il aussi quelque événement funeste dans mon avenir ? Il m'embrasse, pose sa main droite sur ma tête et me bénit. Puis nous partons.

Ptahhotep nous attend dans son petit foyer de réception. Avant d'entrer, j'aperçois Ima dans le corridor. Son visage angélique est rayonnant, ses yeux souriants m'encouragent et il disparaît. Je sais que dans les heures difficiles des épreuves, son amour fraternel me soutient. Père me conduit à Ptahhotep, met ma main dans la sienne. Une fois encore, il me regarde avec tendresse et quitte la pièce.

« Ma chère fille, commence Ptahhotep, un grand cycle de la loi dans lequel ton destin se manifeste dans le monde du temps et de l'espace s'achève aujourd'hui. Ce cycle – ton parcours terrestre – fut déterminé au moment même où, pour la première fois, tu t'es séparée de l'unité divine : il est pareil au boomerang qui vient d'être lancé et qui a déjà en lui les forces qui déterminent le circuit et la distance qu'il va parcourir ainsi que le temps qu'il lui faut pour revenir à son point de départ.

« Ton caractère actuel et ton destin sont composés des mêmes forces, tous deux sont le résultat des causes et des effets, des actions et des réactions, des faits et des expériences dans tes innombrables vies à travers lesquelles le *Soi* s'est manifesté et qui se sont enfin cristallisés dans ta personnalité présente. Tel caractère, tel destin donc tel avenir. Le *Soi* radie ses énergies créatrices dans l'incarnation à travers le tamis du caractère et ces énergies créent au tréfonds de l'âme des *visions oniriques* qui se projettent vers l'extérieur, dans le monde matériel et se manifestent sous la forme de la "personne" et du "destin". Dans un être jeune, le *Soi* radie les mêmes forces créatrices. Et pourtant le fait que celles-ci fassent naître des visions oniriques si diverses – des personnes et des destins si différents – est la conséquence des différentes influences auxquelles sont soumis les hommes depuis leur chute hors de l'unité paradisiaque.

« Que ces projections d'avenir du *Soi* qui ne sont pas matérialisées encore mais qui, dans le tréfonds de l'âme, dans l'inconscient, attendent leur réalisation sur le plan matériel, deviennent vraiment "réalité" ou restent à l'état de "visions oniriques" dépend *du niveau de conscience avec lequel l'homme s'identifie. Le "rêve" est aussi une "réalité" dans le monde des énergies, immatériel et créateur d'images. Et ce qui se passe ici sur terre et que nous appelons "réalité" n'est également qu'un rêve, qu'une projection du* Soi, *la différence étant qu'elle agit au niveau matériel et se projette dans l'at-*

mosphère de la terre. Le destin est donc une projection incarnée du futur, un rêve matérialisé.

« Tant que l'homme se laisse gouverner par la volonté de son *Soi*, la volonté divine, il arrive sur le plan matériel, dans la soi-disant "réalité" exactement ce qu'*il désire lui-même consciemment*. Par conséquent, il maîtrise son destin. Car le *Soi* de l'homme a la faculté, le pouvoir de défaire les rêves qui, dans l'inconscient, attendent leur réalisation et de les transformer en énergie spirituelle. Mais au moment où l'homme ne s'identifie plus avec le *Soi* mais avec les forces émanant de sa nature inférieure, de son corps, et les reconnaît pour siennes, il ne se passe plus ce qu'il désire *lui-même* mais ce que son corps veut, même s'il est persuadé qu'il s'agit là de sa propre volonté. Il perd le contrôle de la roue de son destin et se trouve livré aux énergies aveugles de la fatalité. Dans ce cas, "ses visions oniriques", ses projections ne manqueront pas de devenir des événements réels sur le plan terrestre.

« Pendant l'initiation et avant de sortir de ta conscience physique pour t'éveiller à *la conscience cosmique divine du Tout*, les énergies que, selon ton caractère, tu as créées depuis des temps infinis par tes actes et leurs effets, ou réactions, et qui maintenant attendent dans ton inconscient le moment de leur réalisation, pareilles à des graines d'événements, ces énergies vont *apparaître* dans ta conscience *sous la forme de rêves*. Tu ne peux pas les détruire car elles ont leur source dans les forces créatrices. Mais tu peux éviter que ces énergies descendent au niveau matériel pour prendre forme si, *avec ta conscience, tu t'enfonces au cœur de ton âme, là où ces forces à l'état latent guettent le moment où tu vas les éveiller à la vie et que tu vives pour toi ces rêves comme s'ils étaient une réalité*. "Vivre, faire l'expérience, éprouver" signifie retirer dans la conscience les forces qui avaient été projetées à l'extérieur pour les vivre comme des *états de conscience*. La tension intérieure des forces se relâche ainsi. Les énergies s'affaiblissent, n'agissent plus et sont détruites. Pendant l'initiation, tu vas donc vivre toute ta destinée sous la forme de divers états de conscience, des visions oniriques, hors du temps et de l'espace. Tu seras alors libérée de ta "personne" et par conséquent, de ton destin personnel. Tu considéreras ensuite ton corps comme l'instrument impersonnel de Dieu. Car chaque initié a pour tâche de rester sur terre pour libérer le reste des "projections", des personnes, des chaînes de la matière, de la prison qu'est le corps, de les sauver des griffes du destin aveugle afin de les aider à regagner l'état de l'unité spirituelle et divine puisque tout ce qui s'en est séparé et est tombé sur le plan matériel doit pouvoir retrouver le chemin vers le Jardin d'Éden pour rentrer dans l'unité divine.

« *Mais si un initié s'engage dans la direction opposée, c'est-à-dire s'il se crée des réalités personnelles au moyen de ses énergies spirituelles supérieures en travaillant avec les forces créatrices suprêmes et pénétrant tout depuis sa conscience personnelle et les dirige dans son corps, il tombe plus bas qu'un homme ordinaire qui en aurait fait de même*. L'homme ordinaire ne dirige dans la matière que des forces émanant de son être matériel. Il vit, il fait l'expérience des forces physiques dans son corps et cela ne signifie pas la chute pour lui puisqu'il manifeste des énergies sur le niveau de leur provenance : *les forces matérielles restent au niveau matériel*.

« Tandis que l'initié, lui, ne travaille plus avec des forces physiques et s'il conduit ses énergies spirituelles élevées dans le corps, cela signifie pour lui une nouvelle chute. Plus les énergies sont élevées et plus la chute est vertigineuse.

« Si tu veux recevoir l'initiation, tu dois te souvenir que ce qu'un homme ordinaire peut faire impunément, ne t'est pas permis en ta qualité d'initiée car tu vas cesser de radier des forces humaines pour radier et mettre en mouvement des énergies divines. Si tu diriges ces énergies dans ton corps, tu brûles tes centres nerveux et, comme une comète, tu t'enfonces dans les abîmes les plus profonds.

« Les exercices de préparation t'ont entraînée à comprendre ces vérités. Tu peux donc me donner ta réponse en toute connaissance de cause : as-tu le courage d'accepter ces lois, le danger et l'énorme responsabilité, veux-tu recevoir l'initiation ou préfères-tu y renoncer pour mener à bien ta vie humaine selon les lois de ton *ÊTRE* humain ? »

Un instant, je reste muette puis, d'un ton sérieux et décidé, je réponds :

« Père de mon âme, pendant les années de préparation, j'ai eu le temps de décider entre la vie au Temple et la vie mondaine. Et pendant ces trois derniers jours, je me suis concentrée une fois encore sur cette question. Je languis de retrouver l'état originel divin. J'ai pris ma décision : je Te prie de me donner l'initiation. »

« Qu'il en soit ainsi et *que Dieu soit avec toi*. Suis-moi maintenant ! »

Ptahhotep me conduit dans une autre aile du Temple où habitent les néophytes et me remet entre les mains d'un jeune prêtre, un responsable de l'internat que je connais de vue et qui nous attendait. Ptahhotep me dit :

« Tu vas maintenant préparer ton corps et ton âme à l'initiation et, le jour de la pleine lune, tu t'annonceras à moi au coucher du soleil. »

Nous nous inclinons et Il part.

Le prêtre me conduit à une petite cellule où, seule, je vais passer les prochains jours à me consacrer exclusivement à des exercices destinés à augmenter et à porter très haut le niveau de pureté de mes pensées, de mon âme, de mon sang et de mon corps aussi. Élève de l'école des néophytes, j'avais dû me plier à une diète très sévère afin de *transformer chimiquement* toutes les cellules de mon corps et pour développer la force de résistance nécessaire à supporter des vibrations de plus en plus élevées. Chaque modification chimique de la matière change également sa résistance aux forces que l'on y conduit. Le processus doit maintenant s'achever. Je ne mange que des herbes et des racines spéciales que je m'applique à bien mâcher car je ne dois en avaler que le jus. Ces herbes et ces racines sont choisies pour agir sur les organes d'élimination, d'autres pour renforcer le cœur et les nerfs afin que tout ce processus n'affaiblisse pas l'organisme.

Après quelques jours déjà je me sens incroyablement légère, immatérielle, alors que mes facultés de concentration spirituelle s'affermissent à un tel point que jamais encore dans ma vie, je n'avais pu penser si clairement et appréhender avec une acuité si parfaite les vérités spirituelles. Un jeûne simple sans apport d'herbes énergétiques aide à atteindre un niveau élevé de concentration mais les nerfs peuvent en souffrir cruellement car si le jeûne les rend hypersensibles, il les affaiblit aussi beaucoup. Donc ces herbes éliminent tous les désavantages du jeûne.

Les jours passent. C'est le moment de la pleine lune. Absorbée en moi-même, je vais vers Ptahhotep et entre chez Lui à l'instant précis où le soleil disparaît à l'horizon.

« Suis-moi », dit Ptahhotep en me précédant.

Il me conduit dans le Temple jusqu'à la table de sacrifice que nous contournons pour nous arrêter au mur. Les immenses blocs de pierre sont ajustés les uns sur les autres avec une précision remarquable dont je connais la raison. Ptahhotep se place devant le bloc central qui tourne sur lui-même ouvrant ainsi un chemin dans le mur et révélant un large escalier de pierre que nous descendons.

Puis, un long corridor. Mon sens de l'orientation et la sensation ressentie par mes poumons m'indiquent que nous nous enfonçons sous terre. Il est étonnant pourtant de remarquer que je ne note ici ni moisissure ni odeur typique mais qu'au contraire l'air y est frais, stimulant, avec même un parfum d'ozone. Ce long passage souterrain nous amène vers un nouvel escalier que nous gravissons. Des passages tantôt larges tantôt étroits se suivent, nous traversons des pièces pleines d'appareils inconnus et incompréhensibles pour moi. Enfin, nous voilà arrivés dans une grande chambre.

Tous ces corridors, ces passages, ces pièces sont éclairés comme en plein jour sans pourtant qu'il me soit possible de détecter la source de cette lumière. On a l'impression qu'elle émane des pierres elles-mêmes. L'équipement de cette salle est si mystérieux qu'il captive toute mon attention. La chambre rayonne de lumière. Il y a là quelque chose d'étrange, de grand, en forme de prisme, qui ne me semble pas être composé de matière solide mais d'une lumière qui serait concentrée, solidifiée. La masse lumineuse émet une lumière inhabituelle qui éclaire brillamment cette chambre.

Lors d'une visite chez un potier, j'avais eu l'occasion de regarder par la fenêtre de contrôle de son four. Et j'avais aperçu plusieurs récipients alignés, chauffés à blanc, parfaitement transparents. On pouvait tous les apercevoir au travers les uns des autres. Ils radiaient de lumière. C'est la même impression que me fait ici cet immense prisme lumineux radiant aussi une lumière surprenante. Oui, de la lumière, mais *pas de chaleur* !

Dans cette chambre, je vois d'autres objets inconnus composés de matière fort étrange et de formes si remarquables qu'il m'est impossible d'imaginer à quoi ils peuvent servir. Mais le temps n'est pas à la contemplation de ces installations. Mon initiation et les expériences que je suis sur le point de vivre m'accaparent tout entière.

Ptahhotep me conduit dans le coin le plus reculé de la pièce, vers un long bloc de pierre évidé qui ressemble à un cercueil et que je n'avais pas encore remarqué. Il me dit :

« Jusqu'à maintenant, tu as toujours entendu parler de l'initiation, *de ce qu'elle est*, mais jamais encore *comment* elle se déroule.

« Pendant l'initiation, le corps du candidat est soumis à une fréquence plus élevée que celle qui correspond à son niveau afin que *sa conscience puisse s'éveiller également à ce degré élevé* !

« Seul celui qui a suivi une préparation extrêmement stricte peut être initié à ce haut niveau sans dommage pour lui. Seul celui qui, à l'aide de son intellect et de son raisonnement, peut maîtriser son corps par une volonté de fer peut accorder ses nerfs à des vibrations supérieures.

« Tu sais déjà qu'un animal ne peut changer son mode ni ses conditions de vie et que, par conséquent, il est incapable de supporter des fréquences supérieures aux siennes. Un singe, par exemple, mourrait d'un choc après avoir souffert de crampes nerveuses si on conduisait dans son corps le courant correspondant à celui d'un homme.

« Par contre, l'homme peut supporter sans en mourir les vibrations de l'octave supérieure et s'y adapter. Ainsi, un homme ordinaire au corps suffisamment préparé pourrait supporter sans dommage les vibrations d'un génie, donc du cinquième niveau. Il ressentirait même un bonheur divin. Car toute fréquence supérieure, pour autant qu'elle reste supportable, éveille un sentiment de grand bonheur. Mais ensuite, cette vibration devient une véritable torture car les nerfs ne peuvent endurer plus longtemps cette tension excessive pour eux.

« Des vibrations inférieures à celle d'un individu causent la dépression, la peur et le désespoir. Si, après avoir fait l'expérience de ce bonheur divin, l'homme moyen parvenait par ses propres forces, ses efforts répétés et son désir de retrouver ce bonheur, à l'initiation dans le cinquième degré, ses nerfs et les cellules de son corps s'aguerriraient et se transformeraient peu à peu ; il se hisserait d'une octave pour devenir réellement un génie et il vivrait alimenté par un flot constant d'intuition.

« Tout être intuitif connaît le sentiment de bonheur lié à un état de conscience intensifiée. Celui qui boit du vin ou use de stimulants recherche *ce même bonheur procédant d'une tension augmentée des nerfs*. Mais le contrecoup le fait tomber toujours plus bas qu'auparavant.

« La grande *initiation* consiste à conduire dans le corps *tous les courants d'énergie correspondant aux sept degrés de conscience*, en commençant par le bas puis en progressant pas à pas jusqu'à l'énergie divine créatrice suprême. Le candidat est initié dans toutes les forces : il devient conscient *à tous les niveaux*. Le candidat qui survit à cette épreuve prouve par là même qu'il a appris à élever auparavant sa conscience et par voie de conséquence la force de résistance de son corps jusque sur le sixième degré. Si tel n'était pas le cas, il mourrait.

« Pendant l'initiation et avec l'aide du courant de forces, le candidat atteint le septième niveau divin, ce qu'il ne pourrait jamais faire par ses propres moyens. Car un être humain ne peut, par ses propres efforts, atteindre l'initiation dans le degré divin créateur. C'est là qu'est le grand changement : de son attitude encore négative et "prenante", il passe à une attitude positive et "donnante" mais pour cela il a besoin d'aide. Il arrive que certains candidats se soient si parfaitement préparés par leurs propres moyens qu'ils sont mûrs pour recevoir cette initiation dans le septième degré. Dans ce cas, une simple imposition des mains suffit pour les initier dans *la conscience de Soi cosmique divine*. Ces initiés ne sortent plus jamais de la conscience divine puisqu'ils ont terminé le cycle de la conscience absolue avec toutes les expériences nécessaires et qu'il ne leur reste que le dernier pas à franchir : la réunion de deux moitiés complémentaires déjà devenues parfaitement conscientes. Pour cela seulement, ils ont encore besoin d'une aide extérieure. Cela accompli, ils vivent perpétuellement dans un état de conscience divine.

« Dans notre Temple, un candidat qui ne s'est pas encore pleinement développé jusqu'au septième degré divin a quand même la possibilité de recevoir cette initiation s'il est déjà conscient sur le sixième niveau et s'il a suffisamment entraîné son corps. Cette aide extérieure que représente l'initiation ouvre au candidat le chemin vers le *Soi* réel et permet à sa conscience de s'enclencher au courant de forces divines pendant ce moment. Par la suite, un tel initié ne peut pas garder continuellement cet état divin de conscience de Soi. Il revient à son état précédent. Mais il se souvient du bonheur qu'il a ressenti pendant l'initiation et comme le chemin vers Dieu lui a été ouvert, il a donc la possibilité d'atteindre le septième degré par ses propres forces plus rapidement et plus facilement que s'il parcourait le long chemin des expériences terrestres et de l'éveil progressif de la conscience. L'initiation dans le Temple est une aide qui permet de ramener beaucoup plus de personnes vers le bonheur qu'est l'union avec le Soi divin.

« Par contre, il existe un danger réel que la personne ainsi initiée ne puisse résister aux tentations terrestres avant de s'être élevée par ses propres moyens au niveau d'homme-dieu. Sans initiation, il n'y a pas de danger : si elle termine son cycle de vies après avoir suivi le long cheminement des mortels jusqu'au grand *but*, jusqu'au retour au Jardin d'Éden, elle aura tout expérimenté, rien ne lui sera inconnu. Elle atteindra le niveau divin après avoir glané les expériences nécessaires à chaque échelon et effacé peu à peu sa personne. Mais pour arriver là, il lui faut toute une période de création.

« Néanmoins, la volonté divine veut que la grande initiation dans le Temple continue à être donnée, en dépit de ce danger, pendant un certain temps encore. Nombreux furent et sont encore ceux qui trouvent ainsi leur rédemption et le chemin vers Dieu. Et les quelques-uns qui tombent après l'initiation se réincarneront plus tard lorsque l'humanité sera abandonnée à elle-même. Ils se souviendront des grandes vérités vécues pendant l'initiation et les proclameront à leurs prochains par leurs discours, par écrit ou par leurs actes. Le mystère de l'initiation dans le Temple va être protégé quelque temps encore. Mais lorsque de plus en plus de gens de conception matérielle prendront le pouvoir sur terre, nous scellerons la pyramide de l'initiation depuis l'intérieur avec des blocs de pierre et dématérialiserons la chambre de l'initiation. Le mystère de l'énergie divine créatrice ne doit tomber en aucun cas entre des mains non initiées. Ceux qui, des millénaires plus tard, pénétreront dans la pyramide ne trouveront rien dans les chambres fermées de l'intérieur, absolument rien, même pas des squelettes humains.

« Il y a, aujourd'hui encore, beaucoup d'êtres sur terre qui remplissent les conditions pour recevoir la grande initiation. C'est pourquoi il est de notre devoir, après les avoir avertis, de la donner à tous les candidats *qui en expriment trois fois* le désir.

« Dans l'initiation, le candidat devient conscient *à chaque échelon de la création*. Toutes les parties inconscientes de son âme deviennent conscientes ; il n'a plus ni sub- ni sur-conscient. Pendant l'initiation, la conscience de l'initié devient *la conscience absolue du Tout*. Le cycle qui avait commencé au moment où, après s'être séparé de l'unité, il était devenu conscient dans la matière, dans le corps, ce cycle donc s'achève.

Le candidat s'unit consciemment à sa moitié complémentaire qui, jusqu'alors, était la partie inconsciente de son âme, un reflet négatif, un être étranger, et qui, par son pouvoir d'attraction, se manifestait dans le corps comme une force motrice, et faisait naître l'agitation et une nostalgie constantes. La conscience retourne dans l'unité, il n'y a plus de moitié complémentaire puisque, *elle aussi, a été rendue consciente*. Nous nommons cette réunion "mariage mystique".

« "Mariage" signifie la réunion du positif et du négatif. Sur terre pourtant, cela n'est qu'une vaine tentative de trouver dans le corps l'unité avec un autre être. Le mariage spirituel mystique se déroule *dans la conscience* et apporte une réalisation, un accomplissement parfait et infini. En effet, la réunion avec sa propre moitié complémentaire veut dire : réunion avec Dieu. Et le cycle est achevé !

« Le corps humain est ainsi conçu qu'il a un centre nerveux pour chaque octave de vibrations. D'une part, ces centres nerveux sont des distributeurs qui diffusent dans le système nerveux les vibrations qu'ils ont reçues de centres supérieurs. D'autre part, ce sont des transformateurs qui passent ces vibrations converties au centre directement inférieur.

« Chez l'homme ordinaire, les transformateurs dans les centres nerveux travaillent automatiquement, inconsciemment. C'est pourquoi il ne peut se maîtriser. En effet, il est soumis aux lois de la nature et ne sait pas ce qui se passe dans son corps ni dans son âme, dans son inconscient.

« Pendant l'initiation et alimenté par un courant de forces élevé, le candidat doit faire l'expérience consciente des sept centres nerveux majeurs et de leurs énergies correspondantes. Tout d'abord, il fait descendre sa conscience jusqu'à la sphère inférieure de la création pour y faire l'expérience, y vivre les forces qui la gouvernent. Il doit les maîtriser. *C'est la première épreuve.*

446

Celle-ci réussie, il gravit un échelon, la deuxième octave de vibrations qu'il doit reconnaître, éprouver pour pouvoir également les contrôler. *C'est la deuxième épreuve.* Il passe ainsi successivement par la troisième, la quatrième, la cinquième, la sixième et finalement la septième octave de vibrations et, lorsqu'il a réussi toutes ces épreuves et est resté *maître* dans chaque sphère, il est devenu un initié.

« La conscience, c'est la lumière, l'inconscience l'obscurité. Lorsque sur la terre, il fait clair, nous nommons cela le *jour*. Ainsi, chaque état de conscience est un «jour» divin, car *Dieu se reconnaît soi-même* à tous les échelons dans *chaque* conscience, du niveau le plus bas de la matière jusqu'à la conscience de *Soi* de l'homme-dieu.

« L'activité, l'agitation, le mouvement règnent dans tous ces *"jours"*, à tous les niveaux de conscience. Ce n'est qu'au septième "jour" de Dieu qu'il n'y a plus ni mouvement, ni activité, ni travail ! Au septième *jour*, la création prend fin car il règne alors une unité parfaite, un équilibre parfait : *Dieu repose en soi-même !*

Quand après avoir passé l'initiation et pendant sa méditation, un initié parvient à redevenir conscient dans l'ÊTRE éternel et à vivre cet état, c'est-à-dire que, par ses propres moyens, il s'élève de son sixième degré au niveau divin, qu'il peut y parvenir de plus en plus souvent pour consolider définitivement sa position sur cet échelon suprême pour y rester, c'est alors seulement qu'il devient un *homme-dieu*. Seul celui qui, dans sa conscience, est le *calme* et la *paix* personnifiés afin que tout ce qu'il pense, sente et fasse procède de cet état divin, qui manifeste la *volonté divine* en toutes circonstances et la laisse s'accomplir, qui n'émet plus *que les forces positives* "donnantes" de l'*amour* divin est vraiment un fils de Dieu : un *homme-dieu* ! *Ptah-Hotep* !

« L'homme-dieu manifeste et maîtrise consciemment tous les sept niveaux de la création. Mais sa conscience ne s'identifie qu'avec le septième, le degré divin, jamais en dessous. Il les connaît, les contrôle, les utilise – mais *il ne mange pas des fruits* de l'arbre de la connaissance du bien et du mal ! Il reste conscient en Dieu, à l'état paradisiaque. Il harmonise en lui tous les sept plans en une unité divine : matière, il a un corps ; plante, il est animé, il nourrit et soigne son corps comme un bon instrument ; animal, il a des instincts et des sentiments ; humain, il possède un intellect et la faculté de penser logiquement ; génie, il a de l'intuition et agit à partir du plan des causes ; prophète, il est au-dessus du temps et de l'espace et voit donc l'avenir et le passé, il aime l'univers entier d'un amour totalement désintéressé et comprenant tout, il aide chaque créature à se libérer des chaînes de ce monde ; *homme-dieu*, il est omniscient, omnipotent, il est ce qu'il est, l'*ÊTRE* éternel, la *vie* elle-même, *Dieu* !

« Les initiés n'appartiennent donc pas tous au même degré car la plupart d'entre eux n'atteignent le septième niveau que plus tard et par un travail très poussé. C'est pourquoi il y a dans la prêtrise également des degrés différents. Seul celui qui est parvenu par lui-même au septième échelon de l'homme-dieu, qui ne fait pas qu'*attendre* et *accepter* l'énergie créatrice suprême – comme l'*attend* encore et la *reçoit* le candidat pendant l'initiation – mais qui la *radie* et la *donne*, peut remplir les fonctions de grand prêtre.

« En effet, six des sept niveaux de conscience reçoivent leurs vibrations créatrices, l'énergie de vie, du septième degré, de Dieu. Même l'initié qui n'a pu atteindre consciemment l'échelon divin que pendant son initiation, attend et reçoit encore l'énergie de vie de ce septième plan, de Dieu. Seuls Dieu et les hommes-dieux devenus identiques à Dieu ont une radiation exclusivement "donnante".

« Par contre, la matière qui est le reflet négatif de Dieu est *exclusivement "prenante"*.

« Les êtres sur les autres niveaux sont en partie preneurs d'en haut et donneurs en bas.

« La plante a un effet vitalisant sur la matière mais elle reçoit un quintuple don des échelons supérieurs. L'animal radie, donne deux fois vers le bas et reçoit quatre fois d'en haut. L'être humain transmet trois fois en dessous de lui et reçoit trois fois des sphères supérieures, sa conscience étant au milieu. Le génie qui est conscient au cinquième niveau, celui des causes, donne des forces créatrices aux quatre niveaux inférieurs et reçoit des forces des deux échelons les plus élevés. Le prophète, l'initié, transmet ses vibrations bienfaisantes aux créatures se trouvant sur les cinq premiers échelons et reçoit l'énergie de la sphère divine ; il n'est pas encore un avec Dieu. Seul celui qui, par ses propres efforts, a acquis *une conscience cosmique parfaite* agit dans chaque direction et sur tout l'univers d'une manière exclusivement positive, dispensatrice de vie, telle une offrande. Il vit en Dieu dans une conscience de *Soi* moniste.

« Tu as déjà appris que *donner* – radier – est la loi de Dieu et que *prendre* – contracter – est celle de la matière.

« Chaque fréquence a un effet puissant et pénétrant vers le bas mais aucun vers le haut. Prenons l'exemple de deux personnes à des niveaux de développement différents. La personne du niveau inférieur, même si c'est un "méchant" comme les gens le qualifient, ne peut nuire à la personne du niveau supérieur que sur le plan matériel par certains actes mais jamais par ses radiations car celles-ci n'ont aucun pouvoir vers le haut. Par contre, elles peuvent nuire vers le bas, aux échelons inférieurs, particulièrement par "son mauvais œil". Quant à l'initié, il peut donner et transmettre sa force magique supérieure à n'importe quel être vivant, sans exception.

« Pendant l'initiation, la force divine créatrice pénétrera dans ta colonne vertébrale, dans chacun de tes sept centres nerveux principaux, l'un après l'autre. Tu feras l'expérience de cette force à chaque échelon, transformée dans la forme correspondant à ce niveau, tu l'éprouveras, la vivras comme un état de conscience. Grave en toi ce que je vais te dire maintenant : *Dès que tu deviens consciente dans une octave de vibrations, tu es en harmonie avec cette fréquence ; cela signifie que, pour toi, cette sphère représente la "réalité parfaite". Lorsque tu as réussi l'épreuve à un degré, tu t'éveilles dans le prochain et tu réalises alors que tu n'avais que rêvé sur le niveau précédent. Par contre, si tu ne réussis pas l'épreuve, c'est-à-dire, si tu t'identifies aux événements sans pouvoir les maîtriser, ces visions oniriques resteront réelles pour toi et tu devras vraiment les vivre d'un bout à l'autre dans le monde du temps et de l'espace. Cela signifie que ton corps meurt dans le cercueil et que tu dois continuer à rêver tes propres visions oniriques tout au long d'innombrables incarnations en suivant l'interminable chemin des mortels pour t'élever petit à petit de ce bas niveau sur lequel tu seras tombée et combattre pour arriver jusqu'à la sphère suprême.*

« La différence entre le rêve et la réalité n'est que ce que tu acceptes comme réalité sur l'un des niveaux de conscience devient immédiatement un rêve aussitôt que tu t'éveilles au niveau supérieur, reconnaissant que ce n'était pas la réalité, mais une projection du *Soi*, donc un rêve. Chaque rêve est une réalité aussi longtemps que tu le *crois* réel. La seule et unique *réalité*, la seule réalité objective est le *Soi : Dieu* !

« Si tu réussis toutes les épreuves, tu passes, en rêve et hors du temps, par toutes les vies que tu aurais dû vivre sur terre et tu te réveilles toujours sur le prochain niveau. Finalement, tu t'éveilles sur le septième échelon : *dans la conscience cosmique du* Soi. Dans cet état divin, tu deviens un avec l'ultime et unique *réalité*, avec *toi-même*, avec *Dieu*. Ce n'est plus un réveil, c'est la résurrection !

« Tu es alors libérée de ta "personne" qui n'est également qu'une projection, libérée de ton destin personnel. Tu es délivrée.

« Tu pourras alors remplir les devoirs de prêtresse. Et si, par tes efforts et ton travail soutenus, tu sais retrouver et garder l'état de conscience de la septième sphère, tu deviendras un homme-dieu, digne d'être une grande prêtresse dans le Temple. »

« Père de mon âme, tu as dit que, même si l'on a reçu l'initiation, il est possible de tomber d'un niveau de conscience supérieur. Tu as encore dit que si un initié s'identifie avec son corps en y dirigeant ses hautes énergies, il choit plus bas qu'un homme vivant dans la réalité matérielle. Puis, tu as ajouté que, pendant l'initiation, le candidat vit *tout son destin futur* tel qu'il a été déterminé au moment de sa première chute et jusqu'à l'instant de son retour dans l'unité divine. Comment se peut-il alors qu'un initié qui, pendant son initiation a vécu tous les événements, les épreuves, les tentations et les expériences qui pourraient causer une nouvelle chute, qui a passé tous les examens de l'initiation, comment un tel initié peut-il retomber dans le monde extérieur des trois dimensions ? S'il a rêvé tout son destin jusqu'à la fin, pourquoi n'a-t-il pas aussi rêvé sa chute comme destinée future ? »

Ptahhotep réplique : « Au moment où un boomerang est jeté, son vol et le temps imparti sont déterminés. Il porte donc en lui toute sa carrière comme son destin futur immuable. Il peut arriver, cependant, qu'une aide extérieure lui soit octroyée à un moment ou à un autre de son orbite, ce qui va lui permettre de revenir à son point de départ, qui est aussi son but, par un chemin et dans un laps de temps plus courts. Le boomerang a donc ainsi réintégré son foyer. Mais par le fait qu'il garde sa forme et son poids originels, il porte toujours en lui la possibilité d'être jeté une nouvelle fois, de faire un autre circuit qu'*il détermine lui-même par sa forme et son poids.* L'initié qui a obtenu l'initiation grâce à une aide extérieure ressemble à ce boomerang. Il a rêvé tout son avenir jusqu'au retour dans l'unité divine, il a vécu ces états *dans sa conscience seulement.* Sa personne et ses circonstances personnelles qui procèdent de son caractère et de son destin demeurent toujours dans le monde matériel. L'initiation n'a pas mis un terme à sa vie présente. Il en est de même pour toi : après l'initiation, tu seras toujours la fille du pharaon et la représentante de la reine. Et lorsqu'un initié n'a pas fait *toutes* les expériences terrestres nécessaires avant l'initiation, s'il n'a pas appris à reconnaître et maîtriser consciemment en lui toutes les forces créatrices, et qu'il entre ainsi encore partiellement *inexpérimenté dans l'unité divine, il n'est pas encore totalement libéré de la composition personnelle de ses forces,* sa personnalité n'est pas encore complètement annihilée. Donc, en attendant de pouvoir parvenir par lui-même et rester continuellement à l'état de conscience de la septième sphère, l'initié, dans cette période intermédiaire, porte en lui la possibilité et le danger de tomber de son échelon élevé de conscience et *de commencer une toute nouvelle roue de la destinée.* Mais comme il est devenu *conscient* dans l'énergie divine créatrice, même si ce n'est que grâce à une aide extérieure, c'est cette *même force* puissante qui va le projeter très loin au-dehors et il devra ainsi parcourir un cycle infiniment plus long que lors de sa première chute, alors qu'il n'était *pas encore conscient* de cette force. C'est ce qui arriva aux magiciens noirs qui détruisirent le foyer des fils de Dieu : ils furent précipités dans la sphère la plus basse de la création. Ils sont ici sur terre sous forme de montagnes, de rochers, de pierres, et doivent parcourir tout le long chemin de la conscience, de la matière inerte jusqu'à l'homme, en devenant d'abord plante puis animal.

Certains d'entre eux ne tombèrent qu'au niveau des plantes, d'autres à celui des animaux, d'autres encore seulement à l'échelon humain mais aux degrés les plus divers. Le temps d'une création dans le monde matériel est déterminé *mais, individuellement, les êtres ont toujours la possibilité de parcourir le cycle en un temps plus court et* atteindre ainsi le but des milliers, voire des millions d'années plus tôt. C'est une possibilité qui n'est offerte qu'à l'homme. Car grâce à son *intellect conscient*, il peut, *hors du temps, faire l'expérience d'états de conscience*. Ni les plantes ni les animaux ne peuvent le faire. Tu comprends pourquoi les animaux doivent également souffrir ! Comme tout sur terre, ils sont des manifestations limitées de conscience d'esprits autrefois supérieurs, maintenant déchus.

« Pendant l'initiation, toutes les forces négatives qui s'étaient manifestées lors de la chute sont compensées par des forces positives. Les "dettes" sont ainsi payées ! Après avoir passé avec succès les épreuves de l'initiation, ta condition sera *un état sans destin*. Aussi longtemps que tu manifesteras la volonté divine, tu n'auras pas de personnalité, donc pas de destinée propre. Tu seras libérée de la loi de l'action-réaction. Par contre si, dans ta conscience, tu devais t'identifier à ta personne, à ton corps, tu te créerais une nouvelle roue de destinée et commenceraient alors pour toi les interminables réincarnations.

« Tu connais maintenant toutes les conséquences de l'initiation. Je te demande une dernière fois : as-tu le courage de recevoir l'initiation ? »

Parfaitement sûre de moi, je réponds : « Oui. »

Un homme grand et digne fait son entrée. Je le connais. C'est un prêtre du plus haut degré, également un grand prêtre, le représentant de Ptahhotep. Il vient à nous. Ptahhotep me fait signe d'entrer dans le cercueil et de m'y coucher.

J'obéis.

Lorsque je gis dans le sarcophage, Ptahhotep me jette un dernier regard rayonnant d'un amour indicible. Les deux prêtres soulèvent le lourd couvercle de pierre et le posent sur le cercueil. Me voici enfermée dans une obscurité totale.

L'INITIATION

Comme toujours, j'observe ce qui se passe.

Il ne se passe rien.

Je suis couchée dans un cercueil de pierre et regarde l'obscurité. L'obscurité ? Ce n'est pas exactement cela car, dans le noir et dans mon champ de vision, j'aperçois une lumière phosphorescente verdâtre. Tout autour, des points flottants s'allument et disparaissent. J'observe ces points lumineux, me demandant d'où ils viennent et où ils vont.

Tout à coup, je remarque que ces points lumineux n'apparaissent plus si proches les uns des autres ; la place où la lumière verdâtre phosphorescente brillait auparavant reste obscure, les points lumineux ne s'en approchent pas, ils évitent au contraire cet endroit en décrivant des cercles de plus en plus grands, créant ainsi une obscurité totale, une absence de lumière, un trou noir par lequel je sonde le *Rien*...

Cependant, depuis ce trou obscur pareil à la mort, deux points approchent lentement et, tels des yeux, me fixent. Je ne vois pas ces yeux, ils n'ont ni lumière ni couleur, pourtant, je *sais* que deux yeux me fixent, deux yeux qui ne font partie d'aucun corps. Ce sont des foyers de courants d'énergie qui soudainement agissent de manière invisible dans le noir. Ces sombres énergies attaquent, absorbent et détruisent les points lumineux. Un contour flou s'esquisse qui délimite ce trou vide, obscur, qui radie cette force invisible. Devant mes yeux horrifiés, la silhouette d'un monstre prend forme, une silhouette qui n'est reconnaissable que parce que là où elle se trouve, il n'y a rien, une image négative.

Je sais, je suis consciente du fait que ce monstre désincarné est le *mal* lui-même. Je le connais. J'ai parfois vu ses horribles grimaces sur des visages humains, comme *expressions*. La *cause* elle-même de ces expressions, son essence, est ici maintenant, sans visage humain, sans corps !

Ou était-il présent sans que je l'aie remarqué ? Cette face sans corps ressemble à celle d'un bouc. La silhouette fait clairement apparaître la forme des cornes, du long et étroit visage à barbiche. Ou bien, ces formes ne sont-elles que des *radiations de forces invisibles* ? Les yeux placés si près l'un de l'autre sont terrifiants : ils sont comme un tourbillon sans fond qui attire irrésistiblement tout vers une annihilation totale.

Le monstre rayonne maintenant de toutes ses forces destructives et les concentre sur moi et en moi par ses deux yeux sinistres. Ils percent et pénètrent tout mon être, ils m'entourent et m'enlacent avec une puissance effrayante.

Une panique indicible paralyse mon cœur et mes mouvements ; l'horreur est à son comble, les yeux approchent et deviennent toujours plus pénétrants. Je sens que cet être satanique – est-ce *Satan* lui-même ? – me possède de plus en plus. Il s'étale sur moi, m'avale et je réalise tout à coup que je ne suis plus moi-même mais que *je suis devenue lui* ! Je sens ses traits sur mon visage, je sens son corps désincarné dans mon corps, ses forces infernales coulent dans mes veines. À cette effroyable sensation, tout mon être se raidit, devient froid et se tord dans d'horribles convulsions.

En moi, j'entends... ce ne sont pas des mots, mais par l'énergie qui crée les mots, je saisis *le sens* de ces paroles : « Tu es maintenant ma proie ! Tu es en mon pouvoir ! C'est en vain que tu as tenté de m'extraire de ta conscience : tu m'appartiens ! Moi et toi sommes un, rien ne peut plus nous séparer. Je suis le "je" en toi et tu es le "je" en moi. Tu es soumise à ma loi du refroidissement, de la contraction et de la rigidité. Sens-tu ton corps se raidir, tes jambes se relever sur ton ventre ? Se durcir ? Tes pieds sont étroitement pressés contre ton corps, tes bras se croisent sur ta poitrine, tes mains forment le poing, elles sont collées à ton corps ; ta tête s'abaisse sur ta poitrine, entre tes poings. Tu te ramasses toujours davantage. Tu as repris la forme que tu avais dans la matrice maternelle, soudée en un seul morceau, toujours plus petite, plus froide, plus rigide jusqu'à ce que tu deviennes une pierre, un petit roc dur et mort ! Mais ta conscience te permet de *savoir* que tu es morte, que tu es prisonnière, emmurée dans ce roc pour un temps sans fin... une éternité sans temps...

« Regarde autour de toi, ces immenses montagnes ! Vois-tu ces rochers, ces pierres ? Regarde *en eux*, regarde leur être intime et tu constateras que ce sont tous des êtres *conscients*, prisonniers comme toi, exposés au soleil brûlant, aux tempêtes et au gel ! Chaque créature, animal ou homme, marche sur eux comme ils vont marcher sur toi. La fonte des neiges grossit les torrents et fait rouler les pierres dans les flots sauvages où elles se heurtent et s'abîment dans des rapides pendant un temps sans fin... une éternité sans temps... »

Horrifiée, je fais l'expérience de tout ce que le *mal* me dit. L'enfer ! C'est l'enfer ! Être enfermée vivante et consciente dans cette tombe de pierre sans pouvoir bouger, sans avoir la possibilité de donner le moindre signe de vie, être une pierre lourde et morte... *Être ?*

Mais non ! Ce *n'est* pas ce que *je suis* ! *Je* ne suis qu'enfermée, emmurée dans cette pierre, mais *je ne suis pas* la pierre, mon *Je n'est pas matière* ! *Je suis le Soi infini*, un esprit au-delà du temps et de l'espace !

Et, avec la force intérieure de l'esprit, et comme j'avais appris à le faire pendant mes exercices de télépathie, je crie au monstre, sans l'aide du corps, de la bouche et des mots :

« Non ! Je ne suis pas toi et tu n'es pas moi. Dans notre essence, nous sommes séparés à jamais car tu es la mort et *"Je"* suis la *vie* ! Nous ne pouvons jamais nous identifier l'un à l'autre ! Dans ta rigidité, tu es le négatif, le reflet – la caricature – de la source éternelle de toute vie, de *"la divinité qui repose en elle-même"*.

« Tu n'es ni monstre, ni épouvantail. Tu n'es pas le *"mal"* car tu n'as pas d'existence propre. C'est le *Soi* divin qui t'a créé et te crée chaque fois qu'*Il* prend une forme matérielle, le corps. Tu es l'essence de la matière, tu es la loi qui régit la matière. Tu as donc un certain pouvoir sur mon corps puisque, sur l'ordre de mon *Soi*, tu as dû l'édifier quand *je* naquis dans la matière et devins une personne. Mais tu n'as aucun pouvoir sur moi, sur mon *Soi* créateur car tu n'es rien d'autre que *la loi de la matière rendue vivante par mon esprit. Ce n'est pas moi qui suis toi car je suis celui que Je suis, et tu es également celui que Je suis*. Ton essence est la contraction qui, au niveau spirituel dans la conscience, se traduit par la *peur*.

« Mais tu dois disparaître car *JE NE CRAINS POINT*. »

L'effet de mes paroles muettes est épouvantable. Une obscurité totale m'entoure et, dans un fracas de tonnerre, les montagnes s'écroulent, les roches et les pierres roulent, la terre se fend et s'ouvre, un chaos indescriptible fait rage autour de moi. Mais *je* reste fermement plantée sur mes deux pieds malgré ce cataclysme...

Quand tout s'est enfin calmé et que je reviens lentement à moi, je me souviens alors avoir rêvé quelque chose de terrifiant. Qu'il est bon de se réveiller de ce cauchemar...

Ma première sensation est celle d'une faim et d'une soif extraordinaires ! Mais je ne veux pas perdre de temps à boire et à manger puisque mon but est Dieu ! Je veux donc avancer aussi rapidement que possible.

Je regarde autour de moi. Je suis quelque part dans une grande salle éclairée par une lumière rouge tamisée. Des personnes fort aimables me tendent des plats merveilleux remplis de mets savoureux et des cruches d'or pleines de boissons rafraîchissantes. Elles tentent de me convaincre de manger et de boire avec elles. Je souris : les plaisirs de la table n'ont jamais représenté une tentation pour moi. Comment la faim et la soif pourraient-elles me retenir sur le chemin qui me conduit à Dieu ?

Je remercie ces gens de leur aimable invitation et poursuis ma route. Étrangement, je n'ai plus ni faim ni soif mais je n'arrive pas encore à discerner où je suis ni ce qui se passe ici. Je me rends compte que tout, autour de moi, se meut d'une manière chaotique. Puis, je sens une odeur bizarre, une odeur de corps échauffés. Ce n'est pas vraiment désagréable, pourtant cela me répugne.

Mes yeux s'habituent à la lumière tamisée. Je me trouve dans une cave où je vois un grand nombre d'hommes et de femmes qui, pêle-mêle, sont allongés sur des sofas ; d'autres dansent, d'autres encore étroitement enlacés exécutent des mouvements particulièrement étranges. Fort surprise et perplexe, j'observe : sont-ils ivres ou sont-ce des malades mentaux ? J'avais déjà vu des animaux suivre leurs instincts pendant la saison des amours, je savais comment la nature préparait une nouvelle génération ; mais même pendant l'acte de procréation, alors que leur corps tremble de passion, les animaux ne perdent jamais leur dignité et ne se conduisent pas comme les personnes que j'avais devant moi. Les prêtresses qui servent dans le Temple de l'amour remplissent leurs devoirs avec noblesse et dévouement sachant qu'elles apportent ainsi une offrande sur l'autel de l'amour divin. Comment les hommes peuvent-ils s'abaisser au point de faire de *l'acte d'amour noble et divin* un but en soi ? Ce sont des personnes respectables et d'un certain rang – à l'image de Dieu ! – qui pourtant se conduisent comme si elles étaient dénuées de toute raison. Il me semble en reconnaître quelques-unes, certains dignitaires, hommes d'État et dames de notre Cour, mais ils ne me voient pas, ils n'ont d'yeux et d'oreilles que pour eux-mêmes. Le monde extérieur n'existe pas pour eux. *Ils sont captifs de leur propre imagination.*

Et ils parlent, ils parlent et semblent avoir complètement oublié que la parole est la manifestation spirituelle de l'homme. Ils emploient les mots pour se dire des choses parfaitement insensées et illogiques. Un homme et une femme étroitement enlacés passent en dansant près de moi. L'homme demande : « Es-tu mienne ? » – « Je suis tienne », répond la femme. Un peu plus tard, ils sont de nouveau près de moi et l'homme, les yeux à demi fermés, demande : « Es-tu mienne ? » « Je suis tienne », répond la femme une fois encore.

Que leur arrive-t-il ? Si l'on demande quelque chose une fois et que l'on reçoit une réponse, cela n'est-il donc pas encore suffisant ? Faut-il répéter cent fois la même chose ? Et quelle question insensée ! *Un être humain n'appartient qu'à soi-même.* Il est un être libre doté du droit inaliénable de disposer de lui-même. Comment cet homme pense-t-il pouvoir *posséder* une femme ? Il est déjà difficile de posséder un lion ! Si même ces animaux royaux ne se défont pas de leur indépendance, comment cet homme peut-il imaginer que cette femme « lui appartient » et pourquoi pose-t-il cent fois la même question ? Est-ce un malade mental ? Et la femme aussi qui répond infatigablement à la même question ? Et tous ces hommes et ces femmes qui se conduisent d'une manière aussi ridicule et insensée ? À ce moment précis, un homme grand et aux larges épaules s'approche de moi. Apparemment, il peut lire les pensées car il répond à mes questions inarticulées. « Belle femme, ne sais-tu pas que c'est cela, l'amour ? »

L'amour ? Oh, je connais l'amour ! C'est quelque chose de beau, de grand, de noble. C'est un sacrement quand deux êtres s'aiment totalement, *sans réserve*. Ce n'est pas cette passion de la *possession*. Je ne perçois pas la moindre trace d'amour dans le cœur de ces gens ! Je vois simplement qu'ils ont perdu la raison, que la passion, la fièvre abrutit et attaque leurs centres nerveux si fins destinés à la manifestation spirituelle, et les tient en son pouvoir. Il faut absolument les sauver et les réveiller de leur état de demi-inconscience ! Je m'approche d'une toute jeune femme, la saisis par le bras et lui crie à l'oreille :

« Éveille-toi ! Ne laisse pas la passion obscurcir ta conscience ! Tu es esprit, pas un corps ! Ne te laisse pas entraîner par ton corps, abaisser plus bas qu'un animal ! Éveille-toi, entends-tu, éveille-toi et sauve-toi pendant qu'il en est temps encore ! »

La jeune femme me regarde comme une somnambule, comme au travers d'un voile : « Laisse-moi, je veux être heureuse ! » Et elle continue sa danse.

Ô aveugle, aveugle ! Comment peut-elle espérer parvenir au bonheur dans un enlacement corporel dénué de tout *amour spirituel* ? C'est dans la conscience que l'on vit le bonheur. Le bonheur est dans le *Soi*. Comment pourrait-elle trouver le bonheur dans un jeu physique ?

« Laisse ta raison en repos, me dit l'homme. Tu ne peux pas juger puisque tu n'as jamais essayé. Viens, danse avec moi et tu constateras par toi-même. » Il m'enlace et m'emmène dans un tourbillon. Il se conduit avec moi d'une manière aussi insensée que les autres...

Je danse et m'observe avec curiosité... Ce contact si étroit va-t-il m'étourdir, m'enivrer comme c'est le cas pour ces pauvres gens ? Mais je ne peux que constater qu'il m'est extrêmement désagréable de sentir cet homme si près de moi. Son haleine est brûlante et je trouve répugnant de la sentir sur mon visage et mon cou. L'air expiré est vicié ! Pourquoi devrais-je inspirer de l'air vicié ? En outre, cet homme exhale une odeur que je n'aime pas. L'odeur de la transpiration est d'autant plus forte que c'est précisément celle d'un homme et pas d'une femme. Je veux retrouver l'air frais et je veux quitter cet endroit écœurant.

Alors que je tente de me libérer de son étreinte, l'homme se transforme soudainement. Il devient un esprit enflammé, rouge et immense, il n'a plus de corps, il est une flamme qui veut me soumettre à son pouvoir. Il m'entoure, essaie de pénétrer dans ma bouche, dans mon corps. Mais la force que je radie, l'énergie de ma conscience sereine et sobre l'en empêche. Il ne peut m'atteindre. La flamme devient encore plus grande, plus puissante, emplit toute la salle et consume tous ces possédés de la passion. Je ne vois plus personne, je ne vois plus qu'une mer de flammes qui engloutit et dévore tout...

Mais je reste saine et sauve : je suis celui que *Je* suis !

Alors une voix s'élève du milieu des flammes : « Tu as triomphé, tu as réussi l'épreuve. Mais fais bien attention ! Tu n'as pas vaincu parce que tu es la plus forte, tu ne peux être plus forte que moi car *je suis le feu de ton propre Je*, mais parce que tu ne pouvais t'enflammer, ta pureté et ton *inexpérience* se dressant encore entre *toi* et *moi*. Ton corps, tes sens dorment encore et c'est cela qui t'a protégée. Prends bien garde, nous nous reverrons… *nous nous reverrons !…* »

Puis, tout disparaît, la cave, le feu, la fumée, tout. Je reste seule…

« Nous nous reverrons » ? Je répète ces mots. « Je ne te crains pas ! Car même si mon corps s'était enflammé, cela n'aurait pas touché mon *"Je"*. *"Je"* suis au-dessus de tout ce qui est physique… »

Mais, qu'est-ce ? N'ai-je pas entendu un rire sarcastique ?

Je regarde autour de moi : d'où cette voix m'était-elle parvenue ?

Or, je me trouve sur une prairie verte comme une émeraude et vois approcher une silhouette remarquable, celle d'un homme grand et beau, entourée, voilée d'un épais brouillard. J'aimerais percer ce brouillard qui masque cet être à ma vue, j'aimerais dissiper cette brume, mais je n'y parviens pas. Alors, je demande : « Qui es-tu ? »

La silhouette s'approche et d'une voix qui se grave profondément en moi, murmure à mon oreille : « Ô toi, ma douce bien-aimée ! Je te cherche depuis longtemps, depuis si longtemps, depuis une éternité, depuis que nous sommes sortis du Jardin d'Éden et que nous avons été séparés. Enfin je te trouve ! Viens dans mes bras, pose ta chère tête sur ma poitrine, viens et retournons vers l'unité divine et fondons-nous dans le grand bonheur céleste. Qu'il est merveilleux de ta part de ne pas avoir suivi tes instincts physiques et de t'être gardée pure pour moi ! Tu m'appartiens, je t'appartiens. Nous nous complétons parfaitement !

Sens-tu la force irrésistible qui nous attire l'un vers l'autre, qui nous lie toujours plus étroitement ? Viens, unis-toi à moi, chère créature, toi ma seule et unique fiancée céleste ! Je t'aime ! »

J'écoute sa voix, je suis sensible à son approche virile, je sens la force immense qu'il radie et qui agit sur moi… pourtant, il m'est étranger ! Je ne le connais pas ! Comment pourrait-il être ma moitié complémentaire ? Non ! Une moitié complémentaire ne se trouve jamais à l'extérieur. Ptahhotep m'a expliqué que la moitié complémentaire se trouve derrière la forme manifestée, comme un reflet complémentaire *dans le non-manifesté*. Non ! Un être humain ne peut être ma moitié complémentaire. Et pourquoi est-il si bien voilé ?

« Je ne sais qui tu es, lui dis-je, mais qui que tu sois, tu es dans l'erreur ! Tu n'es *pas* ma moitié complémentaire. Cherche-la ailleurs si tu penses la trouver dans le monde extérieur. Ce n'est que *dans le Soi* que chacun peut trouver la sienne. Dans le monde extérieur, *on ne trouve que des images projetées ressemblant* à ces moitiés. Mais ni toi ni moi ne pouvons nous compléter avec une image, une projection. Seule l'unité divine du *Soi* peut apporter le bonheur parfait ! C'est *en moi* que je veux trouver ma moitié complémentaire. »

« Trouver en toi ta moitié complémentaire signifie précisément t'être déjà identifiée dans ta conscience au *Soi* divin. Comment veux-tu vivre la conséquence avant la cause ? Le *Soi* divin est l'état d'unité paradisiaque que tu ne peux retrouver que lorsque tu t'es unie à ta moitié complémentaire. Comment veux-tu y parvenir sans moi, ton autre moitié ? Tu oublies que, comme tu incarnes une partie du tout, moi j'incarne l'autre. Nous sommes les reflets incarnés l'un de l'autre et nous nous appartenons également dans la personne. Je te porte dans mon inconscient comme tu me portes dans le tien et nous nous cherchons avec la force irrésistible de l'attraction paradisiaque qui nous unit. Notre destin nous réunit depuis toujours et le fera encore et encore jusqu'à ce que nous devenions parfaitement conscients l'un de l'autre en nous et en notre personne, corps et âme. Ce n'est que dans cette identité divine que nous pouvons *être* la conscience totale du tout, du *Soi* suprême. Comment veux-tu donc retrouver sans moi cette unité paradisiaque ? Comment veux-tu refuser de faire face au fait que, sur terre, nous nous appartenons aussi ? Comment veux-tu récolter sans moi les expériences qui te sont nécessaires ? »

Mais je demeure inflexible. « Tu peux te faire aussi convaincant que tu le désires, mais je ne me laisse pas fléchir. C'est suffisant pour moi de savoir que tu es dans la partie inconsciente de mon "Je" ; je ne veux te connaître qu'en moi et non pas dans le monde extérieur. Poursuis ta route et laisse-moi poursuivre la mienne ! »

À ces mots, la silhouette s'éloigne et semble se dissiper comme brume au soleil. Sa voix me parvient encore de loin, cette voix qui fait encore grande impression en moi : « Je continuerai de te chercher sur le plan terrestre, te chercher... *te chercher...* »

Et bientôt tout devient calme.

Mais je veux encore savoir quelque chose et, de toutes mes forces, je crie : « Quel est ce brouillard épais qui m'empêche de te voir face à face ? »

De très loin, comme l'écho des battements de mon cœur, la voix dit encore : « Ce brouillard épais voile *tes yeux*, ce n'est *pas moi* qu'il masque. C'est ton inexpérience qui te protège de moi. Elle t'a aidée à me résister. Mais nous nous reverrons... reverrons... »

J'aurais encore d'autres choses à demander et je cours dans la direction de la voix. Mais, je n'aperçois plus rien. Je vais donc m'en retourner vers la belle prairie verte. Je n'en trouve plus le chemin.

Un épais brouillard recouvre tout ce qui m'entoure. En vain, je m'efforce de distinguer quelque chose car je sais que je ne suis plus seule. J'entends des voix humaines autour de moi et je sais qu'il existe une relation entre ces gens et moi. Des événements dans lesquels je joue un rôle important se succèdent. J'entends des voix qui me parlent et, parmi elles, je reconnais celle de la silhouette voilée qui m'a fait une telle impression. Je sais que cet être, sous ses différentes formes, m'appartient encore et toujours. Mais comment et où? Que disent ces voix? Quelles sont mes réponses? – Je ne comprends pas, il semble que le brouillard ne voile pas seulement ma vue mais également mon ouïe. Ici et là, j'aperçois quelques choses qui disparaissent tout aussitôt. Une fois, je vois une large tour et je sais que quelqu'un y est retenu prisonnier – il a la voix de la silhouette voilée – et je me dépêche de lui faire passer de la nourriture. Je suis la fille du geôlier et je dois prendre garde à ce qu'il ne me voie pas. Une force m'attire vers le prisonnier, je dois l'aider...

Tout disparaît dans le brouillard et, cherchant à m'orienter, je me trouve soudainement face à face avec des dalles de pierre que je nettoie, que je lave jusqu'à ce qu'elles soient propres. De nouveau, le brouillard. Je n'entends plus qu'une voix, pareille à la mienne, qui répète : « Avez-vous vu un enfant ? Avez-vous trouvé un enfant ? » Et j'ai l'impression qu'un vieux, très vieux corps usé, qui d'une certaine manière est en relation avec le mien, est très fatigué. Ce sentiment étrange disparaît à son tour et, tout à coup et à ma grande joie, le brouillard se dissipe...

Me revoilà sur une belle prairie. Je dois avancer maintenant. L'air est frais, le soleil brille et pourtant, il ne fait pas trop chaud. C'est étrange ! Il ne m'est jamais arrivé jusqu'ici de sentir une brise aussi agréable au milieu de la journée. Autre surprise encore : quand, après que le brouillard a disparu, je regarde mes pieds et la terre en dessous, ceux-ci me semblent plus éloignés qu'avant. *Je suis donc devenue beaucoup plus grande !* Voilà qui est bizarre ! À mon âge, on ne grandit plus. Comment est-il donc possible que je sois devenue si grande ? Et quelle robe ai-je revêtue ? Cela me fait vraiment rire ! Où sont mes sandales ? Et mes mains ? Comme elles ont changé ! Tout est si étrange, si surprenant... comme si je n'étais plus *moi, comme si je rêvais !*

Pourtant, ma conscience est claire, je suis éveillée, je ne rêve pas ! Je regarde autour de moi. Pas très loin, une forêt ; et comme je m'en approche, je distingue une maison entre les arbres. Mais quelle drôle de maison ! La région m'est familière et pourtant je sais que, de ma vie, je n'ai jamais vu de tels arbres ni une construction pareille. Non ! Ces arbres n'ont vraiment aucune ressemblance avec nos palmiers !

La maison est sur une colline et je gravis le sentier sylvestre qui y conduit. Je sais que la maison m'appartient. Comment est-ce d'ailleurs possible puisque je sais aussi n'avoir jamais vu de construction de ce genre et que néanmoins elle m'est familière ? Elle n'est pas de pierre et son toit est fortement incliné. J'entre – je connais chaque pièce – et me rends directement dans « ma chambre ». En entrant dans la petite pièce blanche, je m'arrête à la fenêtre pour admirer la vue merveilleuse qui s'offre à mes yeux. Je constate que la maisonnette et la prairie se trouvent sur les hauteurs et que d'ici, je peux voir très loin dans la plaine. Au pied de la montagne, un fleuve majestueux coule lentement. Des grands bateaux – c'est curieux, ils n'ont ni voiles ni rames – y naviguent à toute vitesse, beaucoup plus rapidement que les nôtres. Je ne saisis pas ce que je vois : un grand tuyau vertical d'où s'échappe une fumée noire et épaisse…

Le soleil s'est couché, le crépuscule descend… Je vois dans le lointain où, j'en ai l'étrange sentiment, j'ai déjà si souvent regardé quantité de ces villages que je connais bien et où s'allument des lumières toujours plus nombreuses, comme des éclairs. Le tonnerre éclate après chaque éclair comme dans la grande pyramide. J'observe cette succession de lumière et de bruit, d'éclairs et de tonnerres quand soudain, une espèce de cloche retentit. Je me tourne vers l'appareil d'où sort cette sonnerie, en soulève quelque chose de bizarre dont je presse l'une des extrémités à mon oreille. J'accomplis ces gestes comme s'ils m'étaient naturels, mais je sais n'avoir jamais vu de ma vie un tel appareil. À mon oreille, j'entends la voix, la voix de la silhouette voilée : « Je baise ta main, ma chérie. Comment vas-tu ? »

Je réponds : « Bien, merci, mais je désire rentrer à la maison. Peux-tu venir me chercher demain ? L'ennemi est déjà si près que je constate chaque soir son approche rapide. C'est effrayant, je veux être près de vous ! »

« Bien, répond la voix de l'homme, je viendrai demain. Mais ne serait-ce pas mieux pour toi de rester dans la forêt ? Ici dans la capitale, on nous bombarde nuit et jour et cela empire encore. » « Non, je veux rentrer à la maison, être près de vous. J'ai pris soin de la propriété. Désormais, dans ces heures de danger, je veux être avec vous. Viens me chercher. »

« Très bien, je vois que tu es courageuse. Je viendrai te chercher demain après-midi. Prépare tes valises. Au revoir, ma chérie, je t'embrasse tendrement. Bonne nuit ! »

« Je t'embrasse aussi, bonne nuit », dis-je en reposant l'appareil.

Qui était-ce ? Comment se fait-il qu'au lieu d'établir une liaison intérieure, nous communiquions par l'intermédiaire de quelque chose d'inconnu, et que j'entende cette voix *avec mon oreille physique* ? Une pensée traverse mon cerveau : est-ce que ce que je vis maintenant ne serait pas aussi une simple vision ? Peut-être que tout cela n'est qu'un rêve, une épreuve... Si j'ai du *courage* ?

Malheureusement, ce n'est pas un rêve dont pourtant j'aurais bien voulu m'éveiller comme précédemment je l'avais fait : je m'étais retrouvée dans la prairie après un songe étrange. Oui ! Mais maintenant, je suis éveillée et ne peux éviter de faire face aux événements. L'atmosphère est si fortement chargée de la peur indicible exhalée par chacun qu'il est difficile de respirer. L'ennemi arrive de partout et si cela continue, la capitale sera assiégée d'ici à quelques jours. Ceux qui, au prix de risques et de dangers énormes, ont pu quitter les régions occupées racontent des histoires d'une incroyable cruauté. Mais nous sommes dans la main de Dieu et je calme mon cœur transi et mes nerfs tendus en me disant que tout ce qui arrive est bon car *rien ne peut arriver sans la volonté divine*. Et ce que Dieu veut est nécessairement bon.

Je prépare mes bagages.

Le lendemain après-midi, je regarde par la fenêtre. Notre chien file à toute allure et je sais alors que mon mari arrive. Un quart d'heure plus tard, ils sont là tous les deux, le chien sautant comme une balle de caoutchouc autour de mon époux. Je cours à sa rencontre et nous nous enlaçons tendrement. Nous vivons ensemble depuis près de vingt ans et notre amour est aussi vif qu'aux premiers jours de notre mariage.

Sa forte radiation, sa voix, sa main chaude ont un effet calmant sur moi. Il incarne le courage, la sécurité, la solidité.

« J'espère que tu n'as pas peur », dit-il en souriant.

« Non, dis-je en passant mon bras autour de son cou bien musclé. Dieu sera avec nous ! » Je me presse tout contre lui et pose ma tête sur sa large poitrine.

Lorsque nous rangeons les valises dans la voiture, je m'arrête un instant. Quelle est cette voiture ? J'avais l'habitude de conduire des voitures tout à fait différentes... je souris à cette pensée car cette voiture-là m'est bien familière puisque c'est celle de mon époux. Comment se fait-il pourtant qu'elle se meuve par elle-même et qu'*aucun lion n'y soit attelé* ?...

Je passe la main sur mon front : est-ce que je deviens folle ? Des lions ? Attelés à une voiture ? Ici, dans cette partie du monde ? Oui, oui, au zoo, il y en avait quelques fort beaux exemplaires que l'on a tués à cause des bombardements car si une bombe avait endommagé leur enclos, cela aurait pu être dangereux. Je ne comprends décidément pas d'où me viennent constamment ces idées au sujet de lions ou d'autres choses impossibles comme la grande pyramide d'Égypte que je ne connais que par des photographies. Peut-être est-ce là le résultat de trop d'émotions.

Nous rentrons à la maison. Je monte les escaliers en courant et, comme je vais ouvrir la porte, celle-ci semble le faire d'elle-même : là, devant moi, rayonnant de joie, se tient le petit Bo-Ghar – oh, comment est-il arrivé ici ? D'ailleurs, il n'est plus si petit ! Il est encore très jeune, mais adulte quand même. Son sourire est fin, comme toujours. Il s'incline et baise ma main : « Qu'il est bon que vous soyez revenue à la maison, ma Reine », dit-il doucement.

Perplexe, je le regarde et dis : « Bo-Ghar, est-ce bien toi ? Comment es-tu arrivé jusqu'ici ? »

Cette question le surprend beaucoup : « Vous savez bien que je vis ici depuis trois ans déjà. Pourquoi me demandez-vous cela ? »

Je n'arrive pas à comprendre... Il n'est pas tout à fait comme je le connais. Il a grandi, pourtant je sais qu'il est encore un enfant, qu'il devrait être un enfant ! Mais pourquoi ? Depuis qu'il est arrivé de sa lointaine patrie, je le connais, c'est un jeune homme adulte. Pourquoi ai-je le sentiment qu'il devrait être un garçon d'une douzaine d'années ? Pourquoi ai-je de nouveau la sensation étrange de rêver ?

Mais voilà mon époux. L'appartement est plein de fleurs... que mon mari est adorable de m'accueillir ainsi à la maison après tant d'années de vie commune, comme au temps de notre lune de miel !

Après le repas, nous prenons place près d'une boîte en bois assez grande, bizarre, qui diffuse, par une voix masculine, les dernières nouvelles de la guerre et donne des instructions que nous devons suivre. Comme c'est étrange ! Voilà de nouveau la matérialisation d'un processus spirituel, comme l'appareil télépathique de la petite maison dans la forêt. Ptahhotep, cher maître vénéré, émet aussi des énergies supérieures dans l'atmosphère du pays. Dans leur sommeil, les gens absorbent ses forces bienfaisantes et son amour. Mais ses vibrations agissent au tréfonds des êtres, pas comme cette boîte-là qui n'émet que des vibrations de basses fréquences que nous entendons avec nos oreilles *externes*.

Puis, nous allons dormir.

Les nuits se suivent et souvent, nous nous faisons réveiller par des bruits effrayants : les sirènes hurlent dans toute la ville ! Nous sautons du lit, attrapons rapidement chaussures, lingerie chaude, robes de chambre, fourrures, un foulard sur la tête, la petite valise contenant les bijoux, l'argent et un vieil album de dessins mystiques et symboliques. Vite, vite, mon mari et moi descendons à la cave. Dans l'escalier, nous rencontrons ma plus jeune sœur, un nouveauné dans les bras, le garçon de trois ans et la fillette de deux ans trottinant à ses côtés. À chaque étage, les portes s'ouvrent livrant passage à tous les membres de la famille et du personnel qui vont chercher refuge dans la cave. Au rez-de-chaussée, un grand homme âgé apparaît dans l'encadrement de la porte. Il est digne, ses cheveux et sa barbe sont blancs comme neige... Et ses yeux ? D'où ses yeux me sont-ils si familiers ? Un éclair passe en moi : c'est la silhouette du général de mon père qui a fait une grande carrière : *Thiss-Tha* ! Ces yeux... Mais que fait-il donc ici ? Comme il est devenu âgé ! Et pourquoi lui dis-je maintenant : « Mon cher Père, es-tu assez chaudement habillé ? »

Il sourit pour me rassurer : « Oui, oui, ne te fais pas de souci. »

Et nous nous installons dans la cave.

L'ennemi approche et resserre sa mâchoire autour de la ville.

Un après-midi, la porte s'ouvre et... Ima entre. Je le fixe sans comprendre. Que fait-il ici et dans quel accoutrement ? Je l'embrasse et demande : « Comment es-tu habillé ? Quels sont ces vêtements ? »

Il me regarde aussi étonné que moi : « Qu'est-ce que c'est que cette question, Mère ? Quels vêtements ? Mère, tu agis comme si c'était la première fois que tu me voyais ainsi ! C'est l'uniforme de pilote, tu le sais bien, non ? »

Ma confusion est extrême. Il me semble que je dois m'éveiller d'un rêve. Oui, bien sûr, il porte l'uniforme de pilote. C'est mon fils, mon fils unique et aimé. Pourtant, je sais qu'il est Ima. Je le connais bien ! Ima ! Est-il vraiment mon fils ? Je le vois dans sa robe de prêtre. C'est *lui* qui m'a enseigné la concentration. Ah ! À l'époque déjà, il avait cette radiation aussi forte que l'acier. Je le connais... mais il ne me reconnaît pas et agit comme s'il n'avait rien de commun avec le Temple. « Mère, dit-il, mon escadrille va changer d'endroit car nos avions ne peuvent plus rester sur cet aérodrome. Les bombardements sont trop nombreux et tout serait trop facilement détruit. Nous partons quelque part en campagne. Je ne sais pas quand je te reverrai. »

Mon cœur se fige d'angoisse. Pourtant, je me suis déjà habituée à l'idée de le savoir constamment en danger. Lorsque j'avais appris qu'il s'était engagé comme pilote, j'avais eu le sentiment d'être frappée à mort. J'avais hanté tout l'appartement avec en moi la sensation de vivre un rêve effroyable... Comment était-il possible, réel, que des mères envoient au massacre leurs fils jeunes, sains et forts ? Ce devait être un mauvais rêve, comment les hommes pouvaient-ils tomber à un niveau si bas, se tuer avec les armes les plus cruelles et envoyer au combat précisément les plus jeunes, les plus solides, les plus forts qui devraient être destinés à devenir les pères de la nouvelle génération ? Ce sont les premiers qui se font tuer car ils sont déclarés « aptes » au service. Les faibles, les malades restent à la maison avec les femmes et donnent naissance à des enfants faibles et malades. C'est le moyen le plus rapide pour faire dégénérer la race humaine. Et l'humanité est tombée si bas qu'elle ne reconnaît même pas cette horrible vérité ! Dans une haine aveugle et dans la peur, la jeune et saine génération s'anéantit !

Rêve ! Cauchemar !

Petit à petit, le sens des réalités m'est revenu. J'ai remis mon enfant entre les mains de Dieu. Rien ne peut arriver sans Sa volonté. Quoi qu'il arrive, cela doit être bon puisque c'est Sa volonté. Compensation ! Tout ce qui se passe n'est qu'un effort pour retrouver l'équilibre perdu, le paradis perdu ! Ces paroles de mon cher maître Ptahhotep, ainsi que tout l'enseignement qu'*Il* m'avait donné dans la grande pyramide sont profondément gravés en moi et cela me donne le courage nécessaire pour continuer à vivre, à remplir mes devoirs quotidiens, malgré le fardeau de savoir mon fils, et des millions d'autres, transformés en cibles vivantes.

Mais maintenant, je savais que nous allions être séparés dès qu'il quitterait la ville. Le siège total de la capitale était imminent. Sortirait-*il* vivant de ce massacre ? Et *nous* ? Allons-nous nous revoir une fois encore dans cette vie ? C'est un très grand point d'interrogation…

Pourtant, cela ne doit pas me faire souffrir, je ne dois m'attacher à personne. De ce jeune homme que, pour lui permettre de se réincarner j'ai porté dans mon cœur et qui, maintenant, est mon fils, je n'aime pas le corps, la forme manifestée, mais je l'aime en Dieu ! Son *Soi* divin a édifié ce *corps* aussi pour pouvoir se manifester ; il en est de même pour le corps de chaque personne, plante, animal et même pour la matière inerte. Je l'aime donc aussi dans la personne, dans ce très beau corps, manifestation du divin impersonnel. *L'univers* entier est la manifestation du *Dieu unique*. Pourquoi devrais-je alors trembler maintenant à la pensée de perdre éventuellement *cette* manifestation divine et ne plus la voir ? Parce que sa chair est ma chair et son sang mon sang ? Mais mon *Je* et son *Je* sont le même *Je* – le même *Soi* – qui n'est ni chair ni sang. Je ne dois donc pas m'identifier avec la chair et le sang. Je dois me retirer dans mon *Soi*, devenir pleinement consciente car je suis identique au Soi de mon fils – et au Soi de l'*univers entier* – je ne peux plus perdre rien ni personne ! Cela ne doit pas faire de différence pour moi si ceux qui meurent me sont liés par la chair et le sang ou totalement étrangers car le même *Soi divin* change l'un de ses nombreux corps chaque fois que meurt une créature, que ce soit le corps de mon fils unique ou celui d'un étranger. Je *dois* vaincre ma chair et mon sang qui me font cruellement souffrir maintenant, vaincre complètement... Ô Dieu ! donne-moi la force de réussir cette épreuve ! *Bien que je n'aie pas encore atteint le plan de la conscience cosmique*, donne-moi la force d'agir comme je pourrais le faire *si j'étais* dans cet état de conscience divine !

Mes genoux tremblent lorsque je m'approche de mon fils. Je l'embrasse et lui dis : « Mon fils aimé, mon petit enfant unique et si cher, au revoir ! Je te recommande à Dieu. *Il* ne nous abandonnera pas. Sache que tout passe sauf l'amour véritable. Maintenant aussi, nous nous aimons parce que nous sommes un en Dieu et cette unité spirituelle – cet amour authentique – nous a réunis ici sur terre. Nous ne pouvons nous perdre l'un l'autre ! Nous nous retrouverons, nous nous reverrons, si ce n'est dans cette vie, ce sera dans la prochaine ou sous une autre forme de vie. Où que nous allions, l'amour nous conduira l'un vers l'autre. Adieu, mon fils chéri. Dans les heures difficiles, accroche-toi à cette puissance invisible qui est derrière nous, qui ne nous abandonne jamais et que nous nommons Dieu ! »

Nous ne versons aucune larme. Nous restons enlacés un long moment, je dépose un baiser sur son front haut et si beau. Il me presse sur son cœur et s'en va. Je lui fais signe de la fenêtre, il me sourit puis disparaît.

Ce soir, nous allons célébrer Noël. Le bruit des canons ne cesse plus. Mais nous préparons tout pour que cette soirée soit aussi belle que possible. Cela a bien peu d'importance pour moi car, dans l'éternité, il n'y a pas de Noël, aucun jour de fête, aucun jour ouvrable. Chaque jour m'est une fête puisque dans l'éternité chaque jour en Dieu est une fête. Mon époux aime ces soirées de Noël. Il est heureux de pouvoir me préparer des surprises et apprécie d'être surpris à son tour. Déjà, il garnit le sapin en compagnie de Bo-Ghar.

Depuis quelques semaines, Bo-Ghar habite chez nous car, le soir, les bombardements l'empêchent de rentrer chez lui. Il occupe la chambre de mon fils.

Il y a quelques années, Bo-Ghar est venu de sa lointaine patrie avec la mission d'apporter aux hommes de ce coin du monde l'enseignement plusieurs fois millénaire de ses ancêtres : soumettre le corps à l'esprit. La guerre m'empêchant de me procurer la pierre et le bronze nécessaires à mes sculptures, j'ai laissé mon atelier à Bo-Ghar qui peut y donner ses cours. Dès son arrivée, il s'est toujours conduit comme notre enfant. Et maintenant, il décore le sapin en parfaite harmonie avec mon mari.

Avec la cuisinière, j'essaie de préparer, malgré les difficultés de l'approvisionnement, quelque chose de « spécial » pour demain. Aujourd'hui, nous sommes invités chez mon père avec toute la famille. On sonne à la porte. Mon jeune cousin, très pâle, entre :

« Esther, l'ennemi a assiégé toute la ville. Et les troupes dont nous attendions l'arrivée de l'autre côté marchent directement sur nous. J'étais en ville avec mon père et j'ai téléphoné à Maman qui nous a dit que notre villa était déjà occupée par les troupes ennemies et, qu'avec les chars, elles se dirigeaient vers le centre. Étonnant que les fils du téléphone n'aient pas encore été arrachés. Les tanks et les troupes vont être ici d'un moment à l'autre. Préparez-vous. Je dois filer maintenant. Adieu ! »

Je me précipite vers mon époux pour l'informer de ce qui se passe, puis je vais chez mes sœurs, mon frère, mon père, chez le concierge afin que chacun se prépare.

Notre villa est située sur une colline et la vue s'étend très loin. Nous pourrons donc voir d'où approcheront les soldats ennemis. Pour le moment, tout est calme. Mon mari dit que cela peut durer des heures avant que nous soyons dérangés et propose de fêter Noël tout de suite. Nous descendrons ensuite chez mon père et, avec toute la famille, attendrons la suite des événements.

Mon époux allume les bougies. Je pense à mon fils qui, en cet instant peut-être, doit prendre part à une attaque aérienne. Je le recommande à Dieu. Nous nous serrons la main, distribuons les cadeaux puis, sans rien manger, nous dépêchons de descendre chez mon père.

« Venez, les enfants, dit-il, mangeons rapidement car nous ne savons pas à quel moment nous allons devoir descendre à la cave. »

Nous prenons place autour de la table. La chaise de Mère reste vide depuis qu'elle est décédée. Une bougie brûle à la place de son assiette... Nous mangeons dans le silence, avec calme et dignité. Nous sommes conscients de ce que le moment est venu pour nous de faire face à un événement important de notre destin. Pendant le repas, une bombe tombe tout près de nos fenêtres. Nous nous interrogeons du regard.

« Mangeons, dit Père, nous pourrons peut-être terminer notre repas. »

Nous mangeons aussi rapidement que possible. Les détonations se rapprochent, toujours plus fréquentes.

On sonne à la porte. Des officiers de notre grande armée sont là.

« Nous voulons installer des canons dans le jardin ; nos troupes prendront leur quartier dans la maison. Remettez-nous les clés de tous les appartements ! » Mon époux se lève et conduit les officiers dans la maison. Une effrayante détonation secoue toute la maison, un véritable tremblement de terre.

Quelques minutes plus tard, mon mari revient : « Père, il est préférable de descendre à la cave. Le garage a été atteint par une mine. Le chauffage central est endommagé. Nous devons l'arrêter et laisser l'eau s'écouler. Descendez tous, la maison n'est plus sûre. Les troupes ennemies sont très proches. Les officiers prétendent qu'elles se trouvent déjà de l'autre côté de l'artère principale. Cela ne durera certainement pas longtemps mais il faut compter devoir rester plusieurs jours dans l'abri. »

Calmement, sérieusement, Père dit :

« Que les femmes et les enfants descendent. Moi, je termine mon repas. Qu'on serve le café ! »

Chacun sait qu'il est inutile de contredire Père. Ma plus jeune sœur se lève, prend son bébé dans les bras. Je prends la main de son garçon, mon autre sœur celle de sa fillette et nous descendons dans l'abri. Mon frère, mon époux et Bo-Ghar restent avec Père et boivent leur café.

Les explosions se font de plus en plus fortes et nous sentons la maison vaciller jusque dans ses fondations. Un peu plus tard, la lourde porte de fer s'ouvre, les hommes entrent. Mon mari me dit doucement afin que personne n'entende :

« On installe des canons dans le jardin. Ils veulent défendre la maison jusqu'à la limite de l'impossible car elle représente une position clé. Si elle est occupée par l'ennemi, on ne pourra plus alors freiner son avance jusqu'au fleuve. Nous devons nous préparer à un combat sans merci. J'espère seulement que cela ne durera pas longtemps. Nous sommes encerclés et toute résistance superflue signifierait la destruction totale de la ville. Je vais chercher le concierge pour qu'il m'aide à descendre tous les matelas. Il faut que nous puissions dormir. » Et il sort.

Même la nuit la plus longue a une fin et le matin arrive. La porte de fer s'ouvre et se ferme sans discontinuer. Les hommes entrent et sortent. Les soldats viennent se réchauffer car dehors, la température est descendue à 15° au-dessous de zéro et la tempête de neige fait rage. Dans la cave, il fait froid. Nous sommes emmitouflés dans autant de vêtements et de fourrure qu'il est possible d'en porter. Il n'y a plus de chauffage. Les soldats sont très jeunes, ils sont pâles et tremblent de froid et de peur. Presque des enfants encore. Ils sont brutalement menés par des caporaux plus âgés qui les envoient se battre. Pauvres gosses ! Ils ont entre seize et dix-huit ans, sont arrachés à leur foyer et expédiés au massacre ! Nous essayons de dormir mais le bébé hurle tellement qu'il ne peut en être question.

Au matin, Père entre soudainement. Il est très pâle. « Les enfants, la conduite d'eau a été touchée. Faites très attention, économisez l'eau car nous n'en avons plus. » Puis il sort.

Nous entendons les messieurs discuter des possibilités de ravitaillement. Toute l'eau qui se trouve encore dans la tuyauterie est récoltée dans les baignoires. À la cave, pour parer à un éventuel danger de feu, nous avons une grosse baignoire en bois pleine d'eau. Devrons-nous boire de cette eau qui ne sent pas bon et qui est là depuis longtemps ? Ma jeune sœur me regarde. Je sais qu'elle pense à son bébé. Depuis que son mari a disparu, elle n'a plus de lait. Elle donne à l'enfant de la nourriture cuite. Mais il lui faut de l'eau pour cela. Et le biberon doit être parfaitement lavé. Je lui dis : « Il neige. Nous allons fondre la neige pour avoir de l'eau. »

Mon mari m'entend et me fait venir dans l'entrée de la cave. « Sais-tu combien de neige il faut fondre pour obtenir un peu d'eau ? Les soldats prennent toute notre eau. Si nous ne voulons pas mourir de soif, nous devons aller en chercher. On peut rester longtemps sans manger mais pas sans boire car le cœur lâche. Nous devons avoir de l'eau. Nous sommes vingt-six adultes ici et nous ne pouvons même pas cuire des haricots par simple manque d'eau. Je vais essayer d'en obtenir dans le voisinage. » Il part.

Peu de temps après, il réapparaît pour me dire : « Toute la rue est dépourvue d'eau. Nous devons aller plus loin, jusqu'à la prochaine avenue. Nous prendrons des seaux. »

« N'y va pas, lui dis-je, les canons, les fusils et les avions tirent sans discontinuer. Tu pourrais être touché. Reste ici et attends un peu ! »

Mon époux sourit : « Ne sois pas puérile. Crois-tu que pendant la Première Guerre mondiale, on a tiré avec des balles de caoutchouc ? J'en suis pourtant revenu ! Dieu ne m'abandonnera pas. Ce qui doit arriver arrive ! »

Je l'embrasse et il disparaît.

Je retourne dans la cave et m'assieds. J'attends. Tranquille, froide, j'attends. Si la volonté divine veut que mon mari revienne, aucune balle ne pourra l'atteindre. Sinon, alors c'est que cela *devait* arriver. « Les choses ne sont jamais mauvaises par elles-mêmes, tout dépend de notre manière d'y penser », me dit une voix intérieure. Et je pense aux milliers, aux millions de femmes qui, comme moi, prient pour leur époux. Ces hommes sont des hommes comme le mien. Que ma personne aime sa personne si profondément est la manifestation du Soi qui est le même en chaque personne et quand deux êtres s'aiment, cela signifie que, dans leur conscience, ils vivent *l'unité du Soi*. Ils sentent qu'ils s'appartiennent car ils sont un dans le *Soi*.

Et je calme mon cœur tremblant… car il tremble : « Reste calme, bats lentement et régulièrement. Oui, très lentement. Respire profondément – encore plus profondément – calmement. Reste calme ! Nous devrons tous, une fois ou l'autre, quitter le corps. Dans cent ans, cela ne sera plus important de savoir qui est parti plus tôt ou plus tard. Le *temps* et l'*espace sont des inventions de l'intellect* ; l'esprit, le *Soi*, plane au-dessus de l'intellect, de toutes les pensées, au-dessus du concept du temps et de l'espace. Respirer. Respirer lentement, profondément, régulièrement. Ne penser à rien. Être seulement… Ne pas penser… Être seulement… »

Je ne sais combien de temps je reste là assise. La porte s'ouvre tout à coup… mon mari est là avec dix litres d'eau. Vingt-six personnes ont de l'eau pour un jour. De l'eau… Je ne me lève pas, je ne me jette pas à son cou. Non, *les grands moments se passent toujours très simplement* ! Ni pleurs, ni sanglots, ni paroles. Depuis l'endroit où, avec mon frère, il partage l'eau équitablement, il me regarde. Nos yeux se disent tout ce qu'il y a à se dire. Je pense : « Sursis ! Pour combien de temps encore ? »

Nous sommes tous à la cave, dans l'obscurité. Pareils au tonnerre, les canons grondent, les bombes explosent… la terre tremble sous nos pieds, nous devons nous tenir fermement pour ne pas être jetés à terre à chaque déflagration. Les canons, les bombes, les avions, les bombardements, les tirs… Depuis quand sommes-nous dans cette cave ? J'ai perdu toute notion du temps. Ici, il fait toujours nuit. Nous n'avons qu'une faible lumière. Il y a longtemps que l'électricité a été coupée et nous devons économiser l'huile. Lorsque les tirs cessent ici ou là pour une demi-heure, nous allons dans l'autre cave pour manger. Heureusement que tous, nous avions des provisions. Nous sommes souvent brusquement interrompus et devons nous précipiter dans l'abri car la maison est attaquée de ce côté aussi. Chaque fois qu'elle est touchée, nous entendons tomber les briques, les tuiles, les poutres, des pans de murs. Nous ne savons pas si la prochaine explosion ne va pas nous enterrer vivants.

Un jour, une paroi de la cave explose avec une détonation à nous percer le tympan. L'abri est heureusement indemne. Quand les tirs cessent, je vais avec mon mari voir ce qui s'est passé. La cave offre à nos yeux une image de dévastation. Un de ses murs troué laisse passer la lumière aveuglante du soleil qui m'éblouit. Partout pêle-mêle, des briques, des morceaux de bois, des vitres cassées, tout est recouvert de poussière et, perchée sur une poutre, une poule se tient là sur une patte, immobile, indifférente, comme si rien ne s'était passé. Elle fait partie du poulailler de mon père dont elle est la seule survivante. Pauvre animal ! Elle doit avoir une bien piètre opinion de la gent humaine !

Quelques jours plus tard, la cuisinière en fait une excellente soupe. Pendant que nous la mangeons, nous constatons que la poule avait été grièvement blessée. Elle avait perdu une patte. Voilà pourquoi elle se tenait sur une seule. Et elle avait tranquillement supporté sa blessure, aucune plainte ne s'était échappée de son gosier.

Et nous sommes toujours dans la cave. Le feu ne cessera-t-il donc jamais ? J'ai pris le petit garçon sur mes genoux. Mon corps est froid de la peur de mourir car même si dans son âme l'homme regarde calmement la mort en face, le corps se révolte. Nous ne savons pas si nous allons mourir touchés par une bombe, enterrés vivants ou simplement de soif.

Le petit garçon demande : « Tante Esther, raconte-moi une histoire. » Et je raconte, je raconte, je raconte pour calmer l'enfant. Il a une petite auto dont je dois sans cesse remonter le mécanisme. Le mouvement de la voiture s'accompagne d'une mélodie. Quelle est-elle ?... Elle m'est si familière... Ah ! oui, je la reconnais, c'est la mélodie du petit cochon dans un film de Walt Disney : « Qui a peur du grand méchant loup... » Quel soulagement qu'il fasse si sombre dans la cave ! Personne ne peut voir mon désarroi et les larmes couler sur mes joues. Ô Dieu ! mon Dieu, Tu es omniprésent. Ton message nous dit à tous de ne pas craindre !

« Tante Esther, continue ! Qu'est-il arrivé ensuite, raconte encore ! » mendie le petit Pierre. Je presse l'enfant sur mon cœur : « Ensuite, la mère des petites chèvres est revenue et alors... »

Après de longues, longues heures, les tirs cessent enfin. Comme chaque jour, mon époux sort chercher de l'eau. À son retour, il m'appelle. Je vois qu'il est profondément bouleversé. Sa voix tremble : « Esther, je suis monté dans notre appartement. Les beaux meubles que tu as sculptés, les merveilleuses sculptures, les peintures, les statues... tout est détruit ! Une chambre n'a plus de sol, les autres plus de parois... Nous n'avons plus de foyer... » et ce grand vieux garçon pleure et sanglote sur mon épaule, comme un enfant.

Je l'embrasse : « Ne pleure pas ! Le principal est que nous soyons en vie ! Que nous soyons sortis sains et saufs de toutes ces destructions. Des sculptures, des statues ? Je peux en refaire. Ne te préoccupe pas de choses matérielles. La vie est au-dessus de tout ! »

Mais il ne se calme qu'avec difficulté : « J'aimais tant notre chez-nous, toutes tes statues, et maintenant, tout est perdu... détruit... »

« Cela ne fait rien. Cet enfer va bien prendre fin un jour ! » Je pose ma tête un instant sur son épaule accueillante. Nous nous enlaçons et retournons dans le sombre abri. Ce n'est pas le moment d'être sentimental.

Bo-Ghar vient et chuchote : « Qu'est-il arrivé ? Nous avons entendu un terrible vacarme du côté de votre appartement ? »

Je lui rapporte ce que mon mari vient de m'apprendre. Bo-Ghar d'habitude tranquille, gai et souriant, s'agite tout à coup : « Je veux monter ! Je dois sauver nos diapositives et mon film sur le Yoga ! Ma tâche et mon travail seront réduits à néant si je ne peux pas les sauver. J'y vais ! »

« Bo-Ghar, tu ne peux pas. De tous côtés, on tire sur la maison. Je ne te permets pas de monter ! »

Mon frère qui a entendu notre conversation dit : « J'accompagnerai Bo-Ghar, je l'aiderai », et tous deux quittent l'abri doucement...

Nous attendons, tendus... minute après minute... un quart d'heure... une heure... nous attendons encore.

Enfin, la porte s'ouvre. Bo-Ghar et mon frère heureux mais épouvantablement sales entrent, la boîte de diapositives et les bobines du film à la main. Mon frère raconte : « Les murs se sont écroulés, mais l'armoire est restée en place dans son coin sur un morceau de parquet ! Nous ne pouvions arriver jusqu'à elle car il n'y a plus de sol, que des poutrelles métalliques. En outre, nous avons dû encore faire très attention que les tireurs d'élite ne nous remarquent pas. Nous avons donc dû, Bo-Ghar et moi, ramper sur ces poutrelles. Bo-Ghar a pris toutes les boîtes dans l'armoire et j'ai pris le reste. Tout est là ! »

Nous sommes surtout heureux de les revoir tous deux en sécurité dans l'abri. Bo-Ghar cache ses trésors dans un coin afin que personne ne puisse les trouver. L'instant d'après, une effroyable explosion nous fait sursauter et secoue toute la maison. Encore une attaque aérienne. Nous entendons les avions qui passent au-dessus de nous dans un bruit effrayant, les bombes, les mines, des tirs de gros et de petits calibres, c'est une grêle de feu qui s'abat sur la maison. Les détonations, les déflagrations deviennent toujours plus fortes, toujours plus proches, toujours plus fréquentes, et sont suivies par le bruit que font les briques, les tuiles, les pierres qui s'écroulent et s'effondrent un peu plus chaque fois. Nous nous attendons à ce que la prochaine bombe tombe sur le parterre dont le sol, le plafond de la cave, représente notre dernier rempart. Et ce sera la mort. Nous sommes là, assis, muets, tendus à l'extrême, angoissés par la mort. Combien de temps les murs pourront-ils tenir ? – Un choc monstrueux, le sol de la cave danse sous nos pieds, la femme de chambre de Père commence à hurler sous l'effet d'un choc nerveux, immédiatement suivie par toutes les femmes du personnel. Je me lève d'un bond et, à mon tour, je hurle aussi fort qu'il m'est possible de le faire : « *Silence, restez calmes ! Dieu est omniprésent ! – Dieu est omniprésent !* »

Les détonations, les explosions couvrent ma voix mais je continue à hurler, à crier : « *Dieu est omniprésent ! Chacun doit penser à Dieu, à rien d'autre, à Dieu seulement ! Que Dieu soit avec nous ! Dieu ! Dieu ! Dieu !* » Et petit à petit, chacun récite avec moi : « *Dieu est omniprésent ! Dieu... Dieu... Dieu...* »

Nous ne savons pas combien tout cela a duré... Peu à peu, le calme revient, les explosions se font plus rares, puis, plus rien. Nous entendons les soldats qui, dehors, tirent quelque chose de lourd. Je sors. Dans l'escalier, des corps immobiles. Du sang. Je reconnais quelques-uns des jeunes soldats qui, il y a une heure encore, étaient venus se réchauffer dans l'abri et nous avaient raconté leur maison, leur famille. Les parents... qui attendront en vain leur retour. Mon fils ? Où peut être ce pauvre garçon ? Dans quel département de l'enfer ?

Puis, très rapidement, nous mangeons. Nous devons profiter de cette petite trêve. Nous devons augmenter la résistance de notre corps aussi longtemps que nous avons encore à manger. Deux messieurs partent chercher de l'eau...

Depuis quand sommes-nous dans cette cave ? Depuis des semaines, nous sommes pris sous un feu incessant. Mon époux dit : « Pendant la Première Guerre mondiale, j'étais à Doberdo et nous avons aussi essuyé un feu roulant, mais on nous relevait toutes les quarante-huit heures car on pensait alors que les nerfs ne pouvaient en supporter davantage. Jamais je n'aurais pu imaginer devoir essuyer un tel feu de barrage avec des femmes et des enfants pendant des semaines sans aucun répit. »

Nous sommes tous assis là, vêtus de fourrure et d'épais manteaux d'hiver. Depuis que nous sommes descendus dans cette cave, nous n'avons pu enlever quoi que ce soit. Le petit Pierre est dans mes bras. D'une main, je tiens la valise contenant mes bijoux, de l'argent et une boîte de biscuits afin que le nouveau-né ait quelque chose à manger au cas où nous devrions fuir. Nous sommes tous prêts à partir.

La maison voisine a été détruite aux lance-flammes. Mon mari a donné l'ordre de nous tenir absolument prêts car nous ne savons à quel moment l'ennemi mettra le feu à la maison et nous en chassera. Mais où fuir ? Nous n'en avons pas la moindre idée. Simplement, aller devant nous et loin d'ici. Le voisin et son fils sont tombés sous les balles des tireurs d'élite alors qu'ils tentaient de quitter leur maison en flammes. Seule sa femme a pu se sauver en rampant jusqu'à la quatrième villa où on a pu la recueillir.

Tous prêts, nous attendons ; ma plus jeune sœur, son nouveau-né dans les bras... mon père aux cheveux blancs vêtu de son grand manteau de fourrure noire, la famille de ma sœur aînée, mon frère, le personnel, tous tendus à l'extrême et tenant à la main ses possessions les plus précieuses.

Puis, pour un moment, c'est le silence, nous aimerions tant dormir un peu. Mes nerfs brûlent ; dans ma tête, c'est le chaos. Je ferme les yeux et tente de retirer ma conscience du monde extérieur pour dormir. C'est alors que le bébé se met à pleurer, ses hurlements me vont jusqu'à la moelle. Ma sœur essaie de le calmer, mais il pleure et pleure sans répit... Je le prends à mon tour, en vain, il pleure désespérément. Je le redonne à sa mère.

Bo-Ghar se fraie un chemin jusque vers ma sœur, prend le bébé et lui chante doucement un chant de sa patrie, un chant avec lequel on charme les serpents. L'enfant se calme instantanément. Et enfin nous pouvons nous endormir. Seul Bo-Ghar, le bébé dans les bras, continue à fredonner doucement sa chanson.

Les jours passent – ou sont-ce des semaines ? Nous ne nous posons même plus la question. Mon époux va au jardin chercher de la neige derrière un mur qui le protège pour la fondre et pouvoir se raser, ce qu'il fait dans une cave annexe. Il ne se défait pas de ses habitudes alors que les autres messieurs ont déjà barbe et moustache. Seuls mon mari et Bo-Ghar se rasent chaque jour pendant cette période infernale.

Puis, mon époux retrouve sa place auprès de nous. Les attaques reprennent de plus belle et, pendant des heures, nous tourmentent. Ma sœur apporte le biberon du bébé et le nourrit. Chaque jour, elle monte quatre fois dans son appartement, et pendant que les balles pleuvent alentour, elle cuisine pour son enfant. Après le repas du bébé, elle vient vers moi et, comme chaque jour, demande : « Crois-tu que c'est bientôt la fin ? »

« Non, je sens que nous n'en sommes pas encore là. » Pourtant l'instant d'après, une mine explose au-dessus de nous et, une fois de plus, nous entendons tomber des briques et des tuiles. Le plafond de l'abri a résisté. Mais jusqu'à quand ? Nous restons calmes et, en moi, je demande à Dieu : « Dois-je me préparer à mourir ? Il est dit dans mon horoscope que je mourrai lors de l'effondrement d'un bâtiment ; est-ce pour maintenant ou dois-je continuer la lutte pour vivre ? »

Tout à coup, une image paraît à mes yeux dans cette obscurité : une colline minuscule avec, à son sommet, une bougie pareille à celle d'un arbre de

Noël et dont la flamme brille. La petite colline se met à grandir devant mes yeux et à se couvrir d'un beau gazon vert émeraude. La bougie devient une torche à la flamme haute et claire ! Ma vision s'évanouit. Je sais alors que je ne vais pas mourir mais que je dois devenir cette torche. Je dois apporter la lumière à mon prochain, lumière, lumière, *lumière*, *lumière*...

Pendant la nuit, le bébé crie jusqu'à ce que Bo-Ghar le berce. Nous essayons de dormir. Mais une mine explose tout près et je sens l'air glacé s'engouffrer dans l'abri. Les hommes se précipitent pour constater les dégâts : l'un des murs de la cave s'est effondré. Il y a un trou béant. Nous pensons à la prochaine attaque... Nous attendons. Je chuchote à ma sœur : « La fin est proche. Demain matin, la villa tombera. »

« Oui, répond ma sœur, je le sens aussi. Ou bien, nous mourrons tous. » Mon mari murmure : « Il y a exactement cinq semaines aujourd'hui que nous vivons dans cet abri... »

Étrangement, l'ennemi ne tire plus au canon. Aucune bombe ne tombe. Les mitraillettes, par contre, ne cessent de crépiter. Mon mari qui est assis près de moi me dit : « Cela signifie que l'infanterie est déjà à notre porte. Ils ne tirent plus avec les canons car ils pourraient toucher leurs propres hommes. L'ennemi peut entrer ici d'un instant à l'autre. »

L'après-midi, je sors pour voir où Père est passé. À peine ai-je fait un pas hors de l'abri que j'aperçois, venant de la maison voisine, des soldats étrangers vêtus de blanc courir dans notre direction. Je crie : « Père, Père, vous tous, l'ennemi est là ! » Nous nous précipitons tous à l'intérieur mais déjà, des soldats ennemis armés sont là.

Silence de mort. Nous nous observons un moment. Il me semble que le temps s'est arrêté...

Tous les soldats sont habillés de larges manteaux blancs. Dehors, tout est blanc. Ils ressemblent à des enfants jouant devant la crèche...

Un soldat dit quelque chose d'incompréhensible en montrant les femmes. Nous supposons que nous devons aller à droite. Puis, de nouveau quelque parole étrange qui concerne les hommes qui doivent tout de suite partir avec les soldats. Nous n'avons pas le temps de nous dire au revoir. Les hommes sont loin et nous, les femmes, restons avec les soldats. Prêts à tirer, ils fouillent chaque recoin de la cave pour y dénicher quelques soldats qui auraient pu s'y cacher. Un jeune soldat s'approche du landau dans lequel le bébé dort paisiblement. Il regarde l'enfant et des larmes embuent ses yeux. Avec une tendresse infinie, il prononce un mot dont nous saisissons le sens : «petit enfant...» Il nous regarde, fait un geste dans la direction de son pays et nous fait comprendre que, chez lui, à la maison, il a aussi un petit enfant... Tranquillisée, je pense que ces soldats sont de braves gens, qu'ils ont aussi un cœur.

Un officier entre, s'assied et nous dit dans une langue européenne : «Nous ne vous ferons aucun mal, nous faisons partie des troupes d'assaut et sommes les fils d'une classe aujourd'hui exterminée. Mais prenez garde. Nous devons poursuivre notre avance. Des soldats bien différents de nous vont arriver. Faites très attention ! »

Tard dans l'après-midi, les tirs reprennent. Mais cette fois, ce ne sont plus les soldats étrangers qui nous tirent dessus mais notre propre armée qui tente de reconquérir notre maison. Nous restons dans l'obscurité de la cave et entendons le bruit infernal du combat qui fait rage. Une terrible explosion fait voler en éclats la fenêtre de la cave et force, vers l'extérieur, son lourd volet de fer. Pareilles à de la grêle, les balles crépitent dans la cave. Nous nous abritons le long d'un mur. On ne peut bouger. Nous sommes en danger de mort, chaque mouvement est périlleux. Pourtant, *il faut* tenter de refermer le volet.

Je regarde autour de moi. Toutes les femmes et les enfants se sont mis à couvert le long du mur car sitôt que quelque chose bouge dans la cave, une pluie de balles s'abat sur nous. La situation est intenable. *Le volet doit être refermé !*

Je suis envahie par un froid étrange. Chaque nerf est froid, glacé, je ne me sens plus. « Peur ? » me dis-je. Non ! Qui peut avoir peur en moi puisque j'ai le sentiment de ne pas exister ! Pourtant, je m'observe avec curiosité : que sent-on, qu'éprouve-t-on dans une telle situation ? Comment la nature réagit-elle en l'homme lorsqu'il est forcé d'être un héros bien involontaire ?...

Dans un coin de la cave, je vois une canne de marche à la poignée recourbée. Je me couche sur le ventre et, avec précaution, rampe vers cette canne que je saisis par le bas, puis me dirige vers la fenêtre. Pendant ce temps, une pensée des plus étranges passe dans ma tête : « *Les candidats dans la pyramide devaient passer une épreuve consistant à mépriser la mort. Peut-être est-ce là ce que je fais maintenant dans cet abri ? Peut-être tout cela n'est-il qu'un rêve pendant mon initiation dans la pyramide ?* »

Pendant qu'avec prudence je rampe vers la fenêtre, ma raison répond : « Oui, c'était facile pour les candidats de la pyramide. Ils savaient qu'il ne s'agissait que d'une épreuve initiatique ! Mais ces balles, ici, ne sont pas des rêves, elles tuent vraiment. Combien de pauvres jeunes soldats ont déjà été tués ici ! »

Or précisément pour cela, le volet doit être fermé.

Je reste accroupie, la canne à la main. Puis, je me relève d'un bond, tends mon bras et la canne à l'extérieur de la fenêtre. Ce faisant, toute la partie supérieure de mon corps est exposée car je dois me pencher pour atteindre le bord du volet avec la canne.

Il me semble que tout mon corps s'allonge, s'allonge jusqu'à ce qu'enfin j'atteigne le volet, et le tire lentement mais fermement. Mes sœurs viennent à mon aide pour remettre le volet à sa place et le fixer solidement.

Terminé! Ce fut très facile. Pas d'énervement, pas de panique, pas de théâtre. Comment se fait-il que les soldats qui avaient si généreusement tiré sur notre fenêtre n'aient pas tiré sur moi? Quelque chose les en a empêchés; ou bien ils n'ont pas voulu tirer sur une femme?

«Tante Esther, raconte encore…» dit le petit Pierre et je raconte des histoires qui n'en finissent jamais…

Après une nuit d'horreurs indescriptibles, nous devons quitter les ruines de notre maison. Je garde de cette nuit des images dont il m'est difficile de croire qu'elles furent réelles. La conquête d'un pays ressemble à la rencontre entre les énergies masculine et féminine, *à un mariage violent*. Un pays en conquiert un autre, il pénètre dans son corps, le sang coule. Les habitants, pareils aux cellules du corps violé, meurent et pourtant, de cette rencontre, naît une nouvelle vie, un monde nouveau, une nouvelle création. La rencontre est cruelle, violente comme l'est la création de toute nouvelle vie. Mais la nature ne regarde que droit devant elle, vers l'avenir, et pour atteindre son but, elle n'hésite pas à sacrifier d'innombrables cellules. De la rencontre intime de deux pays, le conquérant et le conquis, la vie nouvelle jaillit, tant sur le plan spirituel que matériel. Une nouvelle culture naît du mariage de deux races. Les cellules du corps se mélangent aussi et la descendance présente et exprime les caractéristiques des deux races. La nature produit des intermédiaires, des hybrides, des individus qui représentent une transition pour adoucir les différences et concilier les contraires trop brutaux entre les races et les pays.

Pendant cette terrible nuit dans l'abri, j'ai dû reconnaître cette vérité. J'ai dû assister au mariage sanglant et cruel de deux pays, source d'horribles tragédies individuelles. C'est *Ima* qui me sauva du sort réservé à presque toutes les femmes cette nuit-là. Lorsqu'un soldat se rua sur moi dans le coin de la cave que j'occupais, voulant me forcer à le suivre, je réussis à articuler très maladroitement quelques mots dans sa langue : « Moi mère. Fils à la guerre. Toi, avoir aussi mère à la maison. Laisse-moi… »

Dans les yeux du pauvre soldat ivre dont le corps avait été drogué par des comprimés qui annihilent toute sensation de peur, une lueur de compréhension passa. Je vis qu'il avait *dû* penser à sa mère. En colère, il me repoussa rageusement dans un coin et sortit.

Le lendemain matin, suivant un ordre tout intérieur, nous avons fui. Oui, nous avons senti qu'une puissance supérieure nous guidait et cela nous sauva du terrible sort qui attendait toutes celles qui choisirent de rester dans les ruines de notre maison. Voies insondables… Tout se passa ensuite comme dans un rêve chaotique.

Après cinq semaines d'obscurité, nous nous trouvons tout à coup dans la lumière aveuglante du soleil. Nos yeux en supportent l'éclat avec difficulté. Je jette un regard sur notre belle et grande villa : un tas de décombres, de ruines, de poutres entremêlées, brisées, brûlées. Nous traversons la rue entre les cadavres et les débris, nous nous dirigeons vers des escaliers. Ma sœur, son bébé sur les bras, tombe dans la haute neige. Je vais à son secours mais tombe à mon tour avec le petit garçon que je tiens par la main. Enfouis sous la neige, des fils de fer représentent pour nous de terribles obstacles que nous essayons de franchir avec les enfants. Un soldat ennemi d'un certain âge soulève le petit garçon et nous aide à passer, les uns après les autres. Je suis la dernière. Nous ne pouvons pas communiquer avec ce soldat mais nous nous regardons dans les yeux et je serre sa main honnête avec cordialité, geste qu'il me rend avec chaleur. Nous poursuivons notre chemin en zigzag, tentant de nous protéger contre les mines qui explosent et les tirs qui continuent de nous menacer. Les enfants hurlent. Je tire fermement derrière moi le petit Pierre qui ne peut plus avancer dans ce froid terrible, dans cette neige bien trop haute pour lui. Je ne peux plus le porter. Une fois ou l'autre, nous nous arrêtons sous une terrasse pour reprendre notre souffle et réchauffer de notre haleine les mains des enfants. Puis nous repartons, plus loin, n'importe où, guidés par une force intérieure...

Il nous semble rêver lorsque enfin on nous accueille dans une maison : un caporal de l'armée ennemie nous protège des brutalités de ses propres camarades. Nous devenons amis et, un jour, il me dit : « Attention, petite mère. *Un* bon soldat, *dix* mauvais soldats ! Tous ne sont pas aussi gentils que moi dans notre armée, moi qui vous protège. Attention à vous quand je devrai partir ! »

Oui, nous savons que les soldats ennemis ne sont pas tous aussi humains ! Nous en avons fait l'expérience lors de cette nuit d'horreur que nous n'oublierons jamais.

Et les hommes ont disparu... Nous avons rapidement retrouvé Père, Dieu soit loué. Le vieux monsieur se promenait tranquillement au milieu de ce massacre, sans se préoccuper des tirs des canons. Et alors que toute personne se voyait dépouillée de tout ce qu'elle pouvait avoir sur elle, fourrure, manteau, gants, argent, montre, stylo, etc., Père s'était rendu sans encombre chez une vieille amie, sans avoir été inquiété par un seul soldat. Sa radiation si puissante avait aussi agi sur les soldats ennemis et l'en avait protégé.

Quelques jours plus tard, on frappe à la porte de la maison étrangère où habitent quatorze soldats, des réfugiés et nous les femmes avec les enfants : Bo-Ghar est là, ses vêtements en loques, ses pieds en sang. Un miracle qu'il soit en vie après tout ce qu'il a dû endurer. Des voisins lui avaient indiqué la direction dans laquelle nous avions fui et il nous avait retrouvés...

Puis c'est au tour de mon frère de réapparaître dans un état misérable lui aussi car il avait dû marcher plusieurs centaines de kilomètres. Il avait trouvé deux chaussures... toutes deux pour le pied gauche, mais il les portait avec sa dignité habituelle. Il était en vie, c'était là l'important...

Pas de nouvelles de mon époux. Une vision que j'avais eue un jour ne me quitte plus : il gît dans la neige, le long de la route... Qu'avait-il pu lui arriver ?

Après de longues, longues semaines de vaine attente, je retrouve enfin mon mari, grièvement blessé, dans la ferme d'un paysan charitable. Ma vision ne m'avait pas trompée...

Les semaines, les mois passent. Nous avons faim et ne savons pas si, le lendemain, nous aurons quelque chose à manger. Pourtant un jour, la guerre est finie.

Nous essayons de rendre habitables les ruines de notre maison. Bo-Ghar et moi travaillons jour et nuit pour tenter de nous procurer de la nourriture malgré la famine qui règne ici. Mon époux reste couché de longs mois avant de pouvoir enfin marcher avec deux béquilles. Quelle chance d'être sculpteur ! Je fais de la maçonnerie. Je prends les portes des murs détruits et les place là où nous en avons besoin. Nous fabriquons des encadrements de fenêtre sur lesquels, à défaut de vitres, nous fixons du papier épais. Nous creusons de nos mains dans les décombres pour récupérer quelques ustensiles de cuisine, des casseroles, des couverts tordus. Bo-Ghar et moi rapportons à la maison plusieurs centaines de kilos de charbon dans une charrette que nous avons empruntée. Nous courons comme de bons petits chevaux. L'ennui est que, sur une pente, la charrette est si lourde que nous pouvons à peine la retenir à la descente, et la pousser à la montée avec l'énergie du désespoir jusqu'à ce qu'enfin nous retrouvions une rue plate sur laquelle nous pouvons reprendre notre trot ! Nous nettoyons tous les débris des meubles que nous trouvons et en fabriquons de nouveaux. Nous jouons du marteau et des clous à qui mieux mieux jusqu'au jour où nous pouvons enfin rouvrir notre école de Yoga. Bo-Ghar enseigne les exercices physiques qu'il avait appris de Mentuptah et moi, je donne des cours théoriques d'après l'enseignement reçu de Ptahhotep en Égypte.

Les mois passent. Les soucis du ravitaillement en nourriture se font moins lancinants. Nos élèves et notre parenté de la campagne nous apportent une poignée de farine, quelques pommes de terre, des œufs, parfois même un petit morceau de beurre.

Mais de mon fils, pas de nouvelles.

Dix-huit mois plus tard, enfin, on sonne à la porte. J'ouvre : Ima est là !

J'avais toujours imaginé que, dans une telle situation, une mère et son fils se précipitent dans les bras l'un de l'autre avec un cri et des sanglots. Mais non ! Je le regarde, surprise. Nous nous enlaçons calmement, gravement. Je respire mieux ! Il est en vie, il n'est pas estropié. Seule une cicatrice sur son beau front témoigne de sa chute avec son avion.

En même temps, j'ai très peur. Je connais Ima. Je sais qu'il n'a pas sa place dans ce pays où règnent maintenant la brutalité, la vulgarité, la stupidité, l'esprit du chaos ! Et seul un être qui garde une confiance absolue en Dieu, une paix intérieure complète et qui se tait peut supporter ces conditions sans mettre sa vie en danger. Mais Ima ne se taira pas ! Il ne comprend pas que nous ne sommes pas dans le Temple où l'amour, la vérité, la sincérité sont rois, où chacun peut exprimer sa pensée sans risquer d'être mal interprété. Ima ne pourra pas s'adapter à ce monde. Il ne tolérera pas les injustices et voudra combattre l'esprit infernal qui prévaut ici. Il a apparemment oublié *qui* il est, même s'il a gardé une conception très élevée des choses, son honnêteté et son courage. Il croit pouvoir en attendre autant des fils des hommes. Il *veut* croire en *l'homme* et il refoule dans son inconscient la foi inébranlable en Dieu qui imprègne si parfaitement son âme.

Il va de déception en déception. Pourquoi refoule-t-il sa foi en Dieu ? Pourquoi ne *veut*-il plus croire en Dieu ? Cela explique pourtant son manque de confiance en soi ! Je constate qu'il a dû subir un terrible choc psychique. Où et quand ? Pourquoi ai-je l'obsédante et pesante sensation que c'est *moi* qui ai causé ce mal, une effroyable désillusion ? Je sais qu'*à cause de moi* il a perdu sa confiance, une fois, quelque part, mais je n'arrive pas à en déceler la raison. Une chose m'apparaît parfaitement claire : *je* dois le reconduire à Dieu, c'est pourquoi il est devenu mon fils. Je dois réveiller et rendre consciente en lui sa confiance en soi qui est identique à *la confiance en Dieu* parce que c'est à cause de *moi* qu'il l'a perdue. Il doit reconnaître que le profond amour et la confiance qu'il a en *moi* ne sont qu'une projection de la grande confiance qu'il a en Dieu et qu'il porte dans l'inconscient de son âme. Il doit consciemment reconnaître et aimer Dieu *en* chaque personne. La personne n'est qu'une enveloppe, le *masque* au travers duquel Dieu se manifeste. Il doit voir clairement que ce qu'il *aime* dans un être, ce qui est beau, bon et authentique dans un être, c'est Dieu, non la personne. En moi aussi qui suis, je le sais, l'être qu'il aime le plus ! C'est à moi de diriger cet amour vers Dieu. Il faut qu'il comprenne qu'il aime aussi Dieu *en moi* et que ma personne n'est qu'un instrument par lequel Dieu se manifeste *sous la forme de l'amour maternel.* Que par chaque personne qui l'aime – donc moi aussi – c'est Dieu qui l'aime, pas la personne. Ainsi, il pourra mieux me comprendre, moi et tous les autres, mais principalement il apprendra à mieux se comprendre. Ce sera alors la fin de toutes les désillusions.

Plus tard, je dois supporter de voir mon seul et unique enfant, l'être que je chéris le plus au monde, habiter une chambre non chauffée, sans couverture, pratiquement sans rien à manger, alors qu'au dehors la température reste depuis des semaines à 20° en dessous de zéro. Je pourrais facilement lui trouver une chambre chauffée, je pourrais lui donner à manger et lui procurer tout ce dont il a besoin. Mais je n'en ai pas le droit. Je sais qu'*il est préférable pour lui de sauver son âme plutôt que son corps. Par amour pour lui, je dois être cruelle!*

Je m'agenouille au pied de mon lit, dans le noir, et je parle avec mon Dieu : « Sois avec lui, ô Dieu! et fais qu'il Te retrouve et qu'il se retrouve. Permets-lui de trouver le chemin qui conduit à Toi et fais qu'il ne s'en écarte jamais! Réveille-le, réveille-Toi en lui, Dieu, car Tu habites aussi en lui, et Tu dois Te réveiller en lui afin qu'il se réveille, mes forces n'y suffisant plus. Il doit devenir conscient de ce qu'il est. Autrement, il est perdu. Et Tu connais le seul chemin qui peut le reconduire à Toi, à Te reconnaître, mon Seigneur, mon Dieu, à se reconnaître : il doit se sentir abandonné de *tous* et être convaincu que *moi aussi* je l'ai abandonné. Il doit être déçu par chacun, il doit perdre tout espoir afin qu'il Te retrouve, afin qu'il redevienne *conscient en Toi, conscient de soi-même.* Tu sais, mon Dieu, que je n'ai pas d'alternative pour le sauver. Je ne peux ni ne dois plus lui témoigner mon amour. Il doit Te trouver par lui-même. Je ne suis qu'un être faible, mon Dieu. Mais Toi, Tu es Dieu. Tu es amour, Tu l'aimes plus que je ne pourrai jamais le faire. Dieu, sois avec lui toujours et partout parce que maintenant, je dois être cruelle. Aime-le de *Ton amour divin* ! Prends-le sous Ta protection pendant ce combat, pendant qu'il passe par cette douloureuse épreuve afin qu'il ne perde pas sa santé à tout jamais. Tu sais que s'il pèche contre sa santé, c'est parce qu'il a perdu sa confiance et que, dans son inconscient, il aimerait se détruire et mourir. Garde-le, ouvre ses yeux spirituels, ne l'abandonne pas… *ne l'abandonne pas… ne l'abandonne pas…*

Ainsi de suite, nuit après nuit…

Un soir alors que je m'apprête à m'agenouiller pour parler de mon enfant avec Dieu, il se passe quelque chose d'étrange : à ma grande surprise, la lumière augmente autour de moi ; il fait toujours plus clair et, dans cet éclat qui grandit encore, un paysage remarquable m'apparaît. Une montagne haute parcourue jusqu'à son sommet par un sentier étroit et difficile. Je sais que ce chemin conduit au but, à Dieu, et sans hésitation, je m'y engage.

Le sentier passe dans une contrée agréable et me mène toujours plus haut jusqu'au moment où ayant laissé derrière moi toute cette verdure, je me trouve dans la région inhospitalière de la haute montagne. Le chemin devient de plus en plus escarpé, étroit, pierreux, mais je le gravis avec une facilité étonnante : on dirait que je flotte.

Les territoires habités sont loin derrière moi, mon horizon s'élargit. Ma vue embrasse tout ce qui s'étend au-dessous de moi. Mais il ne faut pas que je me perde en de telles considérations. Après de nombreux tournants, le sentier prend fin au pied d'un escalier de pierre qui compte sept marches, chacune ayant le double de la hauteur de la précédente.

Seule sous la voûte du ciel, je contemple cet escalier sachant pertinemment que je dois le gravir.

Avec un profond soupir et une grande confiance dans les forces dont le Créateur a nanti chacun de ses enfants et qui au cours de ma longue excursion ne se sont pas épuisées mais au contraire multipliées, je m'avance vers l'escalier.

La première marche est facile. Je dois vaincre *le poids de mon corps* pour la franchir. C'est facile.

La deuxième marche est déjà plus haute et éveille la résistance de mon corps. Mais il y a longtemps déjà que je maîtrise *les forces du corps* et je gravis cette marche sans aucune peine.

La troisième est *sensiblement* plus haute. Je dois donc triompher de mes sentiments pour m'y hisser. Je m'y trouve dès que je les maîtrise.

Le doute m'envahit lorsque je regarde la quatrième marche : comment vais-je pouvoir grimper là-haut ? Ai-je encore assez de force ? À ce moment, je reconnais que c'est précisément le doute qui m'enlève mes forces et me paralyse. Le doute est une pensée. Je dois donc vaincre *mes pensées* pour triompher du doute. Grâce au long entraînement et à tous les exercices pratiqués dans le Temple, je sais comment m'y prendre : je réunis toutes les forces de mon esprit, je *suis* la confiance en Dieu et ne pense à rien. Et, avec mes pensées, le doute disparaît aussi et me voilà sur la quatrième marche.

J'ai l'étrange sentiment de grandir au fur et à mesure de mon ascension. Je suis déjà beaucoup plus grande que je ne l'étais sur la première marche. Malgré cela, la cinquième marche est si haute que je ne peux la gravir qu'en m'aidant de mes bras et de mes pieds. Avec beaucoup de difficulté, je m'agrippe, me tire et avance péniblement. Mais soudainement j'éprouve la surprise indescriptible de ne plus avoir de corps. Tout ce qui, en moi, était *matériel* a disparu, je suis devenue *esprit* invisible.

Une difficulté supplémentaire m'attend au pied de la sixième marche : puisque je n'ai plus de corps, je n'ai plus ni pieds ni mains pour m'agripper et grimper. Comment faire ?

Je regarde autour de moi pour trouver une solution et soudainement, je vois le monde entier étendu à mes pieds ! Tous les pays, les villes, les maisons et les innombrables créatures, tels des jouets... Je me sens envahie d'un amour infini pour eux. Je pense aux souffrances de tous ceux qui parcourent le long et laborieux chemin de la connaissance. Je pense à tous ceux, si nombreux, oh ! tellement nombreux, qui errent encore dans l'obscurité, prisonniers de leur propre égoïsme, comme je le fus autrefois !...

Ô miracle ! au moment où mon cœur s'emplit d'*amour universel*, je m'élève sur la sixième marche.

C'est ainsi que je me trouve devant la septième et dernière marche, la plus haute, haute comme moi. Un désir ardent s'empare de tout mon être : je dois, je veux la gravir. En vain. Je ne sais pas comment m'y prendre puisqu'il me manque les mains, les pieds et la force musculaire de mon corps pour me hisser jusqu'au but. Tout ce que je sais c'est que je veux, je dois y monter car là-haut, je trouverai Dieu et je veux voir Son visage.

Je reste là. J'attends. Il ne se passe rien.

Comme je regarde autour de moi, je remarque que je ne suis plus seule : un autre être vient d'arriver sur cette sixième marche. Il m'implore de l'aider à parvenir au but. Je comprends l'ardeur de son désir et, *oubliant le mien*, j'essaie de l'aider à gravir la septième marche.

Au moment même où j'oublie mon propre désir, je ne sais ce qui se passe, c'est moi qui suis en haut et mon compagnon a disparu sans laisser la moindre trace. Il n'était qu'une illusion pour m'aider à oublier le dernier désir axé sur moi : tant que je veux élever ma personne, il m'est impossible de triompher de la marche *qui est aussi haute que moi*.

Je suis arrivée! Immédiatement, j'aperçois la silhouette de lumière d'un être céleste : ma moitié complémentaire! Sa force d'attraction irrésistible m'entraîne vers lui. Avec ravissement et bonheur, je me fonds en lui, en son cœur, en une unité parfaite. Je suis consciente qu'Il a toujours été Moi et Moi Lui, l'image dualiste projetée de mon Soi divin et réel. Dans cet état de dualité, je regardais Dieu comme un être séparé de moi et le sentais comme un « Toi ». Maintenant, dans cette union paradisiaque, je sens que je vais devenir cette puissance invisible que jusqu'alors je nommais Dieu. Un disque de feu commence à tourner autour de moi. C'est là dans son axe immuable, dans ma colonne vertébrale, qu'habite mon Soi authentique, JE.

Je sens ma colonne vertébrale brûler comme un arc de feu, comme un pont de courant vital radiant une lumière éclatante dans chacun de mes sept centres d'énergie et animant tout mon corps.

Hors du temps et simultanément, je vois la chaîne interminable de toutes les formes de vie dans lesquelles je me suis incarnée depuis la première séparation d'avec l'unité paradisiaque et qui forment le long, long chemin du développement, tout ce que j'ai été, tout ce que j'ai vécu jusqu'à cet instant. Je constate que mes innombrables vies ont été, sont et seront toujours liées aux mêmes esprits. Les événements de vies précédentes ont créé de nouvelles relations, de nouveaux développements, de nouveaux rapports, se complétant les uns les autres, pareils aux petites pièces d'une grande mosaïque.

Je reconnais les liens qui m'attachent à ma moitié complémentaire, avec Ptahhotep, avec Atothis, avec Ima, Bo-Ghar et tant d'autres. Toutes ces relations que nous avons vécues, je vois comment des âmes plus avancées nous ont aidés, comment nous nous sommes mutuellement aidés et avons assisté ceux qui sont moins avancés que nous, comment nous avons travaillé à la spiritualisation de la terre en développant notre conscience dans la matière, dans le corps. L'expérience que nous glanons au cours de toutes ces vies et dont nous profitons tous sert à élargir et à approfondir la conscience dans le corps qui, progressivement, devient plus spirituel et plus beau. La matière composant nos différentes formes de manifestation devient plus élastique, plus souple et répond toujours mieux à la volonté et aux radiations de l'esprit, jusqu'à ce que le corps devienne enfin le serviteur obéissant du *Soi* qui ne masque ni ne retient plus aucun rayon lumineux de l'esprit. Je comprends le mystère de la pyramide car je suis devenue pyramide utilisant la matière, le corps, exclusivement comme une base solide mais *manifestant constamment le divin* !

Autour de moi, la terre, le ciel, l'univers tout entier se fondent en une mer de feu ; je suis entourée de flammes immenses. Un instant, j'ai l'impression d'être détruite avec tout le cosmos. Des éclairs parcourent mes veines, le feu consume tout mon être, puis soudainement tout change : le feu ne me brûle plus, *je suis moi-même ce feu céleste qui pénètre, anime et consume tout*. Je suis inondée de lumière, mais cette lumière émane de moi. *Je suis* la source de cette lumière et de tout ce qui *est*. La terre n'a plus aucune influence sur moi, sa force de gravitation qui m'y enchaînait n'agit plus. Je flotte dans le *Rien*, mon ÊTRE ne connaît plus de limite. *Je suis* maintenant celle qui attire tout à soi car plus rien ne m'attache, plus rien ne m'attire...

Je cherche ceux que j'ai aimés car je sais qu'ils n'ont pas pu être détruits. Mais je cherche en vain dans le *Rien* autour de moi. Dans le vide, il n'y a rien d'autre que *moi* ; je dirige alors mon attention vers l'intérieur.

Et voilà ! Je reconnais que *tout et tous vivent en moi* ! L'univers est en *moi* car tout *ce qui est vit en moi* ; *je suis* tout ce qui est ; *je m'aime* dans ce que j'aime ; je réalise que tout ce que j'avais *cru* ne pas aimer *n'était que ce que je n'avais pas encore reconnu en moi* ! Or maintenant que je me connais parfaitement, j'aime *tout* et *tous* du même amour car *je suis un* avec eux, *je suis « je » en Tout, un-en-Tout* !

Je suis l'accomplissement, la vie, l'ÊTRE rayonnant éternel et immortel... Il n'y a plus ni combat, ni regret, ni souffrance. Il n'y a plus ni déclin, ni fin, ni mort. *Dans tout ce qui naît, moi, l'immortel, commence une nouvelle forme de vie, et, dans tout ce qui meurt, moi, l'immortel, me retire en moi-même, dans le* Soi *éternel, divin, créateur, maintenant et renouvelant chaque chose.*

Je constate que l'*espace* et le *temps* n'existent qu'à la périphérie du monde créé qui est comme un disque tournant à une vitesse folle. *Mais en moi, je suis l'éternité sans temps ni espace.* Et pendant que *je repose en moi-même*, je remplis avec mon ÊTRE éternel l'*espace* et tout ce qui y vit :

JE SUIS L'UNIQUE RÉALITÉ
JE SUIS LA VIE ! JE SUIS CELUI QUE JE SUIS !

Je repose en moi et ressens une *paix* infinie... Mais dans cette paix, j'entends un appel qui me force à réintégrer mon corps que j'avais déserté. Je tourne le phare de ma conscience dans la direction de cet appel et reconnais la voix qui s'adresse à mon être, la voix familière et aimée de mon maître Ptahhotep. *Il* me rappelle...

Je quitte mon *Soi* céleste pour revêtir la robe du « je » personnel. Mais en moi, je reste consciente de ce que *je suis*...

Je suis de nouveau humaine mais, dans mon cœur, je porte le *Soi* divin devenu conscient, Dieu. Désormais, c'est *Lui* qui agira au travers de ma personne... et j'ouvre lentement les yeux.

Mon regard rencontre les yeux bleus étonnamment profonds de mon maître *Ptahhotep* qui émettent la même lumière, le même amour et la même paix que ceux que je viens de vivre dans cet état libéré et bienheureux de l'initiation, et que je garde en mon cœur.

Je ne peux articuler aucune parole. Je n'arrive pas encore à trouver le juste rapport entre mon *Soi* et mon corps.

Mais je n'ai plus besoin de parler car je connais les pensées et la volonté de mon maître. Nous sommes dans l'unité spirituelle, en Dieu. Tous en un !

Il pose sa main droite sur mon cœur et je sens la vie revenir dans mon corps. Je respire profondément, le courant vital pénètre dans mes membres ankylosés. Mon cœur bat vigoureusement. Peu à peu, je regagne le contrôle de mon corps.

Ptahhotep et son assistant m'aident à m'asseoir puis à sortir lentement du cercueil. Je suis encore vacillante. Ptahhotep et l'autre grand prêtre me prennent par la main et me conduisent hors de la niche où se trouve le sarcophage de l'initiation. Je vois que tous les initiés du Temple, tous les prêtres et les prêtresses sont réunis dans la grande salle de l'arche d'alliance et m'attendent solennellement. Alors que j'entre accompagnée des deux grands prêtres, ils m'accueillent avec le salut secret des initiés, la syllabe magique sacrée

« O M »...

Je me sens comme un nouveau-né dans le cercle des ressuscités. Mon corps est tout pareil à ce qu'il était avant pourtant je suis devenue un autre être. Je

504

me trouve dans un monde nouveau : je ne vois plus les choses de dehors seulement mais aussi dans leur essence, le noyau sur lequel la forme extérieure est édifiée et qui ne sert que de manifestation.

Je suis au milieu du cercle des ressuscités. Mon être intime vibre à l'unisson avec le mot magique divin – mantram. Avec l'aide de cette vibration indescriptible, de cette intonation, je fais l'expérience dans ma conscience physique, de *l'unité du Soi* divin avec tous ces initiés et avec l'univers. Ils sont tous venus, prêtres et prêtresses, pour me saluer après ma résurrection et m'assurer de leur amour divin. Mon père Atothis est également présent et lui aussi porte la simple robe blanche des initiés. Le doux maître Mentuptah est ici, et là, mon cher frère Ima. Quand mes yeux rencontrent son noble regard, il me sourit et toutes les visions oniriques, les épreuves les plus difficiles et l'initiation, celles de la « renonciation totale » et de « l'amour cruel » me reviennent à l'esprit. Ima, cher et aimé Ima, sais-tu que, dans mon initiation, c'est *toi* qui m'aidas à passer l'examen le plus terrible ?

La silhouette majestueuse d'une prêtresse d'un certain âge se détache du cercle des initiés. Elle tend une robe à Ptahhotep et je me vois revêtue de la robe de prêtresse. Puis, elle lui remet le diadème, le signe des initiés, et c'est *Lui* qui pose sur ma tête le ruban d'or à tête de serpent, symbole de l'énergie de vie procréatrice transformée et spiritualisée – et que maintenant j'ai le droit de porter, non seulement en ma qualité de reine mais également en celle d'initiée.

Me voici donc prêtresse, à l'échelon inférieur de la hiérarchie. Il ne tient qu'à moi de gravir progressivement les degrés jusqu'à ce que je sois digne d'utiliser le bâton de vie.

Ptahhotep s'approche de moi, pose sa main sur ma tête en signe de bénédiction. *Il* me prend ensuite par la main et me conduit vers les initiés, vers le second grand prêtre d'abord qui me bénit à son tour. Puis, je me trouve devant mon père bien-aimé et je sens tout l'amour de son cœur se déverser de sa main en moi. Je passe devant chaque initié selon son rang et reçois sa bénédiction. Le dernier est Ima qui fut initié peu de temps avant moi. Il me bénit mais je sens sa main trembler...

Ptahhotep me conduit à l'arche d'alliance. Je m'agenouille. Pour la première fois, j'ai la permission d'y poser les mains. Je sens l'énergie de feu émise par l'arche charger chaque goutte de mon sang. Je respire profondément, jusque dans mon être le plus intime et maintenant, dans ma conscience éveillée – *dans le corps* – je vis, j'éprouve l'accomplissement de l'unité paradisiaque, l'omnipotence et l'omniscience en Dieu... Je comprends et fais l'expérience de l'ÊTRE. Où que je tourne le phare de ma conscience, tout m'apparaît clair, lumineux et les ultimes vérités se trouvent révélées devant mes yeux. Je fais l'expérience de la puissance illimitée que confère à mon Soi la faculté de diriger l'énergie divine créatrice.

Ptahhotep me reprend par la main et nous passons par les salles que nous avions traversées en sens inverse avant mon initiation. La porte de pierre et nous revoilà dans le Temple. Les initiés nous suivent lentement. Tous les néophytes nous attendent et c'est à moi maintenant d'accomplir mon premier devoir de prêtresse. Je reste devant l'autel aux côtés de Ptahhotep. Recueillis, les néophytes défilent l'un après l'autre pour recevoir ma bénédiction. Je pose ma main droite sur leur tête. Les enfants de l'école des néophytes ferment le cortège. Parmi eux, mon fils adoptif Bo-Ghar qui s'agenouille devant moi, me regarde avec adoration avant d'incliner la tête pour recevoir ma bénédiction. Ô Bo-Ghar, mon petit Bo-

Ghar, quel rôle étrange tu as joué dans mon rêve initiatique !…

Mon premier office dans le Temple prend fin. Ptahhotep me laisse seule dans la petite cellule que j'occupais avant mon initiation. Des règles strictes m'obligent
à me reposer avant de prendre quelque nourriture et
une boisson.

Longtemps, je reste sur ma couche, pensive, je ne
peux me libérer des étranges visions initiatiques. Cau-
chemars ! Quel bonheur de savoir que tout cela n'était
qu'un rêve et que je m'en suis réveillée ! Comment est-
il possible que j'aie en moi de telles images dont j'ai
ensuite pu rêver ? Elles ne peuvent représenter la réalité ! Il est impensable que l'humanité sombre si bas,
que les hommes s'entre-tuent avec une telle cruauté,
avec des armes aussi infernales ! Et la cave, l'horrible
abri de mon rêve ! Et pourtant, je connais la loi
immuable qui veut qu'un être ne peut imaginer que
ce qui pourrait exister dans la réalité !

*C'est pourquoi ce qu'un homme peut imaginer peut
également être réalisé ! Autrement, il ne pourrait pas se
l'imaginer !*

Oh ! ces visions d'horreur ! Ces oiseaux géants qui,
dans un terrible vrombissement, volaient si haut que,
parfois, on ne pouvait même plus les voir. Ils étaient
conduits par des hommes et lâchaient des gros œufs
qui, en tombant, détruisaient tout dans un immense
périmètre. J'ai vu comment ces œufs détruisaient des
maisons entières dans un bruit infernal… Cela peut-
il être possible ?

Pourquoi les fils des hommes mettraient-ils leur
intelligence au service d'une telle absurdité diabolique ?

Et ces appareils bizarres que j'ai non seulement
vus mais utilisés moi-même ? J'entendais des voix
humaines me parvenir de très loin et on m'entendait
également au loin. Ima rirait bien si je lui racontais que

les hommes communiquaient avec de tels appareils au lieu de se mettre tout simplement en contact télépathique ! Il me demanderait certainement de lui donner une description exacte de l'appareil, ce que je ne pourrais faire.

Pas plus que je ne pourrais décrire la structure interne de l'arche d'alliance ni du bâton de vie à quelqu'un qui voudrait les copier. Pourtant, ils existent ! Je sais donc aussi que cet appareil de communication à distance peut exister. Et toi, Ima ! Toi, serviteur pur et fidèle de Dieu, dans mon rêve, tu devais conduire l'un de ces oiseaux de fer. Et avec beaucoup d'autres jeunes hommes beaux et sains, vous sembliez ensorcelés et partiez vous faire tuer ou tuer autrui... Comment pouviez-vous faire cela ? Comment pouviez-vous obéir à des ordres aussi inhumains ?

Et qui était cet homme aux yeux de feu qui, dans mon rêve initiatique, était « mon époux »... Il m'était si proche, si cher à mon cœur, il était vraiment ma moitié complémentaire. Il était mon meilleur ami ! Et pourtant, il ne savait pas qui j'étais et maintenant, je ne sais pas non plus qui il était.

Vision après vision, je revis ces rêves les uns après les autres. Je reconnais, dans chacun d'eux, mes parents, mes frères et sœurs, mes nombreux amis et ennemis de ma vie actuelle ici en Égypte. Souvent, il m'arrive de sourire des étranges relations...

Le soir tombe et la journée s'achève par un repas de fête auquel tous les prêtres, prêtresses et néophytes sont conviés. Le pharaon est présent et comme c'est la coutume lors d'une célébration d'initiation, les proches de l'initié sont également là. Ma chère Menu ! Au moment où je sors dans le jardin, elle se précipite vers moi aussi rapidement que son corps lourd le lui permet. Elle est rayonnante de joie, elle m'enlace, elle sanglote, elle est bouleversée : « Tu es en vie, tu es en vie ! Dis-moi, m'aimeras-tu encore maintenant que tu es prêtresse ? M'aimeras-tu encore ? Puis-je rester avec toi ? »

Je caresse sa vieille et chère tête et la calme : « Menu, Menu, naturellement je t'aime et il est bien entendu que tu resteras toujours près de moi. L'amour que j'ai pour toi est devenu encore plus fort. »

PRÊTRESSE

Les prêtresses ont différentes tâches qu'elles accomplissent selon leurs facultés respectives. Certaines donnent des cours aux danseuses du Temple. D'autres, plongées dans un sommeil sacré, aident les âmes confuses qui, après la mort, errent dans l'atmosphère terrestre, à retrouver leur chemin. Sans cette assistance, elles stagneraient peut-être encore pendant des centaines, voire des milliers d'années puisque, dépourvues d'organes des sens, elles n'ont pas la possibilité de glaner des expériences ni d'établir un contact avec d'autres êtres. Elles sont enfermées en elles-mêmes et ne peuvent trouver la route du progrès. Les prêtresses cherchent ces âmes tourmentées, pénètrent leur essence de toute la force de l'amour et, grâce à leur identité intérieure, imprègnent leur conscience d'idées qui vont leur permettre de trouver une juste solution à leur état. La mission de ces prêtresses est de ce fait double : elles aident ces âmes errantes à avancer et, simultanément, nettoient l'atmosphère terrestre.

D'autres prêtresses travaillent avec la jeunesse pour lui apprendre comment assurer à sa descendance des corps beaucoup plus beaux et plus sains. Elles initient les jeunes gens aux mystères de l'amour physique. Elles enseignent aux jeunes hommes comment ennoblir l'instinct par la force de l'esprit afin d'établir une relation spirituelle élevée, un sacrement. Les jeunes hommes sur le point de se marier suivent également ces cours afin de connaître cette énergie sacrée, de la transmettre à leur épouse future et de donner naissance à de nobles enfants.

Enfin, certaines prêtresses ont les mêmes tâches que les prêtres. Elles dirigent des groupes de néophytes, supervisent les exercices de concentration, reçoivent ceux qui, dans n'importe quel domaine, ont besoin de conseils. Et lorsque ces prêtresses ont atteint le rang supérieur de la prêtrise, elles peuvent guérir les malades avec le bâton de vie. C'est en suivant cette voie qu'une prêtresse peut devenir grande prêtresse. C'est ce groupe-là qui m'est assigné.

J'aime profondément mon travail! C'est merveilleux de voir l'âme de mes élèves s'épanouir et toujours mieux révéler le divin. C'est l'illustration vivante du cube opaque qui devient peu à peu transparent et laisse paraître le principe créateur divin. Chaque jour, j'en fais l'expérience avec mes chers néophytes. J'ai aussi beaucoup de joie à m'occuper de ceux qui viennent au Temple exposer leurs problèmes physiques et psychiques. Je les reçois dans la petite cellule qu'Ima m'avait indiquée alors que, pour la première fois, j'étais entrée dans le Temple. Là, les gens me révèlent leur « autre » visage, celui que personne ne soupçonne, souvent même pas eux. Je vois le visage intérieur de chaque créature et il est fort intéressant pour moi d'apprendre à discerner comment les événements et les expériences ont façonné les différents visages selon la loi de l'action et de la réaction. Oh! si tous les hommes pouvaient voir ce qui est en eux! Ils ne pourraient plus se haïr, ils ne pourraient plus avoir peur les uns des autres! Il n'y a pas de mauvaises personnes! Ils se font du mal, parfois même cruellement, parce qu'ils croient que les autres leur veulent du mal et ils se défendent avant même d'avoir été attaqués, par peur. Ils donnent ainsi aux autres une bonne raison de penser qu'ils sont animés de mauvaises intentions. Si on pouvait les convaincre qu'ils n'agissent ainsi que par peur réciproque, non par méchanceté, ils seraient rassurés et pourraient se serrer la main. Les hommes sont ignorants et aveugles, ils ne se voient pas. Et c'est là la source de toute l'inimitié et de l'hostilité sur terre. Il n'y a rien de plus beau que d'ouvrir des yeux et d'observer grandir dans un regard la lueur de la compréhension et de la connaissance.

À côté de ce travail, je suis autorisée à être présente lorsque Ptahhotep ou son remplaçant guérit les malades avec le bâton de vie. Le matin, les malades arrivent au Temple par leurs propres moyens ou sont amenés par leurs proches. Ptahhotep fait pénétrer dans ces corps malades une nouvelle énergie vitale. Il m'est souvent donné d'observer comment ce bâton de vie guérit en quelques secondes des fractures ou d'horribles blessures qui ne laissent plus apparaître ensuite qu'un léger épaississement de l'os ou une fine cicatrice. Comme on soude des pièces de métal, le bâton de vie soude les os brisés et referme les blessures des muscles, tendons, veines, nerfs et peau. Il agit tout aussi rapidement dans les cas les plus compliqués d'inflammation des poumons, des reins ou de n'importe quel organe. Grande est la miséricorde de Dieu qui donna aux hommes ce moyen de recouvrer la santé.

En plus de mon office dans le Temple, je continue de remplir mes devoirs de femme du pharaon. Comme par le passé, je suis aux côtés de mon père lors des réceptions et autres célébrations officielles. J'observe les gens de la Cour et tous ceux qui assistent à ces fêtes. Souvent, nous recevons des représentants de pays étrangers qui sont bien différents des fils des hommes de chez nous. La couleur de leur peau, la forme de leur tête, leur silhouette et toutes les forces qu'ils émettent sont différentes. Ils apportent parfois pour présents des choses merveilleuses que nous ne connaissons pas ici : des animaux que je n'ai jamais vus, des pierres précieuses, des étoffes, de la poterie extraordinaire. Père a déjà fait venir nombre d'artistes de ces pays lointains afin qu'ils enseignent leur art à nos jeunes élèves du Temple. En échange, certains de nos artistes et de nos savants sont allés dans ces pays pour faire connaître nos arts et nos sciences. Père m'a dit que nous irions un jour visiter ces pays.

Depuis l'initiation, je peux partir seule en chariot avec les lions. Par l'initiation, j'ai reçu la faculté de diriger ma propre volonté dans les centres nerveux d'autres êtres et de les garder sous mon contrôle. Je maîtrise maintenant ces centres nerveux devenus actifs, mais qui sont encore latents chez les fils des hommes, et je peux émettre une force de volonté si puissante et pénétrante qu'elle fait d'un être l'instrument inconscient de ma volonté. Mais, *le don de Dieu le plus important est le libre arbitre dont doit jouir l'homme et que personne n'a le droit de violer*. Ce serait de la magie noire ! C'est pourquoi je n'exerce jamais la puissance de ma volonté sur autrui. Ce serait pourtant si simple d'aider quelqu'un à résoudre ses problèmes si je pouvais faire agir ma volonté. La responsabilité serait alors mienne et c'est moi qui aurais résolu le problème, pas lui. Je lui aurais aussi enlevé la possibilité de passer un examen. Chacun doit résoudre ses propres problèmes car c'est ainsi seulement que l'on glane des expériences, que l'on développe sa force de volonté et élargit l'horizon de sa conscience.

Les animaux sont directement soumis aux forces de la nature. Ils exécutent donc automatiquement sa volonté et ne sont pas au bénéfice du libre arbitre. C'est pourquoi je peux soumettre mes lions à ma volonté. C'est merveilleux de voir avec quelle rapidité ces animaux obéissent à mes pensées. Ils réagissent à la moindre impulsion de ma volonté et j'ai parfois le sentiment qu'ils appartiennent au même Soi que mes mains et mes pieds. Le même *Soi* divin est la vie de chaque créature et « l'amour » des animaux n'est rien d'autre que l'effort inconscient pour réaliser cette unité du Soi au niveau de conscience inférieur physique. L'enfant inconscient fait de même lorsqu'il tente de réaliser cette unité, cette identité, en portant tout à sa bouche. Les animaux possèdent ce même instinct. L'unité, c'est-à-dire l'amour entre moi et mes lions est si grand qu'ils prennent ma main, ou même ma tête entre leurs mâchoires et font semblant de me manger. Ils ne mordent pas, ce n'est qu'un jeu. Mais je comprends que, lorsque ces animaux dévorent une gazelle par exemple, ils ne suivent que cet instinct qui les pousse vers l'unité. L'instinct de conservation et l'instinct de préservation de l'espèce ont donc la même source originelle : l'aspiration à retrouver l'état d'unité divine. C'est pourquoi les manifestations de ces deux instincts sont si étroitement liées et mêlées les unes aux autres. La nature exploite ces tendances originelles vers l'unité pour assurer la descendance par l'instinct de procréation et par la faim pour maintenir le corps en bonne santé. C'est pourquoi la viande que les lions reçoivent de leur gardien n'est jamais aussi bonne pour eux que celle qu'ils obtiennent en déchirant une proie fraîchement tuée car, par cet acte, ils font l'expérience d'une sorte d'union avec ce qui vit, avec la vie elle-même. Avec ce qui est mort, *ils ne peuvent qu'assouvir leur faim, pas leur désir d'unité* !

J'ai beaucoup de plaisir en compagnie de mes lions. C'est fascinant d'observer ces magnifiques animaux manifester toutes les caractéristiques du Ra (soleil) divin transformées sur le plan animal. Petit Bo-Ghar partage mon plaisir, il est en parfaite harmonie avec tout ce que je fais et dis. C'est à mon tour de lui enseigner l'art de se tenir en équilibre sur le chariot, tout comme le fit autrefois mon père avec tant de patience. Bo-Ghar est très doué pour cela aussi, il fait instinctivement les mouvements qu'il faut et, très rapidement, il peut m'accompagner lors des plus longues courses.

Pendant les périodes calmes, j'accompagne Père à la mer, dans notre petite maison de vacances. Bo-Ghar vient avec nous et, à trois, nous jouissons des plaisirs de la mer. Père s'occupe avec joie du petit garçon. C'est un plaisir de voir son âme pure s'épanouir comme une belle fleur. Un jour, Père observe Bo-Ghar longuement avant de l'appeler pour lui demander : « Bo-Ghar, veux-tu devenir mon collaborateur ? »

Bo-Ghar se prosterne très bas devant Père et, les mains jointes, lui répond avec un profond respect :

« Maître, je consacrerai toute ma vie à la tâche que tu me confieras afin d'en être digne. »

Père caresse la tête du garçonnet :

« Relève-toi, Bo-Ghar. Tu travailleras avec nous à la grande œuvre qu'est le salut de la terre. Fais ce que les maîtres du Temple te disent et tu seras un jour notre assistant... Relève-toi, tu n'as pas à te jeter à mes pieds. »

Bo-Ghar se relève, il ne peut cacher sa joie. Il danse et sautille comme un petit singe ; puis il décide de se comporter en adulte pour être digne de la confiance de mon père. N'y tenant plus, il court à la mer pour y chercher des coquillages.

Une fois seule avec Père, je lui demande : « Père, j'ai reçu l'initiation et lorsque je m'élève au-dessus du temps, je vois le passé et l'avenir aussi bien que toi. Pourtant je ne peux rien discerner de mon propre avenir. Pourquoi en est-il ainsi ? La seule chose qui m'importe de savoir est le progrès qui me permettra de me développer jusqu'à l'échelon suprême et divin. Alors explique-moi pourquoi je peux voir l'avenir de tout le monde sauf le mien ! Le brouillard tombe sur mes yeux chaque fois que je dirige ma conscience vers mon futur. »

Père me regarde, sourit et attend.

Je lui souris et réponds par la pensée. Nous nous comprenons. Son regard dit : « Pourquoi demandes-tu ? Si tu ne peux voir l'avenir, c'est qu'il doit en être ainsi afin que tu puisses correctement faire ton devoir. N'y pense pas, agis et fais tout ce qui est en ton pouvoir pour atteindre par tes propres efforts le degré suprême dont tu as fait l'expérience pendant l'initiation avec l'aide de Ptahhotep. »

Quand le devoir nous rappelle à la ville, nos jours se passent entre le Temple et le palais. Mon travail me donne joie et satisfaction. Pourtant, je me réjouis toute la journée d'arriver au soir ; après avoir accompli toutes mes tâches, je peux m'absorber en moi-même, en Dieu. Chaque fois, je réitère mon intention d'atteindre le niveau suprême par mes propres efforts et je m'en approche toujours plus. Mais, chaque fois, je suis déçue car, lorsque je retourne dans ma conscience personnelle, je dois bien admettre que, cette fois encore, je n'ai pas réussi à parvenir à cette ultime réalité telle que je l'ai vécue pendant l'initiation et dont le souvenir brûle dans mon âme. Ma seule consolation est alors de prendre part au service du soir avec Ptahhotep.

Ptahhotep, son représentant, les prêtres et les prêtresses, tous les initiés se réunissent dans le Temple le soir au coucher du soleil. Nous nous asseyons en cercle ; Ptahhotep et son assistant se font face comme deux pôles. Nous formons un demi-cercle à droite et un à gauche. Un certain temps nous est nécessaire pour libérer notre corps spirituel de toutes les impuretés inévitablement absorbées au contact des fils des hommes. Puis, Ptahhotep tend ses mains bénies à ses deux voisins et, tous, nous nous tenons par la main, formant ainsi un circuit par lequel Ptahhotep et son assistant conduisent dans notre corps le courant suprême divin. Cela nous aide à parvenir à l'état de conscience supérieure de l'unité divine. Le développement de la force de résistance de nos nerfs se fait ainsi beaucoup plus rapidement que si nous ne devions dépendre que de nos propres forces. Ces moments de béatitude que j'ai le bonheur de vivre chaque jour pendant l'office du soir sont la substance et le sens de ma vie.

Ô Dieu ! donne-moi la force d'élever ma conscience jusqu'à Toi par mes propres moyens.

NOUS NOUS REVERRONS

Un jour, la Cour se prépare pour une grande réception. Quelque temps auparavant, Père avait envoyé son commandant Thiss-Tha, de nombreux notables et une troupe importante dans un pays lointain. Leurs bateaux étaient chargés de cadeaux et de marchandises d'échange. Le seigneur de ce pays leur avait réservé un accueil très chaleureux et à son tour, il avait envoyé ses propres troupes, ses présents et de la marchandise. C'est aujourd'hui que doit être célébrée l'arrivée des troupes étrangères.

Menu me revêt de ma robe de fête et, selon le rituel habituel, Roo-Kha m'apporte les bijoux de la reine. Deux Anciens me conduisent auprès de Père; puis ensemble et accompagnés de toute la Cour, nous traversons la longue colonnade jusqu'à la terrasse du palais : au centre, le trône de Père sur lequel il prend place avec toute sa dignité et sa virile beauté, à sa droite, son lion d'audience; à sa gauche, un peu en avant, presque au bord de la terrasse, mon trône. À notre droite et à notre gauche, les dignitaires du pays occupent les places qui leur sont attribuées selon leur rang.

Et la fête commence. Les troupes de la nation étrangère défilent en cortège. Leur chef et sa suite viennent jusqu'à la terrasse se prosterner devant nous, bras tendus, jusqu'au sol. Le chef fait une allocution dans notre langue pour montrer qu'il désire conclure avec nous une alliance durable. Il fait avancer les porteurs qui nous présentent les cadeaux.

J'observe toute cette scène depuis en haut et regarde passer les hommes de la suite du chef, tous magnifiques dans leur tenue de fête et de combat. Ces étrangers sont grands, forts, larges d'épaules et bien musclés. Chez nous, seuls les descendants des fils de Dieu sont aussi grands et forts que ces soldats, mais beaucoup plus minces, plus souples. Ptahhotep, Père et quelques autres représentants des fils de Dieu, tels qu'Ima, Mentuptah, Imhotep et quelques prêtresses ont des corps magnifiques et forts mais ils sont majestueux, dignes et spirituels. Ils ne donnent pas cette impression de robustesse et de force animale comme ceux de ces étrangers. Je n'ai jamais vu de tels spécimens. Ils ne me plaisent pas du tout. Dans notre pays, j'ai l'habitude de voir des traits fins et nobles chez les descendants des fils de Dieu comme dans la race hybride d'ailleurs. Mais ces visages grossiers, irréguliers et vulgaires! Et ces oreilles! Nos oreilles sont petites, fines et bien dessinées, le lobe bien découpé. Ces soldats ont de grosses oreilles larges dont le lobe semble soudé au cou; on dirait des singes.

Une chose est tout à fait surprenante car elle est inconnue ici: ces étrangers ont des cheveux roux! Ils sont d'ailleurs très poilus, leur visage, leurs mains, leurs bras, leurs pieds sont couverts de poils qui luisent au soleil comme des fils dorés. Ils sont très conscients de leur personne. Lorsqu'ils parlent ou rient, ils révèlent des dents très belles, blanches et saines ce qui, à nouveau, me fait penser à des animaux. Une force puissante émane d'eux, mais aucune radiation spirituelle. Non! Ils ne me plaisent vraiment pas du tout!

Je constate que nous sommes aussi bizarres pour eux qu'eux pour nous. Nous ne leur plaisons pas non plus. Je vois que leurs yeux ne sont pas encore ouverts aux choses de l'esprit. Ils ne sont pas conscients des formes raffinées et spirituelles, ils voient seulement que nous sommes plus petits qu'eux et je lis leurs pensées dédaigneuses à notre sujet. J'ai l'habitude de voir s'allumer la flamme de l'admiration dans les yeux des hommes lorsqu'ils me regardent. Ces étrangers admirent ma tenue, mes bijoux mais ne remarquent même pas que *je suis* belle ! Je vois très bien que, par curiosité, ils observent la reine du pays à tout moment mais ils ne savent pas que je suis belle ! Oui ! j'ai hérité de la fine silhouette de ma mère mais la beauté d'une femme ne dépend pas de sa taille. Ces hommes-là, ces combattants étrangers ne trouvent belle une femme que si elle est grande et bien en chair. Comme toujours, je m'analyse : ma vanité se réveillerait-elle ? Non ! Loin de moi cette pensée ! Il ne me plaît simplement pas de voir des hommes aussi ignorants, vulgaires et manquant de maturité comme seuls le sont ici les fils des hommes de la classe inférieure.

Tous ces étrangers, chefs et dignitaires inclus, manquent totalement de culture. L'un d'eux se tient devant moi, juste en dessous de mon siège. Ce doit être un officier supérieur car il est apparu aux côtés du chef. Maintenant, il est au milieu d'un groupe de soldats et me fixe avec obstination. Sa bouche reflète une expression de mépris. Comment peut-il manquer à ce point de distinction ? Comment un homme peut-il dévisager une femme avec autant d'arrogance ? À la Cour, seul Roo-Kha est aussi inconvenant, mais son regard ne peut ni ne veut cacher son admiration pour ma beauté. Tandis que cet étranger ne me regarde qu'avec impertinence, aucune admiration ! Mais je ne veux pas que ma vanité se réveille. Je veille et me contrôle très strictement !

Je détourne mon regard et le porte vers les cérémonies. Avec un intérêt extrême, je suis les joutes militaires auxquelles se livrent les soldats. Je dois admettre que ces hommes ont une force physique inconnue chez nous. Cette race naquit d'un fils de Dieu « demi-sang » qui manifesta l'énergie divine de son père dans le corps, non dans l'esprit ; elle devint très grande. Puis, ses descendants se croisèrent avec des primitifs et développèrent des êtres au squelette et aux muscles impressionnants. Mais ils ne sont pas, et de loin, aussi agiles et souples que nos combattants qui, eux, ne pourraient par contre pas accomplir les actes de force des soldats étrangers. Pendant tout ce spectacle, mes yeux retournent toujours vers l'officier qui, infatigable, me regarde. À la vérité, cela vaudrait la peine de guider un étranger aux cheveux roux, aussi bizarre qu'inculte, vers les mystères de l'esprit afin que ses yeux intérieurs s'ouvrent peu à peu et lui permettent de voir en une femme la beauté de sa spiritualité et non seulement de sa chair.

Les jours passent. Je suis si occupée par ces festivités que je ne peux retourner au Temple. Fêtes, cérémonies, spectacles, banquets se suivent et je dois tenir mon rôle aux côtés de Père, aux côtés du pharaon. Menu est dans son élément, elle m'habille et me pare de choses toujours plus belles. Bo-Ghar est amer et malheureux car je n'ai plus de temps à lui consacrer. Roo-Kha vient fréquemment m'apporter des bijoux toujours plus extraordinaires, témoignant de l'art de nos orfèvres. Je les porte car c'est mon devoir. Pourtant, j'interroge avec curiosité mon grand miroir d'argent : que va dire l'étranger à la vue de ma nouvelle toilette, de mes nouveaux bijoux ? Tout particulièrement lorsque Père et moi, ainsi que toute la Cour, apparaissons vêtus à la mode de nos hôtes en leur honneur ? Ah ! je ne peux m'empêcher de rire lorsque je vois Père dans cette tenue si inhabituelle ! Et moi ? Est-ce que l'étranger roux ne va pas me trouver belle ainsi parée ?

Or, je « le » connais déjà ! Père m'a présentée à son chef et à tous les notables. Ainsi, je suis chaque jour en compagnie des émissaires de la nation lointaine. Le seigneur de ce pays avait choisi, pour cette expédition, des hommes qui avaient rapidement assimilé notre langue. Cela nous permet de nous entretenir agréablement. Pourtant, lorsque je suis avec *cet* hôte étranger, celui-là même qui m'avait fixée avec tant d'obstination lors de la réception, je me sens bien mal à l'aise, mon cœur bat plus fort *car il a exactement la même voix que la silhouette masculine enveloppée de brouillard de mon rêve initiatique.* Étonnant !

Ces étrangers sont bizarres, ils manquent de culture, ils sont ignorants mais pas stupides du tout ! Ils sont très proches de la nature et, sans connaître *intellectuellement* les lois intérieures et créatrices des choses ni leur essence, ils en savent beaucoup grâce à leurs expériences directes. Il est très intéressant de constater comment une vérité que nous appréhendons par une contemplation spirituelle apparaît dans la conscience de ces étrangers sous la forme de croyances, de superstitions. Quand ils ne connaissent pas la source ni la cause d'une énergie, ils se figurent qu'elle émane d'un être invisible ; ils donnent le nom de « dieu » à leurs propres imaginations. Ils insistent, ils s'entêtent à appeler dieux ces créatures de contes, ces phantasmes. Ils veulent tout savoir mieux que nous. Lorsqu'on essaie de leur expliquer la vérité et les faits, ils secouent la tête en riant avec condescendance.

Il est évident qu'il ne m'est pas permis de divulguer les mystères du Temple. Néanmoins, j'ai essayé d'expliquer à l'étranger ce que sont les forces qui, pendant un orage, causent les éclairs et le tonnerre. Je ne pouvais lui dire que ce sont les grands prêtres qui, à l'aide de l'arche d'alliance, produisent éclairs et pluie depuis la pyramide sans quoi nous n'aurions pas de précipitations et le pays deviendrait inculte. Mais je lui ai expliqué que l'éclair provenait de la rencontre de deux forces opposées et qu'il pourrait produire lui-même un phénomène semblable en tapant fortement deux pierres l'une contre l'autre. Une fois encore, il m'avait regardée avec dédain en disant qu'il savait très bien que l'éclair était la flèche du « chef-dieu » et que, dans certaines pierres, habitaient des « petits démons » qui, si on les dérangeait, lançaient de petits éclairs. De l'explication réelle de ces phénomènes, il n'avait rien voulu savoir ! En fait, peu importe le nom que l'on donne à l'éclair, « flèche du chef-dieu » ou « rencontre entre des forces positive et négative ». Par contre, si ces gens s'entêtent à croire en des dieux imaginaires, ils ne pourront jamais maîtriser les forces de la nature et resteront les esclaves de leurs superstitions. J'ai quand même réussi à intéresser mon hôte par les explications que je lui ai données au sujet de phénomènes naturels car il veut maintenant en savoir davantage même s'il ne croit pas ce que je lui dis. Il désire prendre des cours avec moi. Il viendra donc chaque soir au Temple où je lui enseignerai les rudiments de la connaissance.

Après le coucher du soleil, Menu me vêt de ma tenue de prêtresse. Voilée, je me rends au Temple en sa compagnie. Un néophyte a fait entrer l'étranger dans ma petite cellule où il m'attend. Menu reste dans la cour alors que je pénètre à l'intérieur. Le voilà déjà ! Il s'est appuyé contre la paroi et me sourit avec condescendance. Ce sourire m'agace ! Comment a-t-il l'audace de me regarder ainsi ? Il ne m'est aucunement supérieur et seule son ignorance lui fait croire que, parce qu'il est physiquement grand et fort, il peut me dominer. Il ne sait évidemment pas que la puissance de l'esprit est au-dessus de tout. Je vais le lui prouver ! Je vais vaincre ce géant roux et impertinent par l'énergie de mon esprit et en dépit de toute sa force corporelle !

L'étranger s'incline bas devant moi mais je vois que c'est sans aucune conviction. Dans ce pays, le peuple m'adore en ma qualité de prêtresse car je suis la servante de Dieu. L'étranger sait aussi que je suis une prêtresse dans le Temple mais il n'a aucune idée de ce que signifie l'initiation. Il ne sait pas que notre savoir ne s'appuie pas sur de vagues croyances basées sur l'imagination humaine mais au contraire se fonde sur la reconnaissance de la vérité, *l'omniscience* divine ! Mais, j'ouvrirai ses yeux et lui expliquerai le mystère de l'homme et de l'univers autour de lui, le mystère de toute la création.

« Si tu veux parvenir à la connaissance réelle, lui dis-je, tu dois d'abord apprendre à te connaître. Tu dois savoir *ce que tu es*. En apprenant à te connaître, tu vas découvrir que toutes les vérités sont cachées en toi. La connaissance de soi conduit donc à celle de tous les mystères du monde. Résous d'abord la grande énigme de notre Sphinx : l'homme lui-même ! Tu dois savoir qui tu es ! »

L'étranger me considère d'abord avec attention puis se met à sourire.

« Je dois apprendre ce que je suis ? Je sais cela depuis longtemps ! Comment cela pourrait-il constituer un si grand mystère ? Mais il me semble, ô Reine, que c'est *toi* qui ne sais pas qui je suis. *Je* vais donc te l'apprendre : je suis un homme ! » Puis il se met à rire en découvrant toutes ses grandes dents blanches.

Ah ! quel enfant ! Il rit de si bon cœur que je ris moi aussi.

« Je sais que tu es un homme… » mais je ne peux terminer ma phrase, le géant roux m'interrompant sans manière :

« Reine, non seulement tu ne sais pas que je suis un homme, mais encore tu ne sais pas *ce qu'est un homme*. Je ne suis pas prêtre et ne peux lire les pensées comme vous mais je connais les femmes et je me rends très bien compte qu'il y a quelque chose que tu ne dois pas savoir ou que tu as complètement oublié, et c'est : *ce que tu es !* Que tu es une femme ! Comment veux-tu m'enseigner les mystères profonds de l'homme et de l'univers quand tu ne connais pas la vérité fondamentale que chacun peut constater ? »

Dignement, je réponds : « Je sais très bien que je suis une femme. » L'étranger s'amuse avec impertinence mais je continue sans me laisser déranger.

« La forme extérieure n'est que l'enveloppe de l'être intime. Lorsque l'on connaît l'essence de l'être et que l'on *est* cette essence, la forme extérieure n'est plus qu'un instrument avec lequel *on ne s'identifie plus* ! Le corps n'est que le vêtement du *Soi*. Tu portes aussi des habits pourtant tu n'es pas ces habits. Il en est de même pour ton corps qui peut être masculin ou féminin, mais ton *Soi* est le créateur. La personne, la manifestation physique et matérielle, n'est qu'une moitié de l'être réel. L'autre moitié reste dans le non-manifesté, dans l'inconscient. Qu'une apparence soit masculine ou féminine dépend de la moitié qui s'est incarnée. Lorsqu'une personne a rendu conscientes les deux moitiés de son être, les a éprouvées en elle, vécues, elle est alors devenue identique à son *Soi* et porte en elle, dans un équilibre parfait, les deux principes masculin et féminin. »

« Mais son corps reste cependant soit masculin soit féminin, n'est-ce pas ? »

« Évidemment, la manifestation matérielle ne peut être qu'unilatérale, partielle. Il n'y a plus rien de physique là où les deux moitiés s'unissent. L'union des deux moitiés complémentaires, des deux pôles signifierait la totale destruction de la matière, une dématérialisation du corps. Ce n'est qu'en esprit que l'on peut être androgyne. »

« Reine, de toutes ces belles paroles, une chose m'apparaît clairement et là je suis en parfait accord avec vos "mystères" : mon apparence physique, comme tu l'exprimes si bien, n'est qu'une moitié d'une unité. Jusqu'à maintenant, j'ai souvent cherché et trouvé un complément et je ne me suis pas détruit. Peut-être n'ai-je jamais trouvé une unité réelle ? Or même si cela devait signifier l'annihilation, je continuerais quand même à chercher *ma vraie moitié complémentaire*. Je suis un homme et mon autre moitié ne peut être qu'une femme qui me donnera le bonheur parfait. Et pour une telle femme, je donnerais volontiers ma vie. »

Un sang échauffé court dans mon corps et parvient jusqu'à ma tête. Devant une pareille conception des choses, je me sens complètement impuissante. Comment lui expliquer que le bonheur qu'il recherche auprès d'une femme de chair est passager et ne peut satisfaire son esprit immortel ?

Nous terminons l'entretien pour aujourd'hui. Un certain temps lui est nécessaire pour digérer ces vérités nouvelles.

Les soirs se suivent et je combats et lutte contre son ignorance. Je veux qu'il progresse et je prends soin d'utiliser les mots adéquats pour allumer en lui l'étincelle divine, pour éveiller son Soi supérieur. Ma première pensée du matin est pour lui. Je me remémore tout ce qui a été dit et fait le soir précédent et je me concentre pendant toute la journée sur ce que je vais lui enseigner ensuite. Je fais de longues randonnées en chariot avec mes lions mais n'emmène plus Bo-Ghar. Celui-ci, découragé, se rend auprès de son maître et Ima le console en lui faisant toutes sortes de cadeaux propres à combler n'importe quel petit garçon. Cela m'attriste aussi mais je dois prendre le temps de me retrouver seule avec mes pensées.

Après une promenade, je reconduis les lions dans leur enclos et, prenant congé d'eux, je caresse leur tête. Alors que mes doigts courent dans leur crinière, une pensée me vient : il me semble que je ressentirais la même sensation si je caressais la tête rousse de l'étranger. Ah ! mes lions, comme je les aime !

Le soir, je dis à l'étranger que ses cheveux me rappellent la crinière de mes lions.

« Reine, pourrais-je une fois t'accompagner pour une randonnée avec les lions ? Si je pouvais voir de mes propres yeux comment tu maîtrises ces animaux extraordinaires par ta seule volonté, je pourrais peut-être croire à tes pouvoirs surnaturels », dit-il avec un sourire engageant.

« Comment sais-tu que je possède des pouvoirs surhumains ? »

« Tous ceux à qui je parle t'adorent comme une déesse. Tous sont fermement convaincus que tu es un être surnaturel. Pas moi ! »

Vexée, je demande : « Et que penses-tu de moi ? » Avec colère, je me rends compte que, dans l'attente de sa réponse, mon cœur bat plus fort. Au même moment, pareille à l'éclair, l'image de Ptahhotep s'impose à moi, une expression d'avertissement sur son noble visage. « Non, non ! Laisse-moi maintenant, il n'y a aucun danger ! » dis-je à la vision intérieure. Et déjà, j'écoute ce que l'étranger me répond : « Ce que je pense de toi ? Pourquoi veux-tu l'entendre de ma bouche ? Puisque tu planes si haut au-dessus de tout ce qui est matériel, comment peux-tu porter un quelconque intérêt aux pensées d'une pauvre tête terrestre comme la mienne ? De toute façon, tu peux lire toutes les pensées, n'est-ce pas ? »

« Oui, je vois tes pensées mais je dois te mettre à l'épreuve afin de savoir si tu es vraiment sincère. » Je me sens mal à l'aise, inquiète. Je n'ai pas le temps d'analyser ce sentiment car l'étranger demande encore : « Tu veux savoir si je suis sincère et honnête avec toi ? Pourquoi ne te poses-tu pas d'abord la question pour savoir si toi tu es sincère et honnête avec moi et *avec toi-même* ? » J'en reste muette. Je ne sais que répondre. Pendant de nombreuses années, j'ai appris à m'observer, à me garder sous contrôle, à analyser les causes de tous mes actes, gestes et pensées. Je suis certaine d'être honnête envers moi-même, donc envers le monde extérieur et par conséquent envers lui aussi. Pourtant ses paroles me causent une surprise embarrassante. Et s'il avait raison? N'avais-je pas le courage d'être sincère dans toutes mes pensées et mes sentiments? Je décide de me soumettre à une sérieuse investigation. Mais, en tous les cas, je vais concentrer toutes mes énergies pour ne pas perdre le combat contre lui. Je dois triompher, je ne peux admettre qu'un étranger manquant pareillement de culture imagine que je suis plus faible que lui, qu'il pense m'être supérieur!

Le jour suivant, nous nous préparons à partir avec les lions. Juste avant de monter dans le chariot, l'étranger se met à côté d'eux et penche sa tête rousse devant moi: « Ne veux-tu pas constater par toi-même si mes cheveux sont vraiment semblables à la crinière des lions? Car si ces animaux supportent ta caresse, il est possible que je la tolère aussi! » Et il éclate de rire, découvrant sa blanche dentition.

C'est vraiment un grand enfant. Ce n'est pas un manque de respect, c'est de la puérilité et je ne peux lui en vouloir. Je ris avec lui et, si le gardien des lions n'avait été là, j'aurais eu envie de lui tirer les cheveux et de l'ébouriffer!

Les jours passent et le moment approche pour l'étranger de repartir dans sa patrie. Je devrais être satisfaite, la « femme » en moi devrait triompher; son attitude a vraiment changé. Il a perdu son arrogance. Chaque jour, il attend le moment de me retrouver. Je sais maintenant qu'il ne s'était jamais senti supérieur mais que ses façons n'étaient qu'une défense pour se protéger d'une complète « capitulation ». Il ne voulait pas se départir de sa superbe masculine. Il m'avait admirée dès le premier instant de notre rencontre et ma vanité qui m'avait d'abord incitée à passer plus de temps près de lui pouvait être pleinement satisfaite maintenant. Et pourtant, je ne l'étais pas ; une angoisse constante me tourmentait. Mais chaque fois que j'avais analysé mes sentiments, cette anxiété m'avait donné l'assurance que mon intérêt pour lui n'émanait pas de l'instinct féminin de ma nature inférieure. Car je me garde toujours sous un contrôle constant ! Menu prétend que je présente tous les symptômes d'une femme amoureuse, elle nage en plein bonheur car je « m'épanouis ». Quelle erreur ! Menu ne peut pas juger car elle considère tout de son point de vue terrestre. Elle ne peut imaginer que je ne veux ni ne dois être amoureuse. Ce n'est d'ailleurs pas du tout ce qui m'arrive ! Comment pourrais-je tomber amoureuse de ce géant roux et vulgaire ? Il me déplaît. L'effet qu'il produit sur moi est désagréable, même repoussant. Dans des moments d'auto-analyse, je me suis demandé si je désirais avoir un enfant de lui puisque les relations entre hommes et femmes servaient à la procréation. Dieu m'en garde ! Un enfant avec de telles oreilles, une telle structure osseuse ? Avec des formes brutales, un corps aussi poilu ? Non ! En aucun cas ! Ce qui signifiait bien que je n'étais pas amoureuse de lui. Je voulais seulement l'aider à trouver Dieu. C'est avec le même intérêt que je m'occupe de chacun de mes élèves et c'est pourquoi je pense à lui et me concentre sur lui de toute mon âme. Mais il n'a pas encore trouvé Dieu. Voilà une chose que je n'ai pas réussie ! C'est là la cause de ma tristesse, de mon anxiété car si je pense qu'il va bientôt quitter notre pays et que je ne le reverrai peut-être plus jamais dans cette vie…

Puis, tout se passe avec la rapidité d'un éclair…

Le dernier soir, je me rends au Temple pour prendre congé de lui. Comme d'habitude, il s'est appuyé contre la paroi, mais sans tenter de prendre une attitude dominatrice comme il l'avait fait la première fois. Il ne me regarde pas, il fixe obstinément le vide.

« Qu'as-tu ? »

« Je me demande pourquoi je suis venu te retrouver ici chaque soir ? Quel sens cela a-t-il ? Que voulais-tu de moi, belle Reine sans cœur ? À quoi m'a servi ton enseignement sinon à me rendre malheureux ? Tu n'as pas cessé de me dire que je devais me trouver moi-même. Mais chacune de tes paroles, chacun de tes gestes ont contribué à me perdre toujours un peu plus. J'étais un soldat courageux, sans peur, qui ne craignait personne. Et je suis devenu un esclave. L'esclave d'un petit bout de femme qui m'arrive à peine à l'épaule ! Maintenant, j'ai peur de l'avenir : comment vais-je pouvoir vivre sans toi ? »

Une vague de bonheur m'envahit... ce que je veux expliquer par ma vanité. Mais j'en suis également horrifiée ! Au commencement, j'avais vraiment voulu qu'il reconnaisse ma beauté féminine et mon pouvoir, mais après avoir atteint ce résultat, j'avais employé ces forces pour l'aider à trouver le chemin intérieur. Je m'étais donné beaucoup de peine pour éveiller le *Soi* en lui. Et au lieu de cela, il était tombé amoureux de moi. Je ne voulais certes pas aller si loin. Je ne voulais ni ne veux d'un amour terrestre, je voulais créer avec lui une unité infiniment supérieure, l'unité du *Soi* ! Je voulais le conduire à Dieu ! C'est en vain que j'avais fait émerger de mon être intime les vérités les plus profondes. Il ne voit que la femme en moi, il ne peut s'élever au-dessus du sensuel. Il ne *me* voit pas, il ne remarque pas qu'il ne m'aime pas, *je* n'existe pas pour lui, il aime mon corps, l'enveloppe, qui n'est qu'une manifestation de mon *Je* authentique ! Quelle humiliation, quelle déception !

Je lui dis alors en tremblant : « Vois-tu, cela n'a vraiment pas eu de sens pour toi de venir ici chaque jour pour me voir car il est impossible pour nous de nous rencontrer. Je veux t'élever au niveau de l'esprit, tu veux m'abaisser au niveau du corps. Ce combat fut une lutte insensée. Retourne en paix dans ton pays et nous ne nous reverrons jamais ! »

À ces mots, le sang lui monte à la tête, l'homme tout entier devient rouge foncé, si foncé que ses cheveux semblent plus clairs que sa peau. Ses yeux lancent des éclairs et, effrayée, je vois son corps spirituel s'enflammer avec ardeur. Et, sans me donner le temps de réagir, il attrape mon bras, m'attire avec passion sur sa large poitrine, rejette ma tête en arrière, presse sa bouche sur mes lèvres avec une telle force que j'en perds le souffle… Puis, il baise mon visage, mon cou, de nouveau mes lèvres et entre ses baisers brûlants, il me répète à l'oreille : « Tu ne veux plus me revoir ? Mais *moi* je veux te revoir et nous nous reverrons… nous nous reverrons… »

Lorsque j'avais vu son visage sauvage approcher de moi, j'avais été saisie d'une mortelle épouvante. Je voulais le repousser, je voulais me libérer mais quand il m'avait enlacée de ses bras si vigoureux et que j'avais senti sur moi ses baisers passionnés, sa flamme m'avait envahie, j'avais perdu le contrôle de moi-même et, sans plus de résistance, j'étais passée de l'horreur à un bonheur sublime, à un plaisir indicible. Je réalisai alors que je l'aimais, que je l'avais aimé dès le premier instant, avec mon âme, avec mon corps, de tout mon être, infiniment, passionnément !

Le feu m'envahit irrésistiblement ; comme échappées d'un énorme volcan, des flammes brûlantes m'entourent, me dévorent ; je sens comment ma colonne vertébrale devient un pont incandescent qui brûle de sept torches. Mais je ne me trouve plus dans l'axe immobile de ma colonne, plus dans le centre d'où radie mon Soi authentique du feu de la vie car ma conscience est tombée dans mon corps embrasé ; des éclairs crépitent et brûlent mes veines, tout mon être. Mes nerfs sont en flammes, toutes mes pensées s'évanouissent, elles consument ma conscience et me détruisent… puis tout disparaît…

Peu à peu, je reprends conscience... j'ouvre lentement les yeux : des murs de pierre... je reconnais... je suis étendue sur le sol de ma cellule.

Je suis seule... le silence est mortel.

Je n'ai pas de pensée. Je n'ai absolument plus rien à quoi je pourrais encore réfléchir...

Abattue, je me lève, me voile et quitte la cellule.

La longue colonnade est sombre et me paraît vide. Pourtant, je remarque bientôt une silhouette appuyée contre le mur : Ima ! Il semble pétrifié et me fixe d'un regard indescriptible et que je vois même dans l'obscurité, un regard que je dois voir, qui me transperce. Puis il se tourne et, doucement, s'en va dans la direction opposée.

La tête vide, je rentre au palais. Menu qui s'était endormie dans un coin de la cour du Temple, m'accompagne en silence comme d'habitude, mais en bâillant parfois avec bruit...

LE LION

Je suis agenouillée devant Ptahhotep.
Je ne parle pas. *Il* comprend les paroles que je ne prononce pas. Je garde le silence…

« Père de mon âme, sauve-moi ! Enlève ce feu de mon corps, redonne-moi ma liberté ! Je ne peux pas continuer à vivre ainsi… Je me suis perdue, je suis détruite, je n'ai plus aucun contrôle sur moi, je ne peux plus penser comme je le veux car ce sont mes pensées qui me maîtrisent et me déchirent la tête.

« Aide-moi, Père de mon âme, aide-moi à revenir sur les hauteurs célestes où règnent la clarté, la pureté et la liberté spirituelles. Redonne-moi mes ailes afin que je puisse à nouveau voler avec vous, comme la force créatrice de Dieu, le faucon divin Horus qui traverse l'espace et crée des mondes nouveaux.

« Ouvre à nouveau les portes du ciel, Père de mon âme, laisse-moi entendre encore la musique des sphères qui ne retentit plus que dans mon souvenir car en moi, c'est le silence de la tombe parce que mes oreilles sont devenues sourdes.

« Rouvre mes yeux, Père de mon âme, car ils sont brûlés et ce n'est que dans mon souvenir que je vois la lumière céleste, l'éclat divin, car mes yeux spirituels sont devenus aveugles.

« Ouvre-moi la porte de ma patrie céleste où je possédais tous les trésors de l'esprit et qui ne vivent plus que dans mon souvenir, Père de mon âme, car je suis tombée et devenue un pauvre mendiant terrestre.

« Père de mon âme, laisse-moi de nouveau accéder au bonheur et à la paix de l'unité divine de ceux qui ont trouvé le salut et que je ne connais plus que dans mon souvenir car je me suis perdue dans le désert de l'abandon et je suis obsédée et torturée sans répit par l'angoisse incessante d'être déchirée.

« Pose ta main bénie sur ma tête et accepte que je sois libérée du carcan du temps et que, dans le présent éternel, *je redevienne celle que j'étais, que je suis en réalité, celle que,* dans le monde des apparences illusoires, *je ne peux plus être.*

« Père de mon âme, sauve-moi ! Sauve mon âme ! Permets-moi d'entendre à nouveau ta voix comme celle de Dieu car je ne perçois plus ta réponse, je suis sourde et aveugle, j'ai perdu mes ailes célestes, je me sens repoussée, répudiée, en exil. Reprends-moi, Père de mon âme, reprends-moi dans l'unité des bienheureux car je ne peux continuer à vivre ainsi. Sauve-moi, Père de mon âme, sauve-moi, toi le représentant de Dieu, ne m'abandonne pas, ne m'abandonne pas... ne m'abandonne pas... »

Aucune réponse.

J'ai tout perdu. Ma raison, qui m'avait toujours aidée, est embrumée. Seules des pensées vagues errent dans ma tête tels des voyageurs épuisés.

Au palais, je gis sur ma couche avec une seule idée : mourir ! Je ne peux pas continuer cette vie, je ne peux plus vivre ! Je ne suis plus que l'ombre de moi-même. Quelques visages m'apparaissent dans le brouillard, celui de Menu pleurant désespérément, et celui de Bo-Ghar, le regard accablé de Bo-Ghar...

Je veux mourir ! Mourir !

Auparavant, je maîtrisais mon corps et je pouvais le quitter consciemment. Maintenant, j'essaie – en vain ! Je ne peux plus sortir de mon corps, je suis clouée dans mon corps, je ne peux plus le quitter, je suis enchaînée dans la matière.

Je veux aller vers l'arche d'alliance ! Elle consumera mon corps comme elle brûle les animaux de sacrifice morts dans le Temple, sans laisser la moindre cendre.

Je me voile et me rends au Temple. J'en traverse la grande salle, j'arrive à la porte qui ferme le couloir souterrain conduisant à la grande pyramide. Mais je ne peux la franchir. Car devant la porte de pierre, dans l'air, je me heurte à une paroi invisible. Une lueur paraît dans ma pauvre tête : la fréquence inférieure de l'arche d'alliance, *l'ultra-matière* ! La haine matérialisée ! Bien que parfaitement invisible, elle protège un lieu mieux encore que le mur le plus épais. Je tente encore de forcer cette barrière mais le mur incroyablement dur de l'ultra-matière me repousse inexorablement.

Aucune pitié pour moi... aucune pitié...

Lentement, je reviens le long du corridor du Temple, passe devant ma petite cellule dans laquelle j'entre, sans même y penser. Je m'assieds sur le banc de pierre. Je m'absorbe dans mes souvenirs... l'espace s'ouvre... de tous côtés, j'entends l'écho de l'infini, des images surgissent : une silhouette voilée de brouillard s'approche de moi... Je la reconnais, c'est la silhouette indistincte de ma vision initiatique. Elle arrive tout près de moi... une flamme... puis toute la silhouette s'enflamme et devient un être de feu masculin qui m'enlace irrésistiblement, me pénètre... je m'enflamme, je brûle. Puis, j'entends sa voix qui murmure : «Je t'avais bien dit que nous nous reverrions. Tu m'appartiens, jamais tu ne pourras te libérer de moi. Nous nous reverrons encore, nous nous reverrons toujours... dans le temps infini, dans l'infini sans temps, nous nous reverrons...» et l'écho répète des milliers de fois : « reverrons... reverrons... reverrons... »

Je hurle : « Non, non, je ne te veux pas, je te hais ! »

La figure de feu rit : « Tant que tu me hais, tu m'aimes, tu es en mon pouvoir ! Ne crois pas pouvoir te débarrasser si facilement de moi !... Nous nous reverrons... » En écoutant cette voix que l'écho me rend à l'infini et avec une telle intensité que tout l'air en vibre, je sais que la silhouette enveloppée de brume et qui brûle maintenant me parle et me regarde avec des yeux auxquels je ne peux plus résister. C'est cette voix et ces yeux que j'ai cherchés dans toutes les voix qui m'ont parlé et dans tous les yeux qui m'ont regardée, dans tous les hommes que j'ai rencontrés dans mes innombrables vies et dont je me suis souvenue dans ma vision initiatique. Dans tous ces hommes, j'ai cherché *celui* que j'aime d'un amour immortel, que j'aime avec chaque goutte de mon sang, l'unique, le seul, « *mon* » époux : le reflet de ma propre moitié complémentaire...

Une autre image s'impose à mon esprit, celle d'un homme que je n'aime pas comme ma moitié complémentaire mais *comme moi-même* : Ima ! Je ne pourrais jamais l'aimer d'un amour terrestre car j'ai toujours été unie en Dieu avec lui. C'est l'amour éternel de l'*unité* paradisiaque qui nous lie. Je veux aller vers lui, tout lui expliquer, il me comprendra. L'unité qui me lie à lui sera mon phare dans mes pérégrinations futures, il éclairera mon sentier assombri afin que je retrouve le chemin qui mène à la patrie céleste, vers Dieu.

Je me précipite hors de ma cellule. Je le cherche à l'école des néophytes où il est prêtre et où il prépare les candidats à l'initiation. Je le cherche partout, dans toutes les salles, dans tous les coins. Il n'est nulle part. Le jeune prêtre qui m'avait assistée lors des derniers préparatifs avant mon initiation paraît soudain devant moi et demande : « Cherches-tu Ima ? »

« Oui, où puis-je le trouver ? »

« Tu ne trouveras plus Ima dans le Temple. Il l'a quitté dans un état désespéré. Il s'est perdu car il a cru *en une femme* au lieu de croire en Dieu par-dessus tout. Il est parti, accablé, personne n'a pu le retenir. Il a préféré s'exiler au milieu des tribus sauvages de nègres car là-bas, au moins, personne ne pourra le décevoir. Les nègres ne mentent pas. Ils sont comme ils sont ! Ce furent ses derniers mots. Tu ne retrouveras jamais Ima ! »

L'horreur me paralyse et me rend muette. Oh ! Ima ! Je t'ai plongé dans le malheur et le désespoir ! À cette nouvelle, l'enfer en moi devient insupportable, une vraie torture… Pourtant, je sais que le jeune prêtre s'est trompé sur une chose : *je retrouverai Ima* ! Si ce n'est dans cette vie, ce sera dans la prochaine. Tout passe, seul l'amour authentique reste. Et cet amour qui est au-delà des sexes, l'amour de l'unité spirituelle nous reconduira, Ima et moi, infailliblement l'un vers l'autre.

Je rentre au palais ; je ne suis plus sûre que d'une chose : je *dois* mourir. Je n'aurais plus pu vivre sans être prêtresse, sans être une initiée. Mais maintenant que je sais avoir entraîné en enfer mon meilleur ami, mes tortures morales sont indicibles. Toutes mes pensées, tous mes sentiments se hérissent à l'idée de continuer de vivre. Je veux me détruire et je tente, par des efforts désespérés, de quitter mon corps.

Cela m'est devenu impossible ! Je ne peux pas mourir ! Je dois porter en moi le feu qui me brûle et détruit mes nerfs. Je ne peux pas me fuir ! Lorsque, complètement épuisée, je m'étends pour trouver un peu de repos, ma poitrine est oppressée, je peux à peine respirer, j'ai une montagne sur le cœur. Devant mes yeux fermés, je vois un feu aveuglant, des flammes rouges et dévorantes, des flammes comme les cheveux de l'étranger… comme la crinière des lions…

Les lions! – Bien sûr, je veux aller vers eux!

Je me prépare comme pour aller faire une randonnée en chariot. Le gardien me laisse entrer car il sait que, depuis mon initiation, j'ai la permission paternelle de conduire seule ces animaux.

Je m'approche de mes lions. Ils m'accueillent en baissant la tête et en retroussant les babines. Ils détectent une odeur, ils sentent une émanation étrangère qui colle à ma peau. Je vais vers Shima et lui caresse la tête. Shu-Ghar se met à gronder, se ramasse, prêt à bondir. La rage et la jalousie étincellent dans ses yeux. L'instinct de conservation se réveille en moi. Je projette ma volonté vers Shu-Ghar comme je le faisais pour conduire le chariot. Horrifiée, je constate que je ne peux plus projeter ma volonté! Elle est paralysée, morte et le lion bondit. Je me retourne juste à temps pour apercevoir trois hommes épouvantés qui accourent: Thiss-Tha, Bo-Ghar et le gardien. Avec toute la force et la rapidité dont je suis encore capable, je m'élance hors de l'enclos. Je sens le souffle chaud du lion sur ma nuque, je sens sa gueule sur moi... un grand coup sur ma tête! Mais je poursuis ma course, je vois une porte qui s'ouvre sur un lieu où le lion n'aura plus aucun pouvoir; à la porte se tient la fine et pâle silhouette de ma *mère*! «Mère», dis-je en courant car je sais qu'une fois dans ses bras, je serai sauvée. Mère m'attend, bras ouverts, avec son sourire si doux! Un dernier effort... et je tombe dans ses bras. Le lion disparaît, je suis sauvée...

Puis, tout devient sombre mais je suis sûre d'une chose: je suis dans les bras de ma mère qui m'a aidée à franchir le seuil. Je me sens bien... je me repose... je jouis pleinement de l'amour de ma mère que je n'avais pas vue depuis si longtemps, je jouis de la paix de l'amour.

Une force extraordinaire attire ma conscience quelque part et je me réveille. Je gis dans un cercueil et ne sens pas mon corps. Ma conscience est embrumée, je sais seulement que je veux me lever et que je n'y parviens pas. C'est alors que je vois Ptahhotep et son assistant. Ils sont là près de moi. C'est Ptahhotep qui me retient doucement et avec tendresse. Je dois rester couchée. Je suis dans mon corps spirituel mais la corde magique me lie encore à mon corps matériel de chair. Le corps embaumé est dans le sarcophage et mon corps spirituel a la même position. Ptahhotep et son assistant sont là et je les vois aussi dans leur corps spirituel. Je vois les foyers ardents d'énergie qui ont créé les yeux dans leur corps matériel et par lesquels ils regardent dans le monde manifesté. Les deux centres de forces de Ptahhotep radient maintenant une lumière phosphorescente bleuâtre qui m'atteint et pénètre tout mon être... et le sommeil me vainc.

La salle et les deux grands prêtres disparaissent. Je me retrouve dans les bras de ma mère. Je reconnais maintenant que ce sont des courants de force qui, une fois, avaient composé ses bras comme tout son corps d'ailleurs et qui, projetés hors de ce dernier, étaient devenus amour. Ces forces me portent, remplissent d'amour, de paix et de sécurité mon âme tourmentée.

Un son désagréable et soudain me fait tressaillir et dérange ma quiétude, une espèce de claquement que mes oreilles spirituelles ressentent comme un choc. Je cherche l'origine de ce son et découvre que ce sont les fouets des meneurs d'esclaves qui claquent en mesure pour harmoniser le pas des hommes tirant mon cercueil qui glisse lentement, comme une luge, sur un rail. Je dois juste avoir quitté le palais.

Je veux m'asseoir mais cela m'est impossible. Je ne peux mouvoir mes membres car, du cou jusqu'aux orteils, je suis enveloppée de bandelettes qui m'enserrent fermement. Il me semble être soudée en une seule pièce, les mains croisées sur la poitrine, les jambes étendues, bien parallèles. Dans cette position, je ne vois que vers l'avant et en haut. Devant mes pieds, je vois dans le soleil éclatant les dos nus des hommes mouillés de sueur qui se penchent rythmiquement à chaque mouvement de traction. En dessus et plus loin, j'aperçois un édifice de pierre blanche percé en son centre d'une tache noire, pareille à une porte. Dans cette lumière aveuglante, le bâtiment aux murs étincelant de blancheur se détache distinctement contre le bleu foncé du ciel. La tache noire grandit alors que nous progressons. Je regarde le ciel, il est si foncé qu'il paraît noir. Deux grands oiseaux volent au-dessus de moi – des cigognes ou des grues?

Nous arrivons devant l'édifice, la tache noire est immense maintenant... oui... c'est vraiment une ouverture. Oh, je reconnais l'endroit, nous sommes dans la Cité des Morts – une tombe! Les hommes franchissent la porte et disparaissent dans l'obscurité... puis c'est moi qui passe ce seuil si noir. L'obscurité est choquante après la lumière aveuglante du soleil, je suis plongée dans le noir absolu. Une horreur indicible m'envahit et, intérieurement, j'implore Ptahhotep: «Combien de temps, combien de temps dois-je rester ainsi enfermée?» Et maintenant, la voix si familière de Ptahhotep me parvient, distincte, pour prononcer le verdict inexorable, incompréhensible:

« Trois mille ans... »

Un désespoir et une peur indescriptibles s'emparent de moi et de cette peur paralysante surgit soudainement le monstre qui est l'expression de la loi de la matière. Je vois sa grimace mortelle et sarcastique qui me fait face, son regard tranchant et pénétrant qui perce et s'enfonce profondément en moi pour m'attacher à la momie qui, une fois, avait été *moi*.

Le monstre me dit alors : « Eh bien ! tu es quand même en mon pouvoir ! Vois-tu, le plus haut et le plus bas sont toujours les reflets l'un de l'autre. *La perfection reposant en elle-même et la raideur éternelle* sont les deux faces de la même *divinité*. Tu voulais devenir consciente dans *la perfection reposant en elle-même* et maintenant, tu es tombée dans la *raideur* !

« Oui, les prêtres embaument la dépouille mortelle des initiés afin que leur corps, comme un accumulateur, radie longtemps encore l'énergie divine. Leur esprit est libre et dans leur conscience, ils ne sont plus liés à la terre. Toi, par l'amour charnel, tu as conduit dans tes centres nerveux inférieurs l'énergie divine que tu possédais, et tu t'es brûlée. Ta conscience et ton corps spirituel sont maintenant enchaînés à ton enveloppe matérielle, tu es pour toujours ma prisonnière. Bien que le corps spirituel de l'initié reste lié à la momie par l'embaumement, sa conscience cependant reste dans *l'éternité*, tandis que la tienne est exilée dans *l'infinité* !

« *L'éternité est le présent éternel, l'infinité est l'éternel futur* qui n'est jamais atteint, qui ne devient jamais présent.

« L'éternité n'ayant jamais eu de *commencement* n'a donc pas de *fin*. L'éternité est le *présent* absolu qui ne connaît ni passé ni futur. *L'infinité*, par contre, est la chute hors de *l'éternité* dans *le futur* sans *présent* !

« Tu voulais participer à la spiritualisation de la terre. Eh bien ! commence par spiritualiser, si tu le peux, ce petit tas de terre qui fut ton corps ! Hihihi ! La prêtresse gît ici et sa conscience n'est plus qu'un petit caillou !

« Tu te trouves devant la première épreuve de l'initiation : dans *l'état de conscience de la matière* avec *une conscience humaine* ! Essaie donc de t'échapper si tu le peux ! Tu es ma prisonnière ! Tu ne peux plus te libérer, te défaire de moi parce que *tu* es devenue *moi*.

Pendant l'initiation, c'est *toi* qui *m*'as vaincu car, devant ta *conscience de Soi* divine spirituelle, j'ai dû admettre que je ne peux exister sans le *Soi*. J'ai dû donc reconnaître que *je* suis *toi*. Mais maintenant, c'est le contraire : dans ta conscience, *tu* es devenue matière, tu t'es identifiée à ton corps et pourtant, comme moi, tu es esprit : l'esprit de la matière. Par conséquent, c'est *toi* qui es devenue *moi* !

« Tu es ma prisonnière pour l'infinité, dans l'obscurité… enfermée dans ce cadavre que tu fus et qui, grâce à l'embaumement, ne s'altérera pas. Sans ce procédé, tu aurais pu t'en libérer. Ta punition est dorénavant d'observer comment cette momie qui va préserver ta beauté embaumée va graduellement se ratatiner et devenir ma propre image, mon portrait. Tu voulais devenir *immortelle dans l'esprit de l'éternité* et maintenant, dans cette momie, tu es devenue *impérissable* dans l'infinité, dans l'infinité… dans l'infinité… »

Je suis impuissante. Je dois écouter. Je gis ici, mon corps spirituel indissolublement lié à ma momie. Dans mon désespoir, j'essaie de me réfugier dans *l'inconscience* mais cela m'est impossible. Je dois rester couchée ici consciente sans avoir la moindre idée du *temps* qui passe.

Temps ! Mais qu'es-tu donc, ô *temps* ? Tu n'existes que par rapport à l'homme malheureux. Dans le bonheur, il n'y a pas de temps : la conscience est calme, le concept du temps disparaît. Le bonheur passé, nous réalisons alors que pendant que notre conscience planait dans le présent absolu éternel, le temps passait rapidement. Le temps commence avec la chute hors du bonheur, hors du paradis. Mais le malheur ne connaît pas le temps non plus car plus l'homme est malheureux plus lent est le temps, les minutes semblent des heures, et dans la souffrance la plus profonde, quand la douleur et les tourments se font insupportables, chaque instant devient l'infini, le temps *se fige, se raidit* ! Oh ! combien ce Satan a donc raison ! Le plus haut et le plus bas se ressemblent comme des jumeaux, comme la réalité ressemble à son reflet, l'apparence. Le bonheur est *l'éternité* sans temps et le contraire, le malheur est le temps sans fin, l'infinité.

Je gis ici et n'ai rien, absolument rien pour comparer ou mesurer le temps ! Arbre de la connaissance du bien et du mal ! Je saisis pleinement ta vérité : *une connaissance n'est possible que par la comparaison !* Comment puis-je connaître la fuite du temps si je ne vois pas le soleil, cette horloge divine... quand je n'ai pas la moindre idée de l'expérience du temps dans cette obscurité, ce que représente un jour dans le noir ? Qu'est-ce qui peut me montrer le temps lorsque rien ne se passe, quand je me trouve dans un environnement sombre et figé ? Que puis-je savoir du temps puisque je n'ai plus de cœur dont les pulsations dans ma poitrine battaient le rythme de la vie et qui, maintenant, pourraient me donner une idée du temps ? Ne suis-je ici que depuis quelques minutes qui m'ont paru interminables ? Des semaines ?... des années ?... des siècles ?... des millénaires ?... Comment pourrais-je apprécier la différence ?

L'effroyable peur ne me quitte pas un instant. Je n'ai plus de poumons pour respirer profondément, pour puiser des forces nouvelles dans la source éternelle et mesurer le temps avec ma respiration. Rien, il n'y a rien qui puisse apporter quelque répit à mon âme torturée... les tourments et la souffrance n'ont pas de fin, pas de fin, pas de fin...

BRUME ET RÉVEIL

Le temps passa sur la grande horloge cosmique, sur la périphérie de l'immense roue de la création sans pourtant que j'en aie eu la moindre notion.

Il me semblait être restée une éternité ainsi figée à souffrir tous les tourments de l'enfer quand, malgré tout, vint l'instant où je sentis une force s'approcher de moi, une énergie plus grande et plus forte que le lien qui retenait ma conscience attachée à ma momie qui, entre-temps, s'était desséchée, ridée, et offrait l'image affreuse de la loi de la matière. Cette force m'attirait irrésistiblement... quelque part. Après les interminables souffrances de l'enfer, je perdis enfin conscience.

Deux êtres qui m'étaient apparentés par l'âme s'étaient unis et me donnaient l'occasion d'hériter un corps correspondant au degré de ma conscience déchue.

Comme j'étais une femme lorsque j'étais tombée, c'est en qualité de femme que je devais me réincarner jusqu'à ce que j'atteigne à nouveau le niveau duquel j'avais chuté. J'arrivai dans un environnement composé d'êtres obtus et à peine conscients, où mes faits et gestes ainsi que ceux de mes proches étaient dictés par les passions et les instincts animaux, où je n'appris que la brutalité, l'égoïsme et le manque d'amour.

Dans cet état brumeux de conscience à demi animale, je vécus encore quelques incarnations dont le sens était d'éveiller ma vie émotionnelle. La misère et le travail incessants réveillèrent et aiguisèrent mes nerfs insensibles et émoussés. Les hommes jouèrent un grand rôle : de leur corps émanait toujours ce même feu de l'instinct physique auquel je me consumais. Je rencontrais toujours les yeux enflammés et la voix chuchotante de l'esprit de feu de ma troisième épreuve. De manière sans cesse répétée, j'étais forcée de danser avec l'esprit de la caverne de la sensualité et des passions où les gens faisaient du sacrement de la procréation un but en soi pour satisfaire leur plaisir. Je devais danser avec cet esprit, danser, danser jusqu'à ce que je ne puisse plus me tenir sur mes pieds. Je voulais « être heureuse » et cherchais infatigablement l'amour, le seul et unique homme que j'aurais pu aimer, qui aurait pu m'aimer, le portrait de ma moitié complémentaire. Mais je ne trouvais que sensualité exacerbée et passions sans amour qui ne pouvaient me combler. Toujours à la recherche du bonheur, je passais dans les bras des hommes pour trouver *celui* que j'aimais et avec lequel j'aurais pu vivre *l'amour* authentique...

Ces vies furent une suite interminable de déceptions. Le destin me faisait avancer à coups de fouet et mon âme souffrit tellement que le feu des tourments consuma la couche d'insensibilité qui isolait mes nerfs et, graduellement, réveilla ma conscience comateuse. L'excitation et l'agitation me donnèrent quand même l'occasion, au cours de chacune de ces incarnations, d'élever mon système nerveux d'un échelon au moins. C'est ainsi que *l'amour* éternel me permit, par la souffrance, de sensibiliser, d'affiner mes nerfs et d'augmenter leur résistance.

Dans chacune de ces vies, j'étais guidée par une force consciente qui me faisait chercher sans répit, obstinément, ceux dont je ne me souvenais pas vraiment mais qu'avec chaque goutte de mon sang, je désirais retrouver... des êtres comme moi ! Parmi lesquels je me sentirais « à la maison » et auxquels j'appartenais sans réserve, de tout mon être : Ptahhotep, Atothis, Ima, Bo-Ghar... Mais je ne les trouvais pas ! Ici ou là, il me semblait en reconnaître un, l'amour et le souvenir s'illuminaient en moi. Puis, le brouillard retombait sur l'image... et je les perdais encore. Il m'arrivait parfois d'entendre un serviteur de Dieu parler d'un grand maître, d'un « fils de Dieu » et j'avais alors l'impression indéfinissable d'avoir été proche de cet être supérieur, une fois, quelque part, dans un passé qui se perdait dans la nuit des temps, que j'avais déjà entendu cet enseignement de vive voix ; et dans ma pauvre âme confuse s'agitait une force qui m'attirait quelque part, là-bas où ces êtres supérieurs étaient « à la maison ». Ces instants étaient très fugaces ; le destin me chassait toujours plus loin, m'infligeant des expériences brutales qui faisaient s'évanouir ces souvenirs vacillants. J'oubliais tout.

Mes sens limités constamment purifiés par les privations physiques et spirituelles s'affinèrent de plus en plus et permirent à mes nerfs de supporter les vibrations de l'amour désintéressé. Peu à peu, un rayon d'amour divin commença à se manifester au travers de la passion brute des instincts du corps. Dans ma vie suivante, cet amour fit lever définitivement la brume qui assombrissait ma vue spirituelle. Lorsque je vins au monde pour y devenir une servante négligée et abandonnée, je portais déjà en moi l'amour divin désintéressé. Mais mes centres supérieurs nerveux et cérébraux devaient encore être réveillés afin de pouvoir exprimer et utiliser toutes les facultés spirituelles. À nouveau, je rencontrai l'homme à la voix familière et aux yeux de feu qui, autrefois, avait été l'étranger aux cheveux roux et qui, entre-temps, avait parcouru sa propre route pour se développer au cours de nombreuses incarnations. Je l'aimais, je devais l'aimer afin de récolter les dernières expériences de l'amour entre homme et femme. Dans cet amour, je ne dirigeais que des forces physiques dans le corps, cela ne représentait donc aucun danger de chute. Notre destinée commune nous ramena l'un vers l'autre sur le banc des mendiants. Les souvenirs se réveillèrent en moi avec une telle précipitation que mon esprit encore engourdi s'en était trouvé stimulé. Mes yeux spirituels s'étaient ouverts. Mais ce choc avait été trop brutal et le corps n'avait pu le supporter. L'instant d'après, je mourais.

Selon la loi de l'hérédité, je fus attirée, quelques siècles plus tard, par deux êtres purs et emplis d'amour et dont la vie était liée à la mienne depuis longtemps, si longtemps.

Une fois encore, j'ouvris mes deux yeux humains sur cette terre sur laquelle je jetais un regard chargé de toutes mes expériences passées…

Les mêmes fréquences construisent les mêmes formes. Et comme dans cette vie, j'ai, dans ma constellation psychique, le même niveau que j'avais alors en ma qualité de fille du pharaon, je lui ressemble physiquement aussi. Cependant, comme en esprit et en volonté je me suis beaucoup affermie, mon ossature est également devenue plus forte que celle que j'avais alors. Par contre, la forme, la couleur et le regard, donc *l'expression* de mes yeux sont restés identiques.

Lorsque je contemple ma vie présente depuis ma naissance, tout devient parfaitement clair ! C'est dans cette vie en Égypte que je fus consciente de *moi* pour la dernière fois, et maintenant que je me trouve dans un état de conscience de *Soi* à nouveau éveillé, ce sont précisément les souvenirs de cette vie importante, qui se déroula sur le même niveau de conscience, qui s'animent en moi.

Le dernier événement, l'expérience du cercueil, est la toute dernière impression de ma vie d'alors. L'horreur s'en est gravée si profondément dans mon âme qu'il fut le premier dont je me souvins dans cette vie.

Mais tout cela se manifesta beaucoup plus tôt, déjà dans mon enfance, sous la forme de souvenirs inconscients ou à demi conscients.

L'extraordinaire déception que j'avais ressentie lorsque, à la table familiale, j'étais devenue consciente du fait que le concept de «Père» ne s'appliquait pas au «plus grand homme du pays»... l'étonnante conviction que mes parents – que plus tard j'aimais profondément – n'étaient pas mes vrais parents, furent en fait les premiers souvenirs semi-conscients de ma vie d'alors.

Les «yeux» du bouillon, mes efforts pour trouver une unité au sein d'un cercle d'amis, témoignaient de ma nostalgie, de ma soif du bonheur de l'*Unité du Soi* que j'avais vécue dans le Temple.

Les postures étranges auxquelles, petite fille, je m'exerçais à la maison sans avoir jamais eu l'occasion de les voir auparavant, ces postures que notre ami rentrant d'Extrême-Orient nommait «Hatha Yoga» étaient le souvenir des exercices enseignés dans le Temple par Mentuptah. Ce système d'exercices faisait partie du savoir secret des fils de Dieu que ceux qui avaient fui aux Indes avaient sauvé et enseigné aux grands maîtres de ce peuple qui les pratiquèrent jusqu'à nos jours.

Le cauchemar qui, pendant mon enfance, se répéta si souvent en me remplissant d'horreur: le lion qui me poursuit et dont je sens la gueule sur ma nuque, fut un premier souvenir des dernières impressions de ma vie en Égypte, les impressions de la mort dont je faisais l'expérience.

Et les «géants», les «titans», les «demi-dieux» dont les facultés surpassaient celles des fils des hommes et dont mon père, le père aimé dans cette vie, ne savait rien car il ne se souvenait plus: Ptahhotep, Atothis... fils de Dieu... où êtes-vous?

Dans mon âme et sans un son, je crie, comme je l'avais appris autrefois dans le Temple de mon maître aimé et vénéré, le grand prêtre Ptahhotep. Et j'écoute en moi pour recevoir une réponse...

Je me trouve d'abord dans un vide obscur. Mais je suis parfaitement consciente dans ce noir et je sais que le phare de la conscience est la plus grande lumière, l'unique lumière capable de dissiper les ténèbres. Et la lumière de ma conscience se concentre toujours plus. *Où êtes-vous, vous les êtres à qui j'appartiens, auxquels je ressemble, vous qui êtes amour, vous qui me comprenez, vous qui jamais ne m'avez abandonnée, même aux heures les plus terribles de ma déchéance, où êtes-vous ? Où êtes-vous ?*

Dans l'obscurité, une lueur phosphorescente verdâtre toujours plus distincte, plus proche et je vois cette lumière prendre la forme de la merveilleuse silhouette de mon maître cher, *Ptahhotep*. Je réalise que mon *Soi* s'est maintenant projeté dans la petite chambre de notre maison forestière, dans la personne qui, pendant ma vision initiatique, fit l'expérience du *Soi* créateur qui plane au-dessus du monde créé. Dans le temps du monde tridimensionnel, seul un instant a passé. Et dans ce même moment, je vis en moi toutes les formes latentes que j'ai portées *en moi* comme *possibilités de manifestations* et qui se sont réalisées sur le plan matériel, du niveau inférieur et inconscient de la matière jusqu'à l'échelon suprême du *Soi* réalisé dans la matière.

Ptahhotep est toujours devant moi, son regard, ses yeux célestes pleins d'amour reposent sur moi. Ce regard... ce courant de force qui pénètre tout et qui compose ce regard, fait disparaître les derniers voiles de devant mes yeux et me permet de revivre tout ce qui existe dans ma conscience actuelle comme *éternité*, comme *présent* absolu et sans temps...

Je plonge mon regard dans ces deux sources de vie que sont les yeux de mon maître et, avec une joie indescriptible, je découvre que je comprends les paroles qu'il ne prononce pas, que je *possède à nou-*

veau la faculté de l'esprit ! Nous nous comprenons de nouveau comme autrefois en Égypte !

J'aimerais me jeter dans ses bras. *Il* lève sa main droite pour arrêter mon élan. Ses yeux me disent : « Ne me touche pas ! Tu sais que je ne suis pas sur le plan terrestre et que tu ne peux me voir que parce que tu as élevé ta conscience sur la même fréquence de vibration spirituelle que celle dans laquelle je me trouve. Si tu voulais me toucher, tu forcerais ta conscience à descendre au niveau de tes nerfs tactiles, au niveau matériel et mon image disparaîtrait instantanément de ta vue. Dorénavant, tu seras capable d'élever ta conscience jusqu'aux hautes fréquences pour me trouver comme tu pouvais le faire autrefois pendant cette ancienne projection du *Soi* que tu nommes ton incarnation – ta vie – en Égypte. »

Je reste calme et garde le contrôle de moi-même car je ne veux en aucun cas quitter cet état dans lequel je peux percevoir Ptahhotep avec mes yeux spirituels. Mais mon âme déborde de joie, il me semble que mes nerfs ne pourront supporter cette tension extraordinaire, que mon cœur va éclater. Ptahhotep lève à nouveau sa main droite et, sans prononcer la moindre parole, envoie un courant d'énergie dans mon cœur qui se remet à battre régulièrement.

« Père de mon âme, je comprends maintenant que ma vie présente est le résultat de toutes les actions de mes vies précédentes. Je comprends les relations entre les personnes, les rapports entre les événements. Il me reste toutefois quelques questions auxquelles je ne trouve pas de réponse. Par exemple, je sais que mon enfant unique et aimé est Ima. Je sais maintenant ce qu'il voulait me pardonner quand il fut si malade et que la fièvre le faisait délirer. Pourquoi, par contre, croit-il qu'il fut une fois un nègre ? »

Par le regard de Ptahhotep, la réponse m'apparaît comme une suite d'images. Une terrible tragédie s'était déroulée dans l'âme d'Ima. Au moment où il avait remarqué ce qui se passait entre l'étranger à la chevelure rousse et moi, une déception indescriptible s'était emparée de lui, causant une angoisse, une anxiété dévorante qui l'avaient fait quitter le Temple et partir loin en Afrique chez les nègres.

Une autre image me montre Ima, comme je l'avais connu en Égypte, dans une contrée tropicale, entouré de Noirs. Il radie d'un amour divin au milieu de ces enfants des hommes primitifs. Ceux-ci le sentent, le comprennent instinctivement comme des animaux. Ima enseigne, guérit les malades, aide partout où il le peut et les nègres répondent à son amour et à ses efforts par une adoration puérile. Dans son désespoir, il prend une Noire pour femme et se laisse entraîner dans l'amour charnel. Sa conscience s'ancre toujours plus profondément dans la matière, la lutte pour la survie dans la jungle l'entraîne toujours davantage vers la vie humaine. Il meurt avec une conscience dirigée vers les souffrances et les problèmes humains. Et comme dans ses pensées, il s'était occupé de ses chers nègres, qu'il s'était identifié à eux, il va se réincarner comme l'un d'eux, selon la loi de l'affinité.

Dans sa prochaine vie, il apporte la même conscience chaotique et inférieure dans laquelle son désespoir et la satisfaction de ses instincts l'avaient précipité. Son intelligence rayonne encore au travers de son enveloppe physique et, au sein d'une tribu, il devient le chef aimé et respecté. Il prend femme, il a des enfants. Je le vois comme nègre – et ce n'est que par son regard que je le reconnais sous cette forme – chassant dans la jungle, dans la brousse, grimpant aux arbres pour guetter les animaux sauvages qu'il va tuer pour les apporter à la maison. Un jour, alors qu'il chasse, il se fait attaquer par un tigre, il lutte héroïquement, mais le tigre triomphe et le tue. Je vois encore sa femme qui, entendant les cris de son mari, se précipite pour lui prêter secours… La vision s'efface et je vois encore dans quel état se trouve Ima après sa mort. L'effort incessant et inconscient qu'il fait, dans sa condition désincarnée, pour me retrouver le rapproche toujours un peu plus. Depuis notre rencontre en Égypte, nous avons tous deux parcouru un long chemin de développement, mais ni l'un ni l'autre n'étions encore assez mûrs pour nous retrouver. Puis, enfin, nous avons atteint un niveau sur lequel nous pouvons nous rencontrer sans qu'il y ait aucun danger de succomber à l'amour charnel.

La volonté de préserver à tout prix la pureté de notre amour et d'écarter de nous toute tentation, la loi de l'hérédité physique contribuèrent à faire d'Ima mon fils. Il doit, dans cette vie, également ré-acquérir la vision spirituelle claire qui avait été la sienne autrefois. Et comme c'est à cause de moi qu'il a perdu sa foi, c'est donc moi qui dois le ramener à Dieu. Mais le temps n'en est pas arrivé, il n'est encore qu'un enfant.

« Père de mon âme, où est Atothis, ton frère et mon père en Égypte ? J'aspire à rétablir le contact avec lui. Je suis certaine que lui non plus ne m'a pas abandonnée. »

Devant mes yeux spirituels apparaît l'image d'un homme merveilleux, d'un être qui, récemment, fut le plus grand maître qui révéla les vérités les plus profondes. J'avais lu les livres que ses disciples avaient composés de toutes ses conférences. Il m'avait beaucoup émue et chaque phrase me donnait le sentiment de connaître cet homme, d'être en étroite relation avec lui, de connaître ses pensées et de lui appartenir ! Je savais que je n'aurais jamais l'occasion de le rencontrer car il était décédé dans un pays lointain alors que je n'étais qu'une enfant. J'avais souvent longuement regardé le portrait de cet homme extraordinaire qui avait possédé des facultés surhumaines, cela ne faisait aucun doute, et je savais que ses yeux, son regard divin m'étaient familiers… quelque part. Je ne savais pas pourquoi, en rêve, je courais si souvent vers lui, mes cheveux et ma tunique blanche flottant au vent, pour me jeter dans ses bras ouverts, dans la joie des retrouvailles. Éperdue de bonheur, je pleurais en disant : « Père ! Père ! » À mon réveil, je ne savais pas pourquoi je l'avais appelé « père » dans mon rêve ni pourquoi j'avais pleuré si amèrement que mon oreiller en était tout mouillé...

Ptahhotep sourit : « Te souviens-tu ? »

« Oui, Père de mon âme, je me souviens. Il m'a dit une fois en Égypte, au bord de la mer : "Un temps viendra quand je serai sur terre alors que toi, tu ne vivras pas dans un corps ; un temps viendra aussi quand tu seras incarnée sur terre alors que je travaillerai depuis la sphère spirituelle à la grande œuvre de la spiritualisation..." Où est-il maintenant, Père de mon âme, où est-il ? »

Je comprends la réponse que me donne Ptahhotep par l'esprit : « Alors qu'il était encore sur terre, il promit à ses disciples de ne pas les abandonner même après sa mort et qu'il poursuivrait l'énorme tâche d'initier l'humanité aux vérités anciennes. Toi et Bo-Ghar êtes déjà ses – nos – collaborateurs sans que vous en soyez conscients. Plus tard, vous deviendrez des collaborateurs conscients. »

« Bo-Ghar ? Vit-il de nouveau sur terre ? Où est-il ? L'ai-je déjà rencontré dans cette vie ? Peut-être ne l'ai-je pas reconnu ? »

« Attends ! Il vit dans un pays lointain où Atothis s'était aussi réincarné. Tu sais qu'il t'a promis de venir de l'autre bout du monde pour te sauver quand tu seras en danger. Il viendra à toi en temps opportun. »

« Danger, Père de mon âme, quel danger ? »

« Souviens-toi de ce que je t'ai dit en Égypte avant l'initiation : si tu déchois, tu devras vivre tous les rêves initiatiques dans la réalité terrestre car les rêves ne sont rien d'autre que des réalités dans le monde énergétique non matériel et "faiseur d'images" de l'homme. Et ce que vous nommez "réalité" n'est également qu'un rêve, qu'une projection du Soi qui a été rêvée et qui agit sur le plan matériel et jusque dans l'atmosphère terrestre. Pour redevenir une initiée, une collaboratrice utile, tu dois repasser tous les examens que tu as ratés une ou plusieurs fois. Une ancienne connaissance t'aidera à franchir le portail mystique. Le jeune prêtre qui, autrefois, t'avait préparée à l'initiation vit sur terre maintenant. Au moment voulu, il sera près de toi pour t'assister sur le chemin qui conduit au but. »

« Comment Thiss-Tha, le général d'Atothis, devint-il mon père tendrement aimé dans cette vie ? »

« Il serait trop long d'énumérer toutes les causes qui le conduisirent à ce résultat. Je vais t'en indiquer les principales. Tu sais que *l'aspiration, la nostalgie*, est la force la plus puissante de l'âme humaine. L'homme se réincarne là où son aspiration, sa nostalgie entraîne sa conscience. Lorsque tu fus attaquée par ton lion, il se trouva trois hommes pour tenter de te sauver. Thiss-Tha, Bo-Ghar et le gardien des lions. Bo-Ghar t'avait suivie lorsque tu avais quitté le palais. Il avait couru désespérément pour te sauver. Thiss-Tha était sur le point de faire atteler ses lions quand il avait vu le tien te charger. Il avait bien tenté de le retenir mais l'animal avait été plus rapide. Il t'avait porté un tel coup que, lorsqu'on parvint à te dégager de ses griffes, ton corps était si profondément blessé qu'il fut impossible de tenter une réanimation. Thiss-Tha prit ton corps tout déchiré dans ses bras ; accompagné de Bo-Ghar horrifié et accablé qui sanglotait à ses côtés, il te ramena au palais. Thiss-Tha était un homme droit et intègre, il aimait le pharaon et toi sans arrière-pensée. Alors qu'il portait ton pauvre petit corps agonisant, il fut saisi d'une infinie compassion... il te portait comme un petit enfant, comme son enfant, et il t'aima comme un père. Ta dernière expérience de cette vie fut ta course vers Thiss-Tha, que tu avais aperçu, pour chercher du secours. Vers lui, tu as cherché protection. Ces sentiments que vous avez eus l'un pour l'autre sont la raison *profonde* qui ont créé cette relation de l'enfant et du père protecteur et qui s'est réalisée dans une vie ultérieure.

« Mais, à côté de nombreux autres détails, il est une autre cause importante qui fit que tu devais devenir son enfant : pour que tu puisses repasser l'initiation dans cette vie, il était absolument nécessaire que tu hérites de centres nerveux et cérébraux hautement développés et ouverts aux manifestations spirituelles.

« Si tu pouvais suivre la longue chaîne des générations successives descendant du Thiss-Tha qui vécut autrefois en Égypte, tu constaterais que *la chaîne des cellules vivantes* n'a jamais été interrompue depuis le Thiss-Tha d'alors jusqu'au Thiss-Tha d'aujourd'hui, ton père dans cette vie. En d'autres termes, le corps de chacun de ses enfants s'est développé à partir d'une cellule vivante du corps de Thiss-Tha, et le corps de leurs enfants s'est développé chacun d'une cellule vivante, et ainsi de suite. Le processus continua pendant des générations et des générations jusqu'à ce que le père et la mère de ton père naquissent et missent à disposition une autre cellule vivante et fécondée de l'esprit de celui qui fut Thiss-Tha, ce qui lui permit de se réincarner dans la même chaîne héréditaire.

« La relation entre parents et enfants est infiniment plus profonde – et remonte aux temps les plus reculés – que les savants qui étudient aujourd'hui ces lois peuvent l'imaginer. Ils ne voient que le corps. Mais il existe des lois de l'hérédité supérieures à celles du corps, celles qui procèdent des relations spirituelles élevées. *Qui se ressemble s'assemble !* Une autre raison pour laquelle tu pouvais t'incarner comme l'enfant de Thiss-Tha est la similarité de vos caractères ; ce n'est pas en vain que chacun la remarque entre ton père et toi. *Tu ne lui ressembles pas parce que tu es son enfant, mais tu es devenue son enfant parce que tu lui ressembles!* Il est donc évident que tu lui ressembles également physiquement par la taille, la posture, l'ossature et les traits du visage. *Les mêmes forces créent les mêmes formes!*

« Si tu as compris le système de l'hérédité des cellules vivantes, tu comprends aussi pourquoi ton père dans cette vie a la même peau basanée, les mêmes cheveux et yeux noirs qu'autrefois en Égypte. Les couleurs et les formes sont également des manifestations de l'esprit. La possibilité d'hériter dans ce pays de ces couleurs et de ces formes peu courantes fut offerte par un lointain descendant de Thiss-Tha, un marin qui voyagea beaucoup. Des siècles peuvent passer avant que ne resurgissent dans la chaîne de l'hérédité une forme et une couleur oubliées depuis longtemps. C'est pourquoi des parents de peau claire peuvent donner naissance, de manière inattendue, à un enfant de peau et de chevelure foncées. S'ils étaient conscients, ces esprits, qui se sont réincarnés de manière aussi incongrue, pourraient raconter comment ils en sont arrivés à cette hérédité. En général, ce n'est que plus tard qu'ils deviennent conscients de leur mission et de leur origine. Et c'est bien ainsi car si un enfant d'aujourd'hui se souvenait de sa vie antérieure et en parlait à son entourage, on le prendrait certainement pour un malade mental, ou en tout cas pour un menteur ou un fantasque.

« Mais cela suffit pour aujourd'hui, mon enfant. Retourne dans ta conscience physique. Après ce grand choc du souvenir, tes nerfs, pour ne pas tomber malades, ont besoin d'un repos parfait. »

Peu à peu la vision de Ptahhotep s'estompe. Quelques instants encore, j'aperçois le regard divin de ses yeux lumineux puis *Il* disparaît à ma vue et, autour de moi, tout redevient sombre. Je dirige la lumière de ma conscience sur la question: *Où suis-je?*

De l'obscurité semblent sortir des parois blanches, s'esquisser les contours de divers objets : les formes et les couleurs se précisent jusqu'à ce qu'enfin tout ait changé et que je me retrouve consciemment dans la petite chambre de notre maison dans la forêt.

Oui, je suis dans la chambre du petit pavillon forestier. Cela est bien réel. Pourtant, pendant mon initiation en Égypte, alors que mon corps reposait dans le cercueil de pierre, que ma conscience faisait l'expérience, sous forme de rêves, de toutes les vies non encore vécues qui sommeillaient à l'état latent dans mon « Je », ces visions oniriques avaient été tout à fait réelles pour moi, aussi réelles que l'est la réalité présente qui me voit ici, dans la petite maison de la forêt. *Qui peut me dire ce qu'est la réalité : n'ai-je fait que rêver, alors que je me trouve maintenant dans le petit pavillon, que j'avais vécu en Égypte il y a des milliers d'années et que j'y avais reçu l'initiation ou est-ce que je rêve maintenant également pendant mon initiation dans la pyramide que je suis dans notre pavillon dans la forêt ? Et ma vie que je considère comme la réalité du moment, n'est-elle rien d'autre qu'un enchaînement de visions oniriques dans une conscience qui m'offrent la possibilité de passer des épreuves ?* Mon fils aujourd'hui – Ima en Égypte ? Quelle est la « réalité » ? Pendant mon initiation, j'ai vu en rêve des images tellement effroyables et chaotiques qu'il m'est difficile de m'en souvenir avec précision. Cependant, toutes ces choses impossibles étaient d'une parfaite réalité dans mes visions initiatiques. Maintenant encore, je vois certaines images de ces rêves. J'ai vu Ima déjà adulte et vêtu d'un uniforme de pilote, puis d'autres images de nous tous accompagnés de beaucoup de monde, assis dans un abri pendant une période interminable ; je me souviens aussi de soldats ennemis qui nous avaient envahis alors que notre maison s'était effondrée et d'autres rêves encore, impossibles, atroces, chaotiques! Quelle horreur! Mais je n'ai certainement rêvé de telles choses que parce que les journaux écrivent de plus en plus d'articles au sujet de la probabilité d'une seconde guerre mondiale.

C'est ainsi que j'essaie de mettre de l'ordre en moi...

Je reste immobile longtemps encore. Mon aide de ménage, une gentille fille, entre finalement et demande:

« Que puis-je préparer pour votre repas? »

« Merci, Betty, rien du tout. Je préfère aller me coucher. Je suis un peu fatiguée aujourd'hui. »

« Oui, Madame, vous réfléchissez trop. Je vous ai dit souvent de ne pas lire ni penser autant. J'espère que vous n'allez pas tomber malade, vous êtes si pâle! »

Elle prépare mon lit, me souhaite une bonne nuit et sort.

Je vais dormir car je me rends bien compte que, dans ma vision, Ptahhotep avait eu raison: mes nerfs avaient réellement besoin d'un repos absolu.

ROO-KHA ET LES DOUZE PASTILLES

Ce qui se passa par la suite fut si rapide que dans mon souvenir tous ces événements semblent avoir été un rêve.

J'ai commencé à transmettre à autrui les vérités que *Ptahhotep* m'avait enseignées dans le Temple. Les gens venaient toujours plus nombreux à mes conférences, pareils à des voyageurs assoiffés avides de puiser l'eau-de-vie dans les mystères profonds de l'initiation dans le *Soi* divin pour assouvir leur soif. Depuis ce moment, mon travail est resté le même : je suis là, au commencement du chemin semblablement interminable au bout duquel se dresse la silhouette brillante toute faite de lumière – le *Soi cosmique* créateur – et qui attend, bras ouverts, chacun de nous. Je suis là pour montrer le chemin aux innombrables brebis qui, toutes, cherchent la *lumière* et avancent lentement, les unes à côté des autres, dans la direction de l'être de lumière... comme je l'avais vu autrefois dans une vision, alors que je me trouvais dans les Dolomites.

Dans le monde tridimensionnel, mon karma, qui créa mon destin et mon caractère, se déroulait selon les lois du temps et de l'espace. J'étais seule avec ma mission, sans guide pour me conseiller, comme doivent rester seuls tous ceux qui veulent devenir des collaborateurs indépendants et dignes de confiance pour travailler à la grande œuvre. Très rarement et seulement lorsque je me suis trouvée à un tournant de mon existence, j'ai pu profiter d'une assistance et de quelques indications émanant des forces supérieures qui gouvernent la terre. Quant à mes propres problèmes, j'ai toujours dû les résoudre seule. Au cours des années, il se passa toujours quelque chose qui me rappela mes expériences égyptiennes.

Je me rendis pour la première fois dans un pays étranger pour participer à une conférence et j'y rencontrai quelqu'un que je connaissais depuis l'Égypte. Des gens de tous les pays s'y étaient rassemblés. Je passai devant une salle où quelques membres avaient déjà pris place et j'aperçus de dos un homme dont j'entrevis le demi-profil. Mon esprit était occupé à tout autre chose qu'aux souvenirs de ma vie égyptienne. Pourtant, je reconnus cet homme au premier coup d'œil et mon cœur se mit à battre plus fort tant la surprise était grande : Roo-Kha ! L'homme se leva et bien que je dissimulasse parfaitement mon étonnement, il me regarda avec perplexité. Il s'inclina devant moi et se présenta : « Ewalt Klimke. » Nous échangeâmes une poignée de main. Il resta muet un moment puis, embarrassé, me dit : « Étrange ! Étrange ! Qui êtes-vous vraiment ? J'ai le sentiment bizarre de devoir me prosterner devant vous, bras tendus, jusqu'au sol. Étrange ! » Il demanda encore : « Pourquoi ai-je cette drôle de sensation ? »

En souriant, je répliquai : « Vous étiez en Égypte et occupiez la fonction de chancelier et ministre des finances dans le gouvernement de mon père. » Toutes les personnes présentes se mirent à rire de bon cœur à ce qu'elles croyaient être une plaisanterie. Seul Ewalt Klimke resta silencieux, me regardant avec insistance et perplexité, embarrassé. Pendant toute la durée de la conférence, il me nomma « Reine ». Et chaque fois qu'il le pouvait, il me fixait avec obstination en répétant : « Étrange... » Nous conversâmes comme de vieux amis.

Un autre événement de la même période reste également profondément gravé dans ma mémoire : un soir d'automne, je me retirai, comme d'habitude, pour aller dormir. J'étais en train de rêver je ne sais quoi lorsque, soudainement, tout devint clair. Je vois une automobile s'approcher de moi, s'arrêter à ma hauteur. Deux hommes en blanc, comme des médecins, en descendent. L'un s'avance vers moi, sort de sa poche un instrument en forme de cuillère avec lequel il sort mon œil malade de son orbite. L'autre apporte une fiole, l'ouvre et en sort un disque rond et blanc que je ne reconnais pas, une très grosse pastille peut-être. Il lève la pastille à la hauteur de mes yeux afin que je puisse bien la contempler et dit : « Ne crains rien. Je vais mettre cela – et il montre la pastille – dans l'orbite de ton œil. *Douze* de celles-ci doivent se résorber avant que tu ne reçoives ton œil en retour. N'aie surtout pas peur de la cécité apparente de cet œil. » Il glisse la pastille dans l'orbite vide, ferme ma paupière et panse mon œil droit avec une serviette blanche.

Le lendemain, je m'éveillai et voulus me lever. Je dus bien me rendre à l'évidence que je ne voyais plus rien avec mon œil malade. C'était comme si on avait placé une planche épaisse devant lui. Je pris un miroir pour observer cet œil : sa pupille était devenue opaque, grisâtre. Je savais que c'était la cataracte. Cette maladie se développait dans mon œil droit depuis quelques années déjà mais l'aggravation avait été lente, imperceptible et hier encore, j'avais encore pu voir assez distinctement. De l'extérieur, on ne remarquait rien. Or, tout à coup, en l'espace d'une nuit, la lentille de mon œil droit s'était cristallisée et était devenue une cataracte bien réelle ! « Ne crains rien… » La voix du visiteur nocturne de mon rêve résonnait encore à mes oreilles. Non, je n'ai pas peur ! Mais il fallait recommencer à faire la tournée des médecins et professeurs et l'un d'eux allait décider d'opérer mon œil… Il y avait longtemps que j'avais appris que la crainte était inutile. Mais que pouvaient bien signifier ces pastilles blanches dont douze devaient être résorbées avant que je puisse retrouver mon œil ? Qu'est-ce que cela pouvait bien être ?

Je me rendis chez plusieurs médecins qui, pour la plupart, préconisèrent une opération dans un délai assez rapproché. Pourtant, il y avait un danger : comme j'avais déjà trente-cinq ans, que l'on devait couper une partie de l'iris (ce qui allait donner à la pupille ainsi agrandie la forme d'un trou de serrure), l'œil opéré ne pourrait plus supporter une lumière forte et je devrais constamment porter des lunettes noires. Il fut donc décidé d'attendre encore. Je suivis ce conseil. Je continuais à travailler mais ne pouvais m'habituer à ne posséder plus qu'un œil sain. La cataracte me gênait beaucoup.

L'été arriva et, comme chaque année, nous partîmes au bord du lac, dans la villa familiale. Je rencontrai un évêque catholique qui tenta de me convaincre d'aller faire examiner mon œil par un professeur de Vienne qu'il connaissait personnellement : « Ses méthodes d'opération sont différentes de celles des autres médecins. Allez vers lui et écoutez ses conseils. *Je suis un serviteur de Dieu et peut-être que Dieu vous donne ce conseil par ma bouche.* »

On m'avait déjà donné tant de conseils au sujet de mon œil que je n'y prenais plus garde. Pourtant les mots : « … peut-être que Dieu vous donne ce conseil par ma bouche… » restèrent vivants en moi.

En automne, Père m'accompagna à Vienne chez le professeur en question. Il recommanda une opération immédiate : « Vous devez vous débarrasser de cette cataracte laide et ennuyeuse le plus rapidement possible car elle a une influence néfaste sur le psychisme. »

« Mon œil ne va-t-il pas souffrir du fait qu'une partie de l'iris doit être coupée ? »

Il me regarda longtemps, contrôla mes réflexes nerveux, me parla de mon travail de sculpteur, posa toutes sortes de questions qui n'avaient apparemment aucun rapport avec les yeux et, tout à coup, déclara : « Je ne couperai pas le plus petit morceau de l'iris. Soyez assurée qu'après l'opération l'œil ne souffrira pas de la lumière. »

« Alors, faisons cette opération aussi rapidement que possible », dis-je.

Une semaine plus tard, je me rendis à la clinique pour me préparer à l'opération qui devait se faire le lendemain.

C'était une soirée d'automne merveilleuse. Avant de me coucher, j'allai à la fenêtre pour contempler la ville. Je tirai le rideau et me vis observée du ciel par *le grand disque rond et blanc de la pleine lune* ! Au même instant, je reconnus avec surprise *la grosse pastille blanche* que le médecin m'avait montrée en rêve. C'était *la pleine lune* ! Il m'avait dit : « Douze doivent se consumer avant… » Mon cœur se mit à battre fort alors que j'essayais de me souvenir de la date de ce rêve. Oui, la lune s'était montrée exactement *douze fois pleine* depuis lors ! Je sus alors que l'opération allait me rendre la vue, me rendre mon œil droit !

Le lendemain matin, l'opération fut rapidement menée à bien ! La lumière pénétrait dans mon œil aveugle. Une main se plaça devant lui : « Que voyez-vous ? » demanda le professeur. « Votre main bénie, Professeur », dis-je alors que l'on bandait mes deux yeux.

Et pendant que l'on roulait mon lit dans le couloir de la clinique, j'entendis des portes s'ouvrir et se fermer, puis la voix douce de Père qui demandait : « Comment cela va-t-il, Esther ? » – « Bien, Père, je vois ! »

Cette opération me donna l'occasion de faire des expériences fort intéressantes dont la plus importante fut que j'appris que les vibrations que nous percevons comme « lumière » ne le sont que pour nos yeux sains seulement. Autrement, ces vibrations représentent une force assez puissante pour tuer un homme, même un être plus fort encore. Cela dépend de la relation entre la sensibilité de la peau d'une créature et l'intensité de la lumière. Voici ce qui se passa : quelques heures après l'opération, le professeur me dit : « Ne craignez rien, je vais enlever le bandage de votre œil opéré et placer une bougie allumée devant lui pour contrôler ses réactions. »

Je me demandai bien pourquoi j'eusse dû avoir peur et attendis que le médecin enlevât le bandage. Il commanda : « Ouvrez votre œil. »

Je m'étais préparée à voir une bougie allumée. Au lieu de cela, je ne vis que l'obscurité, par contre, je reçus un tel coup de poing dans l'œil opéré que ma tête en fut projetée en arrière ; je refermai prestement mon œil sans saisir du tout ce qui avait bien pu se passer. J'entendis alors rire le professeur :

« Ne vous avais-je pas dit de ne pas avoir peur ? La rétine de votre œil est si sensible en ce moment qu'elle perçoit la plus petite lumière comme un choc brutal et non comme de la lumière. Reposez-vous. Dans quelques heures, je reviendrai examiner cet œil. Tout va bien jusqu'à présent. » Et il sortit.

Je restai dans les ténèbres à réfléchir : qu'est-ce que la lumière ? Comment se fait-il que la même lumière que mon œil sain perçoit comme la flamme d'une bougie peut me causer des douleurs et être perçue comme un coup de poing ? Je n'ai vu aucune « lumière », je n'ai senti qu'un choc si brutal que ma tête en avait été projetée en arrière. Ceci m'amena à la conclusion que s'il existait un être à la peau aussi sensible à la lumière que l'était présentement la rétine de mon œil opéré, on pourrait le tuer à grande distance en dirigeant simplement sur lui la lumière d'un projecteur.

On pourrait aussi certainement concevoir qu'il existe une sorte de lumière… nommons-la « ultralumière » tellement plus intense que celle que nous avons l'habitude de voir avec nos yeux humains qu'elle pourrait, selon la sensibilité de notre peau, nous tuer aussi sûrement que la lumière ordinaire le ferait si une créature avait une peau aussi sensible que ma rétine.

Je réalisai que tout était relatif, une simple question de relation entre une force agissante et la résistance qu'elle rencontre. Cela correspondait à ce qui venait de m'être révélé : une quantité extraordinaire de formes de vie différentes peuvent exister sur les planètes, les divers corps célestes, dans tout l'univers. Une créature ressemblant à l'homme et vivant sur Uranus ou Neptune devrait certainement avoir une peau aussi sensible que la rétine de mon œil opéré puisque le soleil est infiniment plus éloigné de ces deux planètes qu'il ne l'est de la terre. Et si ces êtres devaient encore être capables de « voir » à la lumière du soleil comme nous le faisons ici sur terre, cela signifierait que leurs yeux devraient avoir une sensibilité à la lumière que nous ne pouvons même pas imaginer. Mais pourquoi aller si loin ? Les animaux vivant dans les profondeurs des océans possèdent de tels yeux et des facultés que nous ne pouvons comprendre car, tels que nous sommes, nous ne pourrions jamais exister dans l'obscurité et la profondeur des mers.

Je restai plongée dans ma méditation, pensant à la diversité des mondes et de leurs habitants. Je me sentis très humble devant la puissance de l'*ÊTRE* éternel que nous nommons *Dieu*.

Une autre expérience intéressante que m'apporta cette opération fut cette vérité : *pareils aux poumons qui n'inspirent pas l'air pour eux mais pour tout le corps à qui ils le distribuent, les yeux n'absorbent pas la lumière pour eux seulement mais aussi pour tout le corps à qui ils la distribuent. Car la lumière est une force !*

Trois jours après l'opération, le professeur entra dans ma chambre accompagné d'une infirmière. Il me dit : «Vous allez vous asseoir dans ce fauteuil. Chaussez vos pantoufles, nous allons vous aider!»

Je me sentis vexée: «Professeur, je ne suis pas malade, et trois jours de lit ne peuvent pas m'avoir affaiblie au point de ne pouvoir m'asseoir et me lever. Je n'ai pas besoin de votre aide.»

«Bien, bien, dit le professeur, levez-vous si vous le pouvez!»

Je mis mes jambes hors du lit… et quelle surprise! Mes pieds et mes jambes étaient si faibles que je me serais écroulée si des bras vigoureux ne m'avaient rattrapée à gauche et à droite! Mes jambes pendaient lamentablement, me refusant tout service; et non seulement mes jambes, mais aussi ma colonne vertébrale était sans force et je fus bien aise lorsque le professeur et l'infirmière m'eurent assise dans le fauteuil.

Comment cela était-il possible?

J'entendis rire le professeur: «Vous voyez bien que vous ne pouviez vous lever seule! Depuis trois jours, vous êtes restée plongée dans l'obscurité complète. Lorsqu'une personne est soudainement privée de lumière, elle perd tellement de force qu'elle ne peut plus se tenir sur ses pieds. Dès que vous pourrez rouvrir vos yeux, les forces vous reviendront immédiatement. Pendant la guerre, les soldats devenus aveugles nous causèrent des problèmes considérables, non pas à cause de leur état psychique, mais à cause de la perte totale de leurs forces due à cette soudaine cécité. L'âme humaine est si miraculeusement façonnée que même lors d'une catastrophe aussi terrible que la cécité, l'homme trouve en lui la force de continuer à vivre et de trouver la joie. Notre plus grand souci fut donc de remettre sur pieds ces jeunes hommes totalement dépourvus de force. Dieu merci, le corps est élastique et graduellement, c'est la peau qui assure tout le ravitaillement en lumière. Mais les premiers temps sont rendus pénibles, voire tragiques, par cette faiblesse étonnante causée par le manque de lumière. »

Je me tus. Depuis la maladie de mon œil, je me rendais bien mieux compte de ce que pouvait signifier « être aveugle », tellement mieux que lorsque je possédais deux yeux sains. Ma propre expérience me faisait comprendre ce passage de la Bible : « L'œil est la lampe du corps. Si ton œil est en bon état, tout ton corps sera éclairé ; mais si ton œil est en mauvais état, tout ton corps sera dans les ténèbres » (Matthieu 6,22-23).

Mon cœur se mit à saigner à la pensée qu'il ne suffisait pas aux humains de compter parmi eux des aveugles « naturels » mais qu'il fallait encore qu'ils fassent des guerres au cours desquelles d'innombrables hommes en bonne santé perdaient la vue, sans parler des autres mutilations ! Quand donc l'humanité sera-t-elle assez mûre pour refuser d'obéir à la tyrannie de politiciens dépourvus de toute conscience qui signent des déclarations de guerre ?

Deux semaines plus tard, le professeur me conduisit dans la chambre noire pour examiner mes yeux. Il plaça une très forte lentille devant l'œil opéré et je pus lire toutes les lettres, même les plus petits caractères. À ma grande surprise, le professeur m'empoigna, me souleva de terre tant il était joyeux. C'était un homme d'un certain âge tout à fait charmant mais je n'arrivais pas à comprendre ce qui l'avait amené à exprimer sa joie de cette manière intempestive ! Il me reposa sur le sol et avec un visage rayonnant me dit : « Savez-vous que la méthode que j'ai employée pour cette opération n'est tentée que sur des enfants et des jeunes jusqu'à vingt ans ? Passé cet âge, il y a danger d'inflammation de l'iris, ce qui peut conduire à la perte de l'œil. Lorsque vous êtes venue pour la première fois, je vous ai bien observée et j'ai constaté que vous possédiez une vitalité et une élasticité hors du commun. Vos réflexes étaient excellents et, comme je le fais toujours, je me suis laissé guider par mon intuition. J'ai osé vous opérer comme si vous aviez encore été une enfant. Vous comprenez maintenant ma joie. Cette opération est un succès complet. Vos tissus étaient encore assez jeunes pour supporter brillamment l'opération. Je vous félicite. Vous rentrez à la maison avec deux yeux sains ! »

Je le remerciai de sa bienveillance, nous prîmes congé et je rentrai à la maison. Les douze pastilles s'étaient résorbées, et la lumière avait retrouvé le chemin de mon œil aveugle.

… ET LE JEUNE PRÊTRE PARAÎT

Les années passèrent, mon époux et moi vivions en paix et l'amour que nous avions l'un pour l'autre était resté le même. Je continuais à travailler comme sculpteur, je recevais beaucoup de commandes et je consacrais mon temps libre à donner des consultations d'ordre psychologique à des personnes dont le nombre augmentait sans cesse. Plusieurs fois par semaine, je donnais des conférences sur la connaissance de Soi, sur l'enseignement que j'avais reçu de Ptahhotep en Égypte. Et lorsque j'avais besoin de repos, je me mettais à mon cher piano.

Chaque jour, je faisais des exercices de Yoga spirituel qui me permettaient d'atteindre des états de transe profonde mais la dernière porte verrouillée ne s'ouvrait pas devant moi. À un certain degré de développement sur le chemin de la réalisation parfaite du Soi, je me heurtais à un obstacle, pareil à un mur, que je ne pouvais renverser avec ma conscience.

Chaque année, je passais quelques mois seule dans notre petite maison dans la forêt pour pratiquer le Yoga. Les jeunes arbres fruitiers que j'avais plantés étaient devenus beaux et forts et malgré la persévérance que j'apportais à mes exercices, les gardiens du grand portail ne me laissaient pas entrer…

L'automne revint et, pour un jour, je quittai le pavillon forestier pour aller célébrer en famille et avec tous nos amis le soixante-dixième anniversaire de mon père.

Le lendemain matin, alors que je m'apprêtai à repartir pour la forêt, le téléphone sonna et une vieille amie me demanda quels étaient mes projets pour l'après-midi. Je répondis que j'étais libre.

« L'écrivain célèbre avec lequel j'étais aux Indes chez Maharishi est arrivé, il habite chez moi. Si cela t'intéresse de le rencontrer, viens cet après-midi », me dit mon amie.

L'après-midi, je m'annonçai donc chez elle. Elle me fit entrer au salon et j'aperçus l'homme devenu célèbre dans le monde entier par ses livres sur les grands yogis des Indes. La surprise me cloua sur place : j'avais devant moi le jeune prêtre qui, dans ma vie en Égypte, m'avait assistée lors des dernières préparations à la grande initiation.

Nous échangeâmes quelques mots et je mentionnai avoir lu ses livres et que depuis longtemps déjà, je m'exerçais au Yoga de l'esprit mais que je n'avais pas encore réussi à atteindre le but suprême… D'autres personnes arrivèrent et la conversation se généralisa. Jusque tard dans la soirée, nous parlâmes de ses livres. Je n'eus plus l'occasion de me trouver seule avec lui.

Je partis en pensant : « Ainsi, il ne s'est rien passé… » car j'avais secrètement espéré que ce célèbre yogi blanc eût pu m'assister dans ma progression sur mon chemin mystique.

Le lendemain, mon amie me téléphona pour m'informer que l'écrivain désirait me rencontrer en privé et que je pouvais me rendre auprès de lui ce même après-midi. Ce que je fis.

Sur le divan, l'écrivain était assis dans la position du lotus et, alors que je prenais place, il demanda : « Que désirez-vous ? »

« Je n'ai aucun désir, répondis-je, je vis paisiblement dans un calme intérieur absolu. »

« Pourquoi êtes-vous venue à moi ? Qu'attendez-vous de moi ? »

« Je veux la réalité », dis-je.

L'écrivain ne dit rien pendant un moment, puis il me regarda et demanda : « Et ce calme absolu – n'est-il pas réalité ? »

« Oui, c'est une réalité mais je veux davantage encore. Je suis comme Moïse qui vit la Terre promise mais n'y entra jamais. Je crois tout voir mais je veux entrer. Je ne peux me contenter de voir depuis l'extérieur tout ce qui se trouve à l'intérieur. Je veux entrer. »

Il sourit : « Oui, vous vous tenez devant la grande porte, votre main repose déjà sur la poignée. C'est exceptionnel que quelqu'un ait pu progresser comme vous l'avez fait sans l'aide d'un maître. Vous avez certainement déjà passé l'initiation dans une vie antérieure et il ne vous reste maintenant que le dernier pas à franchir, la porte qui vous sépare du grand but. »

J'observais le yogi. Ne se souvenait-il pas d'avoir été prêtre en Égypte et de m'y avoir connue ? Ou ne voulait-il pas en parler ? Son regard insondable ne trahissait aucune de ses pensées.

Je répondis : « Oui, je sais tout cela et je veux entrer même si je dois enfoncer cette porte avec mes poings. »

« Et croyez-vous que je puisse vous aider ? » demanda-t-il.

« Lorsque le temps sera venu pour moi, alors vous pourrez m'aider. »

« Et quand le temps sera venu pour vous, vous croyez qu'alors je pourrai vous aider ? »

« Oui », répondis-je.

Comme s'il avait attendu cette réponse, il me montra une chaise en face de lui : « Asseyez-vous là, fermez les yeux, concentrez-vous intensivement et entrez dans votre cœur. »

Je fis ce qu'il me dit. Avec mes yeux fermés, je vis sortir du plexus solaire du yogi un fort courant jaune de lumière brillante qui m'entoura comme un serpent, formant un cercle autour de moi, qui retourna au yogi pour l'encercler aussi, revint à moi, retourna à lui, comme un grand huit.

En même temps, dans ma concentration, je me sentais approcher du point que je n'avais encore jamais pu dépasser. À cet instant, je sentis une énergie étrangère s'emparer de ma conscience et l'emmener comme à travers une porte vers une profondeur infinie...

Je perdis toute notion du temps et je n'eusse pas pu évaluer la période qui s'était écoulée quand la voix du yogi blanc me dit : « Vous pouvez ouvrir les yeux. »

Lorsque je le fis, je réalisai que j'avais été bien loin de ma conscience physique terrestre. Je ne voulais pas parler, toute parole eût été superflue.

L'écrivain me dit : « J'ai établi un contact entre votre Soi et le Soi suprême car vous êtes mûre pour cela. Désormais, lorsque vous aurez une question, concentrez-vous sur moi et vous recevrez la réponse le jour même. »

« Sur votre personne ou sur le Soi supérieur ? »

Il sourit mais ne répondit pas. Je compris qu'il était parfaitement inutile de parler de la « personne ».

À partir de ce jour, nous fûmes plusieurs à nous réunir chez mon amie pour y méditer sous la conduite du yogi.

Quelques semaines plus tard, il partit. Je me retrouvai seule et menai ma vie dans le monde comme auparavant.

Environ six mois plus tard, nous étions en compagnie de quelques amis quand l'un d'eux se mit à parler de magie noire. Il disait que les magiciens noirs choisissaient quelques disciples qu'ils utilisaient comme des instruments aveugles afin que ceux-ci exécutassent leur volonté sans résistance aucune. Ces disciples étaient possédés par le magicien noir, perdaient toute indépendance, étaient totalement annihilés.

Le lendemain, ces mots me revinrent à l'esprit et je me mis à y réfléchir. N'avais-je pas été bien imprudente de m'être livrée avec autant de confiance à ce yogi blanc ? J'étais convaincue qu'il était un « magicien blanc » si nous voulons le nommer ainsi mais je m'étais quand même livrée à lui sans la moindre vigilance.

Était-il un magicien blanc… ou noir ? Comment aurais-je pu le savoir ? Comment peut-on savoir si l'on a affaire à un magicien blanc ou à un magicien noir ? La question resta ouverte pour le moment…

Ce même après-midi, nous étions invités chez un camarade d'école de mon époux. Et cet ami nous raconta qu'en feuilletant un livre ancien, il avait trouvé un passage très intéressant traitant de la différence entre les magiciens blancs et noirs.

« Lorsqu'il veut aider un élève à progresser, le magicien blanc établit avec lui un lien en forme de *huit*. De cette manière, le maître et l'élève *restent au milieu de leur propre cercle dont ils sont le centre*. Par contre, le magicien noir prive son élève de son indépendance car *il le prend avec lui dans un seul cercle*. De cette manière, *c'est le magicien noir qui forme le centre* du cercle, le disciple restant dans la circonférence et devenant le satellite du magicien, comme une planète tourne autour du soleil. »

Cette explication me bouleversa. Cet ami ne savait pas, ne pouvait savoir que c'était précisément la réponse que je cherchais. Je n'en avais soufflé mot à personne. Et pourtant, le même jour encore, j'avais reçu la réponse.

Le *Soi* supérieur – Dieu – trouve toujours une bouche humaine s'il a quelque chose à nous communiquer. Les obstacles n'existent pas pour *Lui*.

IMA ET BO-GHAR

Puis ce fut la grande guerre.

Les deux hommes qui m'étaient si intimement liés endossèrent l'uniforme. Mon époux devait assurer la lourde tâche de commandant dans l'une des plus importantes fabriques de l'État qui avait passé sous contrôle militaire.

Un jour que nous étions à table, la porte s'ouvrit sur mon fils… en uniforme de pilote.

J'eus l'impression que la terre s'ouvrait sous mes pieds et que j'allais être engloutie. Dans le cercle de nos amis, les fils qui avaient été pilotes reposaient déjà tous au cimetière. Au moment où mon garçon était entré, j'avais eu l'étrange sentiment de l'avoir déjà vu dans cet uniforme… Mais je n'avais guère eu le loisir ni l'envie de réfléchir *quand* et *où* cela avait pu être tant j'étais horrifiée à l'idée qu'il était devenu aviateur. Les pays qui nous combattaient avaient une aviation beaucoup plus sophistiquée que la nôtre. Ils avaient tué les meilleurs de nos jeunes car seuls les meilleurs étaient choisis pour devenir pilotes, les examens étant très sévères. À cette époque, je travaillais précisément à une grande composition, une pierre tombale pour un pilote récemment tombé, un camarade d'enfance de mon fils. Et maintenant, mon enfant était là, en uniforme de pilote.

« Pourquoi portes-tu cet uniforme ? »

« Pourquoi ? Parce que j'ai été accepté comme pilote »,
répond-il avec fierté.

« Nous t'avions inscrit chez les pionniers. Comment
es-tu arrivé chez les pilotes ? Les jeunes ne peuvent
être recrutés par l'aviation sans l'autorisation des
parents ! »

« Mère, nous sommes en guerre et comme tu le vois,
nous n'avons plus besoin d'une permission paternelle ! »

Je me tais, il n'y a rien d'autre à faire. Pendant des
jours, j'erre dans l'appartement comme une somnambule, à parler avec Dieu. Je n'ai plus d'autorité sur mon
enfant. Je dois donc le remettre entre les mains de
Dieu. Et je le fais consciemment. Je dois reconnaître
que Dieu aime mon fils – doit aimer mon fils – mieux
que moi, être humain imparfait, justement parce qu'Il
est Dieu. Je dois également admettre que quoi
qu'il puisse arriver, cela sera bon même si, pour mon
cœur de mère et vu d'un point de vue humain limité,
cela doit signifier une catastrophe. Je dois *mettre en
pratique la foi que j'ai en Dieu* ! Mon cœur ne doit pas
craindre, mes nerfs doivent garder leur calme car je
dois aussi considérer le destin de mon enfant unique
non plus du point de vue humain, mais du point de vue
du grand Tout au-delà de l'espace et du temps… et agir
conformément à ses lois. Les mères prient nuit et jour
pour leurs fils. Comment pourrais-je le faire ? Dieu ne
se laisse pas convaincre par les humains et je sais que,
selon la loi du caractère et du destin, il arrivera à mon
fils exactement ce qui est nécessaire au développement
de sa conscience. Oui, Dieu l'aime ! Mieux que moi ! Et
cette idée me donne la force nécessaire pour continuer
à vivre.

La guerre représente l'attente ininterrompue de la
fin du massacre. Apparemment, les choses se passent
comme auparavant. Nous travaillons, allons au concert
et à l'opéra, nous nous réunissons entre amis. Pour-

tant, tout est régi par l'attente, quoi que nous fassions, nous attendons la fin de la guerre.

Les années passent et en moi, je vois avec de plus en plus de précision l'énorme machine de guerre venant de l'est s'approcher de nous.

Un jour, une amie me téléphone : elle désirait me présenter quelqu'un de très intéressant, un Indien, un vrai yogi me dit-elle. À plus d'une reprise, elle avait voulu me présenter de « vrais » yogis mais hélas ceux-là s'étaient révélés n'être que des personnes très ordinaires. Mon amie est d'avis que chaque Indien doit être un yogi authentique. Aussi, sa proposition ne m'enchante guère. Mais elle insiste et décide de venir me parler. À son arrivée, elle me raconte une longue histoire : dans un journal, elle avait vu la photographie d'un jeune yogi indien, l'avait cherché partout, ne l'avait pas trouvé jusqu'à ce qu'un « hasard » lui ait fait découvrir que l'Indien en question qu'elle avait cherché dans toute la ville de plus d'un million d'habitants, vivait dans la même maison qu'elle ! C'était un immense immeuble moderne, anonyme, où les contacts entre locataires sont inexistants.

Je l'écoute patiemment et, pour mettre fin à ses anecdotes, lui demande : « Alors que veux-tu de moi ? »

« Tu dois le rencontrer. Permets-moi de l'amener ici pour te le présenter. Il vit très retiré, ne va nulle part mais quand je lui ai parlé de tes conférences hebdomadaires sur la philosophie yoguique, il s'est déclaré prêt à venir. Regarde, voici quelques photographies », me dit-elle en me les tendant.

Sans grand intérêt, je les prends, leur jette un bref coup d'œil... j'en ai le souffle coupé : Bo-Ghar ! Mon cœur se met à battre plus fort alors que j'observe de plus près chaque photo. Aucun doute ! C'est Bo-Ghar !

Le regard de ces deux grands yeux noirs, cette expression étonnante de pureté comme celle d'un enfant, ce visage rayonnant, je les reconnais bien : c'est lui ! Ce n'était plus le jeune garçon que j'avais connu autrefois et dont l'image s'était si profondément gravée en moi, mais un jeune homme, un adulte.

« Hélène, dis-je à mon amie, demain soir, je suis libre, amène-le ! »

Le lendemain, Hélène s'annonce avec Bo-Ghar. Nous buvons le thé, parlons de différentes choses mais en moi, je vois les images d'un grand palais de pierre, d'une chambre qui est mienne, de meubles magnifiquement incrustés d'or, d'une couche basse recouverte de peaux d'animaux, d'un corps dont je vois les jambes, les bras, les mains, tout jusqu'au cou mais pas la tête car *je suis* cette forme humaine assise sur les peaux.

Un enfant à mes pieds, un enfant vif et charmant me regarde… le même regard que celui de l'Indien. Et lui, pourquoi me nomme-t-il « reine » ? Je le lui demande.

« Parce que vous êtes une reine », me répond-il avec conviction.

« Ah oui, vous avez raison, réplique mon époux, elle dirige et gouverne à merveille, moi particulièrement, » et il rit de tout son cœur, rire auquel nous nous joignons.

Mon fils entre, aperçoit notre hôte indien et reste muet de surprise. Il se reprend vite et je le présente. Les deux jeunes se regardent longuement, avec étonnement, une interrogation dans le regard. J'interromps ce silence embarrassé en offrant une tasse de thé à mon fils qui prend place, boit son thé sans quitter une seconde notre hôte des yeux.

C'est ainsi que Bo-Ghar fait sa première apparition chez nous. Il devient rapidement l'enfant chéri de toute la famille. Mes parents, mon frère, mes sœurs l'acceptent comme un nouveau petit frère. Il ouvre son école de Yoga et, comme il ne maîtrise pas encore notre langue, il me prie de donner une fois par semaine des explications sur cette discipline. Notre collaboration commence.

La guerre se prolonge encore. En hiver, nous continuons à travailler comme auparavant; en été, nous
allons dans le pavillon forestier. Bo-Ghar nous accompagne et y vit selon les règles du Yoga que lui avait
enseignées son maître aux Indes.

Mon fils avait déjà fait une terrible expérience: il
était tombé avec son avion. Miraculeusement, il s'en
était sorti avec une commotion cérébrale dont il s'était
bien remis. Seule une cicatrice sur son front noble et
haut témoignait des graves blessures subies.

Un jour, alors que la guerre est à notre porte, ma
mère si douce et si tendre fait une chute; lorsqu'on
veut l'aider à se relever, elle peut encore articuler:
« Une attaque, c'est une attaque... »

Elle reste longtemps sur son lit et avec difficulté,
peut nous expliquer qu'elle sent qu'une partie de son
corps était déjà morte.

« Et savez-vous, ajoute-t-elle, c'est très intéressant car
je suis à moitié ici et à moitié dans l'au-delà. Je vous
vois tous également à moitié de l'extérieur seulement,
mais je vois déjà votre intérieur. Et je vois aussi tout
votre destin. Quand j'irai mieux, je vous en informerai.
Maintenant, j'ai tant de peine à parler. »

Elle est déjà en communication avec l'autre monde.
Lorsque, quelque part en ville, une amie parle d'elle,
Mère dit: « Mon amie X.Y. est ici près de moi et dit... »
et Mère prononce exactement les mêmes paroles que
son amie à quelques kilomètres de là et au même
moment.

Nous l'avons contrôlé. Il arrive souvent que, Mère
étant seule dans sa chambre avec l'infirmière et moi
au deuxième étage avec mon époux, elle dise tout à
coup: « Ma fille Esther est ici et dit à mon sujet... » et
elle répétait avec précision les mêmes mots que je pro-
nonçais deux étages au-dessus.

Un jour, l'infirmière me téléphone me priant de descendre immédiatement: Mère a eu une seconde attaque.

Je me précipite vers elle qui gît blême dans son lit. Elle ne peut plus parler.

De sa main droite, elle me montre sa langue signifiant par là que celle-ci ne peut plus se mouvoir. Elle reste plusieurs heures sans pouvoir dire un mot.

Soudain, Bo-Ghar entre.

Avec son pauvre visage tordu et à demi paralysé, Mère regarde Bo-Ghar et la joie rayonne dans ses yeux. Bo-Ghar s'assoit près d'elle et entoure son poignet de sa main. Après une ou deux minutes, Mère ouvre la bouche et, syllabe après syllabe, dit lentement mais distinctement : « Une force émane de la main de Bo-Ghar et coule en moi. Cette force atteint maintenant ma tête où je sens la pression qui m'empêche de parler. À l'aide de cette énergie que Bo-Ghar me transmet, la pression se fait plus légère et je peux parler. Je voulais encore vous dire… » et elle nous fait part de ses dernières volontés.

Un peu plus tard, Bo-Ghar prend congé. Mère peut encore s'exprimer pendant une heure et demie. Puis tout à coup, elle dit : « L'influence de la force que le cher petit Bo-Ghar m'a insufflée diminue peu à peu. Il m'est de plus en plus difficile de mouvoir ma langue et de parler. La liaison entre moi et mon corps se dissout. Que Dieu soit avec nous… » Ce furent ses derniers mots.

Deux jours plus tard, nous sortons son cercueil de la maison. Sa place à la tête de la table familiale reste vide. Dès lors, une bougie brûle devant la chaise qu'elle avait toujours occupée…

LES ÉPREUVES SE RÉPÈTENT

Puis, ce fut le dernier hiver avant la fin des hostilités. Notre jardinier était depuis longtemps sous les drapeaux. Le verger avait été abandonné à lui-même. J'allai donc dans le pavillon forestier pour sauver ce qui pouvait encore l'être.

Une nuit, un horrible bruit me réveilla : les sirènes ! Dans la capitale !

Je sautai de mon lit et me précipitai à la fenêtre de la chambre à manger d'où l'on pouvait voir la capitale. Dans l'obscurité, j'entendis passer de nombreux avions au-dessus de ma tête. Tout l'air en vibrait. Un terrible jeu de lumière se déroula sous mes yeux : les bombes tombaient du ciel et, pareilles à un feu d'artifice, explosaient ; d'innombrables canons de la défense antiaérienne tiraient sans interruption et, depuis ici, chaque tir ressemblait à un lampion rougeâtre flottant un instant. Parfois une torche enflammée tombait du ciel et je savais qu'une mère attendrait en vain le retour de son fils… Ce jeu de lumière accompagnée d'un tonnerre lancinant dura une heure et demie environ. Il me sembla pourtant que j'étais à cette fenêtre depuis une éternité, pétrifiée.

Là-bas, où ce jeu signifiait la mort et la destruction pour des milliers de personnes, vivaient tous ceux que j'aimais. Et mon fils devait se trouver dans le ciel, telle une cible sur laquelle d'autres pauvres jeunes hommes dans de meilleurs avions étaient forcés de tirer, contre leurs convictions d'homme, comme mon fils.

Soudainement, je sentis mon attention attirée vers un arbre voisin. J'y vis deux yeux verts et brillants qui m'observaient. Un hibou ! Il était perché sur une branche, immobile, une statue. Je n'avais encore jamais vu de hibou dans cette région. Comment était-il arrivé ici ? Involontairement, je me mis à lui parler : « Oiseau, cher oiseau, ce n'est vraiment pas ta faute si la croyance populaire a fait de toi le héraut de la mort. Voudrais-tu pourtant me faire savoir que tous ceux que j'aime et qui habitent dans la capitale ne séjournent plus sur terre ? »

Le hibou se balança sur une branche, s'approcha de moi, déploya ses ailes et disparut dans la forêt...

À cet instant même, je sus qu'une puissance qui contrôle et guide tout avait voulu me faire savoir, par l'envol de « l'oiseau de mort », que tous ceux que j'aimais étaient encore en vie...

Oui, tous les *miens* ! Mais les milliers qui sont morts dans cette nuit horrible, et tous ceux qui sont déjà tombés pendant cette affreuse guerre ? Ils avaient aussi été les êtres chers et aimés de quelqu'un ! Pourquoi avaient-ils dû mourir ? Pourquoi les hommes se tuent-ils donc de manière aussi insensée ?

L'horrible spectacle se répétait nuit après nuit.

En été, plusieurs membres de la famille et Bo-Ghar me rejoignirent dans la maison forestière. Chaque nuit, le cœur glacé, nous regardions la tragédie se dérouler sous nos yeux. Puis, les sirènes annonçaient la fin des bombardements, le téléphone sonnait et mon époux me tranquillisait : tous les nôtres étaient encore vivants...

En automne, je restai seule et travaillai assidûment au verger et au potager. Le soir, j'observais la progression des canons ennemis – ah ! ces pauvres jeunes hommes qui devaient être « nos ennemis » !

Un soir, je décidai de rentrer en ville. Je voulais être avec les miens pendant les heures pénibles du siège.

Le téléphone sonna – comme c'était étrange, il me semblait avoir déjà vécu une telle situation ! Je savais que c'était mon mari qui me téléphonait et avec précision ce que nous allions nous dire. C'était comme un rêve !

Cette sensation ne me quitta plus pendant les jours épouvantables qui suivirent, des jours qui devinrent des semaines, des mois, même des années !

Je savais toujours ce qui allait se passer l'instant d'après, comme si j'avais déjà vécu tous ces terribles événements. Cela ne faisait que se répéter – je le savais – mais je ne pouvais comprendre où et quand j'avais bien pu me trouver dans une telle situation.

Alors que j'étais déjà rentrée en ville et que, pour la première fois, la sirène avait retenti pendant la nuit pour annoncer la reprise des bombardements, je dus descendre dans l'abri en compagnie de tous les habitants de la maison. Nous étions là, graves, le cœur glacé, attendant la suite des événements. Je savais que j'avais déjà vécu tout cela une fois. Et ce fut ainsi pendant toutes les nuits atroces des bombardements.

Ce sentiment de « déjà-vu » se fit encore beaucoup plus intense lorsqu'un jour de l'arrière-automne, la porte s'ouvrit sur mon fils. Pourquoi étais-je surprise de le voir vêtu d'un uniforme de pilote ? Oui ! Je me souvenais de lui, jeune prêtre égyptien, Ima, et des liens qui nous unissaient. Mais mes souvenirs d'Égypte le faisaient paraître vêtu bien différemment. Comment se fait-il donc que j'aie le sentiment de *l'avoir vu dans cet uniforme d'aviateur pendant ma vie en Égypte déjà* ? Pourquoi ai-je le sentiment que tout ce que je vis, ce que j'éprouve n'est pas la « réalité » mais que je ne fais que rêver ces images et vivre ces rêves *de mon sommeil initiatique dans la pyramide* ?

Je me souviens avec précision de toutes les relations en rapport avec ma vie en Égypte. Mais, malgré tous mes efforts, je ne peux me rappeler les événements, mes rêves initiatiques.

Voilà qui est étrange ! *Comment peut-on se souvenir que l'on ne se souvient pas ?* Car si je ne me rappelle pas quelque chose, je ne peux donc pas savoir que cela a existé. Mais je sais que pendant l'initiation dans la pyramide, j'ai vécu tout mon avenir sous forme de vision et que ces visions – ou images oniriques – avaient été pour moi l'occasion de passer des épreuves. Il est vrai que mon maître Ptahhotep m'avait rendue attentive au fait que si je devais déchoir après l'initiation, toutes les épreuves initiatiques se répéteraient sur le plan terrestre. Il m'avait bien avertie ! Oui, j'ai constamment le sentiment que tout *se répète* !

Pendant de très nombreuses années, j'avais noté mes rêves tout de suite à mon réveil, à moitié endormie encore. Il y avait bien un an que je n'avais relu ces descriptions. Je les repris donc. J'en restai stupéfaite car la plupart des rêves que j'avais notés relataient des événements qui, six mois ou un an plus tard, s'étaient bel et bien réalisés. Mais j'en avais oublié beaucoup. Et si je n'avais pas vu et reconnu ma propre écriture, j'aurais eu de la peine à croire que c'était *moi* qui avais rêvé et décrit ces visions. Comment était-il possible que, quand ces choses s'étaient passées, je ne m'étais plus rappelé les avoir rêvées auparavant et souvent avec une précision remarquable ?

Cette découverte me bouleversa littéralement ! Quelle est cette force qui, en nous, connaît et nous annonce notre avenir avec une telle certitude ? Et pourquoi sommes-nous si imparfaits que nous ne pouvons comprendre le langage des rêves ni nous souvenir, lors de leur exacte répétition dans la vie, des événements déjà vécus même si ce n'avait été qu'en rêve ? Nous ne méritons vraiment pas que cette force s'occupe de nous avec tant de soin et de patience infinie pour nous révéler les vérités et les lois intérieures...

Comment pourrais-je expliquer que je me souviens de mon fils – Ima – en uniforme d'aviateur lors d'une vie antérieure en Égypte et que, lorsqu'il était entré, j'avais immédiatement su qu'il allait prendre congé de moi car l'aviation ne pouvait plus rester sur l'aérodrome voisin de la ville sans risquer d'être bombardée et détruite ? Quand il avait prononcé ces mots et moi ma réponse, je savais que tout cela était déjà arrivé... j'avais à nouveau l'impression de rêver...

Mais, je n'avais pas osé en parler à quiconque, même pas à mon fils car je craignais que l'on ne crût que mon esprit avait souffert sous le choc. Il était préférable de me taire.

Nous vécûmes ensuite la terrible période du siège, passâmes cinq semaines dans la cave sous un feu incessant. La maison tomba et nous dûmes fuir dans les ruines. Le destin nous ballotta ici et là. Après bien des épreuves et des tribulations, nous commençâmes à reconstruire notre vie. Nous étions devenus des mendiants. Mon mari avait été grièvement blessé et, pendant longtemps, ne put travailler. Bo-Ghar et moi nous mîmes à travailler nuit et jour, comme des primitifs dans la jungle, et sur les ruines de la maison familiale, nous ouvrîmes à nouveau notre école de Yoga...

Les mois passaient, nous travaillions avec zèle. Nous dûmes apprendre ce qu'était la famine. Quelques semaines avaient suffi pour faire de nous, êtres de chair et de sang, des squelettes vivants recouverts de peau. Les amis ne se reconnaissaient pas lorsqu'ils se rencontraient. Nous faisions l'apprentissage d'une nouvelle peur, une peur insidieuse qui empoisonnait notre âme tourmentée : qu'allions-nous manger demain ;

comment allions-nous pouvoir continuer à travailler autant sans une seule fois manger *assez*… et rester en bonne santé ?

La terre si fertile de notre patrie donnait ses trésors avec générosité mais nous en étions réduits à voir passer des trains de marchandises regorgeant de nourriture qui s'acheminaient en longues files vers un pays étranger…

Petit à petit, après de longs mois pénibles, les choses s'améliorèrent. Nous reçûmes toujours davantage de nourriture et nous reprîmes du poids. Pourtant, amis et connaissances avaient encore du mal à se reconnaître ! Nous nous étions habitués à ce que tout le monde soit squelettique. Mais il nous arriva pourtant souvent de croiser dans la rue un monsieur très maigre qui nous rappelait un ami corpulent autrefois ! Nous nous arrêtions alors, nous retournions, nous reconnaissions, et pleins de joie, nous embrassions… Mais il fallut beaucoup de temps pour que chacun retrouvât sa corpulence d'avant-guerre !

Le sentiment d'avoir déjà vécu tout cela ne me laissait aucun répit. Il m'accompagnait partout, où que j'aille, quoi que je fasse, mais seulement au moment où l'événement *venait de se passer*. Je ne connaissais pas l'avenir. C'est pourquoi je ne savais pas non plus ce qui était arrivé à mon fils car, depuis que nous avions pris congé l'un de l'autre, je ne l'avais pas revu, je n'avais reçu aucune nouvelle.

Un an et demi plus tard, on sonna à la porte : mon fils était là. De nouveau, je me suis sentie envahie par ce sentiment que la psychologie nomme « déjà-vu ». Des répétitions, je le savais, tous ces événements étaient des répétitions ! Mais d'où ?

Une nuit, tout devint clair !

Alors qu'une fois j'avais dû passer l'épreuve la plus terrible qui soit, celle de « l'amour cruel » dont l'objet avait été l'être qui m'était le plus cher au monde, mon fils, je m'étais agenouillée au pied de mon lit pour parler de lui avec Dieu afin qu'Il lui montrât le chemin à suivre.

J'avais suivi le sentier qui, en nous, conduit à Dieu, je m'étais engagée toujours plus profondément, avais retiré ma conscience de l'extérieur pour la tourner tout entière vers l'intérieur, jusqu'à ce que, tout à coup, je me sois trouvée devant les sept marches, les sept marches connues maintenant !

Et, légère, je saute, je monte avec facilité, joie et bonheur, je connais le chemin… je me souviens… ô Dieu !… je me souviens ! Je reconnais que tous les événements, que j'ai vécus dans ma vie sur le plan terrestre matériel comme la « réalité », étaient ceux que j'avais déjà vécus pendant mon initiation dans la pyramide il y avait des milliers d'années.

À cette époque, ces événements reposaient dans le tréfonds de mon âme, comme des énergies inconscientes, encore latentes, comme une cause à l'état pur. Car tout ce qui se passe sur terre est la matérialisation de la *cause originelle* qui, au niveau spirituel, est déjà prête et attend sa réalisation. Lorsqu'on peut atteindre *consciemment* cette profondeur du Soi où ces énergies attendent leur réalisation, on peut vivre simultanément *les causes originelles* et *leur effet –* l'avenir – *comme s'il s'agissait du présent absolu ! Et le présent, notre vie, tout ce qui nous arrive ne sont rien d'autre que des occasions de passer des épreuves initiatiques ; de dissoudre et de nous libérer des tensions intérieures que, depuis des temps et des temps, nous avons amassées en nous par nos pensées, nos paroles et nos actes et qui sont devenues les causes premières de notre destin, de notre avenir. Plus nous devenons conscients de ces tensions et capables de les vaincre, mieux nous libérons notre conscience humaine qui est entravée par ces énergies et limitée parce que entravée. Mieux aussi nous pouvons identi-*

fier notre conscience au Soi divin authentique qui attend derrière tout sentiment personnel de l'ego, nous identifier à Dieu ; c'est cela

l'INITIATION

ÉPILOGUE

Après l'expérience de cette nuit-là, je savais que les tensions et les difficultés s'étaient effacées de mon âme, et que je devais me débarrasser, éliminer tout ce qui était personnel. J'étais sortie victorieuse de cette lutte avec moi-même. Plus rien en moi ne me liait à ma « personne », donc tout ce qui était personnel devait disparaître.

Cela se manifesta par un sentiment étrange qui m'accompagnait où que je fusse, à la maison comme dans la rue : je n'étais pas vraiment « là ». Pas là ? Alors où ? Mais cela, je ne le savais pas ! Soudainement, je devins consciente du fait que mon Moi n'était jamais dans l'espace, « là » où mon corps se trouvait, mais que de l'infini, il se projetait dans ma personne et que mon Moi commençait maintenant à se projeter ailleurs qu'à l'endroit où mon enveloppe était. Où ?

Dans un autre pays !

Je sus alors que j'allais partir, que je devais partir ! Car lorsque l'esprit, la cause, n'est plus là, la forme apparente, l'effet, doit suivre et aller là où la cause va se projeter et continuer à vivre. Sinon, la forme doit disparaître, c'est-à-dire mourir. Mais comment quitter ce pays ? Ici, personne ne peut recevoir de passeport !

L'heure du départ n'avait pas encore sonné. D'autres épreuves m'attendaient.

Une nuit, je me réveillai en sursaut : je vis mon père debout devant moi avec, sur les lèvres, le sourire de l'adieu. Je compris qu'il devait nous quitter. Je voulus me lever, lui demander où et pourquoi il partait, mais il disparut à mes yeux. Je réalisai alors que ce ne fut qu'à cet instant précis que je m'éveillai vraiment.

Mon père avait quatre-vingts ans mais était parfaitement sain de corps et d'esprit. Il assumait encore de lourdes fonctions. Pourtant, je savais que son esprit était venu pour prendre congé de moi. L'heure cosmique s'était arrêtée pour lui, il devait quitter son corps.

Le lendemain déjà, il était à l'hôpital et nous prîmes congé de lui. Il ne put – ou ne voulut – plus parler. Tour à tour, il nous fixa longuement, nous enveloppa tous dans un dernier regard profond, aimant et expressif. Puis il ferma les yeux pour ne plus les rouvrir. Nous accompagnâmes au cimetière le deuxième cercueil de la famille.

Mon fils fit tout ce qu'il put pour trouver du travail. Malgré ses efforts sans cesse répétés, ce fut en vain. Il dut se rendre à l'évidence qu'il n'y avait plus de place pour lui dans ce pays. Un jour, il prit sa guitare qui jamais, même aux heures les plus cruelles de la guerre, ne l'avait quitté et il partit vers un pays qui lui permettrait de vivre libre et de fonder un foyer. Nous nous fîmes nos adieux sans savoir si nous nous reverrions jamais dans cette vie. Mais au plus profond de mon *Moi*, je sentais que je le reverrais et que nous travaillerions encore ensemble dans *le jardin de Dieu*...

Puis ce fut le dernier acte.

Bo-Ghar venait de terminer une conférence. Comme à l'accoutumée, il y avait tant de monde que la police devait assurer le service d'ordre.

Les gens entouraient Bo-Ghar et ne voulaient pas le laisser aller. Un peu en dehors de ce cercle, mon mari et moi attendions patiemment qu'il eût répondu à toutes les questions posées et donné les autographes demandés. C'est alors qu'un officier de la police secrète vint à moi. Il désirait me parler : « Toute ma famille et moi-même pratiquons le Yoga et je sais la valeur extraordinaire de cette discipline. C'est pourquoi vous et l'Indien représentez un danger. Le parti voit cela d'un mauvais œil. Aussi, vous devez maintenant vous décider à travailler *pour* et *avec* le parti ou alors, quitter le pays. Nous vous laisserons aller en paix. Mais si vous ne voulez pas partir, nous nous verrons obligés de recourir à d'autres moyens. C'est là la proposition de mes supérieurs. Pensez-y et agissez en conséquence. Je reviendrai prendre note de votre décision. »

Avec son passeport, Bo-Ghar pouvait librement quitter le pays. Quant à moi, il fallait que je demande d'abord une permission de sortie, puis que j'obtienne, d'un autre pays, l'autorisation d'y entrer. Je me trouvai bien vite entraînée dans une course infernale pour tenter d'acquérir tous les papiers nécessaires jusqu'à ce qu'enfin, il devint clair que jamais on ne me délivrerait de passeport. On m'envoyait d'un bureau à l'autre d'où je revenais avec des réponses toujours négatives. On allait donc « recourir à d'autres moyens » à mon égard. Et nous savions ce que cela signifiait. Plusieurs de nos amis avaient ainsi disparu et ceux qui, après des tortures indicibles étaient sortis vivants mais brisés, étaient morts peu après, misérablement.

Bo-Ghar dit alors à mon mari : « Il reste encore une solution pour sauver ta femme : divorce. Je l'épouserai et elle pourra ainsi recevoir le même passeport que moi. Nous pourrons alors quitter le pays légalement. »

Mon mari serra la main de Bo-Ghar mais ne put articuler un seul mot. Son visage et ses larmes trahissaient sa souffrance.

Le jour vint où je dus dire adieu à tous ceux qui avaient été mes proches, pour gagner un monde inconnu qui allait devenir mon « chez-moi » où que *Dieu* me conduise.

Bo-Ghar avait tenu parole : il était venu de l'autre bout du monde pour me sauver !

Nous retrouvâmes Ima et, ensemble, nous suivons les pas des titans qui nous montrent le chemin de l'initiation, vers la rédemption, vers le paradis perdu...

Et lorsque je cherche ceux que j'aime, je tourne le phare de ma conscience vers l'intérieur. Car tout et tous vivent en moi !

Le *Soi*, qui est en même temps le *Soi* de tout être vivant, donc le mien aussi, n'a pas de limites. *Je suis* tout ce qui *est* ! En tout ce que j'aime, je *m*'aime car les seules choses que nous croyons ne pas aimer sont celles que nous n'avons pas encore *reconnues* en nous !

LE SOI EST LA VIE
ET LA SEULE RÉALITÉ,
ET CELUI QUI EST INITIÉ AU MYSTÈRE DU SOI,
CE QUI SIGNIFIE QU'IL EST AINSI PARVENU
À SE CONNAÎTRE PARFAITEMENT,
AIME TOUT ET TOUS ÉGALEMENT
CAR IL EST UN AVEC EUX !

TABLE DES MATIÈRES

8042

Achevé d'imprimer en Slovaquie
par NOVOPRINT SLK
le 23 avril 2019.

1er dépôt légal dans la collection: mai 2006.
EAN 9782290347287

ÉDITIONS J'AI LU
87, quai Panhard-et-Levassor, 75013 Paris

Diffusion France et étranger : Flammarion